Julie Arsenault

École des métiers
de la construction
de Montréal

www.emcm.ca
514 596-4590

BÂTISSEZ VOTRE CARRIÈRE SUR DU SOLIDE

L'industrie de la construction est en plein essor et l'École des métiers de la construction de Montréal (EMCM) offre une quinzaine de formations et de spécialisations dans ce domaine.

Vous profiterez d'un cadre d'apprentissage vaste et chaleureux ainsi que de l'expérience d'enseignants chevronnés. De plus, l'EMCM offre la formation pour devenir compagnon ainsi que du perfectionnement aux travailleurs de l'industrie.

FORMATIONS OFFERTES

Diplôme d'études professionnelles

- Briquetage-maçonnerie*
- Calorifugeage
- Carrelage*
- Charpenterie-menuiserie*
- Électricité
- Ferblanterie-tôlerie
- Peinture en bâtiment*
- Plâtrage*
- Plomberie-chauffage*
- Pose de revêtements souples
- Pose de systèmes intérieurs
- Préparation et finition de béton*
- Soudage-montage
- Taille de pierre

Attestation de spécialisation professionnelle

- Gestion d'une entreprise spécialisée de la construction
- Restauration de maçonnerie
- Soudage haute pression

* Formation disponible en anglais

École des métiers
de l'équipement motorisé
de Montréal

www.ememm.ca
514 596-5855

LA PASSION DE L'AUTOMOBILE, MOTEUR DE VOTRE CARRIÈRE

Passionné de mécanique, de voiture, de camions, bref, de véhicules en tout genre? Suivez une formation dans un domaine où les entreprises s'empressent d'embaucher les meilleurs.

L'École des métiers de l'équipement motorisé de Montréal (EMEMM) possède des salles de classe attenantes à des ateliers et équipées des nouvelles technologies de l'information. Dans votre apprentissage, vous aurez accès à plus de 200 véhicules et équipements divers : automobiles, moteurs, camions, machinerie lourde et plus encore.

L'EMEMM offre également des formations uniques avec des partenaires tels que Canadian Tire et General Motors. Vous apprendrez en alternance travail-études et serez rémunéré.

FORMATIONS OFFERTES

Diplôme d'études professionnelles

- Carrosserie
- Mécanique automobile
- Mécanique d'engins de chantier
- Mécanique de motocyclettes
- Mécanique de véhicules légers
- Mécanique de véhicules lourds routiers
- Service-conseil à la clientèle en équipement motorisé

Autres formations

- ASEP-GM, Canadian Tire

EMICA
École des métiers de l'informatique,
du commerce et de l'administration de Montréal

METTRE LES APPRENTISSAGES EN PRATIQUE

L'École des métiers de l'informatique, du commerce et de l'administration de Montréal (EMICA) vous offre des formations qui vous permettront d'intégrer rapidement le marché du travail ou de perfectionner vos connaissances alors que vous occupez un emploi. En plus des cours en classe, vous bénéficierez aussi de stages en entreprise. Vous pouvez suivre votre formation, de jour ou de soir dans un environnement reproduisant le milieu de travail.

FORMATIONS OFFERTES

Diplôme d'études professionnelles

Comptabilité

Secrétariat

Soutien informatique

Vente-conseil

Vente de voyages

Attestation de spécialisation professionnelle

Lancement d'une entreprise

Secrétariat juridique

Secrétariat médical

École des métiers des
FAUBOURGS
de Montréal

DES FORMATIONS DIVERSIFIÉES

Que vous soyez tenté par l'horticulture, la mode, la beauté ou la santé, l'École des métiers des Faubourgs de Montréal a une formation à votre mesure.

L'École des métiers de l'horticulture de Montréal offre ses formations dans un cadre des plus réalistes : au Jardin botanique de Montréal et au Parc Jean-Drapeau.

L'Institut supérieur Mode beauté est tout désigné si vous êtes à l'affût des tendances et désirez devenir un spécialiste des nouvelles pratiques en vogue.

Au Carrefour carrières Santé, c'est votre désir d'être utile auprès des gens que vous mettrez en œuvre dans un domaine porteur.

FORMATIONS OFFERTES

Diplôme d'études professionnelles

ÉCOLE DES MÉTIERS DE L'HORTICULTURE DE MONTRÉAL

Fleuristerie

Horticulture et jardinerie

Réalisation d'aménagements paysagers

Spécialités en horticulture

INSTITUT SUPÉRIEUR MODE BEAUTÉ

Coiffure

Confection de vêtements (façon tailleur)

Confection sur mesure et retouche

Dessin de patron

Épilation à l'électricité

Esthétique

CARREFOUR CARRIÈRES SANTÉ

Assistance à la personne en établissement de santé

Assistance dentaire

Assistance familiale et sociale aux personnes à domicile

Assistance technique en pharmacie

Santé, assistance et soins infirmiers

ÉCOLE DES MÉTIERS DU MEUBLE DE MONTRÉAL

www.emmm.ca
514 596-7919

LA CRÉATIVITÉ AU SERVICE DU QUOTIDIEN

Vous souhaitez réaliser des objets concrets et utiles et mettre en valeur votre créativité? Vous trouverez le domaine que vous cherchez à l'École des métiers du meuble de Montréal. Nous offrons des formations spécialisées adaptées aux besoins du marché, qui vous permettent de répondre à vos aspirations.

Vous pouvez choisir le secteur du meuble afin de vous spécialiser en fabrication de meubles ou d'éléments décoratifs, en finition, en sculpture d'éléments décoratifs ou encore en restauration de meubles anciens. Autre possibilité, une formation en entretien général d'immeuble vous permet de travailler dans divers bâtiments tels que les hôtels, les centres commerciaux et les immeubles à logements. Cette formation est de plus en plus exigée par les employeurs.

FORMATIONS OFFERTES

Diplôme d'études professionnelles
Ébénisterie
Entretien général d'immeubles
Finition de meubles
Rembourrage artisanal

École des métiers du Sud-Ouest de Montréal

www.emsom.ca
514 596-5960

DU CONCRET POUR L'AVENIR

L'École des métiers du Sud-Ouest de Montréal (EMSOM) vous offre des formations de pointe données par des enseignants au fait des réalités de l'industrie et dont l'enseignement s'appuie sur des bases concrètes.

L'EMSOM offre également aux travailleurs en mécanique industrielle la possibilité de se spécialiser en mécanique d'entretien en commandes industrielles.

FORMATIONS OFFERTES

Diplôme d'études professionnelles
Arpentage et topographie
Bijouterie-joaillerie
Conduite et réglage de machines à mouler les matières plastiques
Dessin de bâtiment
Dessin industriel
Électromécanique de systèmes automatisés*
Réparation d'appareils électroniques audiovidéos
Mécanique d'ascenseur
Mécanique industrielle de construction et d'entretien*

Attestation de spécialisation professionnelle
Mécanique d'entretien en commandes industrielles

* Nouveaux parcours optimisés
En complétant un DEP dans l'un ou l'autre de ces deux programmes, complétez le second en cinq mois grâce à de nombreux cours reconnus.

TABLE DES MATIÈRES

Édition 2010

Comment interpréter l'information 17

Avis important permettant de comprendre la démarche de l'éditeur et les statistiques publiées.

Catégories de préalables 20

Les six catégories de préalables en formation professionnelle.

DOSSIERS

Des diplômés défient la récession 24

Même si l'économie mondiale tournait au ralenti en 2009, le marché du travail québécois était prêt à accueillir la plupart des finissants de la formation professionnelle. De nombreux diplômés ont décroché un poste, ou encore un stage leur donnant de bonnes chances d'obtenir par la suite un emploi.

Une véritable machine à emplois 28

Peu de jeunes s'inscrivent aux programmes de formation professionnelle en usinage. Pourtant, ils gagneraient gros à le faire : les emplois sont nombreux et stimulants dans le domaine.

Diplômes express 33

Les systèmes de concomitance et de passerelles ainsi que les programmes intégrés secondaire-collégial permettent de raccourcir le cheminement scolaire.

DOSSIERS (SUITE)

Cultivez vos compétences!   37

Découvrez quelles sont les 10 aptitudes utiles pour dénicher un poste, le conserver et obtenir de l'avancement. Un questionnaire pour faire le point, des conseils pour se perfectionner.

L'art d'accompagner son ado   51

Le choix de carrière concerne d'abord le jeune qui exercera le métier plus tard. Mais les parents ont un rôle à jouer pour l'aider à trouver sa voie. L'orientation, ça commence à la maison!

PORTRAITS

Les métiers   54

Découvrez plus de 150 métiers liés à la formation professionnelle au secondaire grâce aux témoignages de jeunes diplômés des DEP et des ASP qui se sont taillé une place sur le marché du travail.

UTILITAIRES

Répertoire   372

Les coordonnées des centres nationaux de formation professionnelle ainsi que des commissions scolaires du Québec.

PÊLE-MÊLE

Index des DEP et des ASP par secteurs de formation	10
Liste des métiers de l'industrie de la construction au Québec	144
Index des DEP par ordre alphabétique	376
Index des ASP par ordre alphabétique	379
Index des DEP par numéros de programmes	380
Index des ASP par numéros de programmes	383
Index des annonceurs	384

LE CONCOURS
2009-2010

Chapeau, les filles!

ET SON VOLET

EXCELLE science
chapeau ELLE

SI TU AS CHOISI UNE FORMATION
MENANT À UN MÉTIER
TRADITIONNELLEMENT MASCULIN,
INSCRIS-TOI AU CONCOURS
CHAPEAU, LES FILLES!
OU À *EXCELLE SCIENCE*.

À GAGNER

DES PRIX DE 500 $ À 5 000 $,
DES STAGES RÉMUNÉRÉS
ET DES SÉJOURS
PROFESSIONNELS
HORS QUÉBEC

PRENDS TA PLACE

Renseigne-toi dans ton établissement d'enseignement
ou consulte le site suivant : www.mels.gouv.qc.ca/chapeau

DATE LIMITE DE DÉPÔT DES CANDIDATURES : 5 FÉVRIER 2010

Québec

ALTERNANCE
TRAVAIL-*études*
FORMATION PROFESSIONNELLE ET TECHNIQUE

c'est + que des études

+ Tu veux t'inscrire à un programme d'études
  qui te permet de vivre
  des expériences concrètes
  en milieu de travail?

+ Tu veux apprendre un métier
  ou une profession?

+ Tu veux augmenter tes chances
  de trouver un emploi à la fin de tes études?

CHOISIS PARMI PLUS DE 150
PROGRAMMES D'ÉTUDES
DE LA FORMATION PROFESSIONNELLE
OU TECHNIQUE OFFERTS EN ALTERNANCE
TRAVAIL-ÉTUDES.

C'EST UN PLUS POUR TON CV!

UNE GARANTIE POUR TON AVENIR!

Pour en savoir plus
www.mels.gouv.qc.ca/ate
ou renseigne-toi auprès de
ton établissement scolaire.

Éducation,
Loisir et Sport
Québec 🔱🔱

INDEX DES DEP ET DES ASP
PAR SECTEURS DE FORMATION

Diplômes d'études professionnelles (DEP)

| **SECTEUR** | **1** | **Administration, commerce et informatique** | **54** |

Comptabilité – 5231 56
Secrétariat – 5212 58
Soutien informatique – 5229 60
Vente-conseil – 5321 62

| **SECTEUR** | **2** | **Agriculture et pêches** | **70** |

Aquiculture – 5094..72
Arboriculture-élagage – 5079 74
Fleuristerie – 5173 76
Grandes cultures – 5254 78
Horticulture et jardinerie – 5288 79
Pêche professionnelle – 5257 80
Production acéricole – 5256 82
Production de bovins de boucherie – 5168 84
Production horticole – 5210...86
Production laitière – 5167 88
Production porcine – 5171 90
Réalisation d'aménagements paysagers – 5320......................92
Vente des produits de la pêche – 5104...................................94

| **SECTEUR** | **3** | **Alimentation et tourisme** | **96** |

Boucherie de détail – 5268 98
Boulangerie – 5270 100
Cuisine – 5311 102
Pâtisserie – 5297 103
Réception en hôtellerie – 5283 105
Service de la restauration – 5293 107
Vente de voyages – 5236..109

| **SECTEUR** | **4** | **Arts** | **114** |

Bijouterie-joaillerie – 5085 116
Décoration intérieure et étalage – 5005 118
Photographie – 5292 120
Taille de pierre – 5178 122

| **SECTEUR** | **5** | **Bois et matériaux connexes** | **124** |

Ébénisterie – 5030 126
Fabrication en série de meubles et de produits en bois ouvré – 5028 128
Finition de meubles – 5142 130

Comment interpréter l'information	17

Avis important permettant de comprendre la démarche de l'éditeur et les statistiques publiées.

Modelage – 5157 132
Rembourrage artisanal – 5080 133
Rembourrage industriel – 5031 135

SECTEUR 6 Chimie et biologie   138

Conduite de procédés de traitement de l'eau – 5213.................140

SECTEUR 7 Bâtiment et travaux publics   142

Arpentage et topographie – 5238 145
Briquetage-maçonnerie – 5303 147
Calorifugeage – 5119..149
Carrelage – 5300 151
Charpenterie-menuiserie – 5319 153
Découpe et transformation du verre – 5140 155
Dessin de bâtiment – 5250 157
Entretien et réparation de caravanes – 5214 159
Entretien général d'immeubles – 5211 161
Installation et fabrication de produits verriers – 5282 163
Intervention en sécurité incendie – 5322 164
Mécanique de machines fixes – 5146......................................166
Mécanique de protection contre les incendies – 5121 168
Peinture en bâtiment – 5116 170
Plâtrage – 5286 172
Plomberie-chauffage – 5148 174
Pose de revêtements de toiture – 5032 176
Pose de revêtements souples – 5115 178
Pose de systèmes intérieurs – 5118 180
Préparation et finition de béton – 5117 182
Réfrigération – 5315 184
Vente de produits de quincaillerie – 5272................................186

SECTEUR 8 Environnement et aménagement du territoire   190

Protection et exploitation de territoires fauniques – 5179.........192

SECTEUR 9 Électrotechnique   194

Électricité – 5295 196
Électromécanique de systèmes automatisés – 5281 197
Installation et entretien de systèmes de sécurité – 5296 199
Installation et réparation d'équipement de télécommunication – 5266 ...201
Montage de lignes électriques – 5185 203
Réparation d'appareils électroménagers – 5024 205
Réparation d'appareils électroniques audiovidéos – 5271 207
Service technique d'équipement bureautique – 5265 208

La formation
professionnelle
au secondaire

la solution
concrète et payante!

Tu veux un métier.
On a plus de 195 solutions pour toi.

Tu veux du concret.
Tu veux un bel avenir.
Tu veux faire ce que tu aimes dans la vie.
Tu veux bien gagner ta vie.
Rapidement.

Les 200 centres de formation professionnelle des commissions scolaires du Québec t'offrent tout ce qu'il y a de plus concret pour apprendre le métier qui te passionne.

Vas-y, plonge dans ton avenir et ton succès!

La Fédération
des commissions
scolaires
du Québec

LE GOÛT DU PUBLIC

Diplômes d'études professionnelles (DEP) (suite)

SECTEUR 10   **Entretien d'équipement motorisé**   **210**

Carrosserie – 5217 212
Mécanique agricole – 5070 214
Mécanique automobile – 5298 216
Mécanique d'engins de chantier – 5055 218
Mécanique de véhicules légers – 5154 220
Mécanique de véhicules lourds routiers – 5049 222
Mécanique marine – 1250 224
Service-conseil à la clientèle en équipement motorisé – 5258 226
Vente de pièces mécaniques et d'accessoires – 5194 228

SECTEUR 11   **Fabrication mécanique**   **232**

Conduite et réglage de machines à mouler – 5193 234
Dessin industriel – 5225 236
Mise en œuvre de matériaux composites – 5267 238
Montage de câbles et de circuits – 5269 240
Montage de structures en aérospatiale – 5197 242
Montage mécanique en aérospatiale – 5307 244
Opération d'équipements de production – 5310 246
Techniques d'usinage – 5223 248
Tôlerie de précision – 5244 250

SECTEUR 12   **Foresterie et papier**   **256**

Abattage et façonnage des bois – 5189 258
Abattage manuel et débardage forestier – 5290 260
Affûtage – 5073 262
Aménagement de la forêt – 5306 264
Classement des bois débités – 5208 266
Pâtes et papiers (opérations) – 5262 268
Sciage – 5088 270
Travail sylvicole – 5289 272

SECTEUR 13   **Communication et documentation**   **274**

Imprimerie – 5246 276
Procédés infographiques – 5221 278
Reprographie et façonnage – 5240 280

SECTEUR 14   **Mécanique d'entretien**   **282**

Horlogerie-bijouterie – 5182 284
Mécanique d'ascenseur – 5200 286
Mécanique de machines à coudre industrielles – 5209 288
Mécanique industrielle de construction et d'entretien – 5260 290
Réparation d'armes à feu – 1489 292
Serrurerie – 5162 294

SECTEUR 15 — Mines et travaux de chantier **300**

Conduite de machinerie lourde en voirie forestière – 5273 302
Conduite de machines de traitement du minerai – 5274 304
Conduite d'engins de chantier – 5220 306
Extraction du minerai – 5261 308
Forage au diamant – 5253 310
Forage et dynamitage – 5092 312

SECTEUR 16 — Métallurgie **314**

Chaudronnerie – 5165 316
Fabrication de structures métalliques et de métaux ouvrés – 5308 318
Ferblanterie-tôlerie – 5233 319
Fonderie – 5203 321
Montage structural et architectural – 5299 323
Pose d'armature du béton – 5076 324
Soudage-montage – 5195 326
Traitement de surface – 5222 328

SECTEUR 17 — Transport **330**

Régulation de vol – 5304 332
Transport par camion – 5291 334

SECTEUR 18 — Cuir, textile et habillement **336**

Confection de vêtements (façon tailleur) – 5219 338
Confection de vêtements et d'articles de cuir – 5247 340
Confection sur mesure et retouche – 5239 342
Cordonnerie – 5145 344
Dessin de patron – 5218 346
Nettoyage à sec et entretien de vêtements – 5082 348
Production industrielle de vêtements – 5252 350
Production textile (opérations) – 5243 352

SECTEUR 19 — Santé **354**

Assistance à la personne à domicile – 5317 356
Assistance à la personne en établissement de santé – 5316 358
Assistance dentaire – 5144 360
Assistance technique en pharmacie – 5302 362
Santé, assistance et soins infirmiers – 5325 364

SECTEUR 20 — Services sociaux, éducatifs et juridiques

Aucun programme de DEP illustré dans ce guide.

SECTEUR 21 — Soins esthétiques **366**

Coiffure – 5245 368
Esthétique – 5035 370

Attestations de spécialisation professionnelle (ASP)

SECTEUR 1 — **Administration, commerce et informatique** — **54**

Gestion d'une entreprise de la construction – 5309 64
Lancement d'une entreprise – 5264 65
Représentation – 5323 66
Secrétariat juridique – 5226 67
Secrétariat médical – 5227 68

SECTEUR 2 — **Agriculture et pêches** — **70**

Spécialités en horticulture – 5043 95

SECTEUR 3 — **Alimentation et tourisme** — **96**

Cuisine du marché – 5324 111
Pâtisserie de restaurant – 1057 112
Sommellerie – 5314 113

SECTEUR 5 — **Bois et matériaux connexes** — **124**

Gabarits et échantillons – 1442 137

SECTEUR 7 — **Bâtiment et travaux publics** — **142**

Réparation d'appareils au gaz naturel – 5172 188
Restauration de maçonnerie – 5215 189

SECTEUR 9 — **Électrotechnique** — **194**

Liaison en réseau d'équipement bureautique – 5280 209

SECTEUR 10 — **Entretien d'équipement motorisé** — **210**

Mécanique de moteurs diesels et de contrôles électroniques – 5259 230
Mécanique de motocyclettes – 5232 231

SECTEUR 11 — **Fabrication mécanique** — **232**

Fabrication de moules – 5249 252
Matriçage – 5041 253
Outillage – 5042 254
Usinage sur machines-outils à commande numérique – 5224 255

SECTEUR 14 — **Mécanique d'entretien** — **282**

Horlogerie-rhabillage – 5263 296
Mécanique d'entretien en commandes industrielles – 5006 297
Mécanique d'entretien préventif et prospectif industriel – 5012 298

SECTEUR 16 — **Métallurgie** — **314**

Soudage haute pression – 5234 329

SECTEUR 21 — **Soins esthétiques** — **366**

Épilation à l'électricité – 5068 372

COMMENT INTERPRÉTER L'INFORMATION

Les pages 56 à 371 présentent des témoignages portant sur les programmes de formation professionnelle menant à un diplôme d'études professionnelles (DEP) ou à une attestation de spécialisation professionnelle (ASP).

Le DEP : programme dont la durée varie généralement entre 600 et 1 800 heures de cours, axé sur la formation professionnelle visant l'acquisition de compétences.

L'ASP : programme complémentaire à un DEP initial, variant généralement entre 450 et 900 heures de cours. Pour y accéder, il faut posséder un DEP dans un métier correspondant, se voir reconnaître les apprentissages équivalents ou exercer un métier en lien avec l'ASP. Il s'agit d'une spécialisation (voir page 20 au sujet des préalables).

COMMENT LIRE L'INFORMATION

Les DEP

Chaque texte vous offre les témoignages d'un diplômé et d'un spécialiste de l'enseignement du programme concerné, de même que les données statistiques tirées des enquêtes *Relance* du ministère de l'Éducation, du Loisir et du Sport (des données complémentaires sont aussi présentées en page 395).

Chaque en-tête de texte présente les informations suivantes :

EXEMPLE :

SECTEUR	**3**	ALIMENTATION ET TOURISME	
		CNP 6453	CUISEP 312-700

DEP
ASP 5234

Service de la restauration

PROG. 5293		960 HEURES
PRÉALABLE : 2, voir page 20		

Secteur : La classification du ministère de l'Éducation, du Loisir et du Sport comprend 21 secteurs de formation. Vous pouvez connaître les différents secteurs en consultant l'index des programmes en page 10.

Code CNP : Le code CNP correspond à la description de la fonction principale à laquelle mène le programme, selon la Classification nationale des professions établie par Service Canada. Ce code peut servir à consulter certains répertoires de formation ou certaines bases de données offrant des renseignements sur les différents métiers et professions au Canada.

▷

▷ **Code CUISEP :** Le code CUISEP correspond à un classement établi à l'usage des responsables de l'orientation scolaire et professionnelle. Il sert notamment à la consultation du logiciel Repères, base de données portant sur les métiers et professions utilisée principalement au Québec par ces spécialistes. Repères est accessible dans la plupart des établissements d'enseignement.

ASP : Le cas échéant, cette donnée indique qu'il est possible de compléter sa formation par une ou plusieurs attestations de spécialisation professionnelle (ASP) directement correspondantes, dont nous donnons le ou les numéros. Dans l'exemple présenté ici, l'ASP n° 5129 correspond au programme en sommellerie. On peut consulter l'index numérique des programmes d'ASP en page 383.

Nombre d'heures : Durée du programme telle qu'autorisée par le ministère de l'Éducation, du Loisir et du Sport.

Numéro du programme : Selon le répertoire du ministère de l'Éducation, du Loisir et du Sport.

Préalable : Le chiffre correspond à la catégorie de préalables nécessaires pour être admis au programme. Ces catégories sont décrites en page 20.

Date de publication : Chacun des portraits affiche une date à la fin du texte. Cette date indique le mois et l'année de première publication du portrait. Cependant, tous les textes sont relus à chaque nouvelle édition et font l'objet d'une mise à jour ou d'une refonte, si nécessaire. Un texte complètement refait porte la date de sa réécriture la plus récente.

Les ASP

Chaque texte offre une description des objectifs, du rôle et des tâches correspondant à la formation, à laquelle s'ajoutent des renseignements donnés par des spécialistes de l'enseignement du programme concerné, de même que des données statistiques tirées des enquêtes *Relance* du ministère de l'Éducation, du Loisir et du Sport.

Chaque en-tête de texte présente les mêmes informations que celles qui sont données dans la section des DEP, SAUF :

DEP : Cette donnée indique le numéro du DEP normalement reconnu comme préalable à l'ASP. On peut consulter l'index numérique des DEP en page 380. TOUTEFOIS, on reconnaît aussi certaines formations ou expériences équivalentes, en accord avec la description des catégories de préalables en page 20.

AU SUJET DES STATISTIQUES

Les informations statistiques publiées dans ce guide sont tirées de la plus récente étude *La Relance au secondaire en formation professionnelle* réalisée par le ministère de l'Éducation, du Loisir et du Sport. Celle-ci rassemble des données colligées dans tout le Québec, neuf mois après la fin des études de la cohorte des diplômés concernés. Ces données sont présentées À TITRE INDICATIF et doivent être interprétées avec réserve. En effet, l'instabilité du marché du travail dans certains secteurs d'emploi peut avoir changé les conditions offertes aux jeunes diplômés depuis la dernière enquête. Afin de donner un aperçu de cette évolution, nous présentons aussi les données de la même enquête obtenues au cours des deux années précédentes. Pour obtenir les plus récentes informations statistiques, prenez contact directement avec les établissements offrant la formation qui vous intéresse. Voir le répertoire des commissions scolaires en page 372.

DONNÉES CORRESPONDANT À CHAQUE FORMATION

	A	**B**	**C**	**D**	
	Salaire hebdo moyen	Proportion de dipl. en emploi	Emploi relié	Chômage	Nombre de diplômés
2006	xxx $	xxx %	xxx %	xxx %	xxx
2005	xxx $	xxx %	xxx %	xxx %	xxx
2004	xxx $	xxx %	xxx %	xxx %	xxx

Statistiques tirées de la *Relance* - Ministère de l'Éducation, du Loisir et du Sport.

A L'indicateur salarial présente le salaire hebdomadaire brut moyen chez les jeunes diplômés, neuf mois après la fin de leurs études.

B L'indicateur de proportion de diplômés en emploi (PDE) correspond à la proportion de personnes diplômées ayant déclaré travailler à leur compte ou pour autrui, sans étudier à temps plein.

C L'indicateur d'emploi relié présente le pourcentage des répondants ayant un emploi à temps plein, relié en tout ou en partie à leur formation.

D L'indicateur de chômage est le résultat en pourcentage du rapport entre le nombre de personnes diplômées à la recherche d'un emploi et l'ensemble de la population active (personnes qui travaillent et à la recherche d'un emploi).

ATTENTION!

Divers facteurs peuvent influencer l'interprétation des données.

C'est le cas du **NOMBRE DE DIPLÔMÉS** : plus ce nombre est faible, moins les données obtenues risquent d'être représentatives de l'ensemble du marché du travail pour ce type de professionnels. C'est pourquoi nous indiquons toujours le nombre de diplômés.

IL FAUT TENIR COMPTE DE L'EMPLOI RELIÉ. Le taux d'emploi relié indique le lien entre l'emploi occupé et le domaine d'études. C'est un indicateur essentiel pour juger de manière plus réaliste de la qualité de la situation d'emploi.

IL NE FAUT PAS CONFONDRE les propos des représentants enseignants interrogés dans la partie témoignage (rubrique *Défis et perspectives*) avec les données statistiques. Les statistiques sont d'ordre provincial, alors que les avis des personnes interrogées dans les écoles concernent généralement une situation observable sur le plan local. Un certain écart entre les deux perceptions peut ainsi ressortir. Il est donc important de tenir compte de cette distinction.

N'OUBLIEZ PAS!

Il faut éviter de baser son choix de carrière uniquement sur une statistique d'emploi ou une moyenne salariale. Afin d'effectuer une bonne démarche de choix de carrière, n'hésitez pas à consulter un conseiller d'orientation ou un conseiller en information scolaire et professionnelle. ◎

CATÉGORIES DE PRÉALABLES

Les six catégories de préalables relatifs aux programmes conduisant à l'obtention du DEP ou de l'ASP sont définies ci-après.

Catégorie 1

La personne est titulaire du diplôme d'études secondaires ou de son équivalent reconnu.

ou

La personne est âgée d'au moins 16 ans au 30 septembre de l'année scolaire au cours de laquelle elle commence sa formation et a obtenu les unités de 4e secondaire en langue d'enseignement, en langue seconde et en mathématiques dans des programmes d'études établis par le ministre, ou des apprentissages reconnus équivalents.

ou

La personne est âgée d'au moins 18 ans au moment de l'entrée en formation et possède les préalables fonctionnels, soit la réussite du test de développement général ainsi que les préalables spécifiques mentionnés dans l'annexe I de l'Instruction de la formation professionnelle, pour le programme visé, ou des apprentissages reconnus équivalents.

ou

La personne a obtenu les unités de 3e secondaire en langue d'enseignement, en langue seconde et en mathématiques dans des programmes d'études établis par le ministre et poursuivra sa formation générale en concomitance avec sa formation professionnelle afin d'obtenir les unités en 4e secondaire qui lui manquent en langue d'enseignement, en langue seconde et en mathématiques dans des programmes d'études établis par le ministre.

Catégorie 2

La personne est titulaire du diplôme d'études secondaires ou de son équivalent reconnu.

ou

La personne est âgée d'au moins 16 ans au 30 septembre de l'année scolaire au cours de laquelle elle commence sa formation et a obtenu les unités de 3e secondaire en langue d'enseignement, en langue seconde et en mathématiques dans des programmes d'études établis par le ministre, ou des apprentissages reconnus équivalents.

ou

La personne est âgée d'au moins 18 ans au moment de l'entrée en formation et possède les préalables fonctionnels, soit la réussite du test de développement général ainsi que les préalables spécifiques mentionnés dans l'annexe I de l'Instruction de la formation professionnelle, pour le programme visé, ou des apprentissages reconnus équivalents.

N. B. : Pour les programmes d'études de cette catégorie, une personne peut poursuivre sa formation générale en concomitance avec sa formation professionnelle à condition d'avoir au moins obtenu les unités de 3e secondaire en langue d'enseignement, en langue seconde et en mathématiques dans des programmes d'études établis par le ministre ou encore d'être âgée d'au moins 18 ans et d'avoir réussi le test de développement général.

Catégorie 3

La personne est titulaire d'un DEP dans le métier correspondant au programme d'études.

ou

La personne se voit reconnaître les apprentissages équivalents.

ou

La personne exerce un métier ou une profession en relation avec ce programme d'études.

N. B. : Aucune condition d'admission n'est exigée pour les programmes d'études de lancement d'entreprise.

Catégorie 4

La personne est titulaire du diplôme d'études secondaires ou de son équivalent reconnu.

ou

La personne est âgée d'au moins 16 ans au 30 septembre de l'année scolaire au cours de laquelle elle commence sa formation et a obtenu les unités de 5e secondaire en langue d'enseignement et de 4e secondaire en langue seconde et en mathématiques dans des programmes d'études établis par le ministre, ou des apprentissages reconnus équivalents.

ou

La personne est âgée d'au moins 18 ans au moment de l'entrée en formation et possède les préalables fonctionnels, soit la réussite du test de développement général, ainsi que les unités de 5e secondaire en langue d'enseignement dans un programme d'études établi par le ministre, ou des apprentissages reconnus équivalents.

ou

La personne a obtenu les unités de 3e secondaire en langue d'enseignement, en langue seconde et en mathématiques dans des programmes d'études établis par le ministre, et poursuivra sa formation générale en concomitance avec sa formation professionnelle afin d'obtenir les unités qui lui manquent parmi les suivantes : 5e secondaire en langue d'enseignement, 4e secondaire en langue seconde et en mathématiques dans des programmes d'études établis par le ministre.

Catégorie 5

La personne est titulaire du diplôme d'études secondaires ou de son équivalent reconnu et possède une bonne connaissance de l'inuktitut.

ou

La personne est âgée d'au moins 16 ans au 30 septembre de l'année scolaire au cours de laquelle elle commence sa formation, possède une bonne connaissance de l'inuktitut et a obtenu les unités de 3e secondaire en langue d'enseignement, en langue seconde et en mathématiques dans des programmes d'études établis par le ministre, ou des apprentissages reconnus équivalents.

ou

La personne est âgée d'au moins 18 ans au moment de l'entrée en formation, possède une bonne connaissance de l'inuktitut et a réussi le test de développement général ou des apprentissages reconnus équivalents. N. B. : Pour les programmes d'études de cette catégorie, une personne peut poursuivre sa formation générale en concomitance avec sa formation professionnelle à condition de posséder une bonne connaissance de l'inuktitut et d'avoir au moins obtenu les unités de 3e secondaire en langue d'enseignement, en langue seconde et en mathématiques dans des programmes d'études établis par le ministre ou encore d'être âgée d'au moins 18 ans et d'avoir réussi le test de développement général.

Catégorie 6

La personne est titulaire du diplôme d'études secondaires ou de son équivalent reconnu et a obtenu les unités de 5e secondaire en langue d'enseignement et en langue seconde dans un programme d'études établi par le ministre, ou des apprentissages reconnus équivalents.

ou

La personne est âgée d'au moins 16 ans au 30 septembre de l'année scolaire au cours de laquelle elle commence sa formation et a obtenu les unités de 5e secondaire en langue d'enseignement et en langue seconde et de 4e secondaire en mathématiques dans des programmes d'études établis par le ministre, ou des apprentissages reconnus équivalents.

ou

La personne est âgée d'au moins 18 ans au moment de l'entrée en formation et possède les préalables fonctionnels, soit la réussite du test de développement général, ainsi que les unités de 5e secondaire en langue d'enseignement et en langue seconde dans des programmes d'études établis par le ministre, ou des apprentissages reconnus équivalents.

ou

La personne a obtenu les unités de 3e secondaire en langue d'enseignement, en langue seconde et en mathématiques dans des programmes d'études établis par le ministre, et poursuivra sa formation générale en concomitance avec sa formation professionnelle afin d'obtenir les unités qui lui manquent parmi les suivantes : 5e secondaire en langue d'enseignement et en langue seconde, 4e secondaire en mathématiques dans des programmes d'études établis par le ministre. ◎

Source : *La formation professionnelle, Instruction 2009-2010*, ministère de l'Éducation, du Loisir et du Sport du Québec, juillet 2009.

LES
DOSSIERS

DES DIPLÔMÉS DÉFIENT LA RÉCESSION   24

Même si l'économie mondiale tournait au ralenti en 2009, le marché du travail québécois était prêt à accueillir la plupart des finissants de la formation professionnelle. De nombreux diplômés ont décroché un poste, ou encore un stage leur donnant de bonnes chances d'obtenir par la suite un emploi.

UNE VÉRITABLE MACHINE À EMPLOIS   28

Peu de jeunes s'inscrivent aux programmes de formation professionnelle en usinage. Pourtant, ils gagneraient gros à le faire : les emplois sont nombreux et stimulants dans le domaine.

DIPLÔMES EXPRESS   33

Les systèmes de concomitance et de passerelles ainsi que les programmes intégrés secondaire-collégial permettent de raccourcir le cheminement scolaire.

CULTIVEZ VOS COMPÉTENCES!   37

Découvrez quelles sont les 10 aptitudes utiles pour dénicher un poste, le conserver et obtenir de l'avancement. Un questionnaire pour faire le point, des conseils pour se perfectionner.

L'ART D'ACCOMPAGNER SON ADO   51

Le choix de carrière concerne d'abord le jeune qui exercera le métier plus tard. Mais les parents ont un rôle à jouer pour l'aider à trouver sa voie. L'orientation, ça commence à la maison!

Illustration : Kevin Durocher

Pages 24 à 53

DES DIPLÔMÉS DÉFIENT
LA RÉCESSION

Par Anick Perreault-Labelle

Même si l'économie mondiale tournait au ralenti en 2009, le marché du travail québécois était prêt à accueillir la plupart des finissants de la formation professionnelle. De nombreux diplômés ont décroché un poste, ou encore un stage leur donnant de bonnes chances d'obtenir par la suite un emploi.

Le secteur de la fabrication, durement touché par la récession, offre encore des débouchés aux titulaires d'un diplôme d'études professionnelles (DEP).

«Le manque de diplômés dans certains secteurs manufacturiers était important avant le ralentissement économique. Maintenant que les usines diminuent leurs activités, le nombre de finissants correspond mieux à la demande», dit Louise Lafond, coordinatrice régionale de la formation professionnelle au Bureau d'emploi en formation professionnelle de la Mauricie. Par exemple, en 2009, les quatre centres de formation professionnelle (CFP) de cette région ont diplômé 21 personnes en techniques d'usinage et 33 autres en soudage-montage. «Elles ont toutes trouvé un stage qui a des chances de devenir un emploi», prédit-elle.

Au Centre de formation des métiers de l'acier, à Montréal, on recevait au cours des dernières années jusqu'à cinq offres d'emploi ou de stages pour chacun des finissants du DEP *Fabrication de structures métalliques et de métaux ouvrés*. En 2009, les offres ont baissé à un peu moins d'une par élève, indique le directeur du centre, Denis Ouellet. «Les fabricants de structures d'acier souffrent de la clause *Buy American* du plan de relance économique américain, qui oblige les municipalités et les États américains à acheter de l'acier manufacturé aux États-Unis», explique-t-il.

Tous les finissants du programme ont néanmoins trouvé un stage en 2009. Et les entreprises qui les ont accueillis ont de bonnes chances de se remettre malgré les restrictions américaines, estime M. Ouellet. «Plusieurs d'entre elles songent à fabriquer des structures destinées à des ponts plutôt qu'à des bâtiments.» Avec la réfection des viaducs qui s'annonce et la construction du pont de l'autoroute 25 qui débute, le travail ne devrait pas manquer dans ce secteur au Québec.

DES MANUFACTURIERS QUI EMBAUCHENT

Au Centre Bernard-Gariépy, situé à Sorel-Tracy, en Montérégie, la dizaine de diplômés de 2009 du DEP *Électromécanique de systèmes automatisés* ont tous trouvé du travail. Plusieurs ont été engagés chez ABB, une entreprise de Varennes qui fabrique notamment des transformateurs et des génératrices.

La quarantaine de diplômés du DEP *Mécanique industrielle de construction et d'entretien* ont également obtenu des emplois, notamment chez Alstom, à Montréal, une multinationale spécialisée en infrastructures de production d'électricité et en transport ferroviaire.

Les 20 finissants du programme *Opération d'équipements de production en métallurgie* du même établissement ont aussi tous trouvé un stage au printemps 2009. Idéalement,

celui-ci se transformera en emploi! Seul bémol : en raison de la récession, «les élèves ont dû s'éloigner de la région, dit Paul Boutin, responsable des stages et du placement du Centre Bernard-Gariépy. En 2009, le complexe métallurgique de QIT-Fer et Titane de Sorel-Tracy n'a accepté aucun stagiaire, alors qu'il en prend habituellement une cinquantaine.»

> Au Centre Bernard-Gariépy, situé à Sorel-Tracy, en Montérégie, la dizaine de diplômés de 2009 du DEP *Électromécanique de systèmes automatisés* ont tous trouvé du travail. Plusieurs ont été engagés chez ABB, une entreprise de Varennes qui fabrique notamment des transformateurs et des génératrices.

LE TOURISME TOUJOURS GAGNANT

La demande en restauration se maintient. Dans la région de Québec, à l'École hôtelière de la Capitale, c'est le plein emploi pour les 48 diplômés de *Service de la restauration*. «Québec est et restera une ville touristique, dit Yolaine Carver, conseillère d'orientation de l'école. L'excellent placement de ces élèves devrait se poursuivre.»

Les quatre centres de formation de la Mauricie ont aussi reçu 37 offres d'emploi pour leurs 17 diplômés du DEP *Cuisine d'établissement* en 2009. «La région développe son secteur touristique», dit Louise Lafond. Or, qui dit tourisme dit restaurants et cuisiniers. Cela est encore plus vrai en 2009, alors que Trois-Rivières fête son 375e anniversaire.

Le placement est également bon pour les diplômés de *Vente de voyages*. «Environ 85 % des 36 diplômés de 2009 ont trouvé un emploi. Les réservations en ligne augmentent, mais le voyage fait partie de la culture des Québécois et plusieurs aiment le service plus complet qu'ils reçoivent dans une agence de voyages», estime Mme Carver. Selon elle, la demande de diplômés en vente de voyages va se maintenir, car la formation donne accès ▷

LA CONSTRUCTION : ENCORE DES DÉBOUCHÉS

Les titulaires d'un DEP lié à un métier de la construction comme *Charpenterie-menuiserie*, *Briquetage-maçonnerie* et *Dessin de bâtiment* ont également la cote. Les 110 charpentiers et 16 dessinateurs de bâtiment diplômés en 2009 à l'École professionnelle de Saint-Hyacinthe, en Montérégie, ont facilement trouvé un poste. «L'emploi dans le secteur est soutenu, notamment par le crédit d'impôt que le gouvernement fédéral verse aux particuliers qui rénovent leur domicile», estime Marie-Hélène Hébert, conseillère en formation scolaire de l'établissement. Les grands travaux d'infrastructures lancés par le gouvernement provincial stimulent aussi la demande.

Les 22 diplômés en briquetage-maçonnerie du Centre de formation continue et de formation professionnelle Access, à Saint-Lambert, ont également été embauchés dès leur sortie de l'école. Enfin, la centaine de charpentiers-menuisiers formés cette année à l'École de formation professionnelle de Châteauguay, sont si prisés que l'établissement acceptera 40 élèves de plus en 2009-2010. «Les professeurs sont convaincus qu'il y aura du travail pour eux, notamment en raison des départs à la retraite», dit Nathalie Chevrier, directrice adjointe par intérim de l'école.

DES EMPLOIS DANS LES ÉCOLES ET LES HÔPITAUX

Un peu partout à travers la province, la demande de diplômés du DEP *Secrétariat* est forte. Au CFP Chanoine-Armand-Racicot, à Saint-Jean-sur-Richelieu, la conseillère d'orientation Nathalie Labelle indique que les 18 finissants de 2009 ont eu l'embarras du choix. «Les diplômés peuvent être sélectifs et choisir l'emploi qui leur convient selon les horaires, la proximité de l'entreprise ou les tâches.»

▷ à divers emplois comme agent de voyages, agent d'information touristique, forfaitiste, guide-interprète et agent de service à la clientèle.

Le Centre de formation Eastern Québec, situé dans l'arrondissement de Sainte-Foy-Sillery, ressent pour sa part un ralentissement en hôtellerie après une année de forte occupation en raison du 400ᵉ anniversaire de la Capitale, célébré en 2008. Nicole Hudon Aubé, coordinatrice stages et emplois de l'établissement, signale que de 2008 à 2009 le placement de la trentaine de finissants du DEP *Réception en hôtellerie* est passé de 90 % à 70 %.

> **La centaine de charpentiers-menuisiers formés cette année à l'École de formation professionnelle de Châteauguay, sont si prisés que l'établissement acceptera 40 élèves de plus en 2009-2010.**

Selon Mme Labelle, les départs à la retraite de secrétaires dans la région de Saint-Jean-sur-Richelieu expliquent en partie cette demande. D'autres intervenants interrogés ont aussi mentionné que le remplacement de secrétaires dans les commissions scolaires et les hôpitaux créait des débouchés.

Enfin, tous les finissants du secteur de la santé sont accueillis à bras ouverts par les hôpitaux et les CHSLD de la province. Par exemple, le CFP Mont-Laurier a formé une trentaine de diplômés en santé, assistance et soins infirmiers et une quarantaine en assistance à la personne en établissement de santé. Tous ont trouvé un emploi, la majorité dans la région. Dans ces programmes de même qu'en assistance à la personne à domicile, l'offre de diplômés demeure inférieure à la demande.

PROGRAMMES EN MANQUE D'ÉLÈVES

Certains programmes offrent d'excellentes perspectives d'emploi... mais manquent d'inscriptions. À l'École d'agriculture de Nicolet, par exemple, les DEP *Mécanique agricole* et *Grandes cultures* ne comptaient respectivement que 10 et 2 diplômés en 2009. «On aurait facilement pu en placer une dizaine de plus dans chaque programme», dit Richard Larocque, directeur de l'école.

La situation est plus dramatique pour le DEP *Production porcine*. L'École d'agriculture de Nicolet n'a eu aucun finissant dans ce programme en 2009. «Mais il y aurait eu de l'emploi pour au moins 10 diplômés en 2009», précise M. Larocque. L'École professionnelle de Saint-Hyacinthe, pour sa part, n'a diplômé que six personnes en production porcine, alors que le travail dans ce domaine ne manque pas dans la région.

FORESTERIE : DES PROGRAMMES SUSPENDUS

Depuis 2005, impossible d'offrir les DEP *Travail sylvicole*, *Abattage manuel et débardage forestier* et *Opération d'équipements de production* au Centre de formation Harricana d'Amos, en Abitibi-Témiscamingue. «Les jeunes sont peu motivés à s'inscrire, notamment parce que les entreprises prévoient plus de mises à pied que d'embauches», dit René Roy, conseiller pédagogique au centre. Or, même s'ils sont moins nombreux, il y a encore des postes disponibles en forêt, précise M. Roy. Et les employeurs recherchent les compétences des diplômés. «Avant, les travailleurs sylvicoles abattaient les arbres sans réfléchir. Maintenant, on leur demande de couper ceux qui poussent mal et de laisser les autres en place.»

Le ralentissement dans la coupe d'arbres a par ailleurs un impact dans la transformation du bois. Le CFP Mont-Laurier ne donne plus les DEP *Affûtage*, *Sciage* ni *Classement des bois débités* depuis trois ans, faute d'inscriptions et d'emplois, dit Faby Brière, conseiller d'orientation au CFP. «Trois des quatre scieries de la région sont fermées et celle qui reste fonctionne au ralenti.»

UNE BONNE NOUVELLE

Les emplois reviennent cependant en aménagement de la forêt. Au CFP Mont-Laurier, ce programme n'était pas donné depuis au moins un an. «En 2009, nous avons eu huit diplômés qui ont presque tous trouvé un emploi», dit Faby Brière. La révision du régime forestier du ministère des Ressources naturelles et de la Faune stimule l'emploi dans ce secteur.

Au Centre de formation Harricana, les 12 diplômés du programme n'ont pas eu plus de mal à trouver du travail. «Nous aurions pu en placer une vingtaine», conclut René Roy. ◉ 06/09

UNE VÉRITABLE MACHINE À EMPLOIS

Par Sylvie L. Rivard

Peu de jeunes s'inscrivent aux programmes de formation professionnelle en usinage. Pourtant, ils gagneraient gros à le faire. Les emplois sont nombreux et stimulants dans le domaine.

L'idée qu'on se fait du métier de machiniste est souvent celle d'un travail monotone et répétitif consistant à fabriquer toujours les mêmes pièces. Cette perception est erronée, estime Luc Pouliot, directeur adjoint au Centre de formation professionnelle (CFP) Paul-Gérin-Lajoie, à Vaudreuil-Dorion. «Au fur et à mesure que le machiniste prend de l'expérience, il travaille sur des pièces de plus en plus complexes qui exigent une précision inouïe.»

Comme les métiers de l'usinage sont mal connus, les élèves s'inscrivent peu aux programmes de formation, soit le diplôme d'études professionnelles (DEP) *Techniques d'usinage*, et les attestations de spécialisation professionnelle (ASP) *Usinage sur machines-outils à commande numérique* (MOCN), *Outillage* et *Matriçage*.

UNE PÉNURIE D'ÉLÈVES

Selon les plus récentes données du ministère de l'Éducation, du Loisir et du Sport, les inscriptions au DEP en techniques d'usinage ont chuté de près de 65 % en 7 ans au Québec, passant de 1 133 diplômés en 1999-2000, à 421 en 2006-2007. «Avec le boum immobilier des années 2000, les élèves ont délaissé les métiers de l'usinage au profit des métiers de la construction, remarque Claude Dupuis, directeur général du Comité sectoriel de la main-d'œuvre dans la fabrication métallique industrielle. Dommage, car l'industrie de la fabrication métallique, qui emploie 60 % des machinistes, a elle aussi connu une croissance.»

Du côté des ASP, la baisse des inscriptions est encore plus marquée. Les diplômés en techniques d'usinage préfèrent intégrer tout de suite le marché de l'emploi plutôt que de se spécialiser. «Depuis 2001, nous n'avons pas assez d'élèves pour offrir les ASP en matriçage et en outillage, déplore Jean-Pierre Ross, chef du Département de fabrication métallique au CFP L'Émergence, à Deux-Montagnes. Chaque année, on se retrouve avec seulement 2 ou 3 élèves intéressés, alors qu'il en faudrait au moins 14 pour former un groupe.» Dans les trois autres CFP qui enseignent ces spécialités, on offre généralement en alternance l'une ou l'autre des deux attestations (*Matriçage* et *Outillage*) parce qu'on manque d'inscriptions pour les proposer en même temps.

M. Ross constate par ailleurs que l'ASP en usinage sur MOCN ne subit pas le même sort. Les jeunes restent attirés par la programmation et les machines-outils à commande numérique. En 2008, une vingtaine d'élèves se sont inscrits dans ce programme au CFP L'Émergence.

DE BONNES CONDITIONS DE TRAVAIL

Jean-Pierre Ross estime que les diplômés en techniques d'usinage obtiennent un salaire horaire de départ de 13 $ à 15 $ dans une PME et de 17 $ à 19 $ dans une grande entreprise. «Avec une ASP en usinage sur MOCN, on peut obtenir 1 $ de plus l'heure, alors qu'un matriceur ou un outilleur ira chercher entre 20 $ et 23 $ l'heure.»

«Les ASP permettent de découvrir de nouveaux outils et des méthodes de programmation, dit-il. Les diplômés de ces spécialisations obtiennent non seulement un meilleur salaire d'entrée, mais aussi la possibilité de gravir plus vite les échelons.» ▷

> En 2008, au CFP Paul-Gérin-Lajoie, 95 % des diplômés en techniques d'usinage, en usinage sur machines-outils à commande numérique et en matriçage ont trouvé de l'emploi.

▷ Au Groupe Meloche de Salaberry-de-Valleyfield, un fabricant de pièces et d'équipements pour les secteurs de l'aéronautique et des télécommunications de même que pour les domaines médical, militaire et du transport, les diplômés du DEP ont un salaire horaire de départ de 13,50 $. Les titulaires de l'ASP en usinage sur MOCN ont un peu plus, soit 14 $. Après cinq ans d'expérience, les machinistes (DEP et ASP confondus) peuvent espérer gagner 18 $ l'heure, pour plafonner à 24 $ après une dizaine d'années. «De plus, les machinistes ont des primes de soir et de nuit et un boni en fonction d'indicateurs de performance», explique Anne-Renée Meloche, directrice des ressources humaines.

> «Quand une industrie bat de l'aile, les machinistes peuvent se tourner vers d'autres secteurs forts de l'économie. Leurs connaissances sont facilement transférables d'une industrie à une autre.»
>
> — Jean-Pierre Ross, CFP L'Émergence

Les salaires sont plus élevés chez Velan, une entreprise spécialisée dans la fabrication de robinetterie et de valves industrielles. Les machinistes débutent à 20,77 $ l'heure, gagnent 21,75 $ après une période de probation, puis voient leur salaire augmenter suivant la convention collective. «Ces emplois sont stables, indique Nancy Salloum, coordonnatrice des communications de la compagnie. Nous n'avons pas fait de mises à pied depuis des lustres.»

UNE DEMANDE SOUTENUE

Comme les jeunes boudent les programmes d'usinage, les entreprises s'arrachent les rares diplômés disponibles. Pas étonnant que leur taux de placement soit excellent. Par exemple, en 2008, au CFP Paul-Gérin-Lajoie, 95 % des diplômés en techniques d'usinage, en usinage sur MOCN et en matriçage ont trouvé de l'emploi. «Nous prévoyons les mêmes résultats pour 2009», précise Luc Pouliot.

Même son de cloche à l'École des métiers de l'aérospatiale de Montréal, qui offre le DEP en techniques d'usinage et les ASP en usinage sur MOCN et en outillage. Près de 95 % des élèves inscrits dans ces programmes dénichent un stage, qui débouche généralement sur un emploi.

Le Groupe Meloche doit patienter plusieurs mois avant de pourvoir un seul poste de machiniste. «La situation est si difficile que nous offrons un boni de 400 $ à l'employé qui nous propose un bon candidat, expose Anne-Renée Meloche. Depuis deux ans, nous avons refusé une trentaine de contrats en raison d'un manque de machinistes.» L'entreprise qui emploie 50 machinistes espère en embaucher de 25 à 50 au cours des 5 prochaines années.

UN MARCHÉ OUVERT

L'entreprise Velan emploie de son côté près de 175 machinistes dans ses usines de Montréal et Granby. Nancy Salloum mentionne que l'entreprise prévoit en embaucher une cinquantaine d'autres au cours des cinq prochaines années. «Mais le recrutement ne sera pas facile, car nous sommes en concurrence avec un gros bassin d'entreprises.» Elle constate que les diplômés postulent davantage dans les entreprises bien en vue comme Bombardier Aéronautique. «En 2007, alors que tout le monde embauchait des machinistes, on ne recevait pas de CV.» L'entreprise se rend dans les écoles pour se présenter et elle offre des stages pour assurer la relève.

On trouve des machinistes dans une multitude d'entreprises comme les ateliers d'usinage, les fabricants de machines-outils et d'éléments de charpente métallique de même que chez les fabricants de moteurs, de turbines et de matériel de transmission. Les diplômés de l'usinage travaillent aussi dans l'industrie de l'aérospatiale, les usines de transformation alimentaire, l'industrie chimique et pétro-chimique, les usines de pâtes et papiers, les fabricants de véhicules routiers ainsi que dans le secteur de la fabrication électrique, électronique et métallurgique.

«Quand une industrie bat de l'aile, les machinistes peuvent se tourner vers d'autres secteurs forts de l'économie, souligne Jean-Pierre Ross. Leurs connaissances sont facilement transférables d'une industrie à une autre.»

UN BOULOT STIMULANT

«Nos jeunes machinistes sont fiers de fabriquer des pièces d'avions ou de radios pour des véhicules militaires, souligne Anne-Renée Meloche. De plus, ces derniers

travaillent sur des machines à la fine pointe de la technologie, ce qui leur permet de faire un travail de précision gratifiant.» Et puis, un diplômé n'est pas confiné au travail de machiniste toute sa vie. Au sein du Groupe Meloche, les machinistes peuvent notamment devenir chefs d'équipe, contremaîtres, inspecteurs ou programmeurs.

D'autres horizons s'ouvrent aussi pour les machinistes engagés chez Velan. Avec l'expérience, ils peuvent accéder aux postes de technicien en recherche et développement, de technicien en amélioration des procédés et de planificateur de production. Bref, en choisissant un métier dans le secteur, les jeunes embrassent aussi une carrière stimulante! ◉ 05/09

Un métier planant

Par Sylvie L. Rivard

Marc-Michel Rousseau-Lefebvre a toujours été un «patenteux». Enfant, il était accro des LEGO et participait à des compétitions de construction de blocs. Mais il était loin de se douter qu'il deviendrait plus tard un véritable magicien du métal.

Le jeune homme a eu le coup de foudre pour le métier de machiniste en visitant le Centre de formation professionnelle Paul-Gérin-Lajoie à l'âge de 19 ans. «J'ai constaté qu'un travail en apparence simple pouvait être pas mal plus complexe, relate Marc-Michel. Et comme l'usinage touche à de nombreuses industries, j'ai compris que je pourrais changer de secteur au gré de mes préférences.»

Il n'en fallait pas plus pour qu'il s'inscrive au DEP en techniques d'usinage à ce même CFP. Parallèlement à ses études, Marc-Michel a toujours travaillé en usinage à temps partiel. «Ces expériences pratiques m'ont donné une longueur d'avance sur les autres élèves, dit-il. Ce que j'apprenais à l'école, je le mettais rapidement en application.»

Un emploi plein de défis

Machiniste pour le Groupe Meloche, Marc-Michel travaille à l'usinage de boîtiers de radios militaires et de composantes d'avions. Il usine également des pièces qui entrent dans la composition de systèmes électriques et hydrauliques de simulateurs de vol.

«Pour certaines pièces, je procède au montage de la machine-outil», se réjouit-il. C'est-à-dire qu'il installe dans la machine les outils nécessaires à l'usinage d'une pièce selon un programme défini. «J'effectue ensuite l'usinage de la première pièce et j'autorise la production.»

Secouriste en milieu de travail, le jeune machiniste trouve également gratifiante son implication dans le comité de santé et sécurité au travail de l'entreprise. «D'ici à cinq ans, j'aimerais être chef d'équipe, espère Marc-Michel. C'est sur le terrain que je suis le plus heureux!» 05/09

10 ans à trouver du travail, ça se fête!

Jobboom.com aimerait remercier tous les chercheurs d'emploi et les employeurs pour 10 années d'expériences enrichissantes, de défis relevés et de succès répétés! Si Jobboom.com s'emploie toujours à vous trouver du travail après 10 ans, c'est grâce à vous. Merci!

jobboom.com
10 ans
d'expérience

GUIDES PRATIQUES LES RACCOURCIS DE LA FORMATION
PROFESSIONNELLE ET TECHNIQUE

DIPLÔMES EXPRESS

Par Claudia Larochelle et Marthe Martel – mise à jour par Marie-Hélène Croisetière

Obtenir plus d'un diplôme sans allonger démesurément le temps passé sur les bancs de l'école, c'est possible! Certains programmes de la formation professionnelle et technique offrent en effet des raccourcis qui permettent de décrocher plus d'un diplôme en moins de temps qu'il n'en faut habituellement. Découvrez les avantages de ces cheminements qui gagnent en popularité.

FAIRE D'UNE PIERRE DEUX COUPS

Instaurée officiellement en 1996 dans plusieurs commissions scolaires de la province, la concomitance a fait bien des heureux! Ce mode de formation permet d'obtenir non pas un, mais deux diplômes une fois la troisième secondaire terminée, soit un diplôme d'études secondaires (DES) et un diplôme d'études professionnelles (DEP). Ensuite, l'élève peut poursuivre ses études au collégial, même après un séjour sur le marché du travail.

> **Cette formule est avantageuse lorsqu'on connaît le domaine dans lequel on veut étudier et qu'on veut vite commencer à travailler.**

Ainsi, tout en suivant ses cours de formation professionnelle, qui le mèneront au DEP, l'élève pourra acquérir les unités de formation générale, comme les cours de français, d'anglais et de mathématiques obligatoires. Ces derniers lui permettront de décrocher son DES. L'élève peut suivre sa formation générale dans un centre d'éducation des adultes, au centre de formation professionnelle où il fait son DEP ou à son école secondaire. Par la voie de la concomitance, une personne peut même suivre les cours préalables à sa formation professionnelle qui lui manquaient au moment de son admission.

Quoique cette formule polyvalente soit ouverte à tous, elle ne convient pas à tout le monde. Elle se révèle avantageuse surtout lorsqu'on connaît le domaine dans lequel on veut étudier et qu'on désire commencer à travailler rapidement.

Plusieurs commissions scolaires du Québec offrent la concomitance dans leurs établissements. Informez-vous auprès de votre établissement scolaire (école secondaire ou centre de formation professionnelle).

EN ROUTE VERS LE CÉGEP

Pour permettre à un plus grand nombre de personnes d'accéder à la formation collégiale technique, le ministère de l'Éducation, du Loisir et du Sport a ajouté, en 2002, une disposition à son Règlement sur le régime des études collégiales. Celle-ci permet aux titulaires de certains DEP d'accéder directement à des programmes déterminés d'études collégiales en formation technique. Pour y être admis, les élèves ne sont pas obligés d'avoir obtenu leur DES. La reconnaissance de toutes les compétences acquises en formation professionnelle fait en sorte que ces personnes n'ont pas à suivre certains cours du programme technique, ce qui leur permet de terminer leurs études collégiales plus rapidement.

▷

▷ Le Cégep de Drummondville et le Collège de Rosemont ont été les premiers à expérimenter l'application de cette disposition. Le Cégep de Drummondville offre depuis 2004 un parcours de continuité qui permet d'accueillir dans son programme *Techniques de génie mécanique* des titulaires du DEP *Techniques d'usinage* et, depuis 2009, du DEP *Dessin industriel*. «Ce cheminement convient bien aux élèves qui pensaient arrêter d'étudier après le DEP, mais qui veulent finalement aller au cégep sans trop allonger la durée de leurs études. Depuis 2004, nous observons qu'environ 15 % des candidats qui font une demande d'admission ▷

> **De nombreux établissements d'enseignement ont implanté des parcours de continuité.**

Un autre raccourci à connaître
LES PROGRAMMES INTÉGRÉS SECONDAIRE-COLLÉGIAL

Les programmes intégrés secondaire-collégial, également appelés «trois dans cinq», permettent d'obtenir trois diplômes – d'études secondaires (DES), d'études professionnelles (DEP) et d'études collégiales (DEC) – en cinq ans (après la troisième secondaire). Dans un cheminement régulier, il faudrait normalement compter sept ans pour terminer ces trois formations séparément.

Après une troisième secondaire réussie, l'élève peut être admis à un programme de formation professionnelle, tout en poursuivant sa formation secondaire générale. Il obtient son DES après sa cinquième secondaire et six mois plus tard, il a en main son DEP. Il peut ensuite poursuivre ses apprentissages au collégial, dans la formation technique associée à son DEP. Comme certaines compétences acquises au DEP sont reconnues, il obtient son DEC en cinq sessions plutôt qu'en six. En fait, la formation collégiale de ces élèves est construite pour éviter la redondance dans l'enseignement des compétences acquises en formation professionnelle.

Ce cheminement est actuellement offert dans les programmes *Réparation d'appareils électroniques audiovidéo* et *Soutien informatique*, au Centre de formation professionnelle des Riverains de la Commission scolaire des Affluents. Après l'obtention de leurs DES et DEP, les diplômés peuvent poursuivre leurs études au collégial dans les programmes suivants : *Technologie de l'électronique industrielle*, au Cégep régional de Lanaudière à Terrebonne; *Technologie des systèmes ordinés* au Collège Lionel-Groulx; *Technologie de l'électronique*, option *Télécommunication* ou option *Ordinateurs et réseaux* aux collèges Lionel-Groulx et de Maisonneuve; ainsi que *Techniques de l'informatique*, option *Gestion de réseaux informatiques* au Collège de Rosemont et *Techniques d'intégration multimédia* au Collège de Maisonneuve. Attention, cette liste n'est pas exhaustive et d'autres établissements peuvent aussi l'offrir.

Les élèves qui suivent ce cheminement réussissent mieux au cégep que les autres, estime Claude Lessard, directeur adjoint au Centre de formation professionnelle des Riverains. Les titulaires du DEP arrivent au collégial avec une meilleure connaissance de leur domaine d'études, ajoute-t-il. Par ailleurs, les élèves qui choisissent un programme «trois dans cinq» ne se retrouvent jamais dans un cul-de-sac : s'ils décident de ne pas poursuivre au collégial, ils possèdent quand même deux diplômes, soit un DES et un DEP. Ceux qui se rendent jusqu'au DEC peuvent ensuite poursuivre des études universitaires et obtenir un baccalauréat en deux ans plutôt que trois, grâce à une passerelle DEC-Bac.

Renseignez-vous auprès de votre commission scolaire pour connaître les programmes et les établissements qui offrent la formule «trois dans cinq».

▷ en *Techniques de génie mécanique* se prévalent de cette mesure», explique Louis-Philippe Siméon, coordonnateur du programme au Cégep de Drummondville.

Le Collège de Rosemont offre pour sa part un parcours de continuité aux titulaires du DEP *Soutien informatique* qui veulent accéder au programme collégial *Techniques de l'informatique*, option *Gestion de réseaux informatiques*. «Depuis l'hiver 2003, plus de 150 élèves du DEP ont été admis dans ce programme, signale Suzanne Malo, directrice adjointe à la direction des études du Collège. Au terme de leur formation, plusieurs d'entre eux réussiront à obtenir leur diplôme d'études collégiales [DEC] en cinq sessions.» Cette expérience d'harmonisation s'étend à de nombreux autres programmes de la formation professionnelle et technique. Plus d'une dizaine d'établissements d'enseignement ont implanté des parcours de continuité. ◎ 03/05 (mise à jour 05/09)

Les parcours de continuité du DEP au DEC

LES ÉTABLISSEMENTS D'ENSEIGNEMENT DU QUÉBEC OFFRENT DES PARCOURS DE CONTINUITÉ TRÈS VARIÉS. EN VOICI QUELQUES EXEMPLES :

• Le DEP *Ébénisterie* permet de faire un DEC *Techniques du meuble et d'ébénisterie* en deux ans et demi au Cégep de Victoriaville.

• Le DEP *Comptabilité* permet d'obtenir un DEC *Techniques de comptabilité et de gestion* en deux ans et demi au Cégep de Chicoutimi.

• Le DEP *Aménagement de la forêt* ouvre la porte au DEC *Technologie forestière*, qu'on peut terminer en deux ans et demi au Cégep de l'Abitibi-Témiscamingue.

• Le DEP *Production laitière* donne accès au DEC *Gestion et exploitation d'entreprise agricole* (spécialisation *Production animale*), qui peut être terminé en deux ans et demi à l'Institut de technologie agroalimentaire, campus de Saint-Hyacinthe.

Contactez les cégeps de votre région pour connaître les parcours de continuité qu'ils offrent.

Source : ministère de l'Éducation, du Loisir et du Sport.

Personnes contactées :
Ministère de l'Éducation, du Loisir et du Sport
Pierre Noël, responsable des relations avec la presse • Tél. : 418 528-2265, poste 3144 • pierre.noel@mels.gouv.qc.ca

Cégep de Drummondville
Karine Bélanger, conseillère en communication. • Tél. : 819 478-4671, poste 239 • karine.belanger@cdrummond.ca

Cégep de Rosemont
Anne-Marie Lacombe, resp. comm. • Tél. : 514 376-1620, poste 356 • amlacombe@crosemont.qc.ca

Commission scolaire des Affluents
Claude Lessard, dir. adj. • Tél. : 450 492-3538, poste 3200 • Cell. : 514 266-6389 • claude.lessard@eco.csaffluents.qc.ca

Illustrations : Kevin Durocher

CULTIVEZ VOS COMPÉTENCES!

Par Brisson Legris, révélateurs de potentiels, www.brissonlegris.qc.ca

Pour trouver un emploi, il faut avoir deux types d'habiletés : celles que l'on développe à l'école et celles que l'on acquiert au fil de nos expériences de vie. Ces dernières sont très recherchées par les employeurs. Voici comment les acquérir.

C'est en consultant des centaines d'entreprises que le Conference Board du Canada, un organisme de recherche indépendant qui œuvre dans le domaine des affaires, a pu établir la liste des 10 aptitudes utiles pour dénicher un poste, le conserver et obtenir de l'avancement. Quelles sont-elles?

Pour les découvrir, remplissez le questionnaire présenté à la page suivante. Vos résultats révéleront les compétences que vous possédez déjà, et nos trucs vous aideront à perfectionner celles que vous maîtrisez moins bien.

▷

AVEZ-VOUS LES COMPÉTENCES QUI MÈNENT À UN EMPLOI?

Questionnaire	Vrai	Faux
1. Je sais choisir le moyen de communication qui convient à chaque situation (courriel, message écrit, graphique, etc.).		
2. S'il faut partager l'addition au restaurant, les autres se fient souvent à moi pour faire le calcul.		
3. Avant d'entreprendre un travail scolaire, j'élabore un plan pour atteindre les objectifs fixés.		
4. En règle générale, je suis ouvert au changement et je m'y adapte bien.		
5. Afin de ne pas porter de jugement hâtif lors d'un débat, je m'assure de bien comprendre les propos des gens et je demande des précisions au besoin.		
6. J'essaie d'équilibrer le temps et l'énergie que je consacre à l'école, au travail, à ma famille et à mes loisirs.		
7. Lorsque je prends des notes dans un cours, je retranscris ensuite les éléments importants de manière à bien les comprendre plus tard.		
8. Je détermine facilement ce qu'il faut mesurer ou calculer pour résoudre un problème mathématique ou de logique.		
9. Lorsqu'un conflit survient dans mon équipe, je prends le temps d'écouter les autres et de comprendre le problème pour proposer une solution satisfaisante.		
10. Avant de rédiger un texte d'opinion, je cherche de l'information pour appuyer mon argumentation.		
11. Avant de faire un achat, je détermine mon budget et je compare les prix et les caractéristiques des produits semblables.		
12. Je suis une personne positive et j'ai confiance en moi.		
13. Je suis autonome lorsque je fais un travail individuel, et collaborateur quand je travaille en équipe.		
14. Lorsque je passe des examens, je prends le temps d'analyser les éléments de chaque problème avant d'y répondre.		
15. Je m'exprime clairement, tant à l'oral qu'à l'écrit. Les gens n'ont donc pas de difficulté à comprendre mon message ou ma demande.		

Vous pouvez interpréter vos résultats à l'aide des explications fournies aux pages suivantes.

Questionnaire	Vrai	Faux
16. Je respecte l'opinion d'autrui et je suis capable de faire des commentaires constructifs sans être blessant.		
17. Lorsque la discussion tourne en rond dans mon équipe, je suis reconnu pour ma capacité à trouver une solution.		
18. Dans mes travaux scolaires, j'utilise parfois des schémas, des graphiques ou des bases de données pour organiser et présenter l'information recueillie.		
19. Je suis reconnu comme étant une personne honnête.		
20. On peut me faire confiance, car je respecte mes engagements.		
21. Quand je réalise un projet scolaire, je m'arrête en cours de route pour me demander où j'en suis et si je dois réviser ma façon de faire.		
22. J'assume la responsabilité de mes gestes et je ne blâme personne pour tout ce qui m'arrive.		
23. Avant de prendre position lors d'un débat, j'écoute les autres pour comprendre leurs arguments et en évaluer la solidité.		
24. Je connais mes points faibles et je fais des efforts pour m'améliorer.		
25. Je me réjouis devant le succès des autres tout comme devant le mien.		
26. Je n'ai pas de difficulté à changer d'avis et à reconnaître que quelqu'un a raison ou a une meilleure idée que la mienne.		
27. Je trouve qu'il est important de développer mes connaissances et mes compétences. Je m'y emploie même quand je ne suis pas à l'école.		
28. Lorsque je reçois un résultat d'examen, je prends le temps de comprendre mes erreurs.		
29. On me reconnaît un certain talent pour encadrer le travail des autres. C'est souvent mon rôle dans une équipe.		
30. J'ai du talent pour planifier les diverses étapes à franchir pour réaliser un travail.		

Si vous avez répondu «vrai» aux énoncés
1, 5 et 15, vous êtes sans doute un
bon communicateur.

Si vous avez répondu «faux» à au moins un de ces
énoncés, les trucs suivants pourraient vous être utiles.

La communication est une compétence essentielle, car elle est à la base de nos rapports personnels et professionnels avec les autres. En tout temps, nos courriels, nos conversations avec les clients et nos présentations visuelles reflètent notre image et celle de notre employeur. Il est donc primordial de savoir écouter, parler, lire et écrire de façon efficace.

TRUCS :

- Pour améliorer votre français écrit, lisez beaucoup et portez attention aux erreurs que vous faites à répétition dans vos travaux.

- Demandez à votre professeur de français des exercices supplémentaires pour combler vos lacunes.

- Prenez le temps de bien clarifier votre pensée avant de parler.

- Ne fuyez pas les exposés oraux et les débats. Plus vous en ferez, mieux vous communiquerez votre message.

- N'hésitez pas à argumenter avec humour et créativité. Votre message sera plus stimulant; et les gens, plus intéressés.

- Faites un tour à la bibliothèque. Vous y trouverez des volumes au sujet de l'art oratoire, de la négociation et de la communication efficace.

COMPÉTENCE **2** GÉRER L'INFORMATION

Si vous avez répondu «vrai» aux énoncés 7, 10 et 18, vous savez probablement gérer l'information.

Si vous avez répondu «faux» à au moins un de ces énoncés, les trucs suivants pourraient vous être utiles.

Pour prendre des décisions judicieuses, il faut être capable de recueillir assez de données pertinentes. Il est donc important de savoir faire de bonnes recherches.

TRUCS :

- Dans le cadre de vos travaux scolaires, prenez l'habitude de bien définir votre sujet de recherche et vos objectifs.

- Questionnez le personnel de soutien des bibliothèques à propos des méthodes de classement utilisées pour les documents ou concernant le fonctionnement des différents moteurs de recherche dans Internet.

- Servez-vous de logiciels pour créer des graphiques ou des présentations visuelles. Ainsi, votre argumentation aura plus de poids. Vous pouvez suivre des formations pour apprendre à utiliser ces outils. Informez-vous auprès des écoles publiques et privées de votre région, ainsi que de votre municipalité.

Si vous avez répondu «vrai» aux énoncés
2, 8 et 11, vous semblez avoir du talent pour
utiliser les chiffres.

Si vous avez répondu «faux» à au moins un de ces
énoncés, les trucs suivants pourraient vous être utiles.

Vous n'avez pas la «bosse des maths»? Cessez de les considérer uniquement comme une matière scolaire. Les chiffres sont souvent utiles au travail. Par exemple, il faut des notions de mathématiques pour comprendre les résultats financiers d'une entreprise, pour prendre position dans un débat où des chiffres ont été évoqués ou tout simplement pour parler le même langage que le patron.

TRUCS :

- Prenez l'habitude de faire des calculs mentaux plutôt
  que d'utiliser une calculatrice. Au restaurant, par exemple,
  vous pourriez calculer le pourboire dans votre tête
  avant de regarder sur l'addition à quel montant s'élèvent
  les taxes.

- Soyez critique lorsque quelqu'un avance des chiffres.
  Demandez-vous si les calculs se tiennent et si les
  résultats ne biaisent pas les démonstrations. Vous serez
  ainsi plus précis et logique lorsque vous utiliserez des
  chiffres pour convaincre les autres.

COMPÉTENCE | **4** | RÉFLÉCHIR ET RÉSOUDRE DES PROBLÈMES

Si vous avez répondu «vrai» aux énoncés 14, 17 et 23, vous avez certainement de bonnes habiletés pour la réflexion et la résolution de problèmes.

Si vous avez répondu «faux» à au moins un de ces énoncés, les trucs suivants pourraient vous être utiles.

Il est essentiel de savoir analyser l'information donnée pour en tirer des conclusions et passer à l'action. Si vous développez votre capacité à réfléchir et à résoudre des problèmes, vous prendrez de meilleures décisions et vous deviendrez plus confiant en votre aptitude à trouver des solutions.

TRUCS :

- Ne prenez pas la parole avant d'avoir bien assimilé et analysé les faits. Cela vous évitera de faire des propositions qui ne tiennent pas debout.

- N'hésitez pas à demander divers points de vue pour enrichir votre réflexion et considérez-les objectivement.

- Vous venez de vivre un échec? Transformez cette expérience frustrante en occasion d'apprentissage, en prenant le temps de déterminer les causes de vos déboires.

- Vous trouverez plusieurs livres, cours et sites Internet traitant des techniques de résolution de problèmes. Jetez-y un coup d'œil! Vous y dénicherez des trucs pour faire preuve de créativité.

DÉMONTRER DES ATTITUDES ET DES COMPORTEMENTS POSITIFS

Si vous avez répondu «vrai» aux énoncés 12, 19 et 25, vous vous comportez généralement de façon positive.

Si vous avez répondu «faux» à au moins un de ces énoncés, les trucs suivants pourraient vous être utiles.

Les gestionnaires embauchent des gens pour leurs compétences, alors que quand ils les congédient, c'est souvent en raison de leur comportement. En effet, on vous appréciera pour vos connaissances et votre façon de les mettre en pratique. Toutefois, votre attitude jouera un grand rôle dans votre carrière : respecter les autres, reconnaître la valeur de leur travail et être agréable à côtoyer sont des attitudes très importantes!

TRUCS :

- Intéressez-vous aux autres, à leurs idées et à leurs projets.

- Faites beaucoup de compliments. Par exemple, si un travail d'équipe n'a pas été de tout repos, tentez de souligner surtout ce qui s'est bien passé. Vos collègues apprécieront que vous ayez remarqué leurs bons coups, et ils auront tendance à vous féliciter pour les vôtres!

- Soyez optimiste plutôt que de voir uniquement le côté sombre des choses. Quand vous recevez la note d'un examen, commencez par prendre conscience de tout ce que vous aviez bien assimilé.

- Prenez des initiatives. Faites-vous confiance. Vous pouvez, par exemple, proposer des idées pour vos travaux d'équipe et vos activités parascolaires. Vos suggestions ne seront peut-être pas toutes retenues, mais au moins vous aurez fait preuve d'imagination et on reconnaîtra que vos commentaires étaient constructifs.

COMPÉTENCE **6** ÊTRE RESPONSABLE

Si vous avez répondu «vrai» aux énoncés 6, 20 et 22, vous êtes probablement quelqu'un de responsable.

Si vous avez répondu «faux» à au moins un de ces énoncés, les trucs suivants pourraient vous être utiles.

Être responsable, c'est bien sûr démontrer aux gens qu'ils peuvent compter sur nous. Mais c'est aussi prendre soin de sa santé et veiller à sa qualité de vie en refusant, par exemple, de travailler à l'aide de machines non sécuritaires.

TRUCS :

- Proposez-vous comme chef d'équipe pour réaliser un travail scolaire ou un projet rattaché à un de vos loisirs. Vous serez chargé d'en clarifier les objectifs, de planifier les tâches à accomplir, d'établir les priorités, d'assurer un suivi et de gérer l'échéancier.

- Ne blâmez personne si les résultats d'un travail d'équipe sont décevants. Assumez la responsabilité de vos erreurs.

- Les adultes vous le diront, il est difficile d'avoir une vie vraiment équilibrée. Le combat commence maintenant : vous jonglez déjà avec l'école et les devoirs, la famille, les amis, les activités parascolaires et même, parfois, un emploi. Le meilleur conseil? Pensez à votre santé avant tout! Par exemple, limitez le nombre d'heures que vous consacrez au travail chaque semaine. Vous gagnerez moins d'argent, mais vous arriverez en classe moins fatigué et vous n'aurez pas à laisser tomber les activités qui vous intéressent. Ainsi, vous serez plus performant dans toutes les sphères de votre vie.

Si vous avez répondu «vrai» aux énoncés 4, 13 et 26, vous faites sans doute preuve de flexibilité.

Si vous avez répondu «faux» à au moins un de ces énoncés, les trucs suivants pourraient vous être utiles.

Les employeurs apprécient grandement que leurs employés puissent s'adapter au changement, composer avec l'incertitude, avoir de bonnes idées et qu'ils soient capables de travailler à de multiples projets.

TRUCS :

- Prenez le risque de vous impliquer dans de nouveaux projets et de travailler avec des personnes que vous connaissez peu.

- Changez de rôle. Par exemple, si vous êtes souvent le leader des groupes dont vous faites partie, laissez quelqu'un d'autre diriger un projet. Vous verrez comment vous réagissez à ce renversement de situation.

- Vous avez rapidement résolu un problème? Laissez tomber votre première idée et essayez de trouver une solution plus originale.

8 APPRENDRE CONSTAMMENT

Si vous avez répondu «vrai» aux énoncés 24, 27 et 28, vous cherchez sans cesse à enrichir vos connaissances.

Si vous avez répondu «faux» à au moins un de ces énoncés, les trucs suivants pourraient vous être utiles.

Les employeurs apprécient les gens curieux qui tentent toujours d'enrichir leurs connaissances. Lorsqu'elles sont obligées d'effectuer de nouvelles tâches ou de faire de nouveaux apprentissages, de telles personnes ont tendance à se relever les manches plutôt qu'à se décourager. Par ailleurs, plus vous améliorerez votre culture générale, plus vous serez capable d'émettre une opinion fondée sur un grand nombre de sujets... et plus les autres vous trouveront intéressant!

TRUCS :

- Lorsqu'un sujet présenté en classe vous intéresse tout particulièrement, ne vous contentez pas des lectures obligatoires. Trouvez d'autres sources d'information ou lisez un chapitre supplémentaire.

- Prenez l'habitude de parcourir le journal ou d'écouter les nouvelles.

- Intéressez-vous aux documentaires ou aux émissions d'information.

- Les adultes qui vous entourent ont acquis des connaissances au fil des années. Prenez le temps de les écouter.

- Internet est une mine d'information. Entre deux clavardages, faites une petite recherche pour apprendre quelque chose sur un sujet qui vous passionne.

- Suivez des cours pour approfondir votre culture générale ou pour vous perfectionner en musique, en dessin ou en arts martiaux, par exemple.

Si vous avez répondu «vrai» aux énoncés 9, 16 et 29, vous avez probablement de bonnes habiletés à travailler avec les autres.

Si vous avez répondu «faux» à au moins un de ces énoncés, les trucs suivants pourraient vous être utiles.

Même les gens plutôt timides ou solitaires ont à travailler en équipe un jour ou l'autre. Pas de panique : il n'est pas nécessaire de transformer sa personnalité du tout au tout pour arriver à s'intégrer dans un groupe.

TRUCS :

- Multipliez les occasions de travailler en équipe, en privilégiant les petits groupes, car il est plus facile d'y faire sa place.

- Lisez des ouvrages sur les dynamiques de groupe. Vous découvrirez quel est le rôle que vous adoptez instinctivement dans un groupe et vous pourrez le jouer plus activement.

- Prenez le temps d'analyser la dynamique de votre groupe et de cibler les forces de chacun de ses membres, sans vous oublier.

- Osez prendre la parole! Vous pouvez demander des précisions, souligner le fait qu'une personne a eu une bonne idée, ou encore, proposer une solution à un problème.

- Vous cherchez un emploi d'été? Pourquoi ne pas en profiter pour choisir un travail de groupe, comme animateur de camp de jour?

- Privilégiez les sports et les loisirs d'équipe.

COMPÉTENCE **10** | PARTICIPER AUX PROJETS ET AUX TÂCHES

Si vous avez répondu vrai aux énoncés 3, 21 et 30, vous êtes sans doute très actif lorsqu'on vous confie divers projets ou tâches.

Si vous avez répondu «faux» à au moins un de ces énoncés, les trucs suivants pourraient vous être utiles.

Quand on fait partie d'une équipe, il faut faire sa part du travail. Or, les groupes comptent souvent au moins une personne qui fait acte de présence, mais dont la contribution est plutôt maigre. Ne soyez pas un boulet pour vos coéquipiers, soyez actif!

TRUCS :

- Impliquez-vous! Si vous avez du talent et de l'intérêt pour une partie du travail à accomplir, réclamez-en la réalisation.

- Participez activement à toutes les décisions.

- Planifiez et coordonnez la réalisation de vos tâches et travaux scolaires à l'aide d'un horaire; vous serez plus efficace.

- Arrêtez de procrastiner. Prenez les devants et soyez prêt pour vos rencontres d'équipe; vous gagnerez l'estime des autres membres du groupe.

Une collaboration de **BrissonLegris** et des Éditions Jobboom
Révélateurs de potentiels

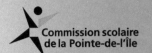

L'ART D'ACCOMPAGNER SON ADO

Par Sylvie L. Rivard

Le choix de carrière concerne d'abord le jeune qui exercera le métier plus tard. Mais les parents ont un rôle à jouer pour l'aider à trouver sa voie. L'orientation, ça commence à la maison!

À 23 ans, Jonathan Bellerose retourne au Collège François-Xavier-Garneau pour suivre un baccalauréat international (option langues), un programme préuniversitaire qui comprend notamment des activités communautaires et des cours de langues. Son but? Apprendre plusieurs langues, dont le mandarin, pour enseigner l'anglais en Chine. Il songe aussi à poursuivre des études universitaires en relations internationales pour devenir ambassadeur. «J'ai d'abord obtenu un diplôme d'études collégiales (DEC) en techniques de l'informatique parce que j'aimais les jeux vidéo et les ordinateurs, raconte-t-il. Je n'avais pas vécu assez d'expériences. Mes parents ne se sont pas trop impliqués, ils m'ont laissé prendre mes décisions. Finalement, je n'ai pas la patience de réparer les ordinateurs. Mais en participant notamment à trois projets ▷

▷ communautaires de Katimavik à travers le Canada, j'ai découvert mon intérêt pour la politique, l'économie et les autres cultures ainsi que mon talent pour l'apprentissage des langues.»

> **«Les parents doivent créer un climat de confiance pour que le jeune ait le goût de s'ouvrir.»**
>
> **— Mathieu Guénette, conseiller d'orientation, Société Pierre Boucher**

Jonathan a finalement trouvé sa voie, mais s'il avait été davantage accompagné, il aurait sans doute évité les détours.

AIDEZ VOTRE ENFANT À MIEUX SE CONNAÎTRE

«Les parents doivent créer un climat de confiance pour que le jeune ait le goût de s'ouvrir», avance Mathieu Guénette, conseiller d'orientation à la Société Pierre Boucher, une firme spécialisée notamment en gestion de carrière. «Évoquez votre processus d'orientation. En vous écoutant, votre jeune risque de s'interroger sur son cheminement et de vous en parler.»

Aidez votre enfant à reconnaître ses aptitudes et ses champs d'intérêt. «Pour créer des occasions de les découvrir, on peut donner à son jeune des responsabilités comme construire en famille un cabanon, organiser

une fête ou accompagner le petit frère dans ses devoirs», ajoute Martine Lemonde, directrice des services professionnels chez Brisson Legris, révélateurs de potentiels, une firme de consultants en évaluation et en gestion de carrière. Le but est de lui faire découvrir des goûts qu'on a remarqués dans sa personnalité et qu'il ignore peut-être, afin d'enrichir son exploration.

Si notre jeune ne s'intéresse qu'à une chose, il faut l'inviter à diversifier ses expériences afin qu'il apprenne à mieux se connaître, exhorte Claude Nadon, conseiller d'orientation à l'École secondaire Saint-Stanislas, à Saint-Jérôme. «Encouragez-le, par exemple, à choisir un *job* d'été différent, à visiter un centre des sciences ou à s'inscrire à des cours de premiers soins. Plus il expérimente, plus il se connaît et augmente ses chances de choisir un métier en lien avec ses préférences.»

ACCOMPAGNEZ-LE DANS SA DÉMARCHE

Maude Forest, 16 ans, veut s'inscrire au DEC en soins infirmiers. «C'est une émission de télévision sur les métiers en santé qui m'a allumée, dit-elle. J'ai ensuite fait des recherches dans Internet et j'ai consulté un conseiller d'orientation pour en apprendre plus sur le secteur. Comme j'ai des tantes qui travaillent dans le domaine, je les ai questionnées pour valider mon intérêt pour le métier d'infirmière. Je suis empathique et j'aime aider les gens. Mes parents m'encouragent, car ils croient que j'ai les qualités nécessaires pour œuvrer en santé. Je m'attends à ce qu'ils m'appuient dans mes choix.»

Le soutien des parents est important. Ils doivent fournir un accompagnement à leur enfant, indique Isabelle Falardeau, conseillère d'orientation au Collège de Maisonneuve. «Un des parents peut organiser une rencontre avec un professionnel qui exerce le métier convoité pour mettre le jeune en contact avec le marché du travail.» Lyne Robitaille, mère de deux adolescentes, a joué ce rôle d'accompagnatrice. Sa fille de 19 ans étudie au DEC en sciences humaines. Elle souhaite être admise en techniques policières et s'intéresse aussi au baccalauréat en communication. La plus jeune, âgée de 17 ans, commence son DEC en gestion de commerce. «J'ai navigué sur Internet avec elles afin de trouver des renseignements sur les métiers qui les attiraient. J'ai discuté de l'information trouvée et je les ai accompagnées dans les journées d'information dans les cégeps.»

SOYEZ BIEN INFORMÉ

Les parents doivent aussi s'assurer du bien-fondé des renseignements qu'ils transmettent à leur ado. Le système scolaire, les formations et les conditions d'admission évoluent sans cesse, tout comme le monde du travail. «Des parents suggèrent à leur enfant voulant devenir avocat d'ajouter des cours de mathématiques à sa formation collégiale, alors que ce n'est pas un préalable pour l'université, illustre Isabelle Falardeau. Si ses cours de maths font baisser sa moyenne générale, il fait un mauvais calcul, car la cote R est importante pour entrer en droit, un programme contingenté.»

Les préjugés sont aussi à éviter, insiste Martine Lemonde. «Tu es bon à l'école, fais ta médecine. Tu n'iras nulle part sans diplôme universitaire ou sans mathématiques au collégial, etc.» À son avis, c'est l'intérêt pour les tâches liées à un métier qui guide le choix de carrière, pas le bulletin scolaire. Pour réussir sa vie, l'université et les programmes enrichis avec mathématiques ne sont pas des passages obligés.

RESPONSABILISEZ-LE

Si le choix de votre enfant vous inquiète ou vous semble farfelu, ne le jugez pas. «Comprenez plutôt les arguments qui se cachent derrière sa décision, propose Isabelle Falardeau. Amenez-le à approfondir sa réflexion.»

Demandez-lui ce qu'il connaît du métier (tâches, rôle, conditions de travail, etc.), où il a puisé l'information, pourquoi il veut exercer ce métier, quel programme de formation il doit suivre, la durée des études, les conditions d'admission, et ainsi de suite.

«Il est préférable de laisser son jeune vivre à fond une passion, croit Mathieu Guénette. S'il *trippe* sur la musique et veut être DJ, il vaut mieux qu'il expérimente et tire ses propres conclusions. Respectez son choix et laissez la porte ouverte à une réorientation ultérieure.» Si vous vous êtes assuré qu'il a tous les outils nécessaires pour s'orienter, encouragez votre enfant à choisir pour lui-même.

«Malgré ses préférences, le parent doit éviter d'imposer des choix de carrière pour réaliser un rêve professionnel inassouvi», expose Martine Lemonde. «L'enfant n'est surtout pas un clone de ses parents, conclut Claude Nadon. C'est un être différent à découvrir.» ◉ 09/08

(Extrait du guide *Les carrières d'avenir 2009*, publié par Les éditions Jobboom.)

ADMINISTRATION, COMMERCE ET INFORMATIQUE

CHAMPS D'INTÉRÊT

- aime se sentir efficace et responsable
- aime travailler avec les mots ou les chiffres (symboles, langages spécialisés, règles et normes)
- aime utiliser des outils informatiques
- aime analyser, vérifier, classer (données, chiffres)
- aime lire, parler et écrire
- a un grand souci de l'ordre et de l'exactitude

APTITUDES

- habileté à classer (des données et des chiffres)
- esprit rigoureux, logique et méthodique
- efficacité, fiabilité et rapidité d'exécution
- autonomie, ordre, minutie, souci du détail
- sens de l'organisation et flexibilité

 RESSOURCES INTERNET

INFOROUTE DE LA FORMATION PROFESSIONNELLE ET TECHNIQUE
http://inforoutefpt.org
Le site incontournable pour tout savoir sur les programmes de formation.

COMITÉ SECTORIEL DE MAIN-D'ŒUVRE DU COMMERCE DE DÉTAIL
www.sectorieldetail.qc.ca
Pour obtenir de l'information sur le secteur du commerce de détail : les carrières, le placement, le recrutement, etc.

CONSEIL DES TECHNOLOGIES DE L'INFORMATION ET DES COMMUNICATIONS
www.ictc-ctic.ca
Un tour de piste du secteur du logiciel et des technologies de l'information au Canada, avec des renseignements sur le marché du travail et une multitude de liens intéressants

DEP
ASP 5163

Comptabilité

Gino Plante a étudié les œuvres des grands compositeurs au cégep avant de s'orienter vers la comptabilité. «J'ai préféré me tourner vers un domaine dans lequel j'étais sûr de trouver un emploi facilement. Maintenant, je compile des factures le jour et je gratte ma guitare le soir!»

PROG. 5231
PRÉALABLE : 1, VOIR PAGE 20

1 350 HEURES

CHAMPS D'INTÉRÊT
- aime les chiffres, le calcul et les statistiques
- aime analyser, vérifier, classer (données, chiffres)

APTITUDES
- facilité pour les mathématiques et la logique
- autonomie et sens des responsabilités
- sens de l'éthique professionnelle
- habileté à utiliser l'informatique
- bonne capacité d'adaptation
- entregent
- atout : bilinguisme

RÔLE ET TÂCHES

Le rôle du commis comptable consiste à effectuer la comptabilité d'un commerce ou d'une entreprise. Il peut être également appelé à faire un peu de secrétariat, en particulier de la rédaction de lettres d'affaires.

Depuis l'obtention de son diplôme, Gino travaille comme commis comptable à la Maison de l'Aluminium, une entreprise de Sherbrooke spécialisée dans la pose de gouttières et de revêtements extérieurs et la vente de portes et fenêtres.

«Je commence mes journées par le dépouillement du courrier, qui contient surtout des chèques de nos clients et des factures de nos fournisseurs. Je m'occupe ensuite de la comptabilité de l'entreprise, en particulier de la facturation, à l'aide d'un logiciel dont j'ai appris à me servir à l'école.»

Gino effectue également la comptabilité personnelle de son patron, qui possède quelques immeubles à logements. «Les fins de mois sont plus exigeantes, car je dois notamment déposer l'argent des loyers.» Une fois l'an, Gino remplit aussi les formulaires d'impôt gouvernementaux.

À ces tâches comptables s'ajoutent quotidiennement l'obligation de répondre au téléphone et celle de rédiger des estimations pour les acheteurs de portes et de fenêtres. «Je serai également bientôt appelé à faire de la vente, ce qui implique que je devrai mieux connaître nos produits. La polyvalence est indispensable lorsqu'on travaille dans une petite entreprise!»

Pour connaître les établissements qui offrent ce programme : **www.inforoutefpt.org**

	Salaire hebdo moyen	Proportion de dipl. en emploi	Emploi relié	Chômage	Nombre de diplômés
2008	494 $	79,5 %	74,1 %	9,1 %	1 319
2007	482 $	75,8 %	72,7 %	12,8 %	1 315
2006	461 $	76,2 %	72,5 %	14,2 %	1 315

Statistiques tirées de la *Relance* - Ministère de l'Éducation, du Loisir et du Sport.

Comment interpréter l'information, page 17.

QUALITÉS RECHERCHÉES

Fiabilité, discrétion et débrouillardise devraient être les trois principales qualités de tous les commis comptables, croit Gino. «Nous travaillons constamment avec des données confidentielles, qui doivent rester secrètes. Dans mon cas, par exemple, les chèques de paie de tous les employés passent entre mes mains. Inutile de dire que je ne divulgue aucune de ces informations!

«Nombre de commis comptables ne sont pas assez sûrs de leurs calculs et recommencent plusieurs fois. Je pense qu'il faut avoir confiance en ses capacités afin d'arriver à travailler vite et bien», fait-il aussi remarquer.

Les commis comptables doivent être très ordonnés, ponctuels, patients et désireux d'offrir le meilleur service possible à leur employeur, et à la clientèle, s'ils sont en contact avec le public. L'excellence de leur français oral et écrit, de même que leur maîtrise de l'anglais, leur assurent l'obtention de promotions et de postes intéressants.

> «Nombre de commis comptables ne sont pas assez sûrs de leurs calculs et recommencent plusieurs fois. Je pense qu'il faut avoir confiance en ses capacités afin d'arriver à travailler vite et bien.»
>
> — Gino Plante

DÉFIS ET PERSPECTIVES

La comptabilité ouvre les portes de milieux de travail extrêmement variés. Les diplômés peuvent donc choisir une entreprise en fonction de leurs champs d'intérêt, que ce soit un commerce, une entreprise de services, etc.

«Leurs tâches sont de plus en plus informatisées et supposent une très bonne maîtrise des différents logiciels nécessaires au travail de comptabilité et de secrétariat», remarque Chantale Mageau, enseignante en comptabilité au Centre de formation professionnelle Relais de la Lièvre-Seigneurie, à Gatineau.

Access, Word, Excel et PowerPoint (pour monter des présentations) font donc partie des outils à maîtriser parfaitement.

«À mesure que les diplômés acquièrent de l'expérience, leur employeur peut leur confier davantage de responsabilités. S'ils le souhaitent, ils peuvent aussi poursuivre leur formation au cégep et à l'université. Dans ce cas, ils auront accès à d'autres titres professionnels et verront leur salaire augmenter en conséquence», ajoute Mme Mageau. 02/01 (mise à jour 05/09)

HORAIRES ET MILIEUX DE TRAVAIL

- Les commis comptables sont appelés à travailler dans la fonction publique, les bureaux de comptables et tous les types de petites, moyennes et grandes entreprises.

- Ceux travaillant dans les PME font beaucoup de tâches connexes relevant du secrétariat et des communications.

- Comme ils ont besoin de se concentrer, ils travaillent généralement dans un environnement calme et peu bruyant.

- La plupart des commis comptables ont un horaire régulier, de 9 h à 17 h.

CNP 1241   CUISEP 112-100

DEP

Secrétariat

ASP 5226 / 5227

France Marchand a toujours été attirée par la polyvalence requise pour pratiquer le métier de secrétaire. La jeune femme sociable et dynamique a donc décidé d'étudier dans ce domaine. Elle a trouvé du travail dans un bureau de dentistes immédiatement après l'obtention de son diplôme, en juin 1999.

PROG. 5212
PRÉALABLE : 1, VOIR PAGE 20

1 485 HEURES

CHAMPS D'INTÉRÊT
- aime lire et écrire
- aime appliquer des normes et des règles (grammaire, syntaxe)
- aime communiquer avec des personnes

APTITUDES
- maîtrise du français écrit et facilité d'expression verbale
- sens de l'organisation
- entregent et diplomatie
- habileté à utiliser l'informatique
- atout : bilinguisme

RÔLE ET TÂCHES

Le rôle de la secrétaire n'a décidément plus rien à voir avec le cliché de la jeune femme apportant un café à son patron! Cette professionnelle est dorénavant considérée, à juste titre, comme une adjointe et une collaboratrice de premier plan, responsable de la bonne marche du bureau. Son expertise en rédaction et en mise en pages de documents d'affaires, en tenue de livres et en traitement de texte la rend d'ailleurs indispensable dans presque tous les types d'entreprises.

Motivée, France Marchand a fait en neuf mois un DEP en secrétariat et en comptabilité au Centre de formation professionnelle Bel-Avenir, à Trois-Rivières. Elle occupe aujourd'hui le poste de deuxième secrétaire au Centre dentaire Thibeault et Guay, à Trois-Rivières. «Je travaille généralement entre 30 et 35 heures par semaine. Je réponds au téléphone, je confirme les rendez-vous et je contacte nos patients pour leur rappeler qu'ils devront rencontrer leur dentiste prochainement.

«Je m'occupe également de classer le courrier et de faire la comptabilité. Je facture les patients pour les soins reçus et je remplis les formulaires d'assurance. L'aspect social du travail me plaît également et j'adore répondre aux questions des patients.»

QUALITÉS RECHERCHÉES

Les secrétaires doivent faire preuve de débrouillardise et de rigueur et ne pas hésiter à prendre des initiatives. La discrétion est également toujours de mise.

Pour connaître les établissements qui offrent ce programme : **www.inforoutefpt.org**

	Salaire hebdo moyen	Proportion de dipl. en emploi	Emploi relié	Chômage	Nombre de diplômés
2008	525 $	84,3 %	85,0 %	7,0 %	1 337
2007	505 $	81,9 %	83,6 %	8,2 %	1 250
2006	492 $	76,7 %	82,7 %	11,5 %	1 272

Statistiques tirées de la *Relance* - Ministère de l'Éducation, du Loisir et du Sport.

Comment interpréter l'information, page 17.

Un grand désir d'apprendre est nécessaire, car le métier ne cesse d'évoluer. Chaque année, de nouvelles règles de présentation des lettres d'affaires et des outils informatiques plus sophistiqués font en effet leur apparition.

Une facilité à communiquer poliment avec le public et une bonne humeur constante sont d'autres impératifs, car la secrétaire représente souvent le premier contact du public avec l'entreprise. Une maîtrise parfaite du français écrit, et bien souvent de l'anglais, se révèle également indispensable.

DÉFIS ET PERSPECTIVES

D'après Réjeanne Collard, enseignante en secrétariat au Centre de formation professionnelle Arvida, au pavillon Commerce et Secrétariat, à Jonquière, «les secrétaires ont dorénavant un lot de plus en plus diversifié de responsabilités à assumer. Elles doivent fréquemment maîtriser les toutes dernières versions de plusieurs logiciels et savoir utiliser des programmes informatiques conçus exclusivement pour certains types d'entreprises.»

> **Un grand désir d'apprendre est nécessaire, car le métier ne cesse d'évoluer. Chaque année, de nouvelles règles de présentation des lettres d'affaires et des outils informatiques plus sophistiqués font en effet leur apparition.**

Mme Collard juge essentiel que les secrétaires suivent une formation continue. «Plusieurs ressentent le besoin de mettre à jour leurs connaissances en télécommunication [Internet, messagerie électronique, réseaux informatiques, etc.] et en anglais. Les secrétaires appelées à assumer des tâches de réceptionnistes veulent également se perfectionner en communication afin d'arriver à mieux saisir les besoins des nouveaux clients qu'elles accueillent.»

Les perspectives d'emploi en secrétariat ont beaucoup changé depuis quelques années. «Plusieurs secrétaires doivent cependant occuper des fonctions différentes dans la même entreprise afin de pouvoir travailler entre 30 et 40 heures par semaine. Cette situation exige beaucoup d'autonomie et de polyvalence.» 02/01

HORAIRES ET MILIEUX DE TRAVAIL

- Les secrétaires peuvent travailler dans des milieux variés : petites, moyennes et grandes entreprises privées; fonction publique; hôpitaux; cabinets juridiques; bureaux de dentistes, d'ingénieurs, de comptables, d'architectes, d'avocats et de notaires; garages, etc.

- Le climat de travail dépend beaucoup de l'environnement. Si la secrétaire dispose d'un bureau fermé, le climat sera généralement plus calme. Cependant, si elle accueille les clients ou les visiteurs à l'entrée, elle devra alors composer avec le bruit ambiant.

- Les horaires de travail correspondent généralement aux heures normales de bureau, soit entre 8 h et 17 h, mais s'étirent parfois jusqu'au soir.

Soutien informatique

Votre ordinateur est votre outil de travail et il vous fait enrager parce qu'il vient de tomber en panne? La crise de nerfs n'est pas loin… Pas de panique! Les opérateurs informatiques possèdent la clé du problème!

PROG. 5229
PRÉALABLE : 1, VOIR PAGE 20

1 800 HEURES

CHAMPS D'INTÉRÊT

- aime résoudre des problèmes et se sentir responsable
- aime la technologie et l'informatique
- aime observer et surveiller le bon fonctionnement de machines

APTITUDES

- sens de l'observation, faculté de concentration et mémoire
- facilité d'apprentissage intellectuel (sciences et technologie)
- patience et capacité de faire un travail assez routinier
- atout : bilinguisme

RÔLE ET TÂCHES

L'opérateur informatique joue un rôle clé dans les organisations où tout bouge de plus en plus vite. Ses responsabilités sont nombreuses, et ses tâches, très variées. Il doit être à l'affût de tous les petits problèmes du réseau informatique : il entretient, répare les ordinateurs qui tombent en panne, et veille à ce que le matériel informatique et de télécommunication soit prêt à fonctionner. Il installe et programme également les logiciels utiles à l'organisation pour laquelle il travaille. De plus, il doit s'assurer qu'aucun élément lié de près ou de loin au réseau informatique ne freine le travail des employés de bureau, comme un manque de papier dans les imprimantes. L'opérateur est aussi responsable du soutien aux utilisateurs des ordinateurs dont il est chargé et de l'amélioration continue du réseau informatique. Bref, il est en quelque sorte l'ange gardien du système informatique central de l'entreprise ou de l'organisation qui l'emploie.

De plus en plus, l'opérateur doit apprendre à maximiser le rendement des appareils qui prennent de l'âge. Les appareils étant remplacés moins souvent, leur bon entretien se révèle absolument nécessaire.

L'opérateur est également une personne-ressource pour les employés de bureau, qui ne sont pas nécessairement au fait des nouvelles technologies. Il transmet donc une partie de son savoir pour minimiser l'effet de problèmes anodins qui, trop souvent, peuvent faire perdre du temps précieux aux utilisateurs d'ordinateurs.

Pour connaître les établissements qui offrent ce programme : **www.inforoutefpt.org**

	Salaire hebdo moyen	Proportion de dipl. en emploi	Emploi relié	Chômage	Nombre de diplômés
2008	521 $	70,7 %	77,5 %	11,6 %	308
2007	504 $	75,2 %	70,0 %	10,9 %	347
2006	519 $	69,6 %	63,4 %	17,5 %	398

Statistiques tirées de la *Relance* - Ministère de l'Éducation, du Loisir et du Sport.

Comment interpréter l'information, page 17.

QUALITÉS RECHERCHÉES

Aimer travailler avec les ordinateurs est évidemment une nécessité! La facilité à résoudre rapidement des difficultés, la capacité de bien gérer son temps, l'aptitude à rechercher de l'information, la débrouillardise et l'initiative sont très importantes. Posséder une bonne mémoire aide également l'opérateur à résoudre plus rapidement des imprévus qui, survenus dans le passé, surgissent de nouveau. La capacité d'apprentissage pour mettre à jour ses connaissances est utile à l'opérateur qui opte pour la performance. Puisque certains problèmes peuvent se révéler d'une grande complexité, la patience est une qualité que ce travailleur doit posséder ou, à tout le moins, développer.

Ce métier implique beaucoup de communication et des contacts constants avec la clientèle; il importe donc d'entretenir de bonnes relations avec elle et d'avoir de l'entregent. Le bilinguisme est un atout, surtout dans la région de Montréal et ses environs, d'autant plus que certains logiciels sont uniquement en version anglaise.

> **L'opérateur est responsable du soutien aux utilisateurs des ordinateurs et de l'amélioration continue du réseau informatique. Il est en quelque sorte l'ange gardien du système informatique central de l'entreprise ou de l'organisation qui l'emploie.**

DÉFIS ET PERSPECTIVES

Magda Popeano est professeure au Centre de formation professionnelle de l'Ouest-de-Montréal et enseigne le programme de soutien informatique d'une durée de deux ans. Selon elle, «le diplômé possède des connaissances de base lorsqu'il termine sa formation. On ne peut enseigner tout ce qui existe. Cependant, il recevra fort probablement d'autres formations au sein de la compagnie qui l'embauche. L'entreprise va le former sur ses propres systèmes», explique-t-elle. Ainsi, les nouveaux opérateurs doivent avoir une connaissance de base des systèmes d'exploitation avant de pouvoir aspirer à développer de nouvelles habiletés. Ce ne sont pas les entreprises qui offrent les connaissances générales, d'où l'importance de suivre ce programme. «C'est un métier qui a beaucoup d'avenir. Les défis sont propres à chacun et dépendent du domaine de spécialisation. S'il travaille dans les logiciels d'application par exemple, l'opérateur doit se mettre à jour dans ce domaine. Il y a constamment des connaissances à parfaire», renchérit l'enseignante. Bref, ce métier en plein essor regorge de possibilités et de défis! 04/01

HORAIRES ET MILIEUX DE TRAVAIL

- Les employeurs sont très variés. Il s'agit surtout d'entreprises de toutes sortes et de toutes tailles.
- Les institutions publiques ou parapubliques sont également des employeurs potentiels.

- Les horaires varient selon le type d'employeur. Ils sont plus ou moins fixes et peuvent être de nuit comme de jour.
- La précarité d'emploi étant courante dans ce domaine, il ne faut pas craindre l'instabilité.

DEP

Vente-conseil

«J'ai toujours eu la parole facile et un grand intérêt pour la vente. L'obtention de mon DEP en vente-conseil m'a permis d'avoir une promotion et de devenir adjoint du gérant à la boutique de sport où je travaille», confie Étienne Brunet.

PROG. 5321
PRÉALABLE : 1, VOIR PAGE 20

900 HEURES

CHAMPS D'INTÉRÊT

- aime relever des défis et atteindre des objectifs
- aime faire un travail qui lui permet de parler et de rencontrer des personnes
- aime expliquer et persuader
- préfère la mobilité et la nouveauté à la routine

APTITUDES

- entregent, tact et dynamisme
- confiance en soi, volonté et persévérance
- capacité d'écoute (cerner le besoin)
- grande facilité d'expression et de persuasion
- autonomie et grande capacité de travail
- atout : bilinguisme

RÔLE ET TÂCHES

«J'espère occuper un poste de représentant pour une compagnie d'équipements de sport ou encore un emploi d'acheteur pour une chaîne de magasins», affirme Étienne Brunet. Pour l'instant, il acquiert de l'expérience dans une boutique André-Lalonde Sports de Repentigny, où il travaille depuis trois ans. Il conseille les clients dans leurs choix de vêtements, d'accessoires et de matériel sportif.

«Tous les matins, je commence à travailler vers 9 h. Je consulte la liste des tâches à effectuer que m'a laissée mon patron avant son départ, la veille. Il me demande souvent de régler des "cas spéciaux", comme commander aux fournisseurs des pièces manquantes pour certaines marques de skis alpins, de planches à neige ou de vélos.»

Une bonne partie de sa journée est consacrée au service à la clientèle. «Je tente d'aller vers les clients plutôt que d'attendre que ces derniers me posent des questions. J'essaie d'évaluer leurs besoins et de leur suggérer l'équipement le mieux adapté à leur pratique et à leur budget. C'est essentiel, car s'ils se rendent compte, au beau milieu d'une piste, que je leur ai vendu des skis trop performants pour leurs capacités, ils ne reviendront plus me voir.»

QUALITÉS RECHERCHÉES

Un bon vendeur doit savoir déterminer les besoins de ses clients et y répondre efficacement. «Les gens sont beaucoup plus informés qu'auparavant.

Pour connaître les établissements qui offrent ce programme : www.inforoutefpt.org

	Salaire hebdo moyen	Proportion de dipl. en emploi	Emploi relié	Chômage	Nombre de diplômés
2008	563 $	76,6 %	75,6 %	9,7 %	580
2007	547 $	82,1 %	79,7 %	6,1 %	456
2006	513 $	76,4 %	74,1 %	7,1 %	420

Statistiques tirées de la *Relance* - Ministère de l'Éducation, du Loisir et du Sport.

Comment interpréter l'information, page 17.

Ils font des recherches avant d'acheter quoi que ce soit, comparent les prix et exigent un service à la clientèle hors pair. Les ventes sous pression et les vendeurs incompétents les embêtent vraiment!» fait observer Étienne.

Il souligne l'importance d'être poli, souriant, chaleureux et toujours bien mis. «Il est aussi très important de vouloir mettre à jour régulièrement ses connaissances dans le domaine dans lequel on s'est spécialisé. En sport, la clientèle est souvent passionnée par le loisir qu'elle pratique et elle se tient au fait des nouvelles tendances. Nous devons en savoir autant qu'elle, sinon plus, sur les récentes découvertes technologiques, les modèles en vogue dans d'autres régions du monde, etc.»

Le vendeur qualifié sait faire preuve d'empathie envers ses clients, même lorsque ces derniers sont pressés, irritables ou mal informés. Il s'exprime dans un français impeccable et maîtrise de préférence deux autres langues pour s'adresser au plus grand nombre de clients possible. Il laisse évidemment sa timidité au vestiaire et n'hésite pas à aller au-devant des gens… sans se faire trop pressant!

> Le vendeur qualifié sait faire preuve d'empathie envers ses clients, même lorsque ces derniers sont pressés, irritables ou mal informés.

DÉFIS ET PERSPECTIVES

Selon Jean-Yves Thériault, enseignant en vente-conseil au Centre de formation professionnelle L'Envol, à Carleton, les diplômés doivent relever un double défi dans ce domaine. «Internet permet aux consommateurs de se renseigner sur les produits et services qu'ils comptent acheter avant de se rendre en magasin. Les vendeurs doivent par conséquent mieux connaître leur marchandise et développer des techniques de vente encore plus poussées. Parallèlement à cela, ils sont eux aussi obligés de maîtriser ce nouvel outil de communication. Pour accroître le chiffre d'affaires de l'entreprise, les vendeurs doivent apprendre à passer des commandes par Internet, à répondre aux clients et même à faire des transactions bancaires de cette façon.

«Il est très avantageux pour les entrepreneurs d'embaucher l'un de nos diplômés, car ceux-ci possèdent une excellente formation de base dans tous les aspects de la vente», conclut M. Thériault. 02/01

HORAIRES ET MILIEUX DE TRAVAIL

- Les vendeurs travaillent surtout dans les commerces de détail et les magasins à grande surface.

- Ils trouvent aussi des emplois chez les concessionnaires automobiles et sont parfois embauchés comme représentants, ce qui les amène à voyager beaucoup.

- La plupart des vendeurs doivent savoir utiliser une caisse enregistreuse.

- Les commerces de détail peuvent être des endroits bruyants lorsque la musique ambiante se mêle aux voix des clients.

- Les vendeurs travaillent à temps plein ou à temps partiel, le jour, le soir et la fin de semaine.

- La majorité d'entre eux occupent d'abord des postes à temps partiel d'environ 27 à 30 heures par semaine.

- Ils auront davantage de chances de travailler à temps plein s'ils obtiennent un poste de gérant dans un commerce de détail.

ASP

Gestion d'une entreprise de la construction

DEP 5231

Avec cette attestation de spécialisation professionnelle (ASP) en poche, le diplômé aura toutes les connaissances nécessaires pour gérer adéquatement une entreprise spécialisée en construction. Un métier qui demande un bon investissement en temps et en énergie.

PROG. 5309
PRÉALABLE : 3, VOIR PAGE 20

450 HEURES

RÔLE ET TÂCHES

Le travail du gestionnaire consiste essentiellement à planifier le déroulement des travaux, en suivant les plans et devis. Il commence par choisir et commander tous les matériaux nécessaires, comme des madriers, de la laine isolante, des vis et des clous. Il prépare ensuite l'horaire de travail de ses ouvriers et, si nécessaire, embauche du personnel supplémentaire, par exemple pour exécuter des tâches plus spécialisées comme l'électricité ou la plomberie.

L'entrepreneur se rend sur le terrain pour superviser la progression des travaux, s'assurer que tout se déroule rondement, dans le respect du budget et des échéanciers. Il doit aussi remplir tous les documents requis par les normes encadrant le secteur de la construction, comme les demandes de permis d'excavation et de construction, en plus de voir à la comptabilité de son entreprise et à la gestion des ressources humaines.

DÉFIS ET PERSPECTIVES

Selon Louis Manibal, enseignant à l'École des métiers et occupations de l'industrie de la construction de Québec, le fait que les consommateurs demandent de plus en plus des matériaux et des procédés écologiques et écoénergétiques constitue le grand défi des prochaines années dans le domaine de la construction.

«Pour répondre à ces nouvelles exigences, l'entrepreneur a avantage à rester à l'affût de ce qui se fait dans ce domaine. Cela peut faire la différence dans l'octroi d'un contrat», dit-il. 05/09

HORAIRES ET MILIEUX DE TRAVAIL

- Le diplômé peut travailler à son compte ou gérer l'entreprise spécialisée en construction de quelqu'un d'autre.

- Le gestionnaire partage son temps entre le travail de bureau et la surveillance des chantiers.

- Les horaires sont variables, les heures supplémentaires fréquentes.

- L'ordinateur et le téléphone cellulaire sont les outils de travail indispensables à ce gestionnaire.

Pour connaître les établissements qui offrent ce programme : **www.inforoutefpt.org**

	Salaire hebdo moyen	Proportion de dipl. en emploi	Emploi relié	Chômage	Nombre de diplômés
2008	926 $	89,6 %	75,9 %	3,2 %	112
2007	911 $	81,5 %	73,5 %	7,0 %	103
2006	895 $	83,3 %	80,4 %	5,7 %	109

Statistiques tirées de la *Relance* - Ministère de l'Éducation, du Loisir et du Sport.

Comment interpréter l'information, page 17.

ASP

Lancement d'une entreprise

Certains pensent que le métier d'entrepreneur ne s'apprend pas à l'école. Mais chose certaine, la personne qui suivra cette ASP aura acquis des bases solides qui l'aideront à se lancer en affaires.

PROG. 5264
PRÉALABLE : 3, VOIR PAGE 20

330 HEURES

RÔLE ET TÂCHES

Quiconque veut lancer sa propre entreprise doit d'abord avoir en main un plan d'affaires réaliste. Le programme *Lancement d'une entreprise* vise à accompagner le futur entrepreneur dans cette démarche. À la fin de sa formation, l'élève repart en effet avec un plan d'affaires complet. Pour l'amener à dresser ce plan, on lui enseigne différentes notions de gestion et de comptabilité. On lui propose aussi d'assister à des conférences données par des notaires, des comptables, des banquiers et des fiscalistes.

Dans la première année du démarrage, tout est à faire. Il faut trouver un local, établir sa clientèle, s'occuper de sa comptabilité, gérer plusieurs activités totalement nouvelles. L'entrepreneur doit analyser le marché, s'occuper de publicité et de marketing, négocier des contrats et, même, penser à assurer un service après-vente. La formation procure des outils pour mener à bien toutes ces tâches.

DÉFIS ET PERSPECTIVES

«Choisir de fonder son entreprise est une décision lourde de responsabilités, déclare Manon Périgny, directrice adjointe du Centre de formation Harricana à Amos, en Abitibi. Car outre la charge de travail importante, on doit aussi réfléchir à l'impact que cela aura sur sa vie de famille. Si on s'attend à faire du 9 à 5, alors il vaut mieux choisir autre chose!»

Se lancer en affaires exige une bonne dose d'indépendance et d'autonomie, le goût de relever des défis et d'excellentes aptitudes pour la prise de décisions. 03/07

HORAIRES ET MILIEUX DE TRAVAIL

• On peut fonder sa compagnie dans des domaines variés : commerce de détail, entreprise de services, etc.

• L'horaire de travail peut être exigeant. La première année, il faut s'attendre à sacrifier soirées et fins de semaine.

Pour connaître les établissements qui offrent ce programme : **www.inforoutefpt.org**

	Salaire hebdo moyen	Proportion de dipl. en emploi	Emploi relié	Chômage	Nombre de diplômés
2008	681 $	66,6 %	N/D	11,7 %	2 935
2007	664 $	69,2 %	N/D	10,6 %	2 571
2006	638 $	69,0 %	N/D	11,5 %	2 190

Statistiques tirées de la *Relance* - Ministère de l'Éducation, du Loisir et du Sport.

Comment interpréter l'information, page 17.

Représentation

Derrière chaque produit vendu sur le marché se cache un représentant. Allergiques aux longues heures de route s'abstenir, car on est toujours en mouvement dans ce métier.

PROG. 5323
PRÉALABLE : 3, VOIR PAGE 20

450 HEURES

RÔLE ET TÂCHES

Le représentant est un vendeur sans magasin. Il sert d'intermédiaire entre le producteur et le détaillant, à qui il tâche de vendre la marchandise (aliments, vêtements, outils, etc.). Suivant un parcours qu'il détermine à l'avance, le représentant va à la rencontre des clients.

Pour accroître la notoriété du produit dont il est responsable, il organise aussi des activités promotionnelles pour les détaillants et les consommateurs, une dégustation pour un nouveau yogourt par exemple. La majorité des représentants sont des travailleurs autonomes payés à la commission en fonction des ventes qu'ils réalisent. Ils peuvent parfois représenter différentes compagnies.

DÉFIS ET PERSPECTIVES

La base du travail de représentant consiste à développer et à entretenir un solide réseau de clients. «Pour ce faire, le représentant doit faire preuve d'entregent et d'une grande capacité d'écoute», souligne Jacques Kirouac, enseignant en vente et représentation au Centre de formation professionnelle l'Oasis, à Saguenay.

Le principal défi du représentant est d'étendre son périmètre de vente et de faire connaître son produit au plus grand nombre de détaillants possible.

L'expérience aidant, il peut superviser un territoire de vente et avoir plusieurs représentants sous sa responsabilité. Une formation d'appoint – un certificat en marketing, par exemple – lui permettra d'aspirer à un poste de directeur des ventes ou même de directeur du marketing. 03/07

HORAIRES ET MILIEUX DE TRAVAIL

• Les représentants travaillent généralement aux heures normales de bureau, soit de 9 h à 17 h.

• Dans certains secteurs, comme l'immobilier ou les produits financiers, il est possible de devoir effectuer des visites en soirée.

• La planification de la semaine se fait au bureau le lundi matin. Ensuite, il faut partir sur la route pour rencontrer les clients jusqu'au vendredi.

Pour connaître les établissements qui offrent ce programme : **www.inforoutefpt.org**

	Salaire hebdo moyen	Proportion de dipl. en emploi	Emploi relié	Chômage	Nombre de diplômés
2008	578 $	83,6 %	72,9 %	7,4 %	457
2007	565 $	84,7 %	80,7 %	7,0 %	314
2006	524 $	83,5 %	84,1 %	7,9 %	285

Statistiques tirées de la *Relance* - Ministère de l'Éducation, du Loisir et du Sport.

Comment interpréter l'information, page 17.

ASP

Secrétariat juridique

DEP 5212

Dans le milieu juridique, on n'a pas droit à l'erreur. C'est pourquoi les secrétaires intéressées à travailler dans ce domaine doivent posséder une solide formation.

PROG. 5226
PRÉALABLE : 3, VOIR PAGE 20

450 HEURES

RÔLE ET TÂCHES

Chaque matin, en arrivant au bureau, la secrétaire juridique établit les tâches prioritaires à accomplir durant la journée. Mais les imprévus sont nombreux dans le milieu juridique. Un avocat surgit avec une procédure urgente à rédiger? La date de signature d'une transaction immobilière est devancée? Il faut aussitôt s'attaquer à la production des nouveaux documents.

La secrétaire doit pouvoir transcrire et mettre en forme les documents et procédures en respectant des normes très précises. Elle tient un état des entrées et des déboursés pour chaque dossier et s'occupe également des tâches habituelles de secrétariat général, comme la répartition des appels téléphoniques et le tri du courrier.

DÉFIS ET PERSPECTIVES

Notaire et enseignante au Centre de formation professionnelle Marie-Rollet, à Québec, Me Annik Charest connaît bien les qualités que les employeurs recherchent chez les secrétaires juridiques. Elle mentionne entre autres l'autonomie, le souci du détail, le sens des responsabilités, mais aussi la discrétion. «Dans le milieu juridique, on est tenu au secret professionnel», précise-t-elle.

Pour suivre cette formation, il faut d'abord être titulaire d'un DEP en secrétariat. «Mais une fois que les secrétaires juridiques ont terminé leur spécialisation, on se les arrache sur le marché du travail», affirme Me Charest. 03/07

HORAIRES ET MILIEUX DE TRAVAIL

• Les secrétaires juridiques peuvent travailler pour les cabinets d'avocats et de notaires, les huissiers, l'administration municipale, les tribunaux, les services juridiques d'entreprises, les organismes gouvernementaux, etc.

• L'horaire de travail correspond aux heures régulières de bureau, soit de 9 h à 17 h.

Pour connaître les établissements qui offrent ce programme : **www.inforoutefpt.org**

	Salaire hebdo moyen	Proportion de dipl. en emploi	Emploi relié	Chômage	Nombre de diplômés
2008	576 $	82,9 %	81,3 %	0,0 %	61
2007	519 $	89,4 %	87,2 %	6,7 %	82
2006	507 $	82,6 %	79,4 %	5,0 %	68

Statistiques tirées de la *Relance* - Ministère de l'Éducation, du Loisir et du Sport.

Comment interpréter l'information, page 17.

ASP

DEP 5212

Secrétariat médical

Dans un établissement de santé, il n'y a pas que des médecins et des infirmières. La secrétaire médicale fait aussi partie de l'équipe. Son rôle est d'autant plus important que c'est la première personne avec qui le patient entre en contact.

PROG. 5227 | 450 HEURES
PRÉALABLE : 3, VOIR PAGE 20

RÔLE ET TÂCHES

Accueil des patients, prise d'appels et de rendez-vous : voici le quotidien d'une secrétaire médicale. À cela s'ajoutent la transcription des rapports médicaux, la mise à jour des dossiers des patients et la gestion de différents formulaires. Les plus courants sont ceux de la Régie de l'assurance maladie du Québec (RAMQ), de la Société de l'assurance automobile du Québec et de la Commission de la santé et de la sécurité du travail (CSST).

«Elle peut aussi faire la facturation des médecins pour la RAMQ, mais c'est plus rare», explique Louise Saucier, coordonnatrice de la formation professionnelle de secrétariat médical au Centre de formation professionnelle de la Jamésie.

DÉFIS ET PERSPECTIVES

Une secrétaire médicale n'a pas droit à l'erreur et elle doit faire preuve de minutie. Par exemple, si un patient doit faire remplir un formulaire de la CSST par son médecin, ce dernier utilise souvent un dictaphone pour noter ses observations. C'est la secrétaire médicale qui les transcrit et signe le formulaire.

Comme elle accueille souvent des patients inquiets de leur santé, l'entregent est une qualité essentielle. Elle doit aussi garder ses connaissances à jour et rester à l'affût des changements dans les systèmes de classement et les logiciels. Au fil des ans, une secrétaire médicale peut devenir chef d'équipe, puis responsable de département. 03/07

HORAIRES ET MILIEUX DE TRAVAIL

• Les milieux de travail sont variés et peuvent relever des secteurs public ou privé, par exemple : cliniques privées, cabinets dentaires, bureaux d'optométristes, etc.

• Les cabinets privés ont des heures de travail plus stables, de jour ou de soir. Les hôpitaux demandent plus de souplesse et ont généralement un horaire de jour, de soir ou même de nuit.

Pour connaître les établissements qui offrent ce programme : **www.inforoutefpt.org**

	Salaire hebdo moyen	Proportion de dipl. en emploi	Emploi relié	Chômage	Nombre de diplômés
2008	556 $	87,9 %	79,3 %	5,4 %	266
2007	549 $	88,3 %	78,8 %	5,6 %	349
2006	527 $	83,8 %	87,2 %	10,1 %	224

Statistiques tirées de la *Relance* - Ministère de l'Éducation, du Loisir et du Sport.

Comment interpréter l'information, page 17.

BRANCHÉ SUR LA FORÊT!

10 programmes reliés à la foresterie!

PROGRAMMES OFFERTS :

- Affûtage
- Abattage et façonnage des bois
- Abattage manuel et débardage forestier
- Aménagement de la forêt
- Classement des bois débités
- Mécanique d'engins de chantier
- Protection et exploitation de territoires fauniques
- Sciage
- Travail sylvicole
- Voirie forestière

Centre de Formation Professionnelle Mont-Laurier
850, Taché
Mont-Laurier

819 623.4111
1.866.314.4111

Moi...
je m'inscris

L'efficacité en formation!

cfpml.qc.ca

AGRICULTURE ET PÊCHES

CHAMPS D'INTÉRÊT

- aime les sciences : biologie, zoologie, chimie
- aime suivre le rythme de vie de la nature ou de la ferme
- aime bouger, faire un travail physique et manuel
- aime observer, apprendre et comprendre
- aime analyser et résoudre des problèmes concrets

APTITUDES

- sens de l'observation
- dextérité et précision
- autonomie, discernement et sens des responsabilités
- capacité d'analyse et de résolution de problèmes
- résistance physique et grande capacité de travail

RESSOURCES INTERNET

INFOROUTE DE LA FORMATION PROFESSIONNELLE ET TECHNIQUE
http://inforoutefpt.org
Le site incontournable pour tout savoir sur les programmes de formation.

CENTRES D'EMPLOI AGRICOLE DU QUÉBEC
www.emploiagricole.com
La référence par excellence pour les chercheurs d'emploi. On peut y effectuer une recherche selon la région ou le secteur de production.

MINISTÈRE DE L'AGRICULTURE, DES PÊCHERIES ET DE L'ALIMENTATION DU QUÉBEC
www.mapaq.gouv.qc.ca
Ce site renseigne sur l'économie du secteur de l'agriculture, des pêcheries et de l'alimentation. On y trouve des statistiques sur l'industrie et plusieurs rapports de recherche.

DEP

Aquiculture

Travailler dans le monde mystérieux des poissons représente l'accomplissement d'un rêve de jeunesse pour Jean-Philippe Beaudoin, diplômé en aquiculture du Centre de formation professionnelle Le Florès, à Saint-Jovite.

PROG. 5094
PRÉALABLE : 2, VOIR PAGE 20

900 HEURES

CHAMPS D'INTÉRÊT
- aime la nature, l'eau et la vie au grand air
- aime observer, surveiller, mesurer et vérifier
- aime se sentir autonome et responsable (souci de la faune)

APTITUDES
- facilité pour les sciences : biologie, chimie, mathématiques, physique
- bonne capacité d'adaptation
- mobilité géographique et flexibilité (horaires)
- résistance physique (pisciculture, mytiliculture)

Pour connaître les établissements qui offrent ce programme : **www.inforoutefpt.org**

RÔLE ET TÂCHES

Les aquiculteurs font l'élevage des poissons et des mollusques d'eau douce et d'eau salée destinés à ensemencer les lacs ou à garnir nos assiettes. Jean-Philippe travaille comme technicien en aquiculture pour la réserve Kenauk, à Montebello, propriété de la chaîne hôtelière Fairmont.

«Ma tâche principale est de m'occuper du banc de poissons, constitué de truites arc-en-ciel, d'ombles de fontaine, truites mouchetées et de truites brunes. Nous avons plusieurs bassins situés à l'intérieur et à l'extérieur, dans lesquels nous faisons la reproduction de poissons. Lorsque ces derniers atteignent entre 10 et 12 pouces, nous les relâchons dans l'un de nos 24 lacs, qui sont ensemencés pour la pêche.

«Mon poste exige un travail soutenu de janvier à décembre. Au printemps et à l'automne, je supervise le frai [reproduction]. L'été est le moment de l'ensemencement des lacs et du nettoyage des bassins qu'on a vidés. C'est aussi la saison des soins à apporter aux bébés poissons, une tâche qui se répète durant l'hiver.»

Jean-Philippe veille constamment à ce que ses truites reçoivent assez d'oxygène, car l'eau dans laquelle elles nagent est recyclée (la concentration en oxygène tend à diminuer dans une eau réutilisée). Il s'assure qu'aucune maladie ne contamine le banc de poissons, ce qui pourrait avoir des conséquences dramatiques, tant pour la vie des animaux que pour la santé de l'entreprise. «Je compte les poissons tous les jours afin de vérifier qu'il n'y a pas eu de décès!»

	Salaire hebdo moyen	Proportion de dipl. en emploi	Emploi relié	Chômage	Nombre de diplômés
2008	N/D	N/D	N/D	N/D	N/D
2007	N/D	N/D	N/D	N/D	N/D
2006	N/D	N/D	N/D	N/D	N/D

Statistiques tirées de la *Relance* - Ministère de l'Éducation, du Loisir et du Sport.

Comment interpréter l'information, page 17.

QUALITÉS RECHERCHÉES

Si l'on veut faire sa marque en aquiculture, on doit aimer la nature et les animaux et posséder une excellente capacité de travail. Le travail est en effet très exigeant physiquement, et des imprévus interrompent souvent la routine quotidienne.

«Il faut aussi être très minutieux, car les aquiculteurs sont responsables de la vie de milliers de poissons. Aucun détail ne doit être négligé : la nourriture donnée régulièrement, la qualité de l'eau, la propreté des bassins, etc.», rappelle Jean-Philippe. Il croit aussi que la débrouillardise et le sens des responsabilités demeurent des points essentiels à développer. Comme leurs tâches sont complexes et variées, les aquiculteurs doivent être très bien organisés et fiables. Toujours disponibles, ils sont prêts à faire des heures supplémentaires lorsque la situation l'exige.

DÉFIS ET PERSPECTIVES

Selon Luc Picard, enseignant en aquiculture au Centre L'Envol, «parce que l'aquiculteur travaille avec du vivant [poissons et mollusques], il doit effectuer une surveillance soutenue afin que les poissons ne manquent pas d'oxygène ou ne contractent pas de maladies. La moindre erreur d'inattention risque d'entraîner la mort de centaines d'animaux aquatiques. Cela génère donc un certain stress qu'il faut apprendre à gérer.»

M. Picard ajoute qu'en cas de besoin, s'ils s'interrogent sur les soins à apporter aux poissons, les aquiculteurs ne devraient pas hésiter à consulter des spécialistes, comme des vétérinaires ou des conseillers du ministère du Développement durable, de l'Environnement et des Parcs du Québec.

En général, les diplômés décrochent un premier emploi comme ouvriers. Dans ce cadre, ils s'occupent de nourrir poissons et mollusques. Avec l'expérience, ils pourront ensuite accéder à des postes de gestion de piscicultures, par exemple. 02/01 (mise à jour 04/07)

> «Il faut être très minutieux, car les aquiculteurs sont responsables de la vie de milliers de poissons. Aucun détail ne doit être négligé.»
>
> — Jean-Philippe Beaudoin

Photo : C.S. René-Lévesque

HORAIRES ET MILIEUX DE TRAVAIL

• Les diplômés sont formés pour travailler dans les piscicultures.

• Certains se spécialisent également dans l'élaboration d'aménagement aquatique en milieu naturel.

• Les aquiculteurs sont souvent en mer et en contact avec le grand air, ce qui les oblige à faire face à toutes les intempéries et conditions climatiques.

• Les heures de travail varient énormément : les aquiculteurs peuvent vaquer à leurs activités le jour, le soir et la nuit, en cas d'urgence.

DEP

Arboriculture-élagage

Avant d'entreprendre le programme en arboriculture-élagage, Patrick St-Hilaire travaillait dans le domaine de l'aménagement forestier. «J'aime les arbres, mais j'en avais assez de passer tout mon temps en forêt avec les mouches, et de coucher dans des refuges de fortune!»

PROG. 5079
PRÉALABLE : 2, VOIR PAGE 20

915 HEURES

CHAMPS D'INTÉRÊT
• aime la nature et les arbres en particulier
• aime travailler dehors et se dépenser physiquement
• aime le travail manuel (manipulation d'outils)
• aime observer et prendre des décisions

APTITUDES
• excellente coordination, excellents réflexes et résistance au vertige
• grande faculté de concentration
• bon jugement
• sens du travail en équipe

Pour connaître les établissements qui offrent ce programme : www.inforoutefpt.org

RÔLE ET TÂCHES

L'arboriculteur-élagueur réalise des travaux relatifs à la plantation, à l'entretien, à l'abattage et à l'essouchement d'arbres jeunes ou établis. Généralement effectués en milieu urbain ou semi-urbain, ces travaux visent à assurer la coexistence des arbres avec les infrastructures en place.

Son DEP en poche, Patrick s'occupe de l'entretien des arbres en milieu urbain. Il est employé à la Ville de Montréal, et ses journées commencent très tôt. Dès 6 h 30, il reçoit les consignes du jour par son supérieur, il charge le camion de tout l'outillage nécessaire et, en compagnie de ses collègues, se rend là où il faut effectuer des travaux.

À Montréal, les arboriculteurs-élagueurs peuvent travailler sur un élévateur à nacelle ou «à pattes» – c'est-à-dire avec une échelle – comme on dit dans le jargon du métier. Une fois dans la nacelle, Patrick se sert d'un long manche rétractable muni d'une scie à son extrémité pour couper les branches les plus hautes. Il peut aussi utiliser le sécateur et la scie mécanique. Pendant ce temps, les collègues restés au sol s'affairent à empiler les branches. Généralement, une deuxième équipe accompagnée d'un camion muni d'un déchiqueteur vient les ramasser plus tard.

QUALITÉS RECHERCHÉES

Le métier d'arboriculteur-élagueur nécessite une bonne santé et une certaine force physique, car il faut également transporter ou manipuler du matériel et de l'équipement assez pesants. Par exemple, Patrick porte une

	Salaire hebdo moyen	Proportion de dipl. en emploi	Emploi relié	Chômage	Nombre de diplômés
2008	684 $	61,8 %	71,4 %	12,5 %	48
2007	639 $	80,0 %	96,0 %	15,2 %	56
2006	656 $	71,9 %	86,4 %	8,0 %	49

Statistiques tirées de la *Relance* - Ministère de l'Éducation, du Loisir et du Sport.

Comment interpréter l'information, page 17.

ceinture de quatre ou cinq kilos. Lorsqu'on ajoute à cela les sécateurs, le pantalon spécial qui arrête la scie à son contact, de grosses bottes et une scie mécanique d'une dizaine de kilos, cela devient très lourd à porter...

«On a souvent à travailler en hauteur dans de gros arbres, dans des positions peu commodes. Il faut avoir un petit côté cascadeur», observe Patrick. C'est aussi un travail qui s'effectue à l'extérieur, et les arboriculteurs-élagueurs sont exposés aux sautes d'humeur de dame Nature. De plus, les travailleurs doivent composer avec les chutes, les blessures, les coupures, les piqûres d'insectes, les maux de dos et de cou.

Pour pratiquer ce métier, il faut également posséder un jugement sûr, afin de déterminer sans se tromper quels sont les bons gestes à poser sur un arbre. À ce titre, le programme d'arboriculture-élagage donne une formation de base. «On se familiarise avec les différentes essences d'arbres, on apprend comment les entretenir. Il faut savoir que les arbres ne réagissent pas tous de la même façon. Il y en a de plus fragiles, et on doit savoir les distinguer les uns des autres. Quand on te demande de tailler un frêne, il ne faut pas se tromper et couper un érable!» explique Patrick.

Malgré la poussée d'adrénaline qu'ils recherchent, les diplômés ne doivent pas jouer aux casse-cou pour autant! La sécurité demeure le point central de la formation.

DÉFIS ET PERSPECTIVES

«L'élagage est un métier dangereux puisqu'il s'exerce en hauteur avec une échelle. Il est nécessaire d'utiliser cordes et harnais. Mais nos élèves aiment justement ce côté sport extrême, surtout dans les cas d'urgence, comme en pleine tempête. Ils ont la passion du métier et veulent relever le défi du danger. Le mauvais temps ne les décourage pas, loin de là!» affirme Ronald Boudreault, enseignant en arboriculture et élagage au Centre de formation professionnelle Fierbourg, à Québec.

Malgré la poussée d'adrénaline qu'ils recherchent, les diplômés ne doivent pas jouer aux casse-cou pour autant! La sécurité demeure le point central de la formation et on insiste sur la prévention des accidents et les mesures à prendre pour effectuer le travail sans risque.

L'expérience aidant, les diplômés peuvent aussi lancer leur propre entreprise d'arboriculture-élagage. 09/99 (mise à jour 04/07)

Photo : C.S. de Laval

HORAIRES ET MILIEUX DE TRAVAIL

- Les diplômés peuvent travailler dans le secteur public ou pour des entreprises privées.
- Les emplois se trouvent principalement dans les grands centres urbains (municipalités et résidences privées).
- On peut aussi être embauché pour effectuer le dégagement de réseaux, par exemple celui des lignes électriques.

- Généralement, la journée de travail commence vers 6 h 30 du matin et se termine aux alentours de 16 h 30.
- C'est un travail habituellement saisonnier, soit d'avril ou mai à novembre ou décembre. Dans les grandes villes, l'emploi peut être à longueur d'année.

DEP

Fleuristerie

«Travailler en fleuristerie me permet d'exploiter pleinement ma créativité. C'est d'ailleurs parce que je ne l'utilisais pas assez que j'ai interrompu mes études en dessin de bâtiment. Je ne veux pas seulement créer sur papier. Je préfère utiliser mes mains», raconte la fleuriste Pascale Gauthier.

PROG. 5173
PRÉALABLE : 2, VOIR PAGE 20

1 035 HEURES

CHAMPS D'INTÉRÊT

- aime observer, prendre soin et manipuler des plantes et des fleurs
- aime créer des agencements avec des couleurs et des formes
- aime rencontrer et conseiller des personnes

APTITUDES

- imagination et sens esthétique
- sens de l'observation et discipline (soins des plantes et des fleurs)
- sociabilité et sens du service à la clientèle (respect et tact)

Pour connaître les établissements qui offrent ce programme : **www.inforoutefpt.org**

RÔLE ET TÂCHES

Le rôle du fleuriste consiste à conseiller les gens dans leurs achats de plantes, de fleurs et d'accessoires. Il doit également composer et réaliser les arrangements floraux commandés par les clients.

Pascale Gauthier a obtenu son diplôme en fleuristerie en juin 2000, de l'École professionnelle Le Crifa, à Coaticook. Elle travaille à la boutique de fleurs et de cadeaux Chez Rita fleuriste, située à Sherbrooke. Elle commence le lundi matin à 9 h, en jetant un coup d'œil aux commandes de la journée. «Cela me donne une bonne idée du travail que j'aurai à faire au cours des prochaines heures. Parfois, mes cinq collègues fleuristes et moi devons répondre à des demandes spéciales, notamment pour des mariages ou des anniversaires. Il faut alors composer avec les exigences particulières des clients et les ramener à la réalité lorsque l'arrangement désiré ne correspond pas du tout au budget prévu. Certains clients exigent aussi des bouquets qui s'harmonisent parfaitement avec la décoration d'une pièce, ce qui représente un défi intéressant à relever», explique-t-elle.

Lorsqu'il n'y a pas de commandes à réaliser, Pascale s'occupe de la réception des fleurs, les coupe et les dispose dans des vases. Elle place également les nouveaux objets dans la boutique, conçoit des arrangements floraux dans les vitrines et fait un peu de ménage en fin de journée. «J'ai vraiment eu le coup de foudre pour ce métier. Je souhaiterais cependant qu'il soit plus payant! À mes yeux, il s'agit là du seul désavantage. Dans quelques années, je pense peut-être ouvrir ma propre boutique de fleurs,

	Salaire hebdo moyen	Proportion de dipl. en emploi	Emploi relié	Chômage	Nombre de diplômés
2008	416 $	81,0 %	67,7 %	4,1 %	92
2007	384 $	74,0 %	67,6 %	9,5 %	121
2006	370 $	67,0 %	71,2 %	12,7 %	158

Statistiques tirées de la *Relance* - Ministère de l'Éducation, du Loisir et du Sport.

Comment interpréter l'information, page 17.

mais je ne sais pas si je serai prête à travailler sept jours sur sept, comme le font mes patrons actuellement. On verra!»

QUALITÉS RECHERCHÉES

Les connaissances en botanique et en composition florale du fleuriste, de même que sa passion pour les fleurs, lui permettent de réaliser des corbeilles, des gerbes et d'autres bouquets élaborés à partir de fleurs naturelles et artificielles.

La pratique du métier exige également un sens artistique poussé pour composer de splendides arrangements floraux et d'autres créations originales. Le fleuriste doit aussi posséder une bonne force physique afin de pouvoir déplacer de lourdes plantes et transporter des seaux remplis d'eau. Une excellente dextérité manuelle est indispensable, tout comme l'esprit d'initiative. Les employeurs veulent en effet que les fleuristes aillent au-devant du client et qu'ils continuent d'être actifs lorsque l'achalandage est moindre. S'ajoute enfin à cette liste la capacité d'accepter la critique. Des clients sont parfois insatisfaits : le fleuriste doit donc retoucher ou refaire l'arrangement floral afin de les contenter.

«Plus de 80 % de nos diplômés trouvent un emploi dans leur domaine à la fin de leur formation.»

— Francine Sirois

DÉFIS ET PERSPECTIVES

Francine Sirois est enseignante en fleuristerie au Centre Vision-Avenir, à Gatineau. «Le diplôme d'une école professionnelle est exigé par nombre d'employeurs en fleuristerie, car il atteste d'une grande qualité de savoir-faire», affirme-t-elle.

Photo : Pierre-Alain Lacasse, École des métiers de l'horticulture de Montréal

Mme Sirois insiste pour dire que la formation continue est primordiale pour les fleuristes s'ils ne veulent pas fermer boutique. «Il est maintenant possible d'acheter des fleurs coupées et des plantes vertes dans les magasins à grande surface, ce qui fait très mal aux boutiques de fleurs traditionnelles. En raison de leur important pouvoir d'achat, ces entreprises peuvent offrir des prix défiant toute concurrence. Le fleuriste n'arrivera à se distinguer de la concurrence qu'en se tenant à la fine pointe des tendances et en offrant des avantages uniques : service impeccable, qualité supérieure des arrangements, fleurs rares, etc.» 02/01

HORAIRES ET MILIEUX DE TRAVAIL

- Les fleuristes peuvent travailler dans des boutiques de fleurs, des serres, des pépinières commerciales, des parcs municipaux, de même que des entreprises funéraires.

- Plusieurs diplômés choisissent d'ouvrir leur propre boutique de fleurs après avoir travaillé quelque temps pour un fleuriste expérimenté.

- Les horaires de travail sont souvent irréguliers et imprévisibles, allant du très convoité temps plein de jour, au temps partiel et sur appel, surtout pendant les fêtes importantes telles que la Saint-Valentin, Pâques, la fête des Mères, Noël et la Semaine des secrétaires.

Grandes cultures

«Il faut beaucoup de persévérance pour faire ce travail, parce que semer du matin au soir pendant deux semaines, c'est plutôt répétitif!» prévient Donald Millaire, directeur du Centre de formation professionnelle des Moissons de Beauharnois, où l'on offre le DEP en grandes cultures.

PROG. 5254
PRÉALABLE : 1, VOIR PAGE 20

1 095 HEURES

RÔLE ET TÂCHES

Les différents types de cultures (maïs, soja, blé, avoine, orge) n'ont pas de secret pour le diplômé. Dans les champs, il procède d'abord au labour de la terre. Ensuite il sème les graines, surveille la pousse, inspecte et entretient ses plants. La saison venue, il procédera à la récolte et entreposera les grains obtenus en vue de la vente. Il doit également détenir des connaissances en mécanique et en charpenterie, car il faudra parfois réparer la machinerie ou les bâtiments de la ferme.

«Les cultivateurs ont de plus en plus recours aux nouvelles technologies. On doit rester à l'affût, car elles se développent très rapidement.»

— Donald Millaire

DÉFIS ET PERSPECTIVES

«Les cultivateurs ont de plus en plus recours aux nouvelles technologies. On doit rester à l'affût, car elles se développent très rapidement. Par exemple, on utilise le système de positionnement par satellite [GPS] depuis quelques années. Les renseignements recueillis par GPS permettent de savoir si le rendement des champs est à son maximum ou s'ils ne produisent qu'à 50 % de leur capacité. L'ouvrier agricole doit donc savoir interpréter adéquatement les données et les utiliser pour améliorer ses cultures», affirme Donald Millaire.

On recommande souvent d'avoir une activité complémentaire, comme la production laitière. 06/03

HORAIRES ET MILIEUX DE TRAVAIL

- Le diplômé peut devenir cultivateur, prendre la relève de l'entreprise familiale ou être employé par d'autres producteurs.

- Le travail se déroule de jour, suivant un horaire variable.

- La période la plus intense va d'avril à octobre : c'est le moment de la préparation des sols, des semailles, de l'entretien et des récoltes. Pendant cette période, les journées de travail comptent plus de 12 heures.

- Janvier et février sont des mois calmes pour les cultivateurs. Plusieurs en profitent pour entretenir et réparer leur machinerie.

Pour connaître les établissements qui offrent ce programme : **www.inforoutefpt.org**

	Salaire hebdo moyen	Proportion de dipl. en emploi	Emploi relié	Chômage	Nombre de diplômés
2008	582 $	92,3 %	75,0 %	0,0 %	15
2007	522 $	68,8 %	70,0 %	0,0 %	19
2006	454 $	83,3 %	80,0 %	0,0 %	8

Statistiques tirées de la *Relance* - Ministère de l'Éducation, du Loisir et du Sport.

Comment interpréter l'information, page 17.

DEP
ASP 5043

Horticulture et jardinerie

L'horticulteur doit être un passionné de nature et d'environnement. Il plante, taille, entretient et prend soin des fleurs, des arbres et des arbustes. Ses tâches sont variées et les possibilités d'emploi, diversifiées.

PROG. 5288
PRÉALABLE : 1, VOIR PAGE 20

1 335 HEURES

RÔLE ET TÂCHES

L'horticulteur est le spécialiste des végétaux. «Il plante des graines dans du terreau. Quand celles-ci ont germé et poussé, il transplante les semis dans des contenants plus grands et propices à leur épanouissement», explique Andrée Baillargeon, enseignante en horticulture au Centre de formation professionnelle Fierbourg, à Québec.

Outre ces tâches, l'horticulteur dessine et crée des aménagements paysagers. Il choisit les végétaux en fonction de l'impression qu'il veut créer, selon les couleurs, les périodes de floraison, etc. Une fois le plan approuvé par le client, il effectue les travaux de plantation.

L'horticulteur peut aussi travailler à titre d'expert-conseil dans une jardinerie ou une pépinière. À ce titre, il entretient les plantes, les taille et les arrose. Il accueille la clientèle, la conseille sur le choix et les soins à donner aux plantes, l'application de fertilisants, explique comment reconnaître les maladies et les insectes nuisibles ainsi que les façons de les combattre.

DÉFIS ET PERSPECTIVES

«Le plus grand défi est de trouver des façons lucratives d'occuper les hivers, car cet emploi est saisonnier, de mars à novembre environ. L'horticulteur peut, par exemple, en profiter pour dessiner les plans d'aménagement des contrats du printemps suivant», souligne Andrée Baillargeon. Il peut aussi se spécialiser dans l'entretien des plantes d'intérieur dans des tours de bureaux ou des lieux publics. 05/09

HORAIRES ET MILIEUX DE TRAVAIL

• L'horticulteur travaille généralement à l'extérieur.

• Les horaires sont variables : très chargés en début de saison (avril-mai), jusqu'au creux de l'automne et de l'hiver.

• L'horticulteur peut travailler pour des municipalités, des terrains de golf, des pépinières, des jardineries, des compagnies d'aménagement paysager, etc.

Pour connaître les établissements qui offrent ce programme : www.inforoutefpt.org

	Salaire hebdo moyen	Proportion de dipl. en emploi	Emploi relié	Chômage	Nombre de diplômés
2008	474 $	57,0 %	76,5 %	16,9 %	157
2007	455 $	58,9 %	74,2 %	15,6 %	182
2006	459 $	53,6 %	58,8 %	18,9 %	188

Statistiques tirées de la *Relance* - Ministère de l'Éducation, du Loisir et du Sport.

Comment interpréter l'information, page 17.

DEP

Pêche professionnelle

«J'accompagne mon père en mer depuis mes études secondaires. Puisqu'il a pris une semi-retraite, je dirige maintenant l'équipage. J'aime l'aventure, le sentiment de liberté, l'air salin et le contact avec la nature», affirme Renaud Sylvestre.

PROG. 5257
PRÉALABLE : 2, VOIR PAGE 20

1 605 HEURES

CHAMPS D'INTÉRÊT

- aime les sciences : biologie, zoologie, chimie
- aime la mer et le travail saisonnier
- aime bouger, faire un travail physique et manuel
- aime observer, apprendre et comprendre
- aime analyser et résoudre des problèmes concrets

APTITUDES

- sens de l'observation développé
- grande dextérité et précision
- autonomie, discernement et sens des responsabilités
- très grande résistance physique et grande capacité de travail
- capacité à vivre l'isolement

RÔLE ET TÂCHES

Renaud possède son brevet de capitaine de Transports Canada. Il l'a obtenu après avoir fait un DEP au Centre spécialisé des pêches à Grande-Rivière, en 1990. Il travaille sur le crevettier de son père, amarré à une trentaine de kilomètres de Gaspé.

Renaud supervise les activités de pêche de la crevette sur un bateau de 20 mètres. Il encadre le travail d'un groupe de quatre pêcheurs. «Je dois voir à tout : la mobilisation des treuils, l'installation des câbles, la gestion des filets, les prises, les quotas, la manutention, l'entreposage de la ressource dans la cale», explique-t-il.

Renaud s'occupe aussi bien des réparations mécaniques que des communications avec l'extérieur. La navigation constitue une part délicate de sa fonction. Le capitaine peut en effet mettre de 3 à 20 heures pour atteindre une zone de pêche. Pour la circonscrire avec précision, cela exige une préparation minutieuse. «Question de ne pas sortir en pleine tempête, je vérifie également les prévisions météorologiques. Je localise les bancs de crustacés potentiels. En mer, pour me guider, je fais appel au sonar et au vidéo-flotteur.» Le sonar est un instrument de détection sous-marine qui permet de localiser des bancs de poissons, par exemple, dans l'océan. Quant au vidéo-flotteur, il s'agit d'un instrument qui effectue des relevés cartographiques sous-marins et qui conserve en mémoire tous les parcours empruntés par le navire.

Pour connaître les établissements qui offrent ce programme : **www.inforoutefpt.org**

	Salaire hebdo moyen	Proportion de dipl. en emploi	Emploi relié	Chômage	Nombre de diplômés
2008	877 $	31,6 %	83,3 %	45,5 %	22
2007	900 $	26,7 %	100,0 %	20,0 %	22
2006	907 $	70,0 %	85,7 %	0,0 %	13

Statistiques tirées de la *Relance* - Ministère de l'Éducation, du Loisir et du Sport.

Comment interpréter l'information, page 17.

QUALITÉS RECHERCHÉES

Il faut être habile de ses mains dans ce milieu. Attacher des câbles, déplacer les engins de pêche contre vents et marées et transporter des sacs de poissons pesant 14 kilos exigent aussi une excellente condition physique.

«On doit être très endurant, résume Renaud. Nos expéditions s'échelonnent sur une semaine, et l'équipage travaille en moyenne 18 heures par jour. Il faut être très robuste. Et puis, il y a aussi le mal de mer...»

Ce type de professionnel des pêcheries fait obligatoirement preuve d'un grand leadership, d'un jugement sûr et d'un sens peu commun des responsabilités. Le capitaine commande en effet la destinée d'un bateau valant 1,5 million de dollars, et rien ne doit être laissé au hasard. La survie de son équipage et le succès financier d'un voyage reposent en grande partie sur ses épaules.

L'expérience demeure un atout de premier plan dans l'exercice de la profession. «Il est vrai, ajoute Renaud, que le temps passé en mer peut faire toute la différence dans certaines circonstances. L'expérience est un élément très important.»

«On doit être très endurant. Nos expéditions s'échelonnent sur une semaine, et l'équipage travaille en moyenne 18 heures par jour. Il faut être très robuste. Et puis, il y a aussi le mal de mer...»

— Renaud Sylvestre

Photo : Centre spécialisé des pêches

DÉFIS ET PERSPECTIVES

Les métiers de la mer sont actuellement en pleine mutation, et les pêcheurs doivent composer avec certaines contraintes, relatives au moratoire sur la pêche de certaines espèces, par exemple. «Les pêcheurs ne doivent pas répéter les erreurs du passé et surestimer l'abondance de poisson», affirme Yves Tardif, aide pédagogique individuel à l'École des pêches et de l'aquaculture du Québec. En effet, le poisson se raréfie, et il faut apprendre à gérer les ressources marines de façon responsable, notamment en utilisant des techniques de pêche axées sur la conservation et le développement durable.

Dorénavant, ceux qui souhaitent devenir pêcheurs ou aides-pêcheurs doivent décrocher le DEP en pêche professionnelle. Cette professionnalisation du métier a pour but de rendre la ressource disponible uniquement à ceux possédant les compétences et la formation requises pour exercer leur métier de façon conforme à la réglementation dans ce domaine. 09/99 (mise à jour 05/09)

HORAIRES ET MILIEUX DE TRAVAIL

- La plupart des nouveaux venus dans ce métier font leurs premières armes en occupant un poste d'aide-pêcheur, de réparateur d'agrès de pêche ou d'homme de pont.

- Quelques-uns sont embauchés à titre de capitaine, mais, dans les faits, un officier est généralement considéré comme tel lorsqu'il possède son propre navire.

- Il s'agit d'un travail saisonnier, car les poissons ne montrent le bout de leur nez qu'entre les mois d'avril et d'août. Un nombre grandissant de diplômés ont donc un deuxième emploi.

- Les conditions de travail ne sont pas de tout repos : le pêcheur professionnel se lève au petit matin pour tendre les filets et se couche vers 22 heures.

Production acéricole

«C'est très agréable de travailler à l'extérieur, dans la nature. De plus, lorsque j'obtiens finalement le sirop d'érable, je recueille alors le fruit de tous les efforts accomplis durant l'année. Pour moi, c'est comme un deuxième salaire!» lance Patrick Leclerc, ouvrier acéricole à l'érablière Lami Jean, située à Lejeune, dans le Témiscouata.

PROG. 5256
PRÉALABLE : 1, VOIR PAGE 20

1 005 HEURES

CHAMPS D'INTÉRÊT

- aime la nature, et les arbres en particulier
- aime travailler dehors et se dépenser physiquement
- aime le travail manuel

APTITUDES

- bonne dextérité et habileté manuelle
- bonne résistance physique
- sens de l'observation développé
- autonomie, discernement et sens des responsabilités

Pour connaître les établissements qui offrent ce programme : www.inforoutefpt.org

RÔLE ET TÂCHES

Patrick a décidé de retourner sur les bancs de l'école lorsque son père a vendu sa ferme laitière et acheté une érablière en 2003. Il est aujourd'hui titulaire d'un diplôme d'études professionnelles (DEP) en production acéricole obtenu au Centre de formation en acériculture du Fleuve-et-des-Lacs, et travaille dans l'exploitation familiale. L'érablière compte 25 000 érables, ou «entailles», comme on les nomme dans le jargon du métier. La sève de ces entailles est recueillie dans des tubes de plastique et coule jusqu'à la sucrerie, bâtisse où elle sera transformée en sirop d'érable par divers procédés.

Le travail de Patrick suit le rythme des saisons. À l'automne, il fait l'entretien et la réparation des tubes. En hiver, il sillonne l'érablière et perce à la main un trou de cinq centimètres de profondeur dans le tronc de chaque érable. À l'arrivée du printemps, quand la température monte au-dessus de cinq degrés le jour, c'est par ce trou que la sève se met à couler. Patrick procède alors à sa transformation en sirop d'érable à la sucrerie. Tout d'abord, il a recours à un procédé appelé «osmose inversée», qui permet d'augmenter la concentration du sucre de 2 à 8 %. Puis, à l'aide d'un évaporateur – une sorte de gros chaudron divisé en compartiments –, il fait s'évaporer l'eau contenue dans la sève et fait monter la concentration du sucre jusqu'à 66 %. Puis, il filtre le sirop ainsi obtenu pour en éliminer les impuretés et effectue la mise en baril. Enfin, durant l'été, il nettoie les tubes et la sucrerie en plus de couper les arbres qui sont trop vieux.

	Salaire hebdo moyen	Proportion de dipl. en emploi	Emploi relié	Chômage	Nombre de diplômés
2008	644 $	73,3 %	90,0 %	15,4 %	17
2007	625 $	100,0 %	92,3 %	0,0 %	15
2006	N/D	28,6 %	100,0 %	50,0 %	9

Statistiques tirées de la *Relance* - Ministère de l'Éducation, du Loisir et du Sport.

Comment interpréter l'information, page 17.

QUALITÉS RECHERCHÉES

Beau temps, mauvais temps, l'ouvrier acéricole travaille à l'extérieur et doit faire preuve d'une bonne endurance physique. «Il faut être travaillant, souligne Patrick. Pendant la période de transformation de la sève en sirop, je travaille 12 heures par jour, sept jours sur sept pendant plusieurs semaines.»

Comme la production du sirop d'érable est le résultat d'une année de travail, l'ouvrier doit être attentif à tous les petits détails qui pourraient influer sur sa qualité. Par exemple, s'assurer de placer les tubes selon une légère pente afin que la sève se rende le plus rapidement possible à la sucrerie, ce qui permet d'éviter la prolifération des bactéries. La débrouillardise est également importante. Par exemple, si un bris mécanique se présente, l'ouvrier doit pouvoir réagir rapidement et trouver une solution.

> **Comme la production du sirop d'érable est le résultat d'une année de travail, l'ouvrier doit être attentif à tous les petits détails qui pourraient influer sur sa qualité.**

DÉFIS ET PERSPECTIVES

Comme le souligne Nancy Boucher, enseignante au Centre de formation professionnelle Le Granit et à La Maison familiale rurale du Granit, ce diplôme d'études professionnelles est la seule formation offerte dans le domaine.

Elle précise que la production acéricole a beaucoup changé. «Longtemps, le métier était artisanal et les connaissances se transmettaient de père en fils. Mais depuis cinq à dix ans, l'acériculture a été investie par les nouvelles technologies. Il y a peu de productions agricoles qui ont connu un développement aussi rapide.» Les diplômés ont donc une longueur d'avance sur ceux qui ne possèdent pas la formation.

Photo : La terre de chez nous

Par ailleurs, il existe désormais des règlements concernant le contrôle de la qualité, les surplus de stocks et la mise en marché des produits. Les diplômés ont donc besoin d'une excellente formation pour répondre à ces nouvelles exigences. 01/05 (mise à jour 03/07)

HORAIRES ET MILIEUX DE TRAVAIL

- Les diplômés en production acéricole peuvent travailler dans des érablières, des magasins d'équipement acéricole, des clubs de qualité acéricole (organismes qui offrent différents conseils et ressources pour les producteurs acéricoles) et des usines de transformation acéricole.

- Dans une érablière, l'ouvrier planifie son horaire en fonction des conditions météorologiques et travaille de 40 à 50 heures par semaine. Pendant la période de transformation du sirop d'érable, il travaille 12 heures par jour, sept jours sur sept.

- Dans une érablière, l'ouvrier doit généralement travailler à l'extérieur, été comme hiver.

DEP

Production de bovins de boucherie

Élevé sur une ferme à Saint-Félix-de-Valois, dans la région de Lanaudière, Marc-André Rainville rêve de prendre la relève familiale. Titulaire d'un DEP en production de bovins de boucherie depuis le mois de juin 2000, il travaille à temps plein pour l'entreprise de ses parents.

PROG. 5168
PRÉALABLE : 1, VOIR PAGE 20

1 245 HEURES

CHAMPS D'INTÉRÊT

- aime le rythme de vie de la ferme
- aime s'occuper des animaux
- aime être autonome et assumer des responsabilités
- aime se dépenser physiquement

APTITUDES

- sensibilité envers les animaux
- sens de l'observation et sens des responsabilités
- sens de l'organisation et initiative
- grande capacité de travail et forte résistance physique
- atout : sens des affaires, c.-à-d. habiletés de gestion, flair et esprit novateur

RÔLE ET TÂCHES

Le rôle de l'ouvrier agricole spécialisé en production de bovins de boucherie consiste principalement à s'occuper de l'alimentation et des soins d'hygiène d'un troupeau de veaux, de vaches et de taureaux.

Marc-André s'occupe de quelques dizaines de vaches et de veaux, en plus de surveiller la croissance de plus de 50 000 poulets. «Nous avons un taureau et une trentaine de vaches. Nous gardons leurs veaux jusqu'à ce qu'ils atteignent le poids désiré, puis tout est à recommencer avec de nouveaux bébés», précise-t-il.

Très polyvalent, il est responsable, avec son père, du troupeau, des poulaillers et des travaux aux champs. Les soins à donner aux vaches et aux veaux occupent une petite partie des avant-midi et des débuts de soirée du jeune diplômé. Le matin, il vérifie leur état de santé, les nettoie, refait leur litière et leur donne du foin. Cette routine d'une trentaine de minutes se répète chaque soir.

«Je travaille sept jours sur sept à longueur d'année, mais l'été, il y a beaucoup plus de boulot, car nous cultivons le foin et l'avoine sur notre terre de 250 arpents. Je m'occupe des semences et de faire les foins, ce qui veut dire les couper et les assembler en balles.»

QUALITÉS RECHERCHÉES

«Un bon fermier doit avant tout être très travaillant, car ce n'est pas du "9 à 5"! Il faut également être prêt à sacrifier un peu sa vie sociale parce que

Pour connaître les établissements qui offrent ce programme : www.inforoutefpt.org

	Salaire hebdo moyen	Proportion de dipl. en emploi	Emploi relié	Chômage	Nombre de diplômés
2008	539 $	68,2 %	85,7 %	6,3 %	24
2007	449 $	70,4 %	70,6 %	20,8 %	35
2006	442 $	61,5 %	85,7 %	0,0 %	19

Statistiques tirées de la *Relance* - Ministère de l'Éducation, du Loisir et du Sport.

Comment interpréter l'information, page 17.

les bêtes ont besoin de nous 365 jours par année. La flexibilité est également nécessaire pour composer avec un horaire variable», soutient Marc-André.

L'ouvrier agricole doit aussi être débrouillard et autonome afin de pouvoir assumer seul la responsabilité de la ferme lorsque les producteurs le lui demandent. Une excellente santé physique et mentale, pour affronter les longues heures de travail, ainsi qu'une grande résistance au stress permettent d'éviter les blessures et coupures causées par la négligence ou la fatigue. Posséder des notions de gestion peut grandement aider les ouvriers qui espèrent devenir partenaires dans l'entreprise familiale ou acheter leur propre cheptel.

L'ouvrier agricole doit être débrouillard et autonome afin de pouvoir assumer seul la responsabilité de la ferme lorsque les producteurs le lui demandent.

DÉFIS ET PERSPECTIVES

L'agronome Réjean Goyer, enseignant en production laitière et de bovins de boucherie au Centre de formation agricole de Mirabel, soutient que les ouvriers spécialisés en production bovine sont actuellement très appréciés sur le marché du travail. «Plusieurs trouvent du boulot à l'année en remplaçant les producteurs lorsqu'ils doivent quitter leur ferme pour quelques jours. Ceux-ci cherchent des gens qualifiés pour s'occuper de leur entreprise et ils savent qu'un jeune titulaire d'un DEP en production de bovins de boucherie possède les compétences nécessaires pour bien prendre en charge le troupeau.»

M. Goyer affirme que de nombreux diplômés ayant envie de se lancer en production bovine commencent par travailler dans le domaine à temps partiel. «Pour obtenir des revenus suffisants pour en vivre, il faut posséder au moins 100 vaches dans une ferme d'élevage et 1 000 têtes dans un parc d'engraissement. Nos élèves qui ne prennent pas la relève de la ferme familiale choisissent souvent de faire l'achat de quelques bêtes, qui leur fournissent un revenu d'appoint, tout en travaillant à temps partiel dans un domaine connexe pendant cinq à dix ans. Ils augmentent ainsi la taille de leur troupeau graduellement et finissent par atteindre le nombre de têtes requis pour s'assurer d'un bon niveau de vie.»

M. Goyer conseille enfin à tous les diplômés souhaitant posséder une ferme de poursuivre leurs études en agriculture au collégial afin d'acquérir des notions de gestion. 02/01

Photo : C.S. de Conficœnt (CEFA)

HORAIRES ET MILIEUX DE TRAVAIL

- Les diplômés peuvent travailler dans deux types de milieux : les fermes d'élevage de veaux, où l'on garde les petits jusqu'à ce qu'ils soient sevrés; et les parcs d'engraissement, où les animaux de 7 à 8 mois sont nourris jusqu'à l'âge de 14 mois.

- Ils peuvent également travailler dans des fermes spécialisées dans les grandes cultures (maïs, foin, légumes, etc.).

- Les ouvriers spécialisés en production de bovins de boucherie travaillent de longues heures, allant souvent de 6 h à 19 h, sept jours sur sept, durant toute l'année.

- Ils peuvent cependant prendre des congés occasionnels la fin de semaine, et des vacances annuelles.

- L'horaire de travail varie selon les saisons et en fonction du type et de la taille de l'entreprise.

DEP

Production horticole

«J'aime cultiver des végétaux, raconte Valérie Chabot. J'aime semer et observer le développement d'une plante, d'un légume. Préoccupée par la protection de la nature, je voulais exercer un métier qui me permettrait de prendre soin de notre environnement, et faire ma part dans l'agriculture pour une alimentation plus saine, plus naturelle.»

PROG. 5210
PRÉALABLE : 1, VOIR PAGE 20

1 470 HEURES

CHAMPS D'INTÉRÊT

- aime la nature
- aime travailler à l'extérieur
- aime les tâches physiques et manuelles
- aime le travail en équipe

APTITUDES

- excellente faculté d'adaptation
- autonomie et sens de la planification
- sens de l'observation et persévérance
- minutie et dextérité manuelle

RÔLE ET TÂCHES

Son DEP en production horticole en poche, Valérie est employée depuis le mois d'août 2002 dans une ferme exclusivement biologique, les Jardins du Grand Portage, à Saint-Didace. Il s'agit d'une entreprise familiale, dont l'une des principales activités est la production et la vente de semences biologiques.

«Au printemps et en été, il faut semer, planter les boutures, et entretenir les jardins jusqu'à la récolte des légumes qui a lieu au mois d'août. En automne, on procède à la transformation des légumes pour la conservation, et c'est également le temps de récolter les semences qui seront vendues durant l'hiver par catalogue à nos clients, des particuliers qui aiment jardiner et qui cultivent leur potager.»

En été, les Jardins du Grand Portage sont ouverts au public, et des ateliers thématiques sur la production biologique y sont organisés. Valérie se charge alors d'accueillir le public pour une visite commentée des jardins, un bon moyen pour elle de communiquer sa passion pour ce métier.

QUALITÉS RECHERCHÉES

L'horticulture est un milieu très stimulant pour quelqu'un de curieux. En effet, au-delà des tâches routinières, il faut s'intéresser aux variations dans la croissance des plantes selon les années, les conditions climatiques et environnementales, ce qui permet d'en tirer des conclusions et de progresser dans le métier.

Pour connaître les établissements qui offrent ce programme : **www.inforoutefpt.org**

	Salaire hebdo moyen	Proportion de dipl. en emploi	Emploi relié	Chômage	Nombre de diplômés
2008	386 $	51,6 %	69,2 %	11,1 %	50
2007	375 $	62,5 %	69,6 %	3,8 %	66
2006	388 $	50,0 %	66,7 %	17,2 %	72

Statistiques tirées de la *Relance* - Ministère de l'Éducation, du Loisir et du Sport.

Comment interpréter l'information, page 17.

Travailler à l'extérieur n'a pas cependant que des bons côtés. Comme l'explique Valérie, il faut savoir s'adapter aux conditions météorologiques pas toujours agréables.

Les capacités de gestion et de planification du travail sont indispensables afin de respecter les délais de mise en marché de la production. Ceci, bien sûr, en tenant compte des aléas climatiques, et parfois mécaniques (une panne du tracteur ou du motoculteur, par exemple). L'autonomie et la débrouillardise sont alors nécessaires pour reprendre la production au plus vite.

«Et même en période de travail intensif, il faut continuer à prendre le temps d'observer les plantes, et être attentif à leur bonne évolution, confie Valérie. C'est un métier qui demande de la passion!»

Il faut également être polyvalent, ingénieux et habile de ses mains, autant pour les gros travaux que pour le bouturage des plantes, qui nécessite de la minutie.

L'un des grands défis des producteurs est de maintenir la rentabilité de leur entreprise. Pour cela, ils devront, par exemple, adapter leur machinerie à de nouvelles cultures.

DÉFIS ET PERSPECTIVES

À cause du prix élevé des terres, l'agriculture est en difficulté. Dans un tel contexte, les diplômés devront se montrer créatifs, notamment dans le choix des cultures. Entre autres, on peut se distinguer en optant pour l'exploitation d'un vignoble ou la culture de minilégumes destinés à la fine restauration. «La mise en marché fera aussi toute la différence. Le but est de diversifier les façons de vendre pour ne pas se limiter à une seule clientèle. La livraison de paniers de fruits et de légumes aux particuliers, la tenue de stands à la ferme ou dans les marchés publics multiplient les façons de faire connaître ses produits», explique Nathaly Lanoix, enseignante et responsable du Département de production horticole du Centre régional d'initiative et de formation agricole de Coaticook.

L'autre grand défi des producteurs est de maintenir la rentabilité de leur entreprise. Pour cela, ils devront, par exemple, adapter leur machinerie à de nouvelles cultures.

Enfin, le respect de l'environnement oblige les producteurs à se perfectionner et à garder leurs connaissances à jour en matière d'agriculture biologique. 02/03 (mise à jour 04/07)

HORAIRES ET MILIEUX DE TRAVAIL

- La journée de travail peut durer entre 7 et 12 heures, selon la période de l'année.

- Le travail est majoritairement saisonnier. Il faut compter entre 6 et 11 mois d'ouvrage dans l'année, en fonction du type de production et des responsabilités du travailleur.

- Il est fréquent de devoir travailler les fins de semaine, surtout en été.

- Le diplômé pourra trouver de l'emploi dans les fermes biologiques ou traditionnelles, mais aussi dans les pépinières, les jardineries, les vergers et les serres.

Production laitière

«J'ai grandi sur une ferme laitière et je travaille pour l'entreprise familiale depuis mon tout jeune âge. C'est un travail exigeant, mais c'est idéal pour quelqu'un qui adore les animaux», s'exclame Benoît Poulin, diplômé du Centre d'enseignement et de formation professionnelle d'Alma.

PROG. 5167
PRÉALABLE : 1, VOIR PAGE 20

1 245 HEURES

CHAMPS D'INTÉRÊT
- aime le rythme de vie de la ferme
- aime s'occuper des animaux
- aime être autonome et assumer des responsabilités
- aime se dépenser physiquement

APTITUDES
- sensibilité envers les animaux
- sens de l'observation et sens des responsabilités
- sens de l'organisation et initiative
- grande capacité de travail et forte résistance physique
- atout : sens des affaires (habiletés de gestion, flair et esprit novateur)

RÔLE ET TÂCHES

Le travail d'ouvrier agricole spécialisé en production laitière demande une très grande polyvalence. Vaillant et doté d'une excellente santé, Benoît Poulin travaille à la fois pour l'entreprise familiale et pour un producteur voisin. «Aux aurores, je commence par m'occuper de la vingtaine de vaches que nous élevons à la maison. Avec mon père et mon frère, je donne de la moulée aux animaux et je nettoie l'étable. Puis je file chez mon patron, qui possède une quarantaine de vaches et 80 veaux. Je dois "faire le train", une tâche à effectuer soir et matin. Cela consiste à vérifier l'état de santé des animaux, à les nettoyer et, surtout, à traire les vaches, une opération automatisée qui se fait à l'aide d'une trayeuse. Cette première partie de la journée s'achève habituellement aux environs de 9 h.»

Après une pause déjeuner bien méritée, Benoît reprend son boulot vers 10 h. Il se rend à nouveau à l'étable, nourrit les bêtes et refait leur litière. En fin d'après-midi, il s'occupe de la traite des vaches à la ferme familiale, puis retourne chez son patron refaire la même chose.

Si l'hiver est une saison plus tranquille, le printemps annonce une période de grande activité. Aux soins des animaux s'ajoute le travail aux champs, nécessaire pour assurer l'alimentation du troupeau. La période des semis, en mai, et celle des récoltes, en août et en septembre, sont très exigeantes. «Dans ce temps-là, il n'est pas rare que je rentre chez moi, fourbu, à 22 h!»

Pour connaître les établissements qui offrent ce programme : **www.inforoutefpt.org**

	Salaire hebdo moyen	Proportion de dipl. en emploi	Emploi relié	Chômage	Nombre de diplômés
2008	462 $	77,1 %	88,8 %	4,5 %	144
2007	469 $	68,9 %	85,9 %	7,6 %	140
2006	418 $	67,0 %	87,0 %	7,6 %	150

Statistiques tirées de la *Relance* - Ministère de l'Éducation, du Loisir et du Sport.

Comment interpréter l'information, page 17.

QUALITÉS RECHERCHÉES

Les ouvriers agricoles en production laitière doivent être fiables et autonomes, car il arrive fréquemment que leurs patrons leur confient la responsabilité du troupeau pendant les fins de semaine ou durant les vacances annuelles. Ils doivent être très minutieux, notamment lorsqu'ils soignent les animaux, car le comportement des bêtes est imprévisible. Des gestes brusques et imprudents peuvent entraîner une ruade, et les conséquences d'un coup de sabot sur le front se font souvent sentir longtemps!

Une attention continue doit également être portée à chaque geste lors de la conduite et du maniement de la machinerie agricole. «Tous les ouvriers connaissent quelqu'un qui s'est blessé, souvent à cause d'un moment de distraction, rappelle Benoît. Je crois qu'il est aussi important d'aimer le travail d'équipe. Tout se fait en petit groupe : les soins apportés à un animal en détresse, les récoltes, etc.»

Les ouvriers agricoles en production laitière doivent être fiables et autonomes, car il arrive fréquemment que leurs patrons leur confient la responsabilité du troupeau pendant les fins de semaine ou durant les vacances annuelles.

DÉFIS ET PERSPECTIVES

Les façons de traire et d'alimenter les troupeaux de vaches et de veaux se sont automatisées et informatisées. Les cours de formation professionnelle incluent l'apprentissage de l'application de ces programmes informatiques, qui évoluent très rapidement. Les stages en entreprise permettent de mettre en pratique ces nouvelles connaissances.

«L'objectif de plusieurs élèves est de prendre la relève sur la ferme familiale. Ceux-ci peuvent compléter leur formation professionnelle en acquérant des attestation d'études collégiales [AEC] dans divers domaines liés à l'agriculture ou un diplôme d'études collégiales [DEC] en gestion et exploitation d'entreprise agricole. D'autres choisiront plutôt de faire de la formation continue», indique le professeur Carol Bouchard, responsable du programme de production laitière et bovine au Centre d'enseignement et de formation professionnelle d'Alma.

M. Bouchard mentionne également que certains propriétaires de ferme laitière, dont les enfants ont décidé d'œuvrer dans d'autres domaines, ont besoin d'employés qualifiés qui pourront éventuellement devenir des associés dans l'entreprise. Une avenue intéressante pour le diplômé dont les parents n'ont pas de ferme. 02/01

HORAIRES ET MILIEUX DE TRAVAIL

- Le diplômé peut travailler pour différents agriculteurs possédant une petite ferme ou encore trouver du travail dans de grosses entreprises agricoles.

- Certains ouvriers agricoles travaillent à la préparation d'aliments pour animaux ou dans la vente d'équipements agricoles.

- D'autres se trouvent du boulot dans des entreprises responsables du contrôle laitier.

- L'ouvrier agricole en production laitière travaille souvent sept jours sur sept, mais il peut avoir des congés les fins de semaine et des vacances annuelles.

- Il peut travailler en moyenne 40 heures par semaine durant l'hiver et jusqu'à 75 heures pendant l'été, au moment des semis et des récoltes.

- Les journées de travail commencent généralement très tôt, vers 6 h du matin, et se terminent très tard, entre 19 h et 22 h, selon la période de l'année.

DEP

Production porcine

Pierre Gagnon est porcher depuis 2008 à la ferme Agri-Marché, située à Bécancour. Son parcours est pour le moins original, puisqu'il a travaillé pendant plus de 20 ans dans des entreprises de transformation du bois. C'est en cherchant un nouvel emploi que Pierre s'est découvert un véritable intérêt pour la production porcine.

PROG. 5171
PRÉALABLE : 1, VOIR PAGE 20

1 170 HEURES

CHAMPS D'INTÉRÊT

- aime le rythme de vie de la ferme
- aime s'occuper des animaux
- aime être autonome et assumer des responsabilités
- aime se dépenser physiquement

APTITUDES

- sensibilité envers les animaux
- sens de l'observation et sens des responsabilités
- sens de l'organisation et initiative
- grande capacité de travail et forte résistance physique
- atout : sens des affaires, c.-à-d. habiletés de gestion, flair et esprit novateur

RÔLE ET TÂCHES

La production porcine comporte quatre étapes : la gestation, la maternité, la pouponnière et l'engraissement. «Le porcher connaît chacune d'entre elles, mais se spécialise dans l'une ou l'autre», explique Pierre, lui-même expert en engraissement.

«Je veille au confort et au bien-être des porcs dans les salles d'engraissement. Ils ont besoin de soins pour se développer et grossir dans des conditions idéales. Je prépare et je distribue les rations de moulée, je m'assure que les distributeurs d'eau dans les salles sont remplis, et je les lave au besoin. De plus, je nettoie les porcs et les salles régulièrement», énumère-t-il.

Pierre doit aussi s'acquitter de plusieurs tâches administratives, par exemple il remplit des registres. «Je note les tâches effectuées dans ma journée de travail ainsi que mes observations concernant les porcs», indique-t-il. Notamment, quand un animal semble présenter les symptômes d'une maladie.

Pour éviter de faire pénétrer microbes et bactéries dans la porcherie, Pierre doit aussi respecter de strictes consignes de biosécurité. «Je prends une douche en arrivant, je porte les vêtements de travail fournis par l'entreprise et je lave mes bottes de caoutchouc chaque fois que je change de salle», dit-il.

Pour connaître les établissements qui offrent ce programme : **www.inforoutefpt.org**

	Salaire hebdo moyen	Proportion de dipl. en emploi	Emploi relié	Chômage	Nombre de diplômés
2008	577 $	92,3 %	91,7 %	0,0 %	21
2007	465 $	94,1 %	80,0 %	0,0 %	23
2006	425 $	71,4 %	100,0 %	0,0 %	11

Statistiques tirées de la *Relance* - Ministère de l'Éducation, du Loisir et du Sport.

Comment interpréter l'information, page 17.

QUALITÉS RECHERCHÉES

Le travail de porcher demande une bonne forme physique. «D'abord, on marche beaucoup parce que les fermes peuvent être très vastes. Il faut aussi déplacer les porcs d'une salle à une autre quand on procède à l'entretien des lieux», souligne-t-il. Mais ce n'est pas tout : «Dans la salle d'engraissement, je pèse les animaux pour m'assurer de n'envoyer à l'abattoir que ceux qui ont atteint le poids requis. À la fin de ma journée, j'ai fait mon exercice!»

Il ajoute que le sens de l'observation est indispensable dans ce métier. «Il faut être capable de repérer les porcs malades et intervenir rapidement. J'applique des mesures préventives, comme isoler la bête du reste du troupeau, afin qu'elle ne contamine pas les autres animaux.»

DÉFIS ET PERSPECTIVES

Hélène Berthelot, enseignante en production porcine à l'École d'agriculture de Nicolet, estime que la production porcine permet à chaque diplômé de trouver une place correspondant à ses aspirations et ses aptitudes. «Par exemple, une personne qui aime prodiguer des soins pourrait avoir beaucoup de plaisir à travailler dans la pouponnière. Il arrive qu'une truie donne naissance à trop de porcelets et que le porcher doive se substituer à la mère et les nourrir au biberon», explique-t-elle.

En outre, l'industrie porcine s'est considérablement modernisée au cours des dernières années. Aujourd'hui, toute la gestion du troupeau et de la reproduction est informatisée. Les portées de chaque truie sont quantifiées et suivies étroitement sur ordinateur. Les nouvelles technologies sont également présentes dans la gestion de la ventilation, du taux d'azote, d'humidité et de la chaleur dans la porcherie. Toutes ces variables sont importantes, car elles ont un impact direct sur la santé et le bien-être des animaux, et par conséquent, sur la productivité.

Les porchers doivent donc savoir composer avec ces progrès techno-logiques. D'ailleurs, les producteurs n'hésitent pas à proposer des sessions de formation à leurs employés pour les mettre au fait des nouveautés dans ce domaine. 05/09

L'industrie porcine s'est considérablement modernisée au cours des dernières années. Aujourd'hui, toute la gestion du troupeau et de la reproduction est informatisée.

Photo : Fédération des producteurs de porcs du Québec

HORAIRES ET MILIEUX DE TRAVAIL

- Le porcher travaille sur une ferme d'élevage porcin. Il peut être propriétaire de sa propre ferme, travailler pour un producteur porcin ou une coopérative agricole.

- La journée du porcher commence tôt, vers 7 h, et en principe s'achève vers 16 h. En effet, sa journée ne se termine qu'une fois que les porcs dont il est responsable sont prêts pour la nuit.

- Il faut s'attendre à travailler parfois le soir et les fins de semaine.

- Des primes de rendement et souvent l'hébergement à la ferme peuvent s'ajouter au salaire que reçoivent les porchers.

- L'environnement de travail est, par moments, relativement bruyant puisque les porcs sont des bêtes peureuses qui grognent souvent quand le porcher s'en approche.

DEP

Réalisation d'aménagements paysagers

Passionnée de jardinage, la psychosociologue Renée Brault a décidé de transformer son passe-temps en métier. Elle est retournée aux études en 1999 en réalisation d'aménagements paysagers au Centre Le Florès, à Saint-Jovite. Depuis, elle passe le printemps et l'été les mains dans la terre… et le sourire aux lèvres!

PROG. 5320
PRÉALABLE : 2, VOIR PAGE 20

1 035 HEURES

CHAMPS D'INTÉRÊT

- aime la nature, les plantes et les jardins
- aime faire un travail manuel et utiliser des outils
- aime travailler en équipe
- aime agencer et créer des formes

APTITUDES

- faculté d'imagination et de visualisation spatiale (imaginer en trois dimensions)
- sens esthétique et créativité
- esprit d'équipe
- résistance physique et grande capacité de travail

Pour connaître les établissements qui offrent ce programme : **www.inforoutefpt.org**

RÔLE ET TÂCHES

Le travail du paysagiste comprend une multitude de tâches variées, allant de la création d'un jardin d'eau à l'élaboration de plans pour l'aménagement ou le réaménagement d'un terrain. Durant leurs études, les futurs paysagistes apprennent à travailler le bois (pour en faire des terrasses, des boîtes à fleurs, des pergolas, etc.) et le béton (qui servira de dallage, de murets, etc.). On leur enseigne également des notions d'horticulture, d'irrigation, de nivellement de terrains et de dessin de croquis. «Certains élèves choisissent de se spécialiser dans un domaine particulier, que ce soit l'aménagement d'allées pour les automobiles ou la pose de gazon. Moi, j'ai décidé de faire un peu de tout», affirme Renée, qui pratique son nouveau métier d'avril à octobre. Renée est fière d'avoir réussi à recruter 10 bons clients durant sa première année dans le domaine. «J'ai laissé ma carte professionnelle dans plusieurs jardineries et le bouche à oreille a fait le reste!» Son meilleur coup a été de décrocher le contrat d'aménagement de sa municipalité. «J'ai été responsable de la conception des jardins, des plates-bandes et des boîtes à fleurs, ainsi que de leur entretien pendant toute la saison estivale.

«J'ai aussi effectué des contrats pour de nombreux particuliers. J'ai notamment élaboré des plans pour l'aménagement du terrain d'une nouvelle maison et j'ai aménagé ou réaménagé plusieurs jardins. Je propose alors un croquis au client. S'il est satisfait, j'achète avec lui les matériaux et les végétaux nécessaires, puis je réalise le projet de A à Z. Je commence habituellement très tôt, dès 7 h 30, et je termine vers 19 h. J'aime particulièrement faire des jardins d'eau, des bassins et des cascades!»

	Salaire hebdo moyen	Proportion de dipl. en emploi	Emploi relié	Chômage	Nombre de diplômés
2008	546 $	56,5 %	61,7 %	14,8 %	124
2007	551 $	62,0 %	64,9 %	13,7 %	95
2006	496 $	59,0 %	64,5 %	20,0 %	88

Statistiques tirées de la *Relance* - Ministère de l'Éducation, du Loisir et du Sport.

Comment interpréter l'information, page 17.

Renée porte une attention spéciale autant à ce qui se trouve sous la terre qu'à la disposition esthétique des plantes et des objets décoratifs. «Par exemple, les fondations d'un muret et la façon dont sont disposées les pierres sont déterminantes pour assurer la durabilité de la réalisation.»

QUALITÉS RECHERCHÉES

Une bonne santé physique et une résistance à l'effort sont indispensables pour réussir dans ce métier. «Il faut aussi faire preuve de débrouillardise et savoir improviser avec les caractéristiques uniques de chaque terrain. Parfois, on trouve un énorme galet sous la terre qui empêche de creuser à l'endroit voulu. Il faut alors refaire ses plans rapidement», signale Renée.

Un sens artistique développé, l'amour de la nature et beaucoup de dextérité manuelle sont également requis. Les diplômés qui choisissent de se lancer en affaires doivent en plus avoir des notions de gestion et de marketing.

DÉFIS ET PERSPECTIVES

Marc Vigneault, enseignant en réalisation d'aménagements paysagers au Centre de formation professionnelle des Moissons, à Beauharnois, remarque que de plus en plus de femmes percent dans ce métier, autrefois réservé aux hommes. «Avec les nouveaux équipements, la force physique n'est plus aussi nécessaire qu'avant», fait-il valoir.

«La conception de plans par ordinateur devient une norme, et ces techniques sont enseignées dans le cadre du DEP.»

— Marc Vigneault

L'enseignant déplore toutefois que plusieurs personnes s'annoncent en tant que paysagistes sans avoir suivi la formation au préalable : «Le métier n'est pas régi, alors n'importe qui peut s'improviser paysagiste sans en avoir les compétences.»

L'enseignant précise que les paysagistes sont appelés à utiliser de plus en plus les nouvelles technologies. «La conception de plans par ordinateur devient une norme, et ces techniques sont enseignées dans le cadre du DEP.»

Les ouvriers désirant se spécialiser davantage peuvent poursuivre leur scolarité avec une attestation d'études collégiales (AEC) en aménagement paysager. 02/01 (mise à jour 04/07)

HORAIRES ET MILIEUX DE TRAVAIL

- Les diplômés travaillent généralement pour des entrepreneurs paysagistes ou choisissent de travailler à leur compte.
- Les municipalités, hôtels ou centres touristiques embauchent régulièrement des paysagistes.
- Le travail s'échelonne habituellement d'avril à octobre.
- L'hiver, certains trouvent du travail saisonnier dans d'autres domaines.
- Les paysagistes doivent s'attendre à travailler plus de 60 heures par semaine.

DEP

Vente des produits de la pêche

Le poissonnier vend aux clients de sa localité poissons, mollusques et crustacés. Si l'on peut déguster crabes, homards, saumon et mahi mahi, c'est grâce à lui!

PROG. 5104
PRÉALABLE : 2, VOIR PAGE 20

900 HEURES

RÔLE ET TÂCHES

Le poissonnier s'approvisionne auprès des pêcheurs ou des grossistes. Il s'assure de la qualité des produits, veille à l'entreposage, à la conservation et à la gestion des stocks. De plus, il voit à la salubrité de son environnement de travail, des équipements et des denrées.

Selon Yves Tardif, aide pédagogique au Centre spécialisé des pêches du Cégep de la Gaspésie et des Îles, à Grande-Rivière, la préparation du poisson frais occupe une place importante dans son emploi du temps. «Le poissonnier prépare des filets [filetage] et des darnes de poisson, cuit les crustacés et les mollusques. Il peut faire de la deuxième transformation des aliments [fumage, salaison, séchage] ou de la troisième transformation, soit les plats cuisinés comme des sushis, des soupes et des pâtés.»

DÉFIS ET PERSPECTIVES

Yves Tardif estime qu'une solide formation reste essentielle dans ce métier, même si dans les grandes chaînes d'alimentation, on place bien souvent le boucher au comptoir de poissonnerie après lui avoir seulement donné une formation de 50 heures. «Pour devenir poissonnier, il faut être très minutieux, car il y a tout un contrôle de la qualité à effectuer. Le poisson doit être manipulé selon certaines règles, et il faut maintenir la salubrité des lieux.»

M. Tardif encourage les diplômés à obtenir la certification HACCP (*Hazard Analysis and Critical Control Points*[*]) pour maîtriser tous les aspects du contrôle et de la salubrité des aliments. 03/05 (mise à jour 03/07)

[*] HACCP (*Hazard Analysis and Critical Control Points*) : méthode d'identification, de localisation, d'évaluation et de maîtrise des risques potentiels de détérioration de la qualité microbiologique des denrées de la chaîne alimentaire.

HORAIRES ET MILIEUX DE TRAVAIL

• Les principaux employeurs sont les poissonneries. Ensuite viennent les marchés d'alimentation et les usines de transformation du poisson.

• Les poissonniers travaillent dans des environnements réfrigérés, où règne l'odeur du poisson.

• Les horaires correspondent à ceux des commerces, avec l'ajout d'heures supplémentaires pendant la haute saison de certains produits (ex. : crabe, homard).

Pour connaître les établissements qui offrent ce programme : **www.inforoutefpt.org**

	Salaire hebdo moyen	Proportion de dipl. en emploi	Emploi relié	Chômage	Nombre de diplômés
2008	N/D	N/D	N/D	N/D	N/D
2007	N/D	N/D	N/D	N/D	N/D
2006	N/D	N/D	N/D	N/D	N/D

Statistiques tirées de la *Relance* - Ministère de l'Éducation, du Loisir et du Sport.

Comment interpréter l'information, page 17.

ASP

DEP 5288

Spécialités en horticulture

Être aux petits soins pour une plante rare, concevoir un jardin selon les dernières tendances…
Autant de tâches que peuvent réaliser les diplômés de cette ASP.

PROG. 5043
PRÉALABLE : 3, VOIR PAGE 20

450 HEURES

RÔLE ET TÂCHES

Le jardinier spécialisé doit gérer la production de plantes et d'arbres, c'est-à-dire les planter, les entretenir et les récolter. Outre les cultures horticoles courantes, il s'occupe aussi de cultures particulières comme les cactus, les bonsaïs, les orchidées ou les plantes médicinales.

Certains diplômés peuvent opter pour l'aménagement paysager. Dans ce cadre, ils doivent concevoir, estimer les coûts et réaliser des projets spécifiques tels que des jardins aquatiques ou asiatiques.

L'expérience aidant, les jardiniers spécialisés peuvent superviser plusieurs productions en même temps, gérer du personnel ou fonder leur propre entreprise.

DÉFIS ET PERSPECTIVES

Le virage vers le respect de l'environnement a eu des répercussions importantes sur les métiers de l'horticulture et de l'aménagement paysager. «L'un des grands défis consiste à convertir les horticulteurs à l'approche biologique, où les pesticides sont désormais bannis. La nouvelle génération de jardiniers devra amener les employeurs à se tourner vers le biologique, plus respectueux de l'environnement, même si les techniques sont plus coûteuses», affirme Nataly Turcotte, directrice adjointe de l'École des métiers de l'horticulture de Montréal. 03/07

HORAIRES ET MILIEUX DE TRAVAIL

- Les jardiniers spécialisés peuvent travailler pour le secteur public ou parapublic, ou tout établissement qui a besoin de faire entretenir ou d'aménager ses espaces verts.

- Ils peuvent aussi travailler pour les entreprises d'aménagement paysager ou de commercialisation en horticulture.

- Les horaires sont variables, pouvant aller de très tôt le matin pour les travaux en serre, jusqu'à très tard le soir pour les travaux extérieurs. Ils varient aussi en fonction des saisons, le printemps et l'été étant très occupés.

Pour connaître les établissements qui offrent ce programme : **www.inforoutefpt.org**

	Salaire hebdo moyen	Proportion de dipl. en emploi	Emploi relié	Chômage	Nombre de diplômés
2008	428 $	42,9 %	100,0 %	25,0 %	8
2007	755 $	33,3 %	50,0 %	44,4 %	20
2006	643 $	61,5 %	85,7 %	27,3 %	19

Statistiques tirées de la *Relance* - Ministère de l'Éducation, du Loisir et du Sport.

Comment interpréter l'information, page 17.

ALIMENTATION ET TOURISME

CHAMPS D'INTÉRÊT

ALIMENTATION
- aime bien manger
- aimer préparer, créer ou améliorer des recettes
- aime travailler avec le public

TOURISME
- aime les voyages et les pays étrangers (histoire, arts, culture, géographie)
- aime travailler avec le public
- aime la nouveauté et la diversité
- aime résoudre des problèmes concrets (impliquant des personnes)

APTITUDES

ALIMENTATION
- dextérité, précision et rapidité d'exécution
- acuité sensorielle développée : vision, goût, odorat
- atout : sens du service à la clientèle

TOURISME
- habileté pour les langues, la géographie et les mathématiques
- facilité d'apprentissage de l'informatique
- grande curiosité, dynamisme et discernement
- autonomie et sens de l'organisation
- capacité d'écoute (comprendre, cerner un besoin)
- grande facilité d'expression et de persuasion

RESSOURCES INTERNET

**INFOROUTE DE LA
FORMATION PROFESSIONNELLE
ET TECHNIQUE**
http://inforoutefpt.org
Le site incontournable pour tout
savoir sur les programmes de
formation.

**CONSEIL QUÉBÉCOIS
DES RESSOURCES
HUMAINES EN TOURISME**
www.cqrht.qc.ca
Ce site offre une grande quantité
de renseignements sur le monde
du travail, notamment les carrières
possibles au sein de l'industrie
du tourisme du Québec.

BONJOURQUEBEC.COM
www.tourisme.gouv.qc.ca
Visitez le site touristique officiel
du gouvernement du Québec et
découvrez les attraits qu'offre la
province aux vacanciers.

**COMITÉ SECTORIEL DE
MAIN-D'ŒUVRE DU COMMERCE
DE L'ALIMENTATION**
www.csmoca.org
Ce site offre un aperçu des
principaux métiers dans le domaine
du commerce de l'alimentation ainsi
que des offres d'emploi en ligne.
On y trouve même une vidéo sur le
secteur d'activité.

Boucherie de détail

En consultant une brochure décrivant l'ensemble des métiers de la formation professionnelle, Cindy Tremblay a eu l'intuition que le métier de bouchère pourrait lui plaire. Et son flair ne l'a pas trompée!

PROG. 5268	900 HEURES
PRÉALABLE : 2, VOIR PAGE 20	

CHAMPS D'INTÉRÊT
- s'intéresse à l'alimentation et particulièrement aux viandes
- aime faire un travail manuel de précision
- aime parler avec le public et le servir

APTITUDES
- dextérité, précision et rapidité d'exécution
- sens de l'observation
- facilité d'expression et sens du service à la clientèle (respect et tact)

RÔLE ET TÂCHES

Les tâches et les conditions de travail du boucher varient beaucoup selon qu'il œuvre dans un supermarché, une boucherie ou une usine de transformation. Dans les épiceries, où la majorité des diplômés en boucherie exercent leur profession, le travail est diversifié (servir les clients, recevoir, préparer et emballer les viandes, les disposer dans les comptoirs, etc.), mais les horaires sont irréguliers. En boucherie, les tâches sont sensiblement les mêmes qu'au supermarché, mais le contact est plus direct avec la clientèle et l'employeur. En usine, par contre, le travail est plus répétitif, car il se fait à la chaîne. Les employés profitent d'un horaire de jour et ont de bons salaires.

Cindy Tremblay a choisi de travailler dans une petite boucherie, l'Épicerie boucherie culinaire Shipshaw, située à proximité de la ville de Jonquière. Elle a d'abord occupé le poste d'apprentie bouchère pendant quelques mois avant d'être nommée bouchère. Elle s'occupe de la coupe des viandes et de leur disposition dans un comptoir. «Je suis également chargée de la préparation des charcuteries, des pizzas et des sous-marins, qui font partie des produits que nous vendons le mieux.»

La bouchère sert elle-même ses rôtis, saucisses fraîches et steaks aux clients et les conseille dans leurs choix de viande. «J'adore parler aux gens! Je retire également beaucoup de satisfaction à m'occuper de la préparation des aliments et de leur présentation. Je sais que j'ai réussi lorsque je vais devant le comptoir et que l'agencement des morceaux de viande me plaît au premier coup d'œil!»

Pour connaître les établissements qui offrent ce programme : **www.inforoutefpt.org**

	Salaire hebdo moyen	Proportion de dipl. en emploi	Emploi relié	Chômage	Nombre de diplômés
2008	480 $	81,7 %	83,7 %	7,8 %	194
2007	426 $	86,0 %	79,4 %	5,5 %	200
2006	414 $	81,5 %	75,0 %	7,0 %	207

Statistiques tirées de la *Relance* - Ministère de l'Éducation, du Loisir et du Sport.

Comment interpréter l'information, page 17.

QUALITÉS RECHERCHÉES

Les bouchers doivent posséder une bonne dextérité manuelle et beaucoup de robustesse. Ils manipulent fréquemment de lourds quartiers de viande livrés dans des boîtes pouvant peser plus de 30 kg. Une grande résistance au froid est également nécessaire, car les ateliers de travail sont généralement maintenus à 10 °C, les chambres froides entre 0 °C et 4 °C et les congélateurs à -18 °C.

Il faut aussi accorder une attention particulière à l'hygiène, ce qui implique le port d'un filet ou d'un casque de sûreté sur la tête, de gants et d'un tablier. Ce souci constant de la propreté doit obligatoirement inclure l'environnement de travail. Les bactéries peuvent se multiplier si, après chaque utilisation, les appareils ne sont pas désinfectés à fond à l'aide de germicides. On ne doit courir aucun risque parce qu'un très grand nombre de poulets sont porteurs de la bactérie de la salmonelle. En plus de savoir couper et présenter les viandes, les meilleurs bouchers sont ponctuels, assidus dans leur travail et autonomes. Ils savent également maîtriser leur stress même lorsque dix clients font la file devant la caisse! Ils doivent aussi communiquer facilement et avoir de l'entregent.

Plusieurs diplômés choisissent d'ouvrir leur propre boucherie.

DÉFIS ET PERSPECTIVES

Les supermarchés embauchent bon nombre de diplômés en boucherie, mais les journées y sont très longues, et les salaires, plutôt bas. L'heure est à la rentabilité, et les viandes, le plus souvent, ne sont pas préparées sur place.

«L'atmosphère n'est pas du tout la même dans une petite boucherie. Nos jeunes aiment le contact avec la clientèle. Ils sont heureux d'offrir des produits dont ils sont fiers et qu'ils créent parfois eux-mêmes», explique Claude Gilbert, enseignant au Centre professionnel des Patriotes, à Sainte-Julie. En contrepartie, les clients, de plus en plus connaisseurs, se montrent exigeants, et les heures d'ouverture des commerces sont plus longues qu'autrefois. «En usine de transformation, les journées sont plus courtes; les conditions sont bonnes et le travail bien payé, mais beaucoup plus répétitif», rapporte M. Gilbert. Plusieurs diplômés choisissent d'ouvrir leur propre boucherie. S'ils suivent une attestation de spécialisation professionnelle (ASP) en lancement d'une entreprise, ils auront un plan d'affaires en main et mettront davantage de chances de leur côté. 02/01 (mise à jour 04/07)

HORAIRES ET MILIEUX DE TRAVAIL

- Les bouchers peuvent travailler dans les supermarchés, les boucheries et les usines de transformation, les restaurants et les abattoirs.

- Ceux qui exercent leur métier dans des petites boucheries et dans des supermarchés doivent souvent travailler les soirs et les fins de semaine.

Boulangerie

À l'heure des multinationales de la malbouffe et des organismes génétiquement modifiés dans l'alimentation, la boulangerie artisanale de quartier redevient populaire. C'est ce qui a permis à Cécile Trudeau de découvrir sa vocation : boulangère.

PROG. 5270
PRÉALABLE : 2, VOIR PAGE 20

795 HEURES

CHAMPS D'INTÉRÊT

- aime le travail de nuit et en solitaire
- aime l'entrepreneuriat et le contexte d'une petite entreprise
- aime le contact avec le public
- respecte la tradition tout en démontrant assez de souplesse pour perfectionner une méthode ou une recette

APTITUDES

- dextérité manuelle
- résistance physique
- connaissances de base en mathématiques
- odorat et goût développés
- sens de l'organisation et des responsabilités
- quelques notions de gestion et de commercialisation

Pour connaître les établissements qui offrent ce programme : **www.inforoutefpt.org**

RÔLE ET TÂCHES

Le jour de ses 40 ans, date charnière dans le cheminement de bien des individus, Cécile Trudeau a décidé d'abandonner un poste de vendeuse dans le domaine de l'alimentation pour retourner sur les bancs de l'école et apprendre le métier de boulangère. Depuis trois ans, elle tient sa propre boulangerie artisanale à Montréal, la Boulangerie de la Place.

Ses tâches quotidiennes sont les mêmes que celles des boulangers des temps immémoriaux : préparation des recettes de pâte et des ferments, pétrissage, coupage, boulage et façonnage de la pâte et cuisson. «C'est un travail de nuit, explique Cécile. Je commence à 23 h et je dois faire en sorte que le pain et les viennoiseries [croissants, brioches, etc.] soient prêts à 6 h du matin. Dans les petites boulangeries artisanales comme la mienne, on travaille en solitaire. Ailleurs, dans les boulangeries industrielles, c'est plutôt en équipe. Je ne trouve pas le temps long, ça passe rapidement», assure-t-elle.

Ayant mis au point sa propre méthode de travail, Cécile ne fait aucun compromis sur la qualité. «Pendant le pétrissage, une réaction se produit grâce au levain, à la farine et à l'eau. On appelle ça une fermentation ou une pousse. Certaines boulangeries font "pousser" leur pain en trois quarts d'heure, ce qui donne un pain-carton qui ne goûte rien. Mon pain a entre trois heures et demie et quatre heures de pousse, il développe ses propres sucres. De plus, j'utilise de la farine bio.»

Faut-il le préciser, Cécile tient le pain industriel en horreur. «Il est trop pétri; c'est pour ça qu'il est si blanc. Le mien est presque jaune crème à l'intérieur.»

	Salaire hebdo moyen	Proportion de dipl. en emploi	Emploi relié	Chômage	Nombre de diplômés
2008	395 $	57,6 %	31,6 %	17,4 %	50
2007	432 $	56,8 %	44,4 %	16,0 %	52
2006	390 $	84,6 %	66,7 %	4,3 %	48

Statistiques tirées de la *Relance* - Ministère de l'Éducation, du Loisir et du Sport.

Comment interpréter l'information, page 17.

QUALITÉS RECHERCHÉES

La boulangerie exige un respect quasi sacré pour le pain de même qu'une conscience professionnelle aiguisée. «Il faut aimer ce qu'on fait, autrement c'est impossible d'exercer le métier, déclare Cécile. Moi, j'éprouve de la satisfaction à voir le produit fini. J'ai le sentiment de faire un métier noble, puisque je nourris les gens.»

Les tâches quotidiennes demandent de la concentration, des connaissances de base en mathématiques (pour le calcul des quantités et des températures de cuisson) et un mode de vie nocturne. Une certaine force physique est un atout. Les pétrins mécaniques allègent la tâche du boulanger, mais le métier demeure, à la base, une activité manuelle. «Si le pétrin se brise, il faut être capable de pétrir à la main. Ce n'est pas impossible, je pèse seulement 45 kg et je suis capable de le faire», affirme la boulangère.

> «J'ai le sentiment de faire un métier noble, puisque je nourris les gens.»
>
> — Cécile Trudeau

DÉFIS ET PERSPECTIVES

Paradoxalement, l'avenir de la boulangerie résiderait dans un retour au passé. Les consommateurs exigent davantage de qualité et d'authenticité et se tournent vers des produits artisanaux ou biologiques. «Il y a beaucoup de boulangeries artisanales à Montréal, et ça se développe dans les régions, remarque Martin Houtmann, enseignant en boulangerie au Centre de formation professionnelle Calixa-Lavallée. C'est un métier traditionnel, qui n'évolue pas.»

Durant leur formation, les élèves touchent à tous les produits de boulangerie : pains de base à la levure et au levain (baguettes, miches, etc.), pains spéciaux (de seigle, de campagne, etc.), viennoiseries, pains décorés, etc.

En cours de carrière, le diplômé peut devenir chef boulanger. «Il suffit d'avoir quelques années d'expérience et de s'investir personnellement dans l'entreprise, explique Martin Houtmann. Par ailleurs, plusieurs de nos diplômés ont fondé leur propre boulangerie. Souvent, quelqu'un qui connaît bien le métier va s'associer à une personne qui a des notions de gestion ou de commerce.» 03/03

HORAIRES ET MILIEUX DE TRAVAIL

- Les boulangers travaillent de nuit.

- Les principaux milieux de travail sont les boulangeries artisanales, biologiques et de quartier, ainsi que les boulangeries semi-industrielles (telles que Première Moisson et Au Pain Doré).

- La formation professionnelle ne prépare pas à l'emploi dans les boulangeries industrielles, mais ces dernières embauchent parfois des diplômés qui connaissent la pâte à pain.

DEP

Cuisine

ASP 1057 / 5324

Pour exceller en cuisine, il ne suffit pas de savoir concocter de bons petits plats. Le métier de cuisinier nécessite aussi de la créativité, de la patience, et même le sens de la gestion! À cela s'ajoutent un goût et un odorat développés, évidemment...

PROG. 5311
PRÉALABLE : 1, VOIR PAGE 20

1 470 HEURES

RÔLE ET TÂCHES

«Le cuisinier élabore le menu, conçoit et confectionne les recettes. Il peut préparer divers plats allant du petit déjeuner au souper gastronomique à plusieurs services», explique Alain Joly, enseignant au Centre de formation professionnelle Jacques-Rousseau, à Longueuil. Assisté par un aide-cuisinier, le cuisinier fait tout en cuisine : peler des légumes, cuire des viandes, préparer des sauces, etc.

Outre la préparation des aliments, il voit aussi à certaines tâches reliées à la gestion et à la planification de sa cuisine. Par exemple, il doit choisir les produits qu'il va utiliser, calculer les quantités, passer les commandes, négocier avec des fournisseurs, etc. «Le cuisinier doit également voir à l'hygiène de son environnement de travail et nettoyer ses ustensiles de cuisine selon des normes strictes d'hygiène et de salubrité», indique Alain Joly.

DÉFIS ET PERSPECTIVES

Les débuts d'un jeune diplômé en cuisine peuvent être difficiles, prévient Alain Joly. Il doit en effet faire ses preuves, démontrer qu'il est endurant, rigoureux, ordonné, capable de travailler en équipe. «Tout en sachant préparer des plats aussi beaux à l'œil que savoureux!» ajoute-t-il.

L'enseignant estime que les meilleurs atouts du cuisinier sont sa persévérance, son ouverture d'esprit et sa mobilité. «Changer d'établissement permet au jeune cuisinier de voir comment ça se passe ailleurs et d'apprendre de nouvelles façons de faire», dit Alain Joly. 05/09

HORAIRES ET MILIEUX DE TRAVAIL

- Un cuisinier peut trouver de l'emploi dans des restaurants, des cafétérias, des auberges, des hôtels, chez un traiteur, etc.

- Il peut aussi travailler sur des bateaux de croisière, des chantiers, dans des hôpitaux, des écoles, pour des entreprises agroalimentaires, etc.

- Selon l'emploi qu'il occupe, les horaires du cuisinier sont variables. Il faut s'attendre à travailler lorsque les autres s'amusent, le soir et les jours de fête.

Pour connaître les établissements qui offrent ce programme : **www.inforoutefpt.org**

	Salaire hebdo moyen	Proportion de dipl. en emploi	Emploi relié	Chômage	Nombre de diplômés
2008	485 $	72,2 %	88,4 %	6,0 %	842
2007	467 $	75,7 %	81,1 %	4,1 %	879
2006	485 $	71,5 %	83,8 %	8,6 %	757

Statistiques tirées de la *Relance* · Ministère de l'Éducation, du Loisir et du Sport.

Comment interpréter l'information, page 17.

Pâtisserie

Nadia Lachance est pâtissière à l'Auberge de la Biche au Bois, à Sainte-Adèle. Elle confectionne et décore elle-même tous les somptueux desserts que commandent les clients de l'établissement. «Je suis parfois si fière de l'apparence de mes pâtisseries que je les prends en photo!» confie-t-elle avec enthousiasme.

PROG. 5297
PRÉALABLE : 1, VOIR PAGE 20

1 350 HEURES

CHAMPS D'INTÉRÊT

- aime bien manger et cuisiner
- aime utiliser ses sens en travaillant (vision, odorat, goût, toucher)
- aime préparer, essayer, améliorer et créer des recettes
- aime créer, décorer et embellir des produits
- aime être autonome et créatif dans son travail

APTITUDES

- acuité sensorielle très développée : vision, goût et odorat
- sens de l'observation et sens de l'organisation
- dextérité, précision et rapidité d'exécution
- créativité et sens esthétique
- atout : sens du service à la clientèle

RÔLE ET TÂCHES

Artiste travaillant avec des matériaux périssables, le pâtissier crée des desserts fabuleux : crèmes, mousses, tartes, gâteaux, soufflés, feuilletés, glaces, bonbons et toutes les gâteries qui peuvent sortir de son imagination!

Passionnée par la création et très habile de ses mains, Nadia Lachance a choisi d'étudier ce métier à l'École hôtelière des Laurentides, à Sainte-Adèle, tout en travaillant à l'Auberge de la Biche au Bois. Depuis l'obtention de son DEP, elle occupe le poste de pâtissière à temps plein.

«Je commence chaque jour vers 13 ou 14 h et je termine souvent aux environs de minuit. Le menu de notre auberge, qui peut accueillir une cinquantaine de clients, se compose de six desserts qui varient souvent. Chaque début de semaine, je confectionne des dizaines de pâtisseries, dont une grande partie seront congelées. Je prépare des tartes au chocolat, des gâteaux à la crème au beurre, des glaces et plusieurs autres délices.»

Nadia réalise elle-même la décoration de tous ses desserts. «Notre auberge n'achète rien de préparé à l'avance. Je fais donc les coulis, les caramels et les décorations de fleurs et de fruits.»

À l'arrivée des clients pour le souper, la jeune pâtissière finalise ses desserts et prête main-forte aux cuisiniers, qui sont souvent débordés. Une fois le restaurant déserté, elle participe au ménage des cuisines avant de rentrer chez elle, fière d'avoir ravi les papilles gustatives des fins gourmets!

Pour connaître les établissements qui offrent ce programme : www.inforoutefpt.org

	Salaire hebdo moyen	Proportion de dipl. en emploi	Emploi relié	Chômage	Nombre de diplômés
2008	425 $	69,6 %	69,3 %	10,5 %	272
2007	417 $	72,6 %	75,9 %	10,5 %	263
2006	434 $	56,1 %	79,7 %	20,2 %	234

Statistiques tirées de la *Relance* - Ministère de l'Éducation, du Loisir et du Sport.

Comment interpréter l'information, page 17.

QUALITÉS RECHERCHÉES

D'après Nadia, les pâtissiers doivent avant tout aimer le travail manuel. Ils ont également intérêt à s'armer de patience, car il leur est impossible de réussir toutes leurs recettes dès la première tentative! «Il m'arrive encore de faire brûler des gâteaux, même après un an et demi dans le domaine!» révèle la pâtissière.

Il faut aussi beaucoup d'imagination, de la dextérité et un grand sens artistique pour produire des desserts uniques qui épateront les consommateurs. «Certains pâtissiers ont moins de latitude que d'autres pour innover. Moi, je me considère comme très chanceuse de pouvoir exploiter les nouvelles tendances dans le domaine. J'aime beaucoup mélanger le sucré et le salé, dans une glace au thym ou au basilic, par exemple. Je me réjouis également lorsque les clients me commandent le Monet, un dessert constitué de plusieurs boules de sorbet de différentes teintes, disposées sur une assiette ressemblant à une palette de couleurs. C'est magnifique!»

«La pâtisserie demande beaucoup d'exactitude dans les recettes. Si on ne connaît pas les composantes d'un œuf, par exemple, on ne saura pas par quoi le remplacer pour obtenir des textures et des effets similaires.»

— Jackie Boutevin

DÉFIS ET PERSPECTIVES

«La demande de main-d'œuvre en pâtisserie varie beaucoup d'une année à l'autre, car il y a un fort roulement de personnel dans le domaine. Plusieurs pâtissiers aimeraient en effet être mieux payés pour exercer leur métier», affirme Jackie Boutevin, enseignant en pâtisserie au Centre de formation professionnelle Arvida, à Jonquière.

Selon lui, le plus grand défi qu'auront à relever les futurs diplômés sera de réaliser des desserts moins sucrés et meilleurs pour la santé et de trouver des substituts à certains ingrédients pouvant causer des allergies. «Les jeunes pâtissiers ne doivent pas hésiter à innover continuellement pour créer des desserts. La pâtisserie demande beaucoup d'exactitude dans les recettes. Si on ne connaît pas les composantes d'un œuf, par exemple, on ne saura pas par quoi le remplacer pour obtenir des textures et des effets similaires.»

Pour découvrir les nouvelles tendances en matière de pâtisserie, M. Boutevin conseille à ses élèves de suivre les séminaires offerts par les fournisseurs de chocolats, de farines et d'autres ingrédients, de même que des cours spécialisés donnés à l'Institut de tourisme et d'hôtellerie du Québec. 02/01

Photo : Corporation du 35e Mondial des métiers

HORAIRES ET MILIEUX DE TRAVAIL

- Le pâtissier peut travailler dans : les restaurants; les pâtisseries et épiceries fines; les hôtels; les cafétérias d'hôpitaux, de centres pour personnes âgées, de communautés religieuses; etc.

- La demande de pâtissiers est supérieure dans les grands centres urbains.

- Certains diplômés choisissent de travailler à l'étranger.

- Les horaires de travail des pâtissiers sont généralement plus réguliers que ceux des cuisiniers et des boulangers, car plusieurs desserts peuvent être préparés à l'avance sans problème.

- De nombreux professionnels travaillent de 9 h à 17 h, mais certains, préposés à la confection de croissants et brioches pour le déjeuner, doivent commencer aux aurores.

Réception en hôtellerie

Énergique et volubile, Martine Pigeon court sans cesse d'un corridor à l'autre à l'hôtel Westin, à Ottawa. La superviseure répond du mieux qu'elle peut aux besoins de la clientèle et des employés de l'établissement, où elle travaille depuis quelques années.

PROG. 5283
PRÉALABLE : 1, VOIR PAGE 20

735 HEURES

CHAMPS D'INTÉRÊT

- aime parler et rencontrer des personnes
- aime écouter, conseiller, expliquer, informer
- aime résoudre des problèmes concrets
- aime faire un travail diversifié et se sentir responsable

APTITUDES

- capacité d'écoute et patience avec la clientèle
- facilité d'expression et dynamisme
- sens de l'organisation et discernement
- bilinguisme, esprit curieux et ouvert
- capacité de travailler debout de nombreuses heures et sous pression

RÔLE ET TÂCHES

Le réceptionniste en hôtellerie joue un rôle capital dans le bon fonctionnement de son établissement. Il accueille les clients, effectue des tâches de comptabilité (essentiellement de la facturation), donne de l'information sur les attraits touristiques environnants, gère les plaintes de la clientèle et lui explique les procédures d'urgence, entre autres en cas d'incendie.

Martine Pigeon gravit les échelons dans le domaine de l'hôtellerie depuis l'obtention, il y a sept ans, de son DEP de réceptionniste bilingue en hôtellerie, du Centre de formation professionnelle ACS. Elle a commencé sa carrière à l'hôtel Delta, à Ottawa, où, pendant trois ans, elle a occupé successivement les postes de téléphoniste, de réceptionniste, de préposée aux réservations, de chargée des visites guidées offertes aux clients et de superviseure à la réception.

Puis elle a choisi de travailler à l'hôtel Westin, où elle dirige les employés de quatre services : les chasseurs (effectuant certaines commissions pour les clients), les téléphonistes, les responsables du service aux chambres et les responsables de la réservation des chambres. «Je dirais que, globalement, la supervision des employés occupe environ 25 % de mon temps. Un autre 25 % est consacré aux tâches administratives, et le reste est réservé au service à la clientèle.»

Dans un hôtel, aucune journée de travail ne ressemble aux autres! «Je planifie généralement les horaires de mes employés et je trouve des remplaçants pour

Pour connaître les établissements qui offrent ce programme : www.inforoutefpt.org

	Salaire hebdo moyen	Proportion de dipl. en emploi	Emploi relié	Chômage	Nombre de diplômés
2008	411 $	62,3 %	39,3 %	21,4 %	96
2007	392 $	63,6 %	66,7 %	22,2 %	66
2006	426 $	75,0 %	61,8 %	10,6 %	92

Statistiques tirées de la Relance - Ministère de l'Éducation, du Loisir et du Sport.

Comment interpréter l'information, page 17.

ceux qui sont malades. Je m'occupe parallèlement de la vente de produits et services à notre clientèle, telles des locations de chambres ou de salles de conférences. Je me promène également un peu partout dans l'hôtel pour répondre aux demandes particulières des clients.»

QUALITÉS RECHERCHÉES

Pour que la réception et le service aux chambres d'un hôtel fonctionnent à merveille, il faut avant tout aimer le public, sans quoi des crises de nerfs sont à prévoir! Une belle personnalité, souriante et chaleureuse, de même qu'une présentation soignée sont également requises. Il faut aussi faire preuve de flexibilité. «Tout peut arriver lorsqu'on travaille avec des gens! Parfois, le service du réveil oublie de téléphoner à un client, ce qui a pour conséquence de lui faire rater son vol!»

De la tolérance et beaucoup de patience sont nécessaires, ainsi qu'une exceptionnelle résistance au stress. «Je dirais qu'il faut aussi avoir une excellente santé, car les journées sont longues, et on peut passer plusieurs heures sans s'asseoir. Moi, j'entre habituellement à l'hôtel à 7 h et j'en ressors rarement avant 20 h!»

«Les employés de la réception offrent le premier et le dernier bonjour aux clients. Ils représentent à eux seuls l'image que veut se donner un établissement.»

— Michel Basseti

DÉFIS ET PERSPECTIVES

Michel Basseti travaille dans le milieu de l'hôtellerie depuis près de 30 ans, en plus de donner le cours de réceptionniste bilingue en hôtellerie au Centre de formation professionnelle Samuel-de-Champlain, à Québec. L'enseignant rappelle que «les employés de la réception offrent le premier et le dernier bonjour aux clients. Ils représentent à eux seuls l'image que veut se donner un établissement.»

Photo : Collège LaSalle

L'hôtel est une petite ruche bourdonnant sans cesse d'activités. «Les élèves doivent être conscients qu'ils devront travailler lorsque le reste de la population se repose, notamment les fins de semaine et les jours fériés. Certains ne le réalisent pas tout à fait pendant leurs études, et cela leur cause un choc sur le marché du travail!» 02/01

HORAIRES ET MILIEUX DE TRAVAIL

- Le réceptionniste peut pratiquer son métier dans : les petits, les moyens et les grands hôtels; les motels; les auberges; les gîtes touristiques; et les hôtels-boutiques (magasins intégrés à l'hôtel).

- Plusieurs diplômés obtiennent des postes à temps partiel avant d'être promus à temps plein.

- Le réceptionniste jouira d'une qualité de vie différente selon qu'il travaille à la campagne ou en ville. À lui de choisir, selon ses préférences!

- Les journées de travail sont souvent très longues, allant de 7 h ou 8 h jusqu'à 19 h, et parfois plus tard encore s'il y a des urgences.

- Le réceptionniste doit souvent travailler le soir, les fins de semaine et les jours fériés.

DEP

ASP 5324

Service de la restauration

C'est en travaillant au camping municipal de sa grand-mère que Véronique Lévesque-Poirier a compris, très jeune, qu'elle adorait le contact avec le public. Cet intérêt pour les relations interpersonnelles l'a amenée à faire des études en service de la restauration au Centre de formation professionnelle Lac-Abitibi.

PROG. 5293
PRÉALABLE : 2, VOIR PAGE 20

960 HEURES

CHAMPS D'INTÉRÊT

- s'intéresse à la nourriture et aux vins
- aime travailler avec le public et aime la nouveauté
- aime bouger et se sentir autonome
- préfère se dépenser physiquement aux moments d'affluence plutôt que de travailler de 9 h à 17 h selon un rythme régulier

APTITUDES

- dynamisme et entregent
- patience, discrétion et tact avec la clientèle
- résistance physique (travail debout et sous pression)
- bilinguisme, esprit curieux et ouvert
- dextérité, mémoire et sens de l'observation

RÔLE ET TÂCHES

«En suivant le programme d'une durée de neuf mois, je me suis rendu compte que tous les aspects du métier de serveuse me plaisaient : la préparation de la salle, le service aux tables et la comptabilité», commente la jeune femme. Depuis l'obtention de son diplôme, en mai 2000, Véronique exerce son métier au Bar La Relève, un bar-restaurant d'une centaine de places situé à La Sarre, en Abitibi. L'établissement, spécialisé dans la cuisine mexicaine, est ouvert tous les jours de midi jusqu'au petit matin. Véronique travaille du mercredi au dimanche, en après-midi et en soirée. «Nous ne sommes que deux ou trois serveuses à nous occuper de la section restaurant, ce qui veut dire que nous n'avons pas une minute pour souffler!»

Peu avant l'arrivée de la clientèle du midi, Véronique doit veiller à la préparation de la salle. Elle s'assure que les pichets à eau et les corbeilles à pain sont remplis, que les tables sont joliment disposées et que l'apparence générale de la pièce est impeccable. Une fois les napperons, couverts, verres et menus bien placés sur les tables, elle est enfin prête à accueillir les clients. «Je les reçois avec chaleur, tout en faisant preuve de retenue. Je prends leurs commandes, je fais le service des plats et, finalement, je distribue les factures.»

Lorsque les clients partent, la jeune fille débarrasse les tables et les nettoie. Elle recommence ce processus pour le souper et ne range son tablier qu'aux environs de 22 h.

Pour connaître les établissements qui offrent ce programme : **www.inforoutefpt.org**

	Salaire hebdo moyen	Proportion de dipl. en emploi	Emploi relié	Chômage	Nombre de diplômés
2008	298 $	68,1 %	74,7 %	5,1 %	298
2007	322 $	72,3 %	71,3 %	4,6 %	322
2006	383 $	65,0 %	71,6 %	12,8 %	383

Statistiques tirées de la *Relance* - Ministère de l'Éducation, du Loisir et du Sport.

Comment interpréter l'information, page 17.

QUALITÉS RECHERCHÉES

Politesse, bonne humeur, entregent et discrétion constituent des atouts essentiels pour réussir en service de la restauration. «Les clients apprécient qu'on les accueille en souriant et qu'on demeure impassible si la personne qui les accompagne n'est pas la même que lors de leur visite précédente!»

Les serveurs doivent également faire preuve de patience (certaines personnes hésitent longtemps avant de commander), être bien organisés et savoir travailler rapidement. «Une attente prolongée signifie souvent un pourboire diminué», affirme Véronique.

Une bonne forme physique est nécessaire, car le travail se fait debout et exige de transporter des assiettes parfois lourdes. Une résistance au stress est conseillée, la majeure partie du boulot étant intensive et répartie sur quelques heures seulement. La maîtrise d'une deuxième ou d'une troisième langue constitue enfin une qualité non négligeable.

> **Pour obtenir des pourboires intéressants et ainsi recevoir un bon salaire, les serveurs doivent être d'excellents vendeurs.**

DÉFIS ET PERSPECTIVES

Selon Lyne Mercier, enseignante en service de la restauration au Centre de formation professionnelle Lac-Abitibi, à La Sarre, «seule une infime minorité de serveurs ont fait des études dans le domaine, ce qui explique que les diplômés trouvent tous un emploi sans problème. Les employeurs apprécient leur technique et leur expérience en milieu de travail acquises durant les stages pratiques.»

Mme Mercier explique que pour obtenir des pourboires intéressants et ainsi recevoir un bon salaire, les serveurs doivent être d'excellents vendeurs. Ce défi en effraie plus d'un! «La gêne paralyse plusieurs de mes élèves lorsqu'ils font leurs premiers stages en entreprise. Pour réussir, ils doivent absolument surmonter leur timidité et parler aux clients.

«La plupart des diplômés veulent dénicher un emploi de serveur dans un grand hôtel ou ouvrir leur propre restaurant», poursuit Lyne Mercier. Les autres principales possibilités de promotion incluent les postes de maître d'hôtel et de chef de section dans un grand restaurant. Pour réaliser leurs ambitions, plusieurs choisissent de poursuivre leur formation professionnelle dans des domaines connexes : la sommellerie, la cuisine, la boucherie, la pâtisserie ou la gestion hôtelière. 02/01

HORAIRES ET MILIEUX DE TRAVAIL

- Les diplômés en service de la restauration travaillent dans des restaurants, des hôtels, des auberges et des bateaux de croisière.

- Certains sont embauchés par des traiteurs, une tendance grandissante dans le milieu.

- Les serveurs ont la chance de pouvoir travailler dans plusieurs pays, une possibilité facilitée par la maîtrise de langues étrangères.

- Les salles à manger, les bars et les cuisines sont des endroits généralement bruyants.

- Les horaires de travail sont souvent irréguliers. La majorité des serveurs doivent travailler le soir ou la fin de semaine.

Vente de voyages

L'intérêt qu'elle porte aux voyages a incité Amélie Landry à faire des études dans ce domaine. Depuis, elle vend des billets d'avion à la tonne et trouve encore le temps de prendre des vacances… afin d'assouvir sa passion!

PROG. 5236
PRÉALABLE : 6, VOIR PAGE 21

1 245 HEURES

CHAMPS D'INTÉRÊT

- aime voyager, au Canada et dans les pays étrangers
- aime faire un travail qui permet de s'exprimer et de rencontrer des personnes
- aime conseiller, expliquer et persuader
- aime la nouveauté et la diversité
- aime résoudre des problèmes concrets

APTITUDES

- facilité pour les langues, la géographie et les mathématiques
- grande curiosité, dynamisme et discernement
- autonomie et sens de l'organisation
- capacité d'écoute (comprendre, cerner le besoin)
- grande facilité d'expression et de persuasion

RÔLE ET TÂCHES

L'agent de voyages assume le rôle d'intermédiaire entre les voyageurs, les compagnies aériennes et les grossistes en voyages. Il doit satisfaire les trois parties concernées; sinon, c'est le chaos! Toujours au téléphone ou devant l'ordinateur, il effectue des réservations de billets, d'hôtels, de voitures ou de circuits en autocar et veille à répondre aux demandes des voyageurs en quête de repos ou d'aventure.

L'embauche d'Amélie par son employeur actuel, Voyages Odyssée Nord-Sud, de Saint-Eustache, s'est déroulée de façon plutôt étonnante. «Je suis allée à l'agence pour y acheter un voyage. La direction a tellement été impressionnée par mes connaissances qu'elle m'a immédiatement proposé de travailler pour l'entreprise à temps partiel.» Amélie l'a fait pendant deux mois, puis en décembre 1997, elle a été promue agente commerciale à temps plein.

Amélie fait surtout affaire avec des Inuits qui doivent se rendre dans le sud du Québec pour leur travail ou pour des raisons médicales. «Je suis chargée d'effectuer les réservations de billets d'avion pour Air Inuit et First Air. Je procède à la réservation proprement dite par ordinateur et j'émets des billets d'avion.»

QUALITÉS RECHERCHÉES

Pour être un bon agent de voyages, il faut aimer vendre des produits et des services. De solides connaissances en comptabilité et en informatique sont également nécessaires, car les réservations de billets et de forfaits doivent

Pour connaître les établissements qui offrent ce programme : **www.inforoutefpt.org**

	Salaire hebdo moyen	Proportion de dipl. en emploi	Emploi relié	Chômage	Nombre de diplômés
2008	463 $	80,0 %	78,6 %	4,3 %	88
2007	439 $	82,4 %	73,5 %	6,2 %	112
2006	418 $	68,9 %	66,7 %	18,4 %	63

Statistiques tirées de la *Relance* - Ministère de l'Éducation, du Loisir et du Sport.

Comment interpréter l'information, page 17.

se faire rapidement. La maîtrise parfaite de l'anglais est aussi un atout important, de même qu'une excellente connaissance des pays étrangers et une expérience personnelle des voyages. La clientèle apprécie en effet savoir que son agent s'est lui-même rendu dans diverses destinations touristiques.

«J'ajouterais à cela que nous devons avoir beaucoup de patience, car les clients ont l'habitude de changer trois ou quatre fois les détails de leur réservation», mentionne Amélie. Elle poursuit en disant que la courtoisie est requise et qu'un solide sens de l'organisation de même qu'une grande polyvalence sont essentiels. «Il arrive souvent que je prépare le dossier d'un nouveau voyageur et que ce soit un collègue qui effectue les changements demandés par ce client quelques jours après. Nous avons donc intérêt à avoir la même technique de travail et à tenir nos dossiers en ordre.»

DÉFIS ET PERSPECTIVES

La concurrence est féroce dans la vente de voyages, sans compter que la prospérité des affaires dépend aussi de la stabilité géopolitique et de la situation économique. C'est pourquoi, après les attentats du 11 septembre 2001, un grand nombre d'agences ont dû mettre la clé sous la porte. Par ailleurs, l'accès à Internet leur avait fait perdre d'importantes parts de marché. «Aujourd'hui, comme les clients peuvent réserver billets et hébergement sans intermédiaire, il faut donc s'assurer d'avoir plus d'une corde à son arc. Les diplômés doivent faire preuve d'imagination», explique Daniel Saint-Germain, enseignant en vente de voyages à l'École hôtelière de la Capitale, à Québec.

Ils peuvent, par exemple, opter pour l'accompagnement de groupes, qu'il s'agisse de cyclistes qui sillonnent les routes du Québec ou de voyageurs qui partent apprendre l'espagnol en Amérique du Sud. «Nos diplômés peuvent aussi miser sur la découverte des cultures locales plutôt que sur la vente de forfaits soleil. Par exemple, proposer une semaine dans un hôtel au bord de la mer jumelée à une semaine de circuit touristique. On offre ainsi ce petit extra qui fera toute la différence!» estime, optimiste, M. Saint-Germain. L'expérience aidant, les diplômés peuvent lancer leur propre entreprise. 02/01 (mise à jour 04/07)

> «Nos diplômés peuvent miser sur la découverte des cultures locales plutôt que sur la vente de forfaits soleil. Par exemple, proposer une semaine dans un hôtel au bord de la mer jumelée à une semaine de circuit touristique.»
>
> — Daniel Saint-Germain

HORAIRES ET MILIEUX DE TRAVAIL

- Les diplômés peuvent travailler dans des agences de voyages ou pour des grossistes en voyages.
- Quelques-uns deviennent agents de réservations dans des compagnies de location de voitures, des compagnies aériennes et des entreprises spécialisées dans les croisières.

- Ils sont souvent plusieurs à travailler dans la même pièce, ce qui peut occasionner beaucoup de bruit. On pense ici au bavardage (entre clients et agents) et aux appareils en fonction, tels que le télécopieur, le téléphone et le photocopieur.
- Les heures de travail varient beaucoup : on peut travailler de 9 h à 17 h ou même jusqu'à 21 h certains soirs.

ASP

Cuisine du marché

DEP 5311

> Mitonner de bons petits plats pour ses proches est une chose, et exercer le métier de premier cuisinier en est une autre! La cuisine haut de gamme est un art qui s'apprend.

PROG. 5324	525 HEURES
PRÉALABLE : 3, VOIR PAGE 20	

RÔLE ET TÂCHES

L'attestation de spécialisation professionnelle (ASP) en cuisine du marché mène habituellement au poste de premier cuisinier. Cette fonction se situe entre celles de commis de cuisine et de sous-chef de cuisine.

Le premier cuisinier travaille généralement dans l'industrie hôtelière et la restauration. Dans la cuisine, il prépare avec son équipe une variété de plats qui vont de l'entrée au dessert, tant à partir de produits régionaux que d'ingrédients plus exotiques. Il met à profit sa grande connaissance des différents courants culinaires pour concocter des menus originaux qui sauront plaire aux palais les plus fins.

Il est également au fait des dernières technologies en ce qui concerne, par exemple, les appareils de cuisson à programmation de haute précision.

DÉFIS ET PERSPECTIVES

«On ne s'improvise pas cuisinier professionnel», affirme Alonzo Néron, enseignant au Centre de formation professionnelle de Charlevoix, à La Malbaie. Pour voir s'ouvrir les portes, il faut être titulaire d'une ASP en cuisine du marché. L'expérience aidant, le premier cuisinier peut être remarqué pour son savoir-faire et accéder au rang de sous-chef de cuisine, puis à celui de chef cuisinier. Le métier requiert une haute tolérance au stress, car il faut être prêt à faire face aux imprévus qui peuvent toujours survenir en cuisine (ingrédient manquant, etc.). Par ailleurs, puisqu'il y a beaucoup d'interactions avec les autres membres du personnel, ce métier requiert un bon esprit d'équipe. 03/07

HORAIRES ET MILIEUX DE TRAVAIL

- On exerce généralement le métier dans les restaurants haut de gamme, les auberges, les hôtels et pour le compte de traiteurs.

- Le travail commence habituellement en début d'après-midi et se termine vers 22 ou 23 heures.

- Le premier cuisinier travaille de 8 à 10 heures par jour, y compris les fins de semaine.

Pour connaître les établissements qui offrent ce programme : **www.inforoutefpt.org**

	Salaire hebdo moyen	Proportion de dipl. en emploi	Emploi relié	Chômage	Nombre de diplômés
2008	563 $	80,9 %	81,8 %	5,0 %	78
2007	529 $	81,2 %	98,1 %	1,8 %	93
2006	492 $	78,1 %	92,5 %	6,6 %	111

Statistiques tirées de la *Relance* - Ministère de l'Éducation, du Loisir et du Sport.

Comment interpréter l'information, page 17.

ASP

Pâtisserie de restaurant

DEP 1038

Tout comme un excellent dessert complète à merveille un bon repas, une ASP en pâtisserie de restaurant permet aux cuisiniers d'acquérir une formation polyvalente très recherchée par les employeurs.

PROG. 1057
PRÉALABLE : 3, VOIR PAGE 20

450 HEURES

RÔLE ET TÂCHES

Le cuisinier qui suit le programme de pâtisserie de restaurant apprend l'art de préparer pâtisseries, gâteaux et autres douceurs raffinées de la table. Sur le marché du travail, ces compétences sont avantageuses, puisque, contrairement au simple cuisinier qui se fait parfois couper des heures pendant les périodes creuses, le cuisinier-pâtissier peut profiter du faible achalandage pour confectionner des desserts artisanaux, beaucoup plus attrayants que les pâtisseries industrielles.

L'aspirant cuisinier-pâtissier est formé dans la préparation d'entremets, soit des gâteaux, des crèmes, des mousses et des biscuits. Il peut aussi se perfectionner en chocolaterie, en boulangerie et en délices glacés, tels que les sorbets et granités. Amené à développer sa créativité et son autonomie, il prépare également des desserts à l'assiette (présentation artistique de portions individuelles), qui exigent la maîtrise de certaines techniques bien précises appelées «tours de main».

DÉFIS ET PERSPECTIVES

L'un des principaux défis de ce métier consiste à prendre le virage santé, selon Éric Harvey, professeur à l'École hôtelière de la Capitale, à Québec. Les élèves apprennent donc à adapter certaines recettes et sont sensibilisés aux effets néfastes du sucre et des matières grasses. Le cuisinier formé en pâtisserie de restaurant possède un atout important pour gravir plus vite les échelons du monde de la restauration. «Un chef se doit d'être polyvalent, car il ne peut superviser des tâches qu'il ne maîtrise pas lui-même. D'ailleurs, on constate que les diplômés deviennent sous-chefs ou chefs assez rapidement, après quelques années de service», souligne Éric Harvey. 03/07

HORAIRES ET MILIEUX DE TRAVAIL

- Le cuisinier-pâtissier peut exercer son art dans une grande variété d'établissements : restaurants, hôtels, services de traiteurs et certains centres hospitaliers.

- Sa polyvalence peut aussi lui permettre de voyager à travers le monde. Certains diplômés travaillent ainsi sur des bateaux de croisière et dans des îles touristiques.

- Il faut s'attendre à travailler le soir et la fin de semaine.

Pour connaître les établissements qui offrent ce programme : **www.inforoutefpt.org**

	Salaire hebdo moyen	Proportion de dipl. en emploi	Emploi relié	Chômage	Nombre de diplômés
2008	559 $	64,9 %	80,0 %	22,6 %	52
2007	662 $	81,0 %	100,0 %	0,0 %	28
2006	467 $	68,8 %	70,0 %	15,4 %	25

Statistiques tirées de la *Relance* - Ministère de l'Éducation, du Loisir et du Sport.

Comment interpréter l'information, page 17.

ASP
DEP 5293

Sommellerie

À la table numéro trois, un client désire manger du poisson et un autre du canard… Quel vin choisir? Heureusement, le sommelier est là pour conseiller les amateurs de bons crus.

PROG. 5314
PRÉALABLE : 3, VOIR PAGE 20

450 HEURES

RÔLE ET TÂCHES

Le sommelier est celui qui, dans un restaurant ou un hôtel, s'occupe de l'achat de l'eau et des produits alcooliques. «Son travail ne tourne donc pas uniquement autour du vin», affirme Philippe Lapeyrie, enseignant en sommellerie à l'École hôtelière de la Capitale, à Québec. Responsable de l'élaboration de la carte des vins, le sommelier transige avec les agents en vins. Il goûte les produits, choisit et passe les commandes. Au moment de la livraison des bouteilles, il voit à leur entreposage.

Il est aussi appelé à former les membres du personnel de l'établissement. Lorsque de nouvelles bouteilles font leur entrée, il doit expliquer aux serveurs quelles sont leurs principales caractéristiques. S'il lui arrive de s'absenter, certains serveurs chevronnés peuvent le remplacer pour le service du vin.

Dans la salle à manger, il conseille les clients en leur proposant des vins qui se marient bien avec les plats qu'ils ont choisis. Habituellement, il donne aussi un coup de main pour le service du repas.

DÉFIS ET PERSPECTIVES

«La curiosité est la plus belle qualité d'un sommelier, déclare Philippe Lapeyrie. Il faut plonger son nez non seulement dans les verres, mais aussi dans les livres!» Car une fois leur formation terminée, c'est aux diplômés de parfaire leurs connaissances.

«Au Québec, la demande est grandissante pour tout ce qui touche à la gastronomie et au vin», fait valoir M. Lapeyrie. Les sommeliers compétents ont donc toutes les chances de trouver du travail. 03/07

HORAIRES ET MILIEUX DE TRAVAIL

• Outre le métier de sommelier, les diplômés peuvent devenir agents en vins, employés de la Société des alcools du Québec, serveurs dans un grand restaurant ou encore chroniqueurs pour un média.

• Les horaires sont généralement du mardi au samedi. Le travail commence en fin d'après-midi et se termine vers 22 ou 23 heures.

Pour connaître les établissements qui offrent ce programme : **www.inforoutefpt.org**

	Salaire hebdo moyen	Proportion de dipl. en emploi	Emploi relié	Chômage	Nombre de diplômés
2008	624 $	88,9 %	88,2 %	0,0 %	118
2007	655 $	92,1 %	80,9 %	1,7 %	92
2006	617 $	83,3 %	75,7 %	6,3 %	95

Statistiques tirées de la *Relance* - Ministère de l'Éducation, du Loisir et du Sport.

Comment interpréter l'information, page 17.

ARTS

CHAMPS D'INTÉRÊT

- aime exprimer son originalité et sa sensibilité dans son travail
- aime imaginer et donner forme à ses idées
- aime manipuler : crayons, outils, matériaux, tissus, images, etc.
- aime travailler de façon autonome, parfois ou souvent en solitaire

APTITUDES

- grande imagination
- acuité sensorielle (vision, toucher)
- dextérité et sens de l'observation très développés
- sens de l'organisation spatiale et picturale
- talent particulier pour la création (aptitude à transformer et à créer de la nouveauté dans un domaine artistique précis)
- originalité, sens esthétique et sens critique très développés
- atouts : confiance en soi, persévérance, facilité à communiquer et à convaincre

RESSOURCES INTERNET

INFOROUTE DE LA FORMATION PROFESSIONNELLE ET TECHNIQUE
http://inforoutefpt.org
Le site incontournable pour tout savoir sur les programmes de formation.

CONSEIL QUÉBÉCOIS DES RESSOURCES HUMAINES EN CULTURE
www.cqrhc.com
Une fenêtre électronique axée sur les grands enjeux du développement des ressources humaines dans le domaine culturel. Consultez tout particulièrement la section «Publications», qui propose des études, des bilans et des outils intéressants.

MINISTÈRE DE LA CULTURE ET DES COMMUNICATIONS DU QUÉBEC
www.mcc.gouv.qc.ca
Ce site propose une foule de renseignements liés, notamment, au domaine artistique : propriété intellectuelle, droits d'auteur, statut des artistes, politiques sectorielles, etc.

UNION DES ARTISTES
www.uniondesartistes.com
Ce syndicat professionnel représente les artistes œuvrant en français au Québec et ailleurs au Canada. Le site permet de se familiariser avec la mission de cette organisation.

DEP

ASP 1017

Bijouterie-joaillerie

«J'ai commencé un DEC en arts plastiques pour ensuite me diriger en bijouterie-joaillerie. Mes proches s'imaginaient que ce métier était pratiqué par de vieux messieurs aux cheveux blancs!» raconte Caroline Bell, apprentie bijoutière dans une petite boutique de la rue Saint-Denis à Montréal.

PROG. 5085
PRÉALABLE : 1, VOIR PAGE 20

1 800 HEURES

CHAMPS D'INTÉRÊT

- aime les bijoux, les métaux, les matériaux et les pierres
- aime faire un travail manuel de grande précision et de concentration
- préfère travailler à petite échelle (comparativement au sculpteur ou au potier, par exemple)

APTITUDES

- très grande précision d'exécution
- excellente coordination œil-main
- grande faculté de concentration (travail à la loupe)
- patience

RÔLE ET TÂCHES

Le bijoutier et le joaillier ont presque le même rôle : tous deux fabriquent, réparent et vendent des bijoux. La seule différence est que le bijoutier confectionne des bijoux à partir de métaux ordinaires ou précieux, tandis que le joaillier ne se sert que de pierres et de métaux précieux.

La formation professionnelle qu'a suivie Caroline lui a donné une expertise dans les deux domaines, mais elle a préféré travailler en bijouterie. «Mon emploi n'est jamais monotone! Dans l'atelier situé à l'arrière de la boutique, je conçois et réalise des bijoux que nous vendons à nos clients et j'ajuste des chaînes, des colliers et des bracelets de montres. Je fais également un peu de service à la clientèle. Je m'occupe en plus de vérifier s'il ne manque rien dans la réserve de bijoux, où nous entreposons deux ou trois exemplaires de chacun de nos modèles.»

Caroline adore son travail, mais elle admet qu'il peut être difficile physiquement. «J'ai quelques coupures et brûlures sur les mains, à force de manipuler des métaux tranchants et des produits chimiques. Contrairement aux apparences, le métier de bijoutier peut être dur pour la santé.»

QUALITÉS RECHERCHÉES

«Pour réussir dans le métier, il faut avoir des ressources inépuisables de patience et beaucoup de dextérité, car nous façonnons et assemblons de petits matériaux», affirme la jeune apprentie bijoutière. Les bijoutiers de talent sont également réputés pour être minutieux et pour aimer travailler

Pour connaître les établissements qui offrent ce programme : www.inforoutefpt.org

	Salaire hebdo moyen	Proportion de dipl. en emploi	Emploi relié	Chômage	Nombre de diplômés
2008	423 $	67,6 %	55,0 %	23,3 %	48
2007	341 $	70,6 %	82,4 %	7,7 %	55
2006	373 $	91,7 %	66,7 %	4,3 %	40

Statistiques tirées de la *Relance* - Ministère de l'Éducation, du Loisir et du Sport.

Comment interpréter l'information, page 17.

en solitaire. La plupart possèdent une excellente vision et un dos en bonne santé qui leur permet de passer des heures penchés sur leur ouvrage.

Ceux qui choisissent de vendre eux-mêmes leurs créations doivent faire preuve de confiance en soi. Ils possèdent un sens des affaires aiguisé, de même que de bonnes connaissances en comptabilité. Il est aussi indispensable de savoir communiquer avec le public et de résister au stress.

«Ce dernier facteur est très important, car les ventes de bijoux peuvent fluctuer beaucoup, selon la situation économique. Comme il s'agit d'un produit de luxe, les gens cessent d'en acheter lorsqu'ils doivent resserrer les cordons de leur bourse», commente Caroline.

DÉFIS ET PERSPECTIVES

Au cours des dernières années, de nouvelles techniques de bijouterie et de joaillerie ont fait leur apparition. «Avec l'informatisation et la numérisation des machines, on peut maintenant dessiner des bijoux en 3D», souligne Hélène Sénécal, enseignante en bijouterie à l'École des métiers du Sud-Ouest de Montréal.

Il est de plus en plus rare que les bijoutiers dessinent à la main les croquis des pièces qu'ils réalisent.

Mais même avec les avancées technologiques, elle soutient que l'élève doit bien connaître les bases du métier, notamment savoir scier, limer, souder et finir un bijou. «C'est encore un métier de création, fait valoir Mme Sénécal. Et les technologies ne remplacent pas le talent.»

Fort des connaissances acquises sur les bancs de l'école, selon ses goûts et ses aptitudes, le diplômé pourra s'orienter vers différentes spécialités et devenir sertisseur, polisseur ou designer de bijoux. 02/01 (mise à jour 04/07)

Il est de plus en plus rare que les bijoutiers dessinent à la main les croquis des pièces qu'ils réalisent.

Photo : C.S. du Chemin-le-Roy

HORAIRES ET MILIEUX DE TRAVAIL

- La majorité des diplômés travaillent dans des manufactures pour des grossistes en bijoux et y réalisent des objets qui seront reproduits en plusieurs exemplaires.

- Certains diplômés sont embauchés par une petite entreprise ayant pignon sur rue, où ils fabriquent et réparent des bijoux.

- D'autres choisissent de devenir travailleurs autonomes. Ils peuvent alors vendre des pièces exclusives à des grossistes ou encore exposer et vendre leurs créations dans la rue.

- Les bijoutiers-joailliers qui font de la création doivent manipuler des produits chimiques et travailler dans des endroits surchauffés à cause des fours utilisés pour solidifier les matériaux.

- Une semaine de travail compte de 35 à 40 heures.

- D'octobre à décembre, certains bijoutiers-joailliers doivent travailler jusqu'à 60 heures par semaine afin de répondre à la demande des consommateurs, toujours plus grande en cette période de l'année.

DEP

Décoration intérieure et étalage

Vous désirez changer la couleur de la moquette de votre salon? Vous voulez poser de la céramique dans votre salle de bains? La décoratrice Dominique Bessette saura vous conseiller dans votre choix de revêtements de sol. Elle adore mettre son imagination au service de sa clientèle!

PROG. 5005	1 800 HEURES
PRÉALABLE : 1, VOIR PAGE 20	

CHAMPS D'INTÉRÊT
- a une grande sensibilité à l'environnement visuel (intérieur)
- se passionne pour les décors, les agencements d'éléments, de formes et de couleurs dans l'espace

APTITUDES
- sens de l'harmonisation des formes et des couleurs
- curiosité, autonomie et débrouillardise
- facilité à communiquer et habiletés à la vente : déterminer le besoin, expliquer et convaincre
- sens du service à la clientèle (respect et tact)

RÔLE ET TÂCHES

Le DEP en décoration intérieure et étalage forme, en nombre à peu près égal, des décorateurs et des étalagistes. Les premiers se spécialisent dans la réalisation d'aménagements intérieurs pour des clients, tandis que les seconds décorent des vitrines de magasins et créent des décors de scène et de plateaux de télévision ou encore des stands d'exposition.

Dominique guide et conseille la clientèle de la boutique Laferté, située à Drummondville et spécialisée dans le design d'intérieur. La professionnelle se passionne pour son emploi. «Mes clients sont soit des propriétaires d'une maison neuve qui décorent leurs pièces pour la première fois, soit des gens qui font des changements ou de la rénovation dans une partie de leur demeure. Je leur présente les différents types de revêtements de sol et je les aide à choisir selon leurs goûts, leurs besoins et leurs conditions de santé. Les asthmatiques, par exemple, n'optent jamais pour de la moquette, qui pourrait aggraver leur problème.»

Dominique explique à sa clientèle les avantages comparatifs de la céramique, de la mosaïque, du tapis, de la pierre naturelle, du bois, des carreaux préencollés, etc. «Lorsque le client a pris sa décision, je fais la facturation et, si nécessaire, je lui vends des produits connexes.»

Dominique travaille de 30 à 35 heures par semaine, ce qui lui laisse du temps à consacrer à ses enfants en bas âge. «Mon horaire varie beaucoup d'une semaine à l'autre. Généralement, je fais du "9 à 5" du lundi au

Pour connaître les établissements qui offrent ce programme : www.inforoutefpt.org

	Salaire hebdo moyen	Proportion de dipl. en emploi	Emploi relié	Chômage	Nombre de diplômés
2008	428 $	76,5 %	70,2 %	9,3 %	261
2007	439 $	82,2 %	75,2 %	8,8 %	258
2006	380 $	78,1 %	75,9 %	8,9 %	261

Statistiques tirées de la *Relance* - Ministère de l'Éducation, du Loisir et du Sport.

Comment interpréter l'information, page 17.

mercredi, du "3 à 9" les jeudis et vendredis, et je travaille souvent la fin de semaine. J'exerce vraiment ce métier pour le plaisir!»

QUALITÉS RECHERCHÉES

Selon Dominique, exceller dans la décoration et l'étalage demande beaucoup d'imagination et un sens artistique poussé. «Il faut aussi être capable de visualiser une pièce en trois dimensions simplement en faisant la lecture d'un plan.» Être bien organisé permet de s'y retrouver dans les multiples rendez-vous avec les clients et le suivi des commandes des fournisseurs.

Elle note aussi qu'une grande résistance au stress et à la pression l'aide à réaliser sans paniquer tous les projets inscrits dans son agenda.

Décorateurs et étalagistes doivent faire preuve de beaucoup d'autonomie et être capables de respecter les délais. Ils ont intérêt à avoir terminé leur boulot lorsque leur client vient chercher le plan de son nouvel aménagement, deux ou trois semaines après la signature de son contrat! Savoir se vendre en mettant en valeur ses compétences et bien connaître ses forces et ses faiblesses sont des atouts formidables, qui permettent de décrocher davantage de contrats.

Décorateurs et étalagistes doivent faire preuve de beaucoup d'autonomie et être capables de respecter les délais.

DÉFIS ET PERSPECTIVES

«Nos élèves sont formés pour être des professionnels compétents en décoration et en étalage. En classe, ils apprennent à faire des plans, à habiller fenêtres, murs, plafonds et planchers, de même qu'à disposer des meubles, des cadres et des accessoires, ce qui leur donne une belle polyvalence», explique Annie Houde, enseignante en décoration et en étalage à l'École professionnelle de Saint-Hyacinthe. Elle affirme que le plus grand défi que ses élèves auront à relever sur le marché du travail est d'ordre créatif. «Ils devront éviter de refaire les modèles de décoration qui se trouvent dans les magazines et trouver des idées nouvelles en s'inspirant de ce qui existe déjà.»

Comme la décoration et la mode sont intimement liées, la formation continue est essentielle pour connaître les nouveautés de l'heure. Visiter les expositions spécialisées et assister aux ateliers donnés par les fournisseurs de matériaux sont donc des *musts* pour les étalagistes et les décorateurs ambitieux. 02/01

HORAIRES ET MILIEUX DE TRAVAIL

• Les étalagistes font de la décoration de vitrines dans les magasins (habillage de mannequins, décors d'accessoires, etc.), des présentations visuelles dans certaines sections de grands magasins, des décors de scène et de plateaux de télévision.

• Ils peuvent aussi être chargés de la conception de stands d'exposition.

• Les décorateurs peuvent travailler pour leur compte et dans des boutiques de cadeaux, des magasins spécialisés en luminaires et magasins à grande surface.

• Certains sont embauchés par des designers d'intérieur et des bureaux d'architectes.

• Les travailleurs autonomes motivés obtiennent du travail régulièrement, mais pas toujours à temps plein.

• Les heures de travail sont en général les mêmes que celles des commerçants.

DEP

Photographie

> «Depuis l'avènement du numérique, avec quelques milliers de dollars seulement, le photographe peut s'offrir un matériel très performant!» explique Michel Lussier, enseignant au Centre de formation professionnelle Bel-Avenir, à Trois-Rivières.

PROG. 5292
PRÉALABLE : 1, VOIR PAGE 20 | 1 800 HEURES

RÔLE ET TÂCHES

Le photographe réalise ses clichés en studio ou se rend sur les lieux désignés par son client. «Par exemple, lors d'un mariage, il prend des photos en studio mais aussi sur place, durant la cérémonie et la réception», explique Michel Lussier. En studio, il devra installer et ajuster les appareils d'éclairage, effectuer des tests avec son appareil photo, aider les personnes à se détendre et à prendre la pose. À la cérémonie, il se déplace parmi les invités et cherche les meilleures prises de vues.

Mais prendre les photos ne représente que 20 % du travail! «À l'aide d'un ordinateur et de logiciels spécialisés, le photographe fait ensuite des retouches à ses clichés. Il ajuste les couleurs, le cadrage, la lumière, l'angle ou la taille des fichiers numériques. Il identifie et classe les photos, les imprime et les archive.»

S'il travaille à son compte, le photographe doit aussi rencontrer ses clients, faire la promotion de ses services et voir à la gestion de ses affaires.

DÉFIS ET PERSPECTIVES

Les tâches du photographe sont de plus en plus variées et celui-ci doit développer de nouvelles compétences. «Par exemple, il peut avoir à envoyer ses photos sous forme de fichiers numériques à ses clients par Internet. Il peut aussi tourner des vidéos, capter du son d'ambiance et réaliser des montages», constate Michel Lussier. Autant de nouvelles cordes à son arc! 05/09

HORAIRES ET MILIEUX DE TRAVAIL

- Le diplômé doit s'attendre à travailler comme aide-photographe ou dans un laboratoire de photos pendant quelques années, avant de parvenir à vivre de son art.

- Qu'il soit à son compte ou en agence, le photographe travaille souvent quand les autres s'amusent : dans les mariages, les réceptions, les grands événements culturels et sportifs.

- Certains sont embauchés comme photographes de presse pour des médias imprimés ou électroniques.

Pour connaître les établissements qui offrent ce programme : **www.inforoutefpt.org**

	Salaire hebdo moyen	Proportion de dipl. en emploi	Emploi relié	Chômage	Nombre de diplômés
2008	439 $	75,6 %	30,4 %	10,5 %	56
2007	414 $	79,4 %	52,6 %	10,0 %	48
2006	344 $	76,5 %	50,0 %	13,3 %	45

Statistiques tirées de la *Relance* - Ministère de l'Éducation, du Loisir et du Sport.

Comment interpréter l'information, page 17.

COMMISSION SCOLAIRE
DES TROIS-LACS

TRAITEMENT
DES EAUX

Conduite de procédés de traitement de l'eau
Inscrivez-vous dès maintenant

D.E.P.

Tout un **monde** d'opportunités !

La **seule** usine-école au Canada

Excellentes perspectives d'emploi

La qualité de l'eau est au premier plan des préoccupations du Québec et les spécialistes certifiés sont indispensables et très recherchés. Les finissants de ce programme répondent parfaitement aux critères exigés par les gouvernements, les municipalités et les industries, que ce soit pour le traitement de l'eau potable, des eaux usées ou industrielles.

Possibilité d'aide financière aux études
www.afe.gouv.qc.ca

Dates des nouveaux groupes : janvier et septembre de chaque année

Pour inscription ou information :

400, avenue Saint-Charles, pavillon B, Vaudreuil-Dorion (Québec) J7V 6B1

514 477-7020 poste 5325

Courriel : p.g.l@cstrois-lacs.qc.ca

www.pgl.cstrois-lacs.qc.ca

Inscription par Internet : www.srafp.com

Traitement des eaux

DEP

Taille de pierre

Pour la deuxième fois en quatre ans, Mario Vézina était mis à pied à l'usine d'assemblage de meubles où il travaillait. «Est-ce que ça va être toujours comme ça?» s'était-il alors demandé. Comme on offrait dans sa région le DEP en taille de pierre, il a décidé de retourner aux études dans ce domaine. «J'ai adoré ça!»

PROG. 5178
PRÉALABLE : 2, VOIR PAGE 20

1 440 HEURES

CHAMPS D'INTÉRÊT
- aime travailler de ses mains
- aime manipuler des matériaux et des outils
- apprécie le travail de précision

APTITUDES
- minutie
- patience
- habiletés manuelles
- bon sens des responsabilités
- capacité de comprendre un plan
- bonne forme physique et résistance au bruit

Pour connaître les établissements qui offrent ce programme : **www.inforoutefpt.org**

RÔLE ET TÂCHES

Mario travaille dans le domaine funéraire, chez Monuments Chabot, une entreprise qui emploie huit personnes à Scott, en Beauce. Il aurait aussi pu se retrouver dans une chaîne de fabrication de comptoirs de cuisine, de manteaux de cheminée, ou encore de revêtements d'immeubles en granit. Mais, sculpteur dans l'âme, il a plutôt opté pour un petit atelier, où le travail de la pierre exige encore plus de patience et de souci du détail.

L'entreprise reçoit des tranches de granit, de 15 à 20 centimètres d'épaisseur, déjà polies. Un employé les découpe en pièces rectangulaires, le plus près possible de la forme qu'on voudra leur donner. Et c'est ici qu'entre en scène notre diplômé, spécialiste de la taille rustique. «Je dépose un gabarit sur la pièce et, avec un crayon gras, je dessine le monument. Puis, je taille le pourtour à l'aide d'une chasse [un ciseau à pierre aiguisé comme une lame de patin] sur laquelle je frappe avec une masse. J'obtiens une finition raboteuse que l'on dit rustique.» Mario utilise ensuite un traceur de lignes et un ciseau de finition pour graver dans la pierre la ligne qui précise la forme du monument. Il se sert ensuite d'une pointe pour unifier la surface bosselée du pourtour. Quand la taille est terminée, un autre employé effectue les inscriptions au jet de sable, à l'aide d'un stencil (sorte de pochoir) en caoutchouc. «Certains modèles sont plus difficiles que d'autres à réaliser, par exemple, quand les angles sont plus fermés, explique Mario. Il y a aussi des pierres plus difficiles à travailler. Plus le taillage est complexe, plus le défi est grand, plus c'est valorisant.»

	Salaire hebdo moyen	Proportion de dipl. en emploi	Emploi relié	Chômage	Nombre de diplômés
2008	N/D	N/D	N/D	N/D	N/D
2007	535 $	88,9 %	87,5 %	11,1 %	13
2006	N/D	N/D	N/D	N/D	N/D

Statistiques tirées de la *Relance* - Ministère de l'Éducation, du Loisir et du Sport.

Comment interpréter l'information, page 17.

QUALITÉS RECHERCHÉES

«Dans la pierre, si tu manques ton coup, ça ne se reprend pas!» signale Mario. Étant donné le prix du granit, du calcaire et du marbre, inutile de préciser à quel point il faut travailler avec minutie. Les diplômés qui découpent, par exemple, des comptoirs de cuisine, en usine, doivent aussi y aller de maintes précautions pour ne pas briser la tranche de granit qu'ils manipulent. Il en va de même pour les spécialistes de la restauration, qui reproduisent les éléments en pierre des monuments anciens, comme les églises.

La patience est également de rigueur, puisque le coup porté dans la pierre avec la chasse ne donne pas toujours le résultat escompté. Comme dans le cas du bois, il faut travailler en fonction du sens du grain. Il faut y aller petit à petit jusqu'à l'obtention de la forme désirée par le client. C'est ce qui fait que le tailleur de pierre est avant tout un artisan. «J'aime prendre la pierre brute et en arriver, grâce au travail de mes mains, à un produit fini», souligne Mario.

«Il faut être prêt à travailler physiquement, poursuit-il. Au début, j'avais mal aux bras à cause de la masse que je manipulais. Mais, à la longue, on s'habitue. On n'a pas à lever de lourdes charges, on utilise plutôt des ponts roulants pour déplacer les blocs.» Et pour éviter que le tailleur de pierre ne s'abîme les poumons, comme c'était le cas autrefois, les ateliers et les usines disposent d'outils à jet d'eau, ce qui empêche la poussière de se répandre dans l'air.

> «J'aime prendre la pierre brute et en arriver, grâce au travail de mes mains, à un produit fini.»
>
> — **Mario Vézina**

Photo: Alain Proulx

DÉFIS ET PERSPECTIVES

Selon Marc Théberge, enseignant au Centre de formation professionnelle Le Granit, à Lac-Mégantic, le milieu de la taille de pierre doit s'adapter aux nouvelles demandes du marché. «Ce qui est populaire à présent, c'est le sur-mesure. Le segment des meubles de luxe, comme les comptoirs et les manteaux de cheminée en pierre, est en constante progression.» Le métier s'est ouvert à la main-d'œuvre féminine. «Les gens croient à tort qu'il faut être fort pour travailler dans la taille de pierre. L'équipement permet de déplacer les pierres sans avoir à fournir d'efforts physiques démesurés. Ce dont les diplômés ont besoin pour percer, ce n'est pas de la force, mais de l'originalité dans le design et la technique. Il faut miser sur de hauts niveaux de qualité pour lutter contre la forte concurrence de la Chine.» S'il a la fibre entrepreneuriale, le diplômé pourra ouvrir son propre atelier. 02/03 (mise à jour 04/07)

HORAIRES ET MILIEUX DE TRAVAIL

- Le diplômé peut travailler en atelier ou en usine, à fabriquer des monuments funéraires, des pièces de remplacement pour des façades de pierre antiques, des meubles ou du revêtement pelliculaire (tranches de granit avec lesquelles on recouvre les maisons).

- Selon la taille de l'entreprise qui l'emploie, il travaille de jour ou en fonction de quarts de travail.

- Le diplômé doit porter un cache-oreilles antibruit, mais il n'a pas à craindre la poussière ni à lever de lourdes charges.

- Dans le domaine funéraire, il est possible que la production cesse un ou deux mois par année pendant l'hiver, étant donné que la neige compromet l'installation des monuments. Les ateliers évitent ainsi de se retrouver avec de trop gros stocks.

BOIS ET MATÉRIAUX CONNEXES

CHAMPS D'INTÉRÊT

- aime travailler manuellement et utiliser des outils
- aime manipuler et transformer du bois ou d'autres matériaux
- aime le travail méthodique et de précision
- aime travailler en atelier ou en usine

APTITUDES

- dextérité, sens de l'observation et discernement
- patience, minutie, précision et rapidité d'exécution
- sens esthétique
- capacité de percevoir les formes en trois dimensions
- résistance physique (pour pouvoir rester debout longtemps)

RESSOURCES INTERNET

INFOROUTE DE LA FORMATION PROFESSIONNELLE ET TECHNIQUE
http://inforoutefpt.org
Le site incontournable pour tout savoir sur les programmes de formation.

ASSOCIATION DES FABRICANTS DE MEUBLES DU QUÉBEC
www.afmq.com/
Le site de l'Association permet de trouver un grand nombre de fabricants de meubles du Québec et présente un portrait de l'industrie et des tendances de la fabrication.

COMITÉ SECTORIEL DE MAIN-D'ŒUVRE DES INDUSTRIES DES PORTES ET FENÊTRES, DU MEUBLE ET DES ARMOIRES DE CUISINE
www.clicemplois.net
À visiter pour explorer les professions et les programmes de formation du secteur. On y trouve de l'information sur quelque 60 métiers, sur l'emploi et sur le placement.

DEP

ASP 1442

Ébénisterie

«Mon grand-père était ébéniste. Je l'ai tellement vu à l'œuvre que travailler le bois m'est devenu naturel. J'ai malgré tout exercé le métier de policier pendant 30 ans, mais une fois retraité, à l'âge de 49 ans, j'ai décidé de m'offrir une seconde carrière, plus reposante celle-là!» raconte Serge Cantin. Titulaire du diplôme d'études professionnelles (DEP) en ébénisterie depuis 2004, il a ouvert avec une camarade de classe un commerce à Saint-Hilaire : Aux finis des passions.

PROG. 5030
PRÉALABLE : 1, VOIR PAGE 20

1 650 HEURES

CHAMPS D'INTÉRÊT

- aime donner forme à un objet à partir d'un plan
- aime travailler en atelier et faire un travail artisanal (touche personnelle)

APTITUDES

- à l'aise avec les mathématiques et la lecture de plans (imagination et sens de l'organisation picturale et spatiale)
- dextérité, patience, minutie

Pour connaître les établissements qui offrent ce programme : **www.inforoutefpt.org**

RÔLE ET TÂCHES

«L'ébéniste dessine le croquis et le plan du meuble qu'il doit fabriquer. Pour cela, il lui faut avoir bien saisi ce que désire le client. Il doit également choisir le type de bois approprié, ensuite le couper à la scie et en égaliser les côtés sur le planeur. Une fois tous les morceaux fabriqués et sablés, il les assemble. Les moulures et, le cas échéant, la teinture, constitueront la finition du meuble», détaille Serge Cantin.

L'ébéniste possède une vision globale du meuble à confectionner, ce qui lui permet d'opter pour les meilleures techniques d'assemblage et de collage, et en assure la parfaite solidité. Il doit également gérer la bonne utilisation des matériaux et ne pas gaspiller de bois, pour des raisons aussi bien économiques qu'écologiques.

Lorsqu'il travaille en atelier ou à son compte, cet artisan gère généralement son emploi du temps. Selon Serge Cantin, mieux vaut abattre le plus gros du travail sur les machines le matin et se consacrer à des travaux moins exigeants l'après-midi. La fatigue rend moins attentif, et les risques d'accidents augmentent. Efficacité et prudence : chaque geste compte!

QUALITÉS RECHERCHÉES

La dextérité manuelle est indispensable chez tout ébéniste, de même que la patience. «La hâte de voir le meuble terminé peut amener à sauter des étapes, mais un bon artisan ne doit surtout pas céder à cette tentation», croit Serge Cantin, qui cultive l'amour du travail bien fait. Selon lui, les femmes

	Salaire hebdo moyen	Proportion de dipl. en emploi	Emploi relié	Chômage	Nombre de diplômés
2008	518 $	65,7 %	71,9 %	8,5 %	315
2007	504 $	69,7 %	61,6 %	12,1 %	474
2006	512 $	73,9 %	69,5 %	10,9 %	438

Statistiques tirées de la *Relance* - Ministère de l'Éducation, du Loisir et du Sport.

Comment interpréter l'information, page 17.

ébénistes – qui représentent un tiers des effectifs – se révéleraient d'ailleurs particulièrement minutieuses.

Cet artisan doit également être attentif à préserver sa sécurité et sa santé. «Il faut ajuster la table de travail afin qu'elle soit à la bonne hauteur et éviter ainsi les courbatures et les tendinites», soutient Serge Cantin. On doit donc adopter de bonnes postures dès le départ et rester très vigilant, sans oublier de protéger ses doigts des scies et autres outils coupants!

DÉFIS ET PERSPECTIVES

Patrick Thibault, ébéniste et enseignant au Centre de formation profession-nelle des Patriotes, à Sainte-Julie, déclare d'emblée : «Le défi en ébénisterie est de bien gagner sa vie tout en faisant ce qu'on aime. L'image un peu poétique du métier que se font certains élèves ne colle pas toujours à la réalité. Non, on ne fabrique pas un meuble de style Louis XVI en sortant de l'école, et oui, il faut s'attendre à commencer à 12 $ l'heure en usine...», soutient-il.

La dextérité manuelle est indispensable chez tout ébéniste, de même que la patience.

Pourtant, il estime que les possibilités sont nombreuses pour les ébénistes fonceurs et travailleurs. «Et s'ils ont le sens des affaires en prime, un avenir extraordinaire les attend!» lance-t-il. Par exemple, le créneau écologique sera, selon Patrick Thibault, de plus en plus porteur. «Une proportion croissante de consommateurs ne veut plus acheter de meubles qui produisent des émanations toxiques, mais fabriqués avec du véritable bois. Les maisons, condos, planchers et meubles faits de bois recyclés sont aussi très à la mode», dit-il.

Une formation complémentaire en finition ou en retouche se révèle aussi un atout pour un ébéniste, de même qu'en fabrication d'escalier, où l'on manquerait de relève. «La marqueterie et la boiserie ornementale offrent également des possibilités très intéressantes», affirme le professeur. 05/09

HORAIRES ET MILIEUX DE TRAVAIL

- Les ébénistes sont à l'œuvre en atelier, en usine ou chez les clients.

- On peut travailler pour un employeur ou lancer sa propre entreprise.

- Le travail s'effectue le plus souvent de jour, mais parfois le soir et sur appel.

- L'environnement de travail se révèle souvent bruyant à cause des diverses machines (sableuse, corroyeur, planeur, scie, etc.). Les protections auditives sont recommandées.

- Les consignes de sécurité doivent être respectées, pour protéger ses mains notamment. De plus, comme les copeaux de bois peuvent prendre feu facilement, la propreté des lieux est essentielle.

DEP
ASP 1442

Fabrication en série de meubles et de produits en bois ouvré

Après avoir travaillé quelques mois dans une entreprise de fabrication d'armoires de cuisine, Éloi Gagnon a senti sa fibre entrepreneuriale le tirailler... En septembre 2001, il a donc lancé sa propre compagnie, spécialisée en installation et restauration de portes et de fenêtres, qui emploie aujourd'hui deux personnes.

PROG. 5028
PRÉALABLE : 1, VOIR PAGE 20

1 050 HEURES

CHAMPS D'INTÉRÊT

- aime travailler en usine (machinerie, production en série; directives et horaires précis)
- aime utiliser de la machinerie (ajuster et programmer)
- aime effectuer un travail de précision, de qualité et d'efficacité

APTITUDES

- facilité pour les mathématiques, la logique
- sens de l'observation
- résistance physique (debout)
- facilité à utiliser des machines électriques et automatiques

Pour connaître les établissements qui offrent ce programme : www.inforoutefpt.org

RÔLE ET TÂCHES

En plus des tâches administratives relatives à la gestion de son entreprise, Éloi Gagnon travaille aussi à la fabrication des portes et des fenêtres. «Par exemple, l'un de mes clients est en train d'agrandir sa maison dans le Vieux-Québec. Il veut poser des fenêtres identiques aux originales et il m'a apporté l'une des anciennes fenêtres comme modèle. Je commence par prendre les mesures, puis je choisis et j'achète le bois. Avant de passer à l'étape de production, je vérifie la qualité du matériau, car il n'est pas question de travailler avec du bois fendu, par exemple», explique-t-il.

Ensuite, Éloi établit un plan de débitage, c'est-à-dire la façon dont on coupera le bois. «Puis, on procède aux coupes, au planage des planches, à l'assemblage et à la finition. Pour terminer, on va installer les fenêtres chez le client.» Il peut travailler avec des appareils très variés : scies à ruban, toupies automatiques, découpeuses, machines à faire des moulures, etc. Dans les entreprises de plus grande envergure qui fabriquent des meubles à la chaîne, par exemple, on utilise aussi des machines à commande numérique, qui coupent et travaillent le bois en fonction d'indications qui ont été programmées par l'opérateur.

QUALITÉS RECHERCHÉES

Selon Éloi Gagnon, la minutie et le souci du détail sont les premières qualités à posséder. «L'objectif est de livrer un produit parfait au client», indique-t-il. Il n'est donc pas question de bâcler le travail.

	Salaire hebdo moyen	Proportion de dipl. en emploi	Emploi relié	Chômage	Nombre de diplômés
2008	N/D	N/D	N/D	N/D	N/D
2007	N/D	N/D	N/D	N/D	N/D
2006	412 $	62,5 %	40,0 %	16,7 %	11

Statistiques tirées de la *Relance* - Ministère de l'Éducation, du Loisir et du Sport.

Comment interpréter l'information, page 17.

Par ailleurs, parce qu'il faut utiliser plusieurs machines différentes, la polyvalence et la curiosité quant à leur fonctionnement sont essentielles. Être à l'aise avec les nouvelles technologies est tout aussi indispensable, notamment pour utiliser les machines à commande numérique.

Il est également nécessaire de savoir gérer son temps et d'être bien organisé, car il faut respecter délais de production et échéanciers. Portes, fenêtres, meubles et autres produits en bois ouvré doivent en effet être livrés suivant l'horaire convenu.

DÉFIS ET PERSPECTIVES

D'après Éric Allard, professeur au diplôme d'études professionnelles (DEP) *Fabrication en série de meubles et de produits en bois ouvré* à l'École nationale du meuble et de l'ébénisterie, à Victoriaville, les diplômés devront relever deux principaux défis une fois sur le marché du travail.

Il est faux de croire que les tâches des ouvriers dans ce domaine sont monotones et répétitives.

«Tout d'abord, il faut parfaitement maîtriser les différents équipements spécialisés dans ce domaine. Par exemple, ceux utilisés pour le sablage, le perçage et le cintrage [outils permettant de plier des pièces de bois], de même que les machines à commande numérique», explique-t-il.

Autre défi majeur : améliorer les méthodes de travail pour optimiser la productivité de l'entreprise. «Il ne faut pas hésiter à remettre ses méthodes de travail en question et à suggérer des pistes de solution pour améliorer l'efficacité. Le diplômé est dans l'usine tous les jours, et à ce titre, il a une vision privilégiée de la production.»

Enfin, Éric Allard relève qu'il est faux de croire que les tâches des ouvriers dans ce domaine sont monotones et répétitives. «C'était vrai il y a 40 ans, quand on fabriquait des séries de 200 meubles identiques! Aujourd'hui, avec le concept du juste-à-temps, les usines travaillent sur de plus petits lots qui sont livrés au fur et à mesure aux clients. Un opérateur pourra donc avoir à effectuer jusqu'à dix tâches différentes dans une même journée.» 05/09

HORAIRES ET MILIEUX DE TRAVAIL

- Les diplômés trouvent preneurs dans des entreprises de fabrication en série de portes, de fenêtres, d'armoires, de mobilier de bureau ou de cuisine, de moulures, etc. Certains, comme Éloi Gagnon, choisissent de lancer leur propre compagnie.

- Les quarts de travail sont de jour ou de soir. La semaine de travail normale compte de 35 à 40 heures, mais il faut s'attendre à faire des heures supplémentaires quand les délais de production l'exigent.

- L'environnement de travail peut être bruyant. Il faut porter des bottes de sécurité ainsi que des protections visuelles (lunettes) et auditives.

DEP

Finition de meubles

Intéressé par la restauration de meubles antiques, Marc-André Melançon a décidé de suivre le programme de finition de meubles ainsi que celui en ébénisterie. Partageant ses semaines entre ces deux métiers pendant quelque temps, il se consacre désormais à la finition de meubles.

| PROG. 5142 | 900 HEURES |
| PRÉALABLE : 1, VOIR PAGE 20 | |

CHAMPS D'INTÉRÊT

- aime faire un travail manuel pour embellir, décorer un objet
- aime fignoler, effectuer un travail de précision

APTITUDES

- sens esthétique et discernement
- patience et minutie
- habileté en calcul et en chimie
- résistance du système respiratoire (teintures, scellants)

Pour connaître les établissements qui offrent ce programme : www.inforoutefpt.org

RÔLE ET TÂCHES

Le diplômé de la formation en finition de meubles pourra devenir chef peintre, applicateur, coloriste ou retoucheur. Faire de la finition de meubles usagés et de la restauration (conservation des pièces de musées) sont d'autres avenues possibles. Dans le domaine artisanal et industriel, il pourra faire des finis spéciaux.

Employé par une compagnie qui fabrique des armoires de cuisine, Marc-André, diplômé depuis 2000, se trouve au bout de la chaîne de la finition. À ce stade, le sablage et la teinture ont déjà été réalisés. Il applique la laque (le dernier vernis) et ajuste les couleurs. «Chaque planche de bois réagit à sa façon aux produits. L'application doit être la plus uniforme possible», précise-t-il. Il utilise des recettes pour préparer ses mélanges. «Pour les couleurs standards, ce n'est pas compliqué, c'est toujours la même recette. Mais lorsque le client désire des couleurs spéciales, je dois parfois les développer […]. Si j'utilise un produit catalysé à 3 % et que je le fais à 6 %, il va sécher avant même l'application au pistolet. Et si je le catalyse à 1 %, il ne séchera jamais.» D'où l'importance de bien réussir les mélanges.

En règle générale, l'ouvrage s'effectue en atelier, mais Marc-André peut se déplacer chez le client pour faire des retouches.

QUALITÉS RECHERCHÉES

Le finisseur de meubles doit posséder une bonne vision afin de distinguer les couleurs. Le sens artistique est un atout, surtout dans les finis et les

	Salaire hebdo moyen	Proportion de dipl. en emploi	Emploi relié	Chômage	Nombre de diplômés
2008	470 $	73,0 %	79,2 %	14,3 %	104
2007	505 $	72,2 %	85,7 %	10,3 %	114
2006	447 $	59,8 %	66,7 %	17,1 %	152

Statistiques tirées de la *Relance* - Ministère de l'Éducation, du Loisir et du Sport.

Comment interpréter l'information, page 17.

meubles spéciaux. Les techniques artisanales utilisées dans le secteur industriel exigent une certaine dextérité manuelle.

La minutie et la patience sont aussi nécessaires. «Il faut être calme, car il y a tout le temps des problèmes. Par exemple, si je fais mon échantillon sur un morceau de bois plutôt brun alors que celui de la cuisine du client est pâle, je dois recommencer. Il peut aussi y avoir des bulles d'air dans la laque après l'application», fait observer Marc-André.

Comme la finition de meubles se trouve au bout de la chaîne de production, le finisseur doit bien travailler sous pression, car le travail doit être fini à temps. «Si les autres retardent, moi, j'écope!» De plus, en finition, il faut corriger tous les défauts survenus lors de l'ébénisterie.

DÉFIS ET PERSPECTIVES

Avec l'avènement de la mélamine il y a quelques années, on a bien cru que le métier de finisseur allait disparaître. Mais il n'en fut rien, car depuis, le bois a fait un retour remarqué sur le marché, et les employeurs ont à nouveau des besoins à satisfaire.

Prendre le virage vert, voilà le plus grand défi! Les produits couramment utilisés sont très toxiques et, par le fait même, nuisent à l'environnement.

«Aujourd'hui on travaille de plus en plus avec des produits à base d'eau. Mais dans ce cas, il faut faire plusieurs tests pour garantir une finition égale», souligne François Richer, enseignant au Centre de formation professionnelle des Moulins, à Terrebonne.

L'expérience aidant, les finisseurs peuvent aspirer à occuper un poste de chef peintre, ou à gérer un atelier ou une production. 03/01 (mise à jour 04/07)

> «Aujourd'hui on travaille de plus en plus avec des produits à base d'eau. Mais dans ce cas, il faut faire plusieurs tests pour garantir une finition égale.»
>
> — François Richer

Photo : CSMOFPMAC – Michel Leboux

HORAIRES ET MILIEUX DE TRAVAIL

- Les milieux de travail sont diversifiés. Le finisseur travaille dans des ateliers d'ébénisterie ou de vernissage, dans les magasins de meubles et les usines de fabrication de meubles.

- Le diplômé peut travailler pour plusieurs employeurs ou à son compte.

- Généralement, les premières années, il œuvre dans le secteur industriel.

- Avec le retour au bois et aux finis à l'ancienne, on revient beaucoup aux méthodes artisanales.

- Il faut bien se protéger (masque, lunettes, gants), car le travail se fait avec des produits toxiques.

- Les horaires sont très variés; il y a des équipes de jour et de soir, et en moyenne, un finisseur travaille de 40 à 45 heures par semaine.

- L'arrivée du printemps annonce beaucoup d'heures supplémentaires les soirs et les samedis. L'été, une semaine de travail peut compter jusqu'à 65 heures.

Modelage

«Il existe des centaines d'objets réalisés à partir du travail du modeleur : des téléphones cellulaires, des carrosseries de voitures ou même des casques de hockey», explique Thierry Roncen, enseignant au Centre de formation professionnelle La Baie.

PROG. 5157
PRÉALABLE : 1, VOIR PAGE 20

1 500 HEURES

RÔLE ET TÂCHES

Le travail du modeleur consiste à concevoir et fabriquer un modèle, aussi appelé prototype. «Il commence par lire le dessin technique ou l'esquisse du modèle à réaliser. Ensuite, il choisit la technique de modelage appropriée. Le modèle peut être fabriqué dans du plâtre, du bois, mais généralement dans des matières plastiques», explique Thierry Roncen.

Le modeleur réalise le modèle à la main en sculptant le matériau, ou à l'aide de divers procédés plus sophistiqués. Quand le prototype requiert une grande précision – comme une pièce d'équipement chirurgical –, il sera réalisé à l'aide d'un procédé appelé stéréolithographie. «Le prototype est fabriqué par la machine à commande numérique. Elle projette avec précision de fins jets de plastique qui se superposent les uns aux autres. Enfin, le modeleur polit le prototype et en fait la finition, en le peignant, par exemple», énumère M. Roncen.

DÉFIS ET PERSPECTIVES

Chaque nouveau modèle est un défi en lui-même, soutient l'enseignant. Par exemple, quand un objet est plus grand que les dimensions maximales permises par l'appareil de stéréolithographie, le modeleur doit fractionner son plan en plusieurs éléments, et fabriquer individuellement chacune des parties avant de les assembler. «Il faut une excellente dextérité manuelle et un grand souci du détail. Les prototypes iront directement chez le mouleur qui créera le moule servant à la fabrication en série. Par conséquent, le modèle doit être parfait.» 05/09

HORAIRES ET MILIEUX DE TRAVAIL

• Le modeleur peut travailler à son compte ou en entreprise. S'il est son propre patron, il aura également des tâches administratives et de gestion à effectuer.

• En entreprise, le modeleur travaille généralement de 8 h à 17 h et peut avoir à faire des heures supplémentaires.

• Le modeleur trouve du travail dans différents domaines : aéronautique, transport, fonderie, manufactures diverses, etc.

Pour connaître les établissements qui offrent ce programme : **www.inforoutefpt.org**

	Salaire hebdo moyen	Proportion de dipl. en emploi	Emploi relié	Chômage	Nombre de diplômés
2008	555 $	53,8 %	66,7 %	30,0 %	15
2007	716 $	63,6 %	50,0 %	12,5 %	17
2006	N/D	N/D	N/D	N/D	N/D

Statistiques tirées de la Relance - Ministère de l'Éducation, du Loisir et du Sport.

Comment interpréter l'information, page 17.

Rembourrage artisanal

En 2006, Jacynthe Gouin perdait son emploi de chef d'équipe dans une entreprise de recyclage de cartouches d'encre. À 42 ans, elle décide donc de retourner à l'école et choisit le programme en rembourrage artisanal. Durant son stage en entreprise, Jacynthe propose au propriétaire qui songeait à la retraite de racheter son atelier. En 2008, son diplôme en poche, elle devient alors présidente de Rembourrage Ste-Julie!

PROG. 5080
PRÉALABLE : 1, VOIR PAGE 20

1 350 HEURES

CHAMPS D'INTÉRÊT
- aime les arts décoratifs et s'intéresse à l'histoire du meuble
- aime faire un travail manuel et artisanal
- aime bricoler, restaurer, embellir un objet pratique

APTITUDES
- sens de l'observation, discernement et sens esthétique
- dextérité, précision et minutie
- faculté d'imagination et de visualisation tridimensionnelle
- habileté au dessin

RÔLE ET TÂCHES

Jacynthe reçoit d'abord les clients dans son atelier. «Ils peuvent me demander de réparer ou de modifier le rembourrage de leurs meubles. Je les conseille dans le choix des tissus et des rembourrages. J'évalue le coût des travaux, je note leur commande et j'achète les matériaux requis.»

Dans son atelier, Jacynthe confectionne alors le nouveau recouvrement. «Je démonte le meuble. Si nécessaire, je procède à certaines réparations sur le rembourrage, comme remplacer les ressorts ou la mousse. Je prends des mesures, je taille le tissu, puis je couds les pièces ensemble à la machine à coudre. Enfin, je pose le nouveau recouvrement sur le meuble, et je le fixe à l'aide d'outils comme une brocheuse à air comprimé.» Jacynthe rembourre aussi bien des chaises, des canapés et des fauteuils, que des sièges de motos, de camions ou des banquettes de restaurants.

Enfin, Jacynthe contacte le client pour l'aviser que sa commande est prête. «Je lui montre le meuble remis à neuf. Je prépare la facture et j'encaisse le paiement. Puisque je suis propriétaire de mon commerce, je dois aussi faire certaines tâches administratives et de gestion comme la comptabilité, l'inventaire, les commandes, etc.»

QUALITÉS RECHERCHÉES

Selon Jacynthe, savoir écouter est indispensable dans l'exercice de son métier : «Lorsqu'un client m'apporte un meuble, je l'écoute attentivement. Cela peut paraître simple, mais c'est pourtant essentiel pour bien

Pour connaître les établissements qui offrent ce programme : www.inforoutefpt.org

	Salaire hebdo moyen	Proportion de dipl. en emploi	Emploi relié	Chômage	Nombre de diplômés
2008	440 $	62,5 %	80,0 %	16,7 %	12
2007	478 $	77,8 %	76,9 %	12,5 %	25
2006	553 $	44,4 %	50,0 %	11,1 %	22

Statistiques tirées de la *Relance* - Ministère de l'Éducation, du Loisir et du Sport.

Comment interpréter l'information, page 17.

comprendre ce qu'il veut, comment il voit son meuble restauré, etc. Je dois le conseiller au mieux de mes connaissances, mais en tenant compte de ses goûts et de l'usage du meuble. Par exemple, s'il veut faire recouvrir des chaises de cuisine, je lui propose des tissus très résistants», explique-t-elle.

Il faut aussi faire preuve de créativité et avoir un bon sens de l'observation. «Lorsque je démonte un meuble, je mémorise tous les détails afin d'être en mesure de le remonter adéquatement», précise-t-elle.

DÉFIS ET PERSPECTIVES

«Je recommande à mes élèves de travailler quelques années pour un employeur avant de se lancer à leur compte. Ainsi, cela leur donne le temps de maîtriser toutes les techniques et également de voir une grande variété de projets résidentiels et commerciaux. Comme la création de banquettes pour les restaurants, le rembourrage des sièges d'un bateau ou de mobilier ancien. C'est de cette façon qu'on prend de l'expérience», indique Roland Crégheur, enseignant en rembourrage à l'École nationale du meuble et de l'ébénisterie de Montréal.

Selon lui, le marché est vaste pour le rembourreur artisanal. Il touche aussi bien les meubles résidentiels et commerciaux que les sièges de véhicules (camions, motos, bateaux). «Chaque projet est unique et pose son lot de défis au rembourreur, par exemple restaurer un meuble dans un style ancien bien précis ou, au contraire, l'actualiser», remarque Roland Crégheur.

Le meuble rembourré à la main est recherché par les connaisseurs. Et pour cause! «Les meubles sont façonnés pour donner le niveau de confort exact que recherche le client : ferme, moelleux, etc. Et la qualité de la finition n'a rien à voir avec celle d'un meuble en série!» conclut le professeur, qui estime que les rembourreurs ne devraient pas manquer de travail. 05/09

Le marché est vaste pour le rembourreur artisanal. Il touche aussi bien les meubles résidentiels et commerciaux que les sièges de véhicules (camions, motos, bateaux).

Photo : FFM

HORAIRES ET MILIEUX DE TRAVAIL

- Le rembourreur artisanal peut lancer sa propre entreprise. Bien souvent, il devra travailler de longues heures, sans parler du temps consacré aux tâches administratives.

- Lorsqu'il est employé, le rembourreur artisanal pratique son métier dans des ateliers de rembourrage, des entreprises de réparation de meubles ou de réparation de sièges de véhicules. Ses horaires sont généralement du lundi au vendredi, de 8 h à 17 h.

- Un rembourreur peut travailler de concert avec un styliste ou un décorateur.

- L'utilisation de la machine à coudre est un peu bruyante, mais ne constitue qu'une partie du travail.

Rembourrage industriel

Passant d'un emploi précaire à l'autre, Alain Falardeau en a eu assez de tourner en rond. «Je voulais avoir une certaine stabilité dans mon travail. C'est un peu par hasard que j'ai choisi de prendre le cours de rembourrage industriel, mais ce fut un excellent choix.»

PROG. 5031
PRÉALABLE : 1, VOIR PAGE 20

900 HEURES

CHAMPS D'INTÉRÊT

- aime les arts décoratifs, les meubles et le dessin
- aime faire un travail manuel dans un contexte manufacturier (production en série; directives et horaires précis)
- aime bricoler, restaurer et embellir un objet utile

APTITUDES

- sens de l'observation, mémoire visuelle, imagination et visualisation en trois dimensions
- polyvalence, facultés d'analyse et de discernement
- dextérité, précision, minutie et rapidité d'exécution
- habileté au dessin
- capacité à effectuer (parfois) des opérations répétitives

Pour connaître les établissements qui offrent ce programme : www.inforoutefpt.org

RÔLE ET TÂCHES

Alain exerce depuis quelques années le métier de tailleur de cuir chez Meubles Jaymar, une entreprise située à Terrebonne. Auparavant, il était affecté à la couture et au garnissage de coussins : dans le domaine du rembourrage industriel, on est généralement appelé à toucher un peu à tout.

Dans ce travail de rembourrage, Alain se situe au début de la chaîne de production. Il reçoit le meuble assemblé et procède au mesurage et à la coupe du cuir. Il travaille avec un matériau qui ne tolère pas l'erreur, car on ne peut découdre le cuir sans laisser de marque. Il faut donc être sûr de son coup! L'exécution demande beaucoup de précision. «C'est un travail assez individuel où il faut demeurer concentré, sans cependant travailler de façon machinale. On doit fabriquer un produit parfait afin que le client soit satisfait.»

Le matériau taillé par Alain est ensuite acheminé au département de couture pour être cousu, puis conduit dans un autre service où il est broché et collé. La dernière étape est celle de l'inspection : on effectue alors les dernières finitions afin que le meuble soit impeccable. «On a parfois besoin de 200 pièces de cuir différentes pour fabriquer un canapé. Il faut aussi éliminer tout le cuir qui a des défauts, mais, en même temps, on doit minimiser les pertes. Ce n'est pas toujours facile! Pourtant, c'est sur cet aspect que nous sommes évalués pour l'obtention de primes», explique Alain.

Les rembourreurs travaillent avec des outils tels que des machines à coudre, des brocheuses, des perceuses à air, des tournevis à air, des couteaux ordinaires ou électriques.

	Salaire hebdo moyen	Proportion de dipl. en emploi	Emploi relié	Chômage	Nombre de diplômés
2008	565 $	66,7 %	0,0 %	25,0 %	11
2007	N/D	N/D	N/D	N/D	N/D
2006	N/D	N/D	N/D	N/D	N/D

Statistiques tirées de la *Relance* - Ministère de l'Éducation, du Loisir et du Sport.

Comment interpréter l'information, page 17.

Alain ne considère pas son travail comme routinier. «Nous touchons à différents styles, modèles et couleurs. On n'a pas la sensation de toujours faire la même chose.»

QUALITÉS RECHERCHÉES

L'habileté manuelle est essentielle à tout bon rembourreur industriel. La manipulation du cuir ou des tissus exige en effet une grande dextérité. De plus, il faut être capable de visualiser les modèles sur lesquels on aura à travailler. En fait, on doit pouvoir les imaginer dans leurs moindres détails avant même d'avoir commencé leur fabrication. La patience, la minutie et un petit côté bricoleur sont aussi importants.

Dans le rembourrage, c'est la qualité qui compte, et chaque modèle représente des défis différents. C'est pourquoi les rembourreurs industriels ont parfois le sentiment de faire un travail artisanal, minutieux et personnalisé, même s'ils ont affaire à de gros volumes de production. Alain précise aussi que ses tâches de tailleur de cuir exigent qu'il soit debout pendant de longues périodes.

«On a parfois besoin de 200 pièces de cuir différentes pour fabriquer un canapé. Il faut aussi éliminer tout le cuir qui a des défauts, mais, en même temps, on doit minimiser les pertes. Ce n'est pas toujours facile!»

— Alain Falardeau

DÉFIS ET PERSPECTIVES

«Depuis quelques années, le secteur du rembourrage industriel fait face à la concurrence de plus en plus féroce de la Chine et de ses produits à bas prix», explique Alain St-Pierre, enseignant en rembourrage industriel à l'École nationale du meuble et de l'ébénisterie du Québec, division Victoriaville. «Leurs produits sont peut-être moins chers, mais la qualité de notre fabrication reste supérieure», souligne-t-il. C'est donc sur la qualité des produits qu'il faudra miser pour rester dans la course.

Photo : Cégep de Victoriaville

Les connaissances informatiques sont aujourd'hui indispensables pour travailler dans ce domaine. «La technologie a transformé le métier», constate M. St-Pierre. Désormais, toutes les étapes de la fabrication passent par des logiciels : l'opérateur les utilise pour créer et fabriquer les patrons, jusqu'au tracé final sur le tissu. Par ailleurs, les machines à coudre sont à commande numérique. Le recours à ces technologies permet une plus grande rapidité d'exécution et une meilleure précision des opérations. L'expérience aidant, le rembourreur industriel pourra aspirer aux postes de superviseur ou de chef d'équipe. 09/00 (mise à jour 04/07)

HORAIRES ET MILIEUX DE TRAVAIL

- Les diplômés se placent généralement dans des entreprises manufacturières, et celles-ci sont nombreuses dans la grande région de Montréal.

- En ce qui concerne le salaire, les rembourreurs industriels peuvent parfois recevoir des primes sur leur productivité ou sur la qualité des produits qu'ils ont fabriqués.

- L'horaire de travail s'établit habituellement entre 8 h et 17 h.

- Certaines entreprises ont des équipes de jour et de soir.

- Suivant la quantité de meubles que doit produire la compagnie, il faut s'attendre à faire des heures supplémentaires, le soir ou les fins de semaine.

ASP

Gabarits et échantillons

DEP 5028/5030

Afin que les meubles de bois produits en série soient identiques les uns aux autres, plusieurs manufacturiers embauchent des gabarieurs. Ces derniers fabriquent des gabarits qui serviront de guides lors de l'assemblage des meubles. Les repères précis qu'ils tracent et mesurent sur le bois rendront ainsi possible la reproduction de fauteuils, armoires ou tables de chevet aux dimensions toujours constantes.

PROG. 1442
PRÉALABLE : 3, VOIR PAGE 20

900 HEURES

RÔLE ET TÂCHES

Les gabarieurs travaillent dans le secteur du meuble et du bois ouvré. Ils sont spécialisés dans la réalisation de gabarits et de prototypes (échantillons) de meubles, ainsi que d'autres produits en bois ouvré (portes, fenêtres, cercueils, etc.). Le gabarit est un modèle, en bois par exemple, qui sert à guider le déplacement de l'outil (scie sauteuse, etc.) au moment de la fabrication du produit en bois ouvré.

DÉFIS ET PERSPECTIVES

«À leur arrivée sur le marché du travail, les diplômés doivent patienter avant d'obtenir un poste de gabarieur», explique Martin Gagné, enseignant à l'École nationale du meuble et de l'ébénisterie de Victoriaville. «En début de carrière, ils doivent souvent se contenter de postes de second ordre au sein de l'entreprise qui les a embauchés. On leur demande d'abord d'apprendre à faire fonctionner la machinerie et de s'initier à la méthode de travail préconisée par le responsable de l'atelier. Il faut s'intégrer à son milieu de travail avant de devenir gabarieur», précise M. Gagné.

La technologie a donné un nouveau visage au métier. «On utilise de plus en plus de machines à commande numérique dans les ateliers», ajoute M. Gagné. Pour rester dans la course, une bonne capacité d'adaptation est essentielle parce que les technologies évoluent. Avec l'expérience, le gabarieur peut gravir les échelons et occuper un poste de contremaître. 02/05 (mise à jour 04/07)

HORAIRES ET MILIEUX DE TRAVAIL

• Les entreprises qui emploient des gabarieurs sont les fabricants de meubles, de portes et de fenêtres, de cercueils, etc. Ces entreprises sont généralement situées en périphérie des grandes villes, de même qu'en région.

• Les gabarieurs travaillent le plus souvent en atelier, dans un environnement qui peut être bruyant.

• Les gabarieurs travaillent généralement selon des horaires réguliers, de 9 h à 17 h. Ceux qui réalisent des échantillons peuvent être amenés à faire des heures supplémentaires lors de la préparation d'expositions.

Pour connaître les établissements qui offrent ce programme : **www.inforoutefpt.org**

	Salaire hebdo moyen	Proportion de dipl. en emploi	Emploi relié	Chômage	Nombre de diplômés
2008	452 $	88,9 %	57,1 %	0,0 %	10
2007	N/D	N/D	N/D	N/D	N/D
2006	413 $	50,0 %	100,0 %	25,0 %	9

Statistiques tirées de la *Relance* - Ministère de l'Éducation, du Loisir et du Sport.

Comment interpréter l'information, page 17.

CHIMIE ET BIOLOGIE

CHAMPS D'INTÉRÊT

- aime les sciences : chimie, biologie, mathématiques, informatique
- se soucie de l'environnement et de la qualité des eaux
- aime observer, analyser, vérifier et résoudre des problèmes
- aime prendre des décisions et se sentir responsable
- aime utiliser des appareils scientifiques de précision et un ordinateur

APTITUDES

- facilité d'apprentissage intellectuel (sciences et technologie)
- autonomie, discernement et sens des responsabilités
- méthode, minutie et rigueur

DEP

Conduite de procédés de traitement de l'eau

Benoit Labelle cherchait un métier noble. En devenant opérateur d'une usine de filtration, il a tapé dans le mille. «Je me préoccupe de la santé des gens en leur fournissant l'eau la plus pure possible. Je contribue aussi à protéger l'environnement», se réjouit-il.

PROG. 5213
PRÉALABLE : 1, VOIR PAGE 20

1 800 HEURES

CHAMPS D'INTÉRÊT
- se préoccupe de la protection de l'environnement
- désire se sentir utile à la société
- aime les sciences et le travail en laboratoire
- préfère le travail manuel

APTITUDES
- facilité en mathématiques
- esprit scientifique et curiosité
- méthode et minutie
- grand sens des responsabilités
- autonomie et initiative

Pour connaître les établissements qui offrent ce programme : www.inforoutefpt.org

RÔLE ET TÂCHES

Son DEP en poche, Benoit Labelle aurait pu travailler dans une usine qui épure les eaux usées municipales ou industrielles avant qu'elles soient rejetées dans l'environnement. Mais la Ville de Saint-Jérôme a retenu ses services pour son usine de filtration, qui traite l'eau destinée à la consommation humaine. «On prend de l'eau brute de la rivière du Nord et, par traitement physique-chimique [utilisation de produits chimiques et de techniques physiques comme la décantation], on la rend potable. Mon travail consiste à suivre le procédé de filtration.»

Benoit commence toujours sa journée en vérifiant le niveau de la réserve d'eau, le débit de production d'eau traitée et la demande des usagers. Il fait ensuite une tournée des équipements pour voir si tout fonctionne bien. «Un bris peut avoir des conséquences sur le traitement», dit-il. Il recueille ensuite un échantillon d'eau brute et fait des essais en laboratoire pour arriver au meilleur dosage possible de produits chimiques. Il compare ses résultats avec les dosages de l'eau en cours de traitement et fait des réglages si nécessaire. Quatre fois pendant son service, il prélève des échantillons d'eau un peu partout dans l'usine pour vérifier le pH (indice qui détermine le degré d'acidité ou d'alcalinité), le taux de chlore, etc.

Benoit peut aussi faire de l'entretien mécanique et de la réparation d'équipement, dresser l'inventaire des produits chimiques et acheter du matériel. Il doit enfin rédiger un rapport à l'intention de l'employé du prochain poste de travail.

	Salaire hebdo moyen	Proportion de dipl. en emploi	Emploi relié	Chômage	Nombre de diplômés
2008	763 $	95,8 %	95,7 %	4,2 %	46
2007	731 $	88,9 %	88,9 %	5,9 %	51
2006	672 $	89,7 %	91,7 %	3,7 %	44

Statistiques tirées de la *Relance* - Ministère de l'Éducation, du Loisir et du Sport.

Comment interpréter l'information, page 17.

QUALITÉS RECHERCHÉES

L'opérateur d'une usine de traitement passe environ 30 % de son temps à analyser des échantillons d'eau. Il doit donc aimer le travail de laboratoire. Doté d'un esprit scientifique, sensible à l'environnement, il cherche la meilleure formule pour améliorer le traitement de l'eau. Minutieux et méthodique, il a aussi des aptitudes en mathématiques, puisqu'il lui faut effectuer des calculs pour régler les dosages.

Mais, avant tout, il doit avoir le sens des responsabilités. «J'ai 22 ans et je fournis de l'eau à 60 000 personnes, déclare Benoit. C'est un travail très important. On peut faire beaucoup de tort aux gens avec de l'eau de mauvaise qualité.» Et comme l'opérateur se retrouve souvent seul durant son travail, il doit être autonome et débrouillard. «Il faut que je sache prendre les bonnes décisions au bon moment.»

«J'ai 22 ans et je fournis de l'eau à 60 000 personnes. C'est un travail très important.»

— Benoit Labelle

DÉFIS ET PERSPECTIVES

«Opérateur d'une usine de traitement, c'est le plus beau métier du monde», lance Guy Coderre, enseignant au Centre de formation professionnelle Paul-Gérin-Lajoie. Pourquoi? «Parce que c'est varié. On peut travailler dans la vente de produits chimiques ou d'équipements, en industrie, dans des usines de traitement de l'eau des municipalités, ou encore pour des firmes de consultants privées. Et puis, c'est valorisant de jouer un rôle dans la santé publique et la protection de l'environnement.»

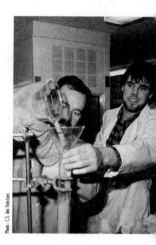

Photo: C.S. des Trois-Lacs

Selon M. Coderre, le traitement de l'eau est un domaine en développement, ce qui favorise l'embauche. D'une part, on assiste à la construction de plusieurs petites usines de filtration, puisque, depuis 2004, toutes les municipalités du Québec doivent filtrer leur eau avant de la distribuer à la population (plutôt que de simplement la chlorer). D'autre part, des firmes de consultants ont des contrats de construction et de démarrage d'usines à l'étranger, ce qui ouvre la porte à une expérience de travail internationale.

L'opérateur ambitieux a la possibilité d'accéder un jour au poste de chef d'usine ou de poursuivre ses études en vue d'obtenir un certificat en environnement. Mais, au jour le jour, son plus grand défi est de s'assurer que son procédé respecte en permanence les normes de consommation d'eau potable ou de rejet des eaux usées dans les cours d'eau. 02/03

HORAIRES ET MILIEUX DE TRAVAIL

- Le diplômé peut trouver du travail dans des usines municipales d'épuration et de filtration; dans des firmes de consultants privées; dans la vente de produits chimiques et d'équipements; ou encore en industrie, où il aura à traiter l'eau utilisée dans les procédés et rejetée dans les cours d'eau.

- Comme les usines de traitement sont ouvertes 24 heures sur 24, le diplômé doit s'attendre à travailler de nuit ou de soir, ou encore en fonction d'un horaire rotatif.

- Le diplômé devra suivre les procédures requises en matière de santé et de sécurité lorsqu'il manipulera des produits chimiques ou lorsqu'il aura accès à des milieux clos comme une station de pompage (utilisation d'un détecteur de gaz et d'un harnais). En laboratoire, il portera un sarrau, des bottes de sécurité et des verres protecteurs.

BÂTIMENT ET TRAVAUX PUBLICS

CHAMPS D'INTÉRÊT

- aime le travail manuel de précision, avec des outils
- aime bouger, se dépenser physiquement
- aime comprendre le fonctionnement des divers éléments d'un bâtiment, d'une construction

APTITUDES

- dextérité : rapidité et grande précision d'exécution
- résistance physique et excellente coordination sensorimotrice
- sens de l'observation et grande acuité visuelle
- facilité d'apprentissage manuel et technique
- capacité à respecter des normes et des règlements de sécurité

RESSOURCES INTERNET

INFOROUTE DE LA FORMATION PROFESSIONNELLE ET TECHNIQUE
http://inforoutefpt.org
Le site incontournable pour tout savoir sur les programmes de formation.

COMMISSION DE LA CONSTRUCTION DU QUÉBEC
www.ccq.org
Des renseignements diversifiés sur l'industrie, sur les métiers de même que sur la formation professionnelle, la convention collective et le régime de retraite des travailleurs du secteur. De tout pour bien planifier une carrière dans le domaine de la construction!

CONSTRUNET
www.construnet.com
À consulter pour tout savoir sur les appels d'offres en construction au Québec, les dernières nouvelles de l'industrie et les organismes du secteur.

Les métiers de l'industrie de la construction au Québec

L'industrie de la construction est un secteur d'activité dont l'accès est réglementé. Ainsi, quand on vient de terminer un DEP, il faut présenter une demande auprès de la Commission de la construction du Québec (CCQ) en vue d'obtenir un certificat de compétence-apprenti, document obligatoire pour travailler sur les chantiers de construction.

Le statut d'apprenti mène à celui de compagnon au terme d'un certain nombre d'heures d'expérience accumulées dans ce secteur et après la réussite d'un examen de qualification provincial.

Nombre d'heures de travail requises pour obtenir le titre de compagnon, selon le métier (incluant les heures de formation du DEP).

Métier	Heures	Portrait à consulter dans ce guide
Briqueteur-maçon	6 000 heures	page 147
Calorifugeur	6 000 heures	page 149
Carreleur	6 000 heures	page 151
Charpentier-menuisier	6 000 heures	page 153
Chaudronnier	6 000 heures	page 316
Cimentier-applicateur	4 000 heures	page 182
Couvreur	2 000 heures	page 176
Électricien de construction	8 000 heures	page 196
Électricien en installation et entretien de systèmes de sécurité	6 000 heures	page 199
Ferblantier	6 000 heures	page 319
Ferrailleur	2 000 heures	page 226
Frigoriste	8 000 heures	page 184
Grutier	2 000 heures	—
Mécanicien d'ascenseur	10 000 heures	page 286
Mécanicien de machines lourdes	6 000 heures	page 218
Mécanicien en protection-incendie	8 000 heures	page 168
Mécanicien industriel (de chantier)	6 000 heures	page 290
Monteur d'acier de structure	4 000 heures	page 323
Monteur-mécanicien (vitrier)	6 000 heures	page 163
Opérateur de pelles mécaniques	2 000 heures	page 306
Opérateur d'équipement lourd	2 000 heures	page 306
Peintre	6 000 heures	page 170
Plâtrier	6 000 heures	page 172
Poseur de revêtements souples	2 000 heures	page 178
Poseur de systèmes intérieurs	6 000 heures	page 180
Serrurier de bâtiment	4 000 heures	page 294
Tuyauteur	8 000 heures	page 174

Source : Commission de la construction du Québec, juin 2009.

DEP

Arpentage et topographie

Au secondaire, avec l'aide d'un conseiller d'orientation, Miguel Dugais découvre que le métier de technicien en arpentage et topographie lui conviendrait bien. Après l'obtention de son diplôme et une fois son stage terminé, il est tout de suite embauché!

PROG. 5238
PRÉALABLE : 1, VOIR PAGE 20

1 800 HEURES

CHAMPS D'INTÉRÊT

- aime travailler en plein air
- aime observer, mesurer, vérifier et calculer
- aime utiliser des appareils de précision et un ordinateur
- aime dessiner des plans et analyser des données

APTITUDES

- facilité d'apprentissage intellectuel (mathématiques, géométrie, informatique)
- acuité de perception visuelle et spatiale
- esprit logique, méthodique, rigoureux et analytique
- esprit de collaboration

Pour connaître les établissements qui offrent ce programme : www.inforoutefpt.org

RÔLE ET TÂCHES

Un technicien en arpentage et topographie peut effectuer deux types d'opérations. Il y a le levé d'un terrain, qui consiste à recueillir les données brutes, nécessaires à l'élaboration du plan final ou du certificat de localisation. L'arpenteur peut également réaliser une implantation de bâtisse ou de route. Il doit alors retourner sur le terrain pour situer les repères qui guideront les exécutants des travaux.

Le matin vers 8 h, dès son arrivée au bureau, Miguel planifie et prépare le matériel. Avec son compagnon, il se rend à l'endroit désigné pour faire le certificat de localisation du terrain. Ce document est nécessaire pour obtenir un prêt hypothécaire ou lors de la vente d'un terrain ou d'une résidence.

Sur les lieux, Miguel procède à la reconnaissance des caractéristiques du terrain. Par exemple, il doit situer géographiquement une maison sur un terrain. Il relève des points précis avec des instruments d'arpentage, tels que le niveau, le théodolite ou la station totale (qui enregistre les angles et les distances).

De retour au bureau, on passe à l'étape des calculs, des analyses et de la mise en plan, à l'aide de logiciels spécifiques. Certains techniciens, comme Miguel, ne recueillent que les données sur le terrain et les transmettent ensuite à un collègue dessinateur, qui conçoit le plan à l'ordinateur. Bien qu'ils reçoivent une formation générale permettant de réaliser l'ensemble du processus, c'est l'employeur qui distribue aux techniciens les mandats à exécuter.

	Salaire hebdo moyen	Proportion de dipl. en emploi	Emploi relié	Chômage	Nombre de diplômés
2008	715 $	76,3 %	88,5 %	11,6 %	133
2007	742 $	73,9 %	95,9 %	17,7 %	118
2006	609 $	75,0 %	91,7 %	16,3 %	78

Statistiques tirées de la Relance - Ministère de l'Éducation, du Loisir et du Sport.

Comment interpréter l'information, page 17.

QUALITÉS RECHERCHÉES

Le technicien en arpentage et topographie doit être en bonne forme physique, puisque ce métier peut s'effectuer sur des terrains difficiles d'accès ou accidentés. «Souvent, il faut gravir des montagnes ou aller dans le bois, manier une scie mécanique, ouvrir des sentiers», fait observer Miguel. Ce métier convient parfaitement à ceux qui aiment travailler en plein air.

Étant donné que le travail se fait tout le temps à deux, avoir un bon esprit d'équipe est essentiel. De plus, il importe d'être à l'aise avec les mathématiques et la résolution de problèmes et de s'intéresser aux outils de précision. Ce travail est idéal pour les esprits cartésiens, puisqu'il implique la méthode et l'analyse. La rigueur et la minutie ainsi que la précision sont d'autres atouts nécessaires.

> Ce travail est idéal pour les esprits cartésiens, puisqu'il implique la méthode et l'analyse. La rigueur et la minutie ainsi que la précision sont d'autres atouts nécessaires.

DÉFIS ET PERSPECTIVES

Selon Jacques Meunier, enseignant en arpentage et topographie à l'École professionnelle de métiers, à Saint-Jean-sur-Richelieu, deux principaux milieux de travail accueillent les diplômés. «Environ un tiers d'entre eux se dirigeront dans le domaine de la construction, plus payant, mais aussi plus exigeant, alors que la majorité travailleront comme aides-arpenteurs», souligne-t-il.

Il précise que le métier est investi par les femmes, qui comptent pour près d'un tiers des élèves, une proportion assez élevée comparativement à d'autres programmes du secondaire professionnel.

«Les jeunes qui n'ont pas d'intérêt pour les mathématiques ou l'informatique réalisent rapidement que ce métier n'est pas fait pour eux, affirme M. Meunier. Il faut aussi être prêt à travailler à l'extérieur, l'été par 30 degrés ou l'hiver par moins 20!» 03/01 (mise à jour 03/07)

HORAIRES ET MILIEUX DE TRAVAIL

• Le diplômé peut être au service d'un arpenteur-géomètre ou d'un entrepreneur de construction afin de donner les alignements et les altitudes pour la construction de bordures ou de trottoirs.

• Le travail se fait sur des terrains privés ou publics.

• La période estivale est la plus occupée, en particulier lors des déménagements et des constructions. L'apprenti peut faire 50 heures par semaine.

• Les mois de janvier et de février sont les plus calmes, et le technicien en arpentage travaille rarement plus de trois ou quatre jours par semaine.

• Une semaine de travail compte 40 heures en moyenne. Une journée typique se termine vers 17 h, mais peut parfois s'étirer jusqu'à 22 h si le boulot n'est pas fini.

DEP

ASP 5215

Briquetage-maçonnerie

«Lorsqu'on commence un mur, on est à quatre pattes comme un enfant! Plus on pose des briques, plus c'est motivant. On voit le résultat de notre travail qui monte peu à peu», lance Simon Sévigny.

PROG. 5303
PRÉALABLE : 2, VOIR PAGE 20

900 HEURES

CHAMPS D'INTÉRÊT
- aime travailler en plein air et en équipe
- aime un travail manuel de précision
- aime manipuler et utiliser des outils
- aime observer, calculer

APTITUDES
- sens de l'observation et sens esthétique
- résistance au vertige
- esprit de collaboration

RÔLE ET TÂCHES

Simon Sévigny travaille pour l'entreprise GY Chambly, à Montréal. Il a été manœuvre pendant deux ans, et, en observant des briqueteurs faire leur travail, il a simplement eu le goût de poser de la brique. Il a donc suivi la formation professionnelle de briquetage-maçonnerie.

Très tôt le matin, à son arrivée sur le chantier, il attend que les manœuvres fournissent les briques ou les pierres, ainsi que le mortier. Ensuite, il peut commencer à les poser. Le briqueteur peut également travailler le gypse.

Le briqueteur-maçon se sert de truelles, de niveaux, de fers à joints, de marteaux de briquetage pour casser et tailler la brique, afin d'exécuter ses tâches. Aimer travailler avec les outils est donc essentiel.

Pendant le mois de janvier, Simon travaille à l'intérieur dans une usine. En temps normal, il peut rester deux ou trois semaines au même endroit. Dans son cas, il s'agit souvent de gros chantiers, mais tout dépend de l'ampleur du contrat. «Faire la façade d'une petite maison prend beaucoup moins de temps, environ deux jours», explique-t-il.

«Le travail est généralement saisonnier, de mai à octobre. Avec un peu de prévoyance, il est cependant possible de traverser la saison creuse sans trop de problème. Il suffit de se faire un budget», dit-il.

Pour connaître les établissements qui offrent ce programme : **www.inforoutefpt.org**

	Salaire hebdo moyen	Proportion de dipl. en emploi	Emploi relié	Chômage	Nombre de diplômés
2008	686 $	72,3 %	69,1 %	15,8 %	488
2007	650 $	77,1 %	65,8 %	12,9 %	390
2006	648 $	72,0 %	76,0 %	17,2 %	372

Statistiques tirées de la *Relance* - Ministère de l'Éducation, du Loisir et du Sport.

Comment interpréter l'information, page 17.

QUALITÉS RECHERCHÉES

Le briqueteur-maçon doit posséder une bonne santé physique, car il soulève des charges pouvant peser plusieurs kilos. Il doit être à la fois manuel, rapide et minutieux. La débrouillardise est un atout pour solutionner rapidement des problèmes imprévus. Dans le secteur commercial, le travail se fait en groupe de 10 à 20 personnes. L'esprit d'équipe est donc essentiel.

Il faut également être capable de prévoir le résultat final avant de commencer la pose. «On doit savoir ce qu'on est en train de construire!» fait remarquer Simon. Lire les plans rapidement est très important. Il est même utile d'avoir un petit côté créatif. «Les briques peuvent être posées d'une multitude de manières. On peut faire de beaux motifs, observe Simon. Parfois, le client me demande comment la façade pourrait être faite. C'est important d'avoir des idées, de pouvoir proposer différentes possibilités.» Ce n'est pas un métier routinier, comme certains pourraient le penser.

Simon travaille souvent dans des immeubles de 18 étages, par exemple. Il ne faut pas avoir peur des hauteurs, sinon les journées pourraient paraître très longues!

«Le travail est généralement saisonnier, de mai à octobre. Avec un peu de prévoyance, il est cependant possible de traverser la saison creuse sans trop de problème.»

— Simon Sévigny

Photo : C.S. Marie-Victorin

DÉFIS ET PERSPECTIVES

«La plupart des briqueteurs-maçons travaillent de six à huit mois par an. Dans les grandes métropoles, on peut avoir un emploi toute l'année», affirme Gilles Bérubé, professeur à l'École de formation professionnelle de Saint-Hyacinthe.

Il souligne toutefois que l'intégration au marché du travail n'est pas toujours aisée. «Les entrepreneurs sont très exigeants et s'attendent à ce que leurs employés soient toujours disponibles et efficaces.»

Les perspectives à long terme sont bonnes dans le domaine de la maçonnerie et du briquetage, d'autant plus que les enjeux environnementaux gagnent en importance. «En effet, les matériaux que nous utilisons, tels que le sable, le ciment et le calcaire, sont pratiquement inépuisables et ne polluent pas l'environnement», dit M. Bérubé. 03/01 (mise à jour 03/07)

Ce métier fait partie des métiers de la construction et est régi comme tel par la Commission de la construction du Québec. Voir le tableau en page 144.

HORAIRES ET MILIEUX DE TRAVAIL

- Les diplômés peuvent travailler dans le secteur résidentiel (faire les murs, les cheminées).

- L'hiver, une toile les protège pour conserver un peu de chaleur, car ils ne peuvent pas faire de la maçonnerie lorsque la température tombe sous le point de congélation.

- S'il pleut, le briqueteur-maçon ne travaille pas. Les horaires varient beaucoup en fonction du temps qu'il fait, car le travail dans le secteur résidentiel s'effectue surtout à l'extérieur.

- Dans le secteur commercial, le boulot se fait toujours à l'intérieur et s'échelonne normalement sur toute l'année.

- Durant les périodes plus lentes, soit d'octobre à avril, la charge de travail est beaucoup moins considérable, voire inexistante.

- Habituellement, les journées de travail débutent très tôt le matin et se terminent en milieu d'après-midi.

- Une semaine de travail compte 40 heures.

DEP

Calorifugeage

Dessiner des patrons et travailler sur les chantiers de construction : deux tâches en apparence incompatibles, qui pourtant se rejoignent dans le métier de calorifugeur.

| PROG. 5119 | 900 HEURES |
| PRÉALABLE : 2, VOIR PAGE 20 | |

CHAMPS D'INTÉRÊT

- aime travailler en équipe
- aime le travail manuel
- aime suivre des consignes
- aime changer de lieu de travail régulièrement

APTITUDES

- bonnes connaissances en mathématiques et en physique
- bonne condition physique
- minutie, esprit d'initiative, débrouillardise
- capacité de travailler en hauteur et dans des espaces exigus

Pour connaître les établissements qui offrent ce programme : www.inforoutefpt.org

RÔLE ET TÂCHES

Ginette Bossé a été la neuvième femme au Québec à obtenir son diplôme de calorifugeuse. Un métier peu connu qui consiste à préparer et à installer des matériaux isolants destinés à la tuyauterie et aux conduits de chauffage, de ventilation, de réfrigération ou de climatisation des bâtiments.

Depuis la fin de ses études, Ginette travaille pour la compagnie SICA, à Terrebonne, qui se spécialise dans l'isolation de tuyauterie dans les édifices commerciaux. Lorsqu'elle est affectée à un nouveau projet, la première étape de son travail consiste à étudier les plans et devis des bâtiments afin de prévoir la disposition des matériaux isolants. Puis, Ginette trace des patrons qui la guideront dans le découpage des pièces de revêtement. Elle installe finalement les isolants et les revêtements découpés sur les tuyaux ou les conduits d'air.

«Ce que j'aime le plus dans ce métier, c'est le fait qu'il soit non traditionnel. Beaucoup d'hommes disent que les femmes qui le pratiquent sont courageuses de venir travailler sur les chantiers, dans un milieu à prédominance masculine. Ça me valorise énormément.» Ginette précise que le travail dans le secteur commercial est moins exigeant physiquement que dans le secteur industriel. «On n'a rien de lourd à soulever. La laine minérale, c'est léger! Dans le secteur industriel, c'est plus difficile parce qu'on travaille avec de la tôle. En fait, le plus dur, c'est le découpage de la laine parce que ça pique, mais il ne faut surtout pas se gratter. Et le soir, on a besoin d'une bonne douche froide.»

	Salaire hebdo moyen	Proportion de dipl. en emploi	Emploi relié	Chômage	Nombre de diplômés
2008	978 $	75,0 %	94,4 %	14,3 %	34
2007	N/D	N/D	N/D	N/D	N/D
2006	865 $	88,9 %	87,5 %	0,0 %	15

Statistiques tirées de la *Relance* - Ministère de l'Éducation, du Loisir et du Sport.

Comment interpréter l'information, page 17.

QUALITÉS RECHERCHÉES

«Il ne faut pas être claustrophobe, lance Ginette en riant. Des tuyaux, ça passe partout et il faut les suivre. Ce qui fait que, parfois, on se retrouve dans des tunnels ou dans des recoins où l'on n'a pratiquement pas de place pour se retourner.» La calorifugeuse souligne aussi l'importance d'avoir de l'imagination quand vient le temps d'isoler des tuyaux situés dans des endroits pratiquement inaccessibles ou formant des angles inhabituels. «D'un simple coup d'œil, il faut être capable de se représenter la forme du conduit ou du tuyau à isoler pour pouvoir dessiner les patrons. C'est presque de l'art!» affirme la diplômée.

S'ils doivent être en bonne forme physique, les calorifugeurs doivent pouvoir tolérer une certaine part de risque pour leur santé, puisque l'enlèvement des isolants à base d'amiante, un matériau réputé cancérigène, fait également partie de leur travail. «C'est sûr qu'on a le choix de le faire ou non, mais ça fait partie du métier. On se protège, mais il ne faut pas être trop peureux», explique la jeune femme.

Enfin, comme les différents corps de métiers de la construction sont tous interdépendants, la capacité à travailler en équipe compte aussi parmi les qualités recherchées, tout comme la minutie et la ponctualité.

> «D'un simple coup d'œil, il faut être capable de se représenter la forme du conduit ou du tuyau à isoler pour pouvoir dessiner les patrons. C'est presque de l'art!»
>
> — Ginette Bossé

DÉFIS ET PERSPECTIVES

Les chantiers manquent de professionnels, lance d'emblée Marcel Desjardins, enseignant en calorifugeage à l'École des métiers de la construction de Montréal. Auparavant, il suffisait d'apprendre sur le tas, mais, avec le perfectionnement des outils et l'augmentation de la vitesse de travail sur les chantiers, les entrepreneurs cherchent des gens formés, prêts à travailler. Entre autres, les candidats à l'emploi doivent désormais savoir utiliser les nouveaux types de scies et les échafaudages mécaniques.

«La qualité du travail effectué est un souci de plus en plus important pour les entrepreneurs», ajoute M. Desjardins. Et avec la hausse du niveau de scolarité des calorifugeurs et des autres employés de la construction, cette qualité ne va qu'en s'améliorant. 04/03

Photo : École des métiers de la construction de Montréal

Ce métier fait partie des métiers de la construction et est régi comme tel par la Commission de la construction du Québec. Voir le tableau en page 144.

HORAIRES ET MILIEUX DE TRAVAIL

- Les diplômés travaillent pour les entreprises de construction ou de rénovation, ou encore pour celles qui sont spécialisées en isolation.

- Les entreprises se spécialisent dans les secteurs commercial ou industriel.

- Les calorifugeurs se déplacent d'un chantier à un autre.

- Les journées commencent généralement tôt le matin, vers 7 h ou 7 h 30, et se terminent en milieu d'après-midi.

- Les occasions de faire des heures supplémentaires sont nombreuses.

DEP

Carrelage

Patrick Marcoux a eu la piqûre pour la pose de céramique en travaillant pour ses parents, propriétaires d'une entreprise de décoration et de revêtements de sol. Le métier de carreleur lui était donc prédestiné!

PROG. 5300	690 HEURES
PRÉALABLE : 2, VOIR PAGE 20	

CHAMPS D'INTÉRÊT

- aime manipuler des matériaux et des outils
- aime agencer les formes et les couleurs
- aime le calcul et la précision

APTITUDES

- acuité visuelle (habileté à évaluer les mesures à l'œil)
- facilité pour les mathématiques et la géométrie
- mobilité géographique et capacité d'adaptation au travail saisonnier
- respect de la clientèle (propreté et politesse)

RÔLE ET TÂCHES

«J'ai commencé à installer des linoléums et j'ai acquis un peu d'expérience en pose de céramique, mais je voulais un statut de professionnel», raconte Patrick Marcoux. C'est ce qui l'a incité à suivre la formation professionnelle de carreleur à l'École des métiers et occupations de l'industrie de la construction de Québec.

La journée de Patrick débute vers 7 h 30 et se termine autour de 18 h ou même plus tard. «Si j'exécute du travail dans une cuisine, il est préférable que mes clients ne restent pas plusieurs jours sans pouvoir l'utiliser!» La première tâche d'un carreleur est de s'assurer que les surfaces sont exemptes de défauts pour permettre à la matière première de bien y adhérer. Il nivelle donc les planchers ou les murs pour enlever toutes les imperfections. Ensuite, il pose le revêtement de carreaux de céramique ou de pierre naturelle (ardoise, marbre, granit, etc.) ou bien de carreaux de quartz, un mélange de résine et de pierre naturelle.

Patrick travaille surtout dans le domaine résidentiel. «Les tâches sont plus petites, mais c'est parfois plus difficile, car il faut faire attention et être précis pour éviter de faire des erreurs», ajoute-t-il. Dans le secteur commercial et institutionnel (centres commerciaux, hôpitaux), les travaux se font sur de grandes surfaces et doivent être exécutés rapidement. «Si je réalise une salle de bains dans un centre commercial et que je dois seulement utiliser de la céramique blanche, il y a moins de décisions à prendre, c'est précis et vite fait», explique Patrick.

Pour connaître les établissements qui offrent ce programme : **www.inforoutefpt.org**

	Salaire hebdo moyen	Proportion de dipl. en emploi	Emploi relié	Chômage	Nombre de diplômés
2008	712 $	85,3 %	69,8 %	9,4 %	121
2007	699 $	77,6 %	69,8 %	11,8 %	88
2006	682 $	79,4 %	70,6 %	10,0 %	107

Statistiques tirées de la *Relance* - Ministère de l'Éducation, du Loisir et du Sport.

Comment interpréter l'information, page 17.

QUALITÉS RECHERCHÉES

Il est nécessaire de posséder une bonne endurance physique, car le carreleur doit être capable de soulever des charges lourdes. «Une poche de ciment pèse entre 25 et 50 livres, et les journées peuvent être très longues», raconte Patrick. De plus, une bonne dextérité manuelle est essentielle pour manier et couper les carreaux ou étendre du ciment. Pour les travaux effectués dans le secteur résidentiel, le carreleur doit être très minutieux. La précision de la pose et le respect de la règle de l'art sont deux éléments essentiels. Il doit s'assurer d'une finition impeccable! La facilité avec les mathématiques est aussi un aspect important. Il faut constamment prendre des mesures exactes et avoir un bon œil pour les évaluer. Sur des grands chantiers où la main-d'œuvre est nombreuse, l'esprit d'équipe est important. Sans oublier l'adaptation à l'éloignement, car des séjours d'un à trois mois sur de gros chantiers éloignés, comme à la baie James, sont possibles. Il faut donc être prêt à vivre loin de sa famille.

Le carreleur doit être très minutieux. La précision de la pose et le respect de la règle de l'art sont deux éléments essentiels. Il doit s'assurer d'une finition impeccable!

DÉFIS ET PERSPECTIVES

«Une fois sur le marché du travail, le principal défi que doivent relever les diplômés est de répondre aux attentes des employeurs. Ils maîtrisent la technique, mais n'auront pas pour autant acquis la rapidité nécessaire. Pour réussir, ils devront apprendre à allier travail de qualité et vitesse d'exécution», selon Claude Ferron, professeur à l'École des métiers et occupations de l'industrie de la construction de Québec.

«Les diplômés, qui peuvent travailler pour des entrepreneurs spécialisés en carrelage, peuvent aussi occuper des emplois connexes, par exemple chez les distributeurs, en tant que conseillers en choix de matériaux et en techniques d'exécution», précise l'enseignant.

Un carreleur qui possède une expérience suffisante du métier et fait preuve de leadership peut aspirer à devenir contremaître. Dans ce cadre, il supervisera les travaux de carrelage sur les chantiers. 02/02 (mise à jour 04/07)

Photo : C.S. Marie-Victorin

Ce métier fait partie des métiers de la construction et est régi comme tel par la Commission de la construction du Québec. Voir le tableau en page 144.

HORAIRES ET MILIEUX DE TRAVAIL

- Les travaux de carrelage produisent énormément de poussière et de bruit.

- Dans le secteur résidentiel, les journées de travail sont généralement plus longues et peuvent s'étirer jusqu'à 20 h, selon l'étendue des travaux. Une semaine de travail peut compter jusqu'à 60 heures.

- Dans les gros chantiers du secteur commercial, les horaires sont semblables à ceux des autres métiers de la construction, c'est-à-dire de 7 h 30 à 16 h.

- C'est un travail saisonnier. La période forte se situe entre mars et octobre.

- À l'occasion, le travail s'exécute la nuit. C'est le cas dans les centres commerciaux afin que les magasins puissent rester ouverts pendant la journée.

DEP

Charpenterie-menuiserie

Après avoir exercé mille et un métiers liés au domaine de la construction, Martin Girard s'est spécialisé en charpenterie-menuiserie. «J'ai décidé de créer ma petite entreprise car j'avais envie de travailler à mon compte.»

PROG. 5319
PRÉALABLE : 1, VOIR PAGE 20

1 350 HEURES

CHAMPS D'INTÉRÊT
- aime manipuler du bois et des outils
- aime faire un travail diversifié et travailler en plein air (construction)
- aime utiliser une machine informatisée (usine)
- aime calculer, analyser et travailler à partir d'un plan

APTITUDES
- faculté d'imagination et de visualisation en trois dimensions
- esprit méthodique et organisé
- minutie et concentration, capacité d'adaptation
- facilité à utiliser l'informatique (usine)
- résistance au bruit et à la poussière (usine)

RÔLE ET TÂCHES

L'apprenti charpentier-menuisier travaille généralement sur des chantiers de construction, dans des usines de fabrication ou dans des entreprises de rénovation, dans les domaines résidentiel, commercial et industriel. Martin Girard enseigne la charpenterie-menuiserie au Centre Polymétier de Rouyn-Noranda, où il a lui-même fait ses études et obtenu son DEP. «Je donne deux cours par semaine, en plus de m'occuper de ma petite entreprise nommée Martin G. Rénovations, spécialisée dans la rénovation de maisons. J'aime bien ce mode de vie, car les tâches à accomplir varient beaucoup d'une journée à l'autre. Bien sûr, je dépends des contrats pour assurer ma subsistance, mais l'insécurité, ça fait partie du métier des travailleurs de la construction depuis toujours!»

Le plus gros contrat qu'il ait décroché jusqu'à maintenant est la rénovation d'une maison unifamiliale. «Les propriétaires avaient quatre chambres et ils en voulaient seulement deux. Il a fallu que j'enlève les divisions, que je redresse les planchers qui n'étaient pas droits, et que je modifie la finition. J'ai également changé les portes et refait les murs intérieurs et extérieurs.» Martin s'est consacré à ce travail trois jours par semaine pendant deux mois et demi. «Je retournerai sans doute travailler sur les chantiers de construction au printemps, car le boulot est très intéressant. D'ici là, ma PME me permet d'obtenir un revenu d'appoint, ce qui n'est pas à négliger.»

Pour connaître les établissements qui offrent ce programme : **www.inforoutefpt.org**

	Salaire hebdo moyen	Proportion de dipl. en emploi	Emploi relié	Chômage	Nombre de diplômés
2008	712 $	80,3 %	85,1 %	12,7 %	1 492
2007	722 $	78,9 %	85,3 %	14,4 %	1 375
2006	691 $	80,2 %	84,7 %	12,1 %	1 238

Statistiques tirées de la *Relance* - Ministère de l'Éducation, du Loisir et du Sport.

Comment interpréter l'information, page 17.

QUALITÉS RECHERCHÉES

Martin croit que les meilleurs charpentiers-menuisiers sont des personnes débrouillardes, qui savent trouver des solutions ingénieuses pour régler les problèmes de construction d'une maison ou d'un immeuble. Leur polyvalence leur permet de participer à la construction d'une maison de ville ou à un important chantier. «Je dirais que, pour réussir, il faut aussi aimer le travail d'équipe, car bien peu d'ouvriers travaillent seuls comme je le fais dans ma petite entreprise. Une grande capacité à lire et à comprendre des plans est également nécessaire pour éviter de commettre des erreurs coûteuses.»

Les charpentiers-menuisiers doivent posséder une excellente forme physique, aimer le travail manuel et avoir de la dextérité. Également, une bonne acuité visuelle garantira leur propre sécurité et les rendra plus productifs. En effet, une vision perçante aide à voir une situation dangereuse en l'absence de signal d'alarme sonore. Cela permet aussi de repérer les différents types de matériaux sur un chantier et d'aller les chercher rapidement.

> «Je conseille aux diplômés de se renseigner sur tout ce qu'ils ne connaissent pas assez bien et de suivre des cours spécialisés dans différents domaines de la menuiserie et de la charpenterie.»
>
> **— Daniel Martel**

DÉFIS ET PERSPECTIVES

Daniel Martel est enseignant en charpenterie-menuiserie au Centre de formation professionnelle Jonquière. Il souligne que la construction est un domaine en constante évolution. «De nouveaux matériaux font réguliè-rement leur arrivée sur le marché. Je conseille aux diplômés de se renseigner sur tout ce qu'ils ne connaissent pas assez bien et de suivre des cours spécialisés dans différents domaines de la menuiserie et de la charpenterie.»

M. Martel indique que, même si le travail dans la construction est généra-lement saisonnier, il est de plus en plus fréquent que les employeurs trouvent du travail à l'année pour leurs meilleurs employés. 03/01

Photo : C.S. Marie-Victorin

Ce métier fait partie des métiers de la construction et est régi comme tel par la Commission de la construction du Québec. Voir le tableau en page 144.

HORAIRES ET MILIEUX DE TRAVAIL

- La majorité des diplômés exercent leur métier dans le domaine résidentiel (construction de maisons).

- Certains œuvrent dans les secteurs industriel et commercial, tandis que d'autres deviennent travailleurs autonomes et se spécialisent dans les travaux de réfection légers.

- Le travail peut se faire à l'extérieur ou à l'intérieur (construction de maisons préfabriquées, fabrication d'armoires, rénovations, etc.).

- Le travail est surtout saisonnier.

- Sur les chantiers, il faut négocier avec le vent et le froid.

- À l'intérieur, l'environnement est beaucoup plus bruyant, et souvent poussiéreux à cause du bran de scie.

- Le travail du charpentier-menuisier commence généralement très tôt, vers 7 h 30, et se termine vers 16 h. En période plus intensive, en particulier l'été, les semaines sont souvent prolongées.

DEP

Découpe et transformation du verre

«J'ai travaillé 10 ans dans le domaine du pétrole, puis 20 ans dans l'importation de cuir. Lorsque ce domaine a commencé à décliner, j'ai décidé de me recycler. Le programme de découpe et transformation du verre m'a intéressé à cause de son excellent taux de placement», raconte Brian Provencher.

PROG. 5140
PRÉALABLE : 1, VOIR PAGE 20

960 HEURES

CHAMPS D'INTÉRÊT

- aime le travail manuel, les arts (verrier), et utiliser des outils ou machines (vitrier)
- aime manipuler le verre et aime le travail artisanal (seul, en atelier) (verrier)
- aime travailler en usine ou sur un chantier de construction (vitrier)

APTITUDES

- dextérité, acuité visuelle et auditive
- précision des gestes, concentration, calme et vigilance
- imagination et sens esthétique (verrier)
- autonomie, confiance en soi et persévérance (verrier)
- force physique

RÔLE ET TÂCHES

Ce programme prépare les élèves à exercer deux métiers bien distincts : vitrier et verrier. Le vitrier fabrique des vitres de portes et de fenêtres, des miroirs ou des tablettes en verre dans des usines de production. Il peut aussi les poser s'il travaille sur des chantiers de construction. Le verrier, lui, fait davantage appel à son côté artistique et crée des vitraux, des meubles et divers objets en verre, souvent de façon artisanale.

Depuis l'obtention de son diplôme, Brian Provencher occupe un poste de coordonnateur des ventes aux États-Unis, dans les Maritimes et dans l'ouest du Canada chez A. et D. Prévost inc. Cette entreprise établie à Richelieu se spécialise dans la vente d'aluminium architectural servant à construire des portes, des fenêtres et des murs-rideaux (murs composés principalement de verre).

Brian est chargé de la vente des produits finis construits en usine ainsi que des feuilles d'aluminium non travaillées. Il rencontre les acheteurs potentiels pour faire connaissance et promouvoir ses articles. Il supervise le cheminement total de la commande jusqu'à la livraison, y compris le paiement. Il règle tous les problèmes qui peuvent survenir entre le moment de la commande et la réception. Lorsque la compagnie fait des soumissions, Brian vérifie avec le représentant du territoire concerné si les prix sont compétitifs. Il participe aussi, à l'occasion, à des foires commerciales.

Pour connaître les établissements qui offrent ce programme : **www.inforoutefpt.org**

	Salaire hebdo moyen	Proportion de dipl. en emploi	Emploi relié	Chômage	Nombre de diplômés
2008	N/D	N/D	N/D	N/D	N/D
2007	536 $	85,7 %	50,0 %	14,3 %	10
2006	N/D	N/D	N/D	N/D	N/D

Statistiques tirées de la *Relance* - Ministère de l'Éducation, du Loisir et du Sport.

Comment interpréter l'information, page 17.

QUALITÉS RECHERCHÉES

Le verrier et le vitrier doivent avoir une grande dextérité manuelle. Une extrême prudence et beaucoup de minutie sont également nécessaires dans le maniement du verre. Il suffit en effet de quelques secondes de distraction pour que le matériau vole en éclats sur le sol, pouvant ainsi causer coupures et blessures sérieuses. Pour les vitriers, aimer travailler en équipe constitue un atout important, car les pièces coupées sont souvent très lourdes à transporter. Une bonne forme physique facilite le travail, surtout lorsqu'il s'agit de poser le verre. Par contre, la fabrication de portes et de fenêtres et la réalisation de vitraux sont peu exigeantes physiquement.

De leur côté, les verriers parviendront à se distinguer s'ils possèdent un grand sens artistique les guidant dans le choix des design et des couleurs. De la patience et de la précision sont également utiles pour ceux qui se spécialisent dans la réfection de vitraux d'église.

DÉFIS ET PERSPECTIVES

«La formation que nous donnons est encore très peu connue du grand public et des employeurs», déplore Richard Néron, enseignant en découpe et transformation du verre au Centre de formation professionnelle Le Chantier, à Laval. Selon lui, les entrepreneurs en vitrerie y gagnent beaucoup en engageant un diplômé spécialisé dans le domaine. «Auparavant, les employés étaient formés en usine et la plupart ne savaient utiliser qu'une seule machine. Lorsqu'ils devaient s'absenter, le patron était pris au dépourvu, car personne ne pouvait prendre la relève! Aujourd'hui, nous formons des vitriers compétents et polyvalents, qui ont appris à faire fonctionner les robots automatiques programmés pour couper le verre et les machines demandant une utilisation manuelle.»

«Vitriers et verriers diplômés n'ont aucun problème à se placer, affirme M. Néron. Les vitriers trouvent du travail en usine ou sur des chantiers, et les verriers sont embauchés, entre autres, par des entreprises faisant de la gravure et de la peinture sur verre.» 02/01

«Aujourd'hui, nous formons des vitriers compétents et polyvalents, qui ont appris à faire fonctionner les robots automatiques programmés pour couper le verre et les machines demandant une utilisation manuelle.»

— Richard Néron

Photo : C.S. de Laval

HORAIRES ET MILIEUX DE TRAVAIL

- Les vitriers exercent généralement leur métier dans des usines de production et sur des chantiers de construction.

- Ils ont la chance de travailler dans des usines généralement très aérées, au plafond haut, et jouissant d'une excellente propreté, car le verre, contrairement au bois, ne produit pas de poussière.

- Les verriers travaillent plus souvent à leur compte ou sont au service de petites compagnies.

- Ils doivent parfois travailler à proximité de fours, ce qui peut rendre leur environnement très chaud, en particulier l'été.

- Le travail en usine débute vers 7 h et se termine vers 15 h, tandis que l'horaire de travail sur les chantiers est plutôt variable.

DEP

Dessin de bâtiment

Passionné d'informatique, Jonathan Lambert a choisi de faire des études en dessin de bâtiment au Centre de formation professionnelle Le Carrefour, à Val-d'Or. Quelques semaines après l'obtention de son DEP, il est devenu dessinateur chez Stavibel, une boîte d'ingénieurs de Rouyn-Noranda.

PROG. 5250
PRÉALABLE : 1, VOIR PAGE 20

1 800 HEURES

CHAMPS D'INTÉRÊT

- aime travailler avec les chiffres
- aime dessiner des plans
- aime l'analyse, les détails et l'exactitude
- aime utiliser l'informatique

APTITUDES

- facilité d'apprentissage intellectuel (mathématiques, géométrie et informatique)
- faculté d'imagination et de visualisation en trois dimensions
- précision et rapidité d'exécution
- esprit de collaboration

RÔLE ET TÂCHES

Le rôle du dessinateur est de tracer des plans, à partir de croquis faits par des ingénieurs ou des architectes, qui serviront lors de la construction de bâtiments. La majeure partie de son travail s'exécute à l'aide de logiciels de dessin assisté par ordinateur, tel Autocad.

Les supérieurs de Jonathan sont des ingénieurs spécialisés en génie civil, en génie mécanique et en génie du bâtiment qui réalisent des projets pour les clients de l'entreprise, en majorité des architectes. «Nous œuvrons surtout dans le domaine commercial. Un entrepreneur soumet un projet de construction à un architecte, qui demande à son tour à notre firme d'ingénieurs d'en faire les plans. Généralement, je reçois des esquisses d'édifices réalisées par mes patrons. Je dois ensuite dessiner au propre, sur l'ordinateur, des plans de différents aspects de la structure des bâtiments concernés. Ça peut être aussi bien les gaines de ventilation que la tuyauterie, la plomberie ou l'électricité. Ces plans seront remis aux représentants des divers corps de métiers. Par exemple, pour faire un plan destiné à un électricien, je dois d'abord lire attentivement le croquis de l'ingénieur, puis en faire un plan d'édifice parfaitement exécuté sur lequel sont indiqués les interrupteurs, les prises de courant et les coffrets de branchement.»

Jonathan peut consacrer de deux heures à six mois à un même projet, selon son ampleur. «Une chose est sûre : mon travail sur un plan n'est jamais vraiment terminé, car il y a toujours beaucoup de corrections

Pour connaître les établissements qui offrent ce programme : **www.inforoutefpt.org**

	Salaire hebdo moyen	Proportion de dipl. en emploi	Emploi relié	Chômage	Nombre de diplômés
2008	548 $	84,3 %	82,0 %	8,1 %	355
2007	511 $	81,8 %	81,2 %	9,6 %	375
2006	473 $	77,3 %	75,9 %	9,2 %	321

Statistiques tirées de la *Relance* - Ministère de l'Éducation, du Loisir et du Sport.

Comment interpréter l'information, page 17.

à faire.» Le professionnel préfère dessiner des plans de structures d'acier. «La construction d'un commerce demande souvent de monter de grandes colonnes d'acier, qui constituent la charpente de l'immeuble.» Dans quelques années, Jonathan espère trouver un emploi dans une firme d'ingénieurs spécialisée dans ce domaine.

QUALITÉS RECHERCHÉES

Selon Jonathan, les deux principales qualités du dessinateur sont la minutie, essentielle pour travailler à petite échelle, et la patience. «Nos plans ne sont jamais parfaits à la première ébauche! Il faut être prêt à recommencer son travail plusieurs fois jusqu'à ce que le client se déclare satisfait.» Le dessinateur y gagne beaucoup s'il est visuel. Cela lui permet de lire et de dessiner des plans élaborés selon plusieurs points de vue (côté, profil, dessus, etc.). Un bon sens de l'observation et un esprit logique sont également nécessaires pour réussir à travailler vite et bien. Comme les projets doivent souvent être réalisés très rapidement, la capacité de travailler sous pression constitue un autre atout. L'intérêt pour le travail d'équipe rend les journées plus agréables, car les dessinateurs et les ingénieurs d'une même entreprise collaborent souvent étroitement pour mener à bien un projet.

L'intérêt pour le travail d'équipe rend les journées plus agréables, car les dessinateurs et les ingénieurs d'une même entreprise collaborent souvent étroitement pour mener à bien un projet.

DÉFIS ET PERSPECTIVES

Si autrefois les élèves se penchaient sur des tables à dessin, aujourd'hui tout se fait par ordinateur. «Il faut continuellement suivre les avancées technologiques, apprendre à utiliser les nouveaux logiciels qui sont de plus en plus sophistiqués et régulièrement mis à jour», explique Gilles Doucet, professeur en dessin de bâtiment au Centre de formation professionnelle Compétences Outaouais.

Le dessinateur de bâtiment doit donc avoir une grande capacité d'adaptation et d'apprentissage. «Les changements technologiques sont extrêmement rapides, il faut suivre!» soutient M. Doucet.

Le diplômé du DEP pourra faire du dessin industriel, car il possède les connaissances de base nécessaires pour travailler dans ce domaine. L'expérience aidant, il lui sera aussi possible d'obtenir un poste de responsable du service de dessin. 03/01 (mise à jour 04/07)

HORAIRES ET MILIEUX DE TRAVAIL

- Les dessinateurs travaillent généralement pour des firmes d'ingénieurs ou d'architectes, des municipalités et des entreprises spécialisées en mécanique de bâtiment ou en construction de structures d'acier, ou dans toute autre compagnie qui œuvre dans des domaines liés à la construction d'immeubles.

- Certains travaillent dans des secteurs connexes, dont les télécommunications.

- Le milieu de travail est généralement calme, ce qui facilite grandement la concentration.

- Les dessinateurs travaillant dans des PME doivent souvent partager leur bureau avec des collègues.

- Les dessinateurs travaillent généralement selon un horaire régulier, de 9 h à 17 h. Lorsque les projets s'accumulent sur leur bureau, ils doivent toutefois faire des heures supplémentaires.

Entretien et réparation de caravanes

Attiré par la mécanique, Mathieu Drapeau a choisi le domaine de l'entretien et de la réparation de caravanes à cause de la diversité des tâches. «C'est très varié et j'aime ça! Plomberie, menuiserie, électricité : tout ce qu'on a dans une maison se trouve dans une roulotte, mais à plus petite échelle.»

| PROG. 5214 | 975 HEURES |
| PRÉALABLE : 2, VOIR PAGE 20 | |

CHAMPS D'INTÉRÊT
- aime le travail manuel
- aime utiliser des équipements, des outils
- aime résoudre des problèmes
- aime bricoler, observer, démonter et comprendre le fonctionnement des mécanismes et des systèmes

APTITUDES
- esprit d'initiative, capacité de prendre des décisions
- dextérité manuelle
- bonne résistance physique
- sens de l'observation développé
- autonomie et sens des responsabilités

RÔLE ET TÂCHES

Mathieu Drapeau a obtenu son diplôme d'études professionnelles (DEP) au Centre de formation professionnelle des Patriotes, à Sainte-Julie. Il travaille aujourd'hui comme technicien de véhicules récréatifs à la Clinique de la roulotte M.D., à Saint-Jean-sur-Richelieu. Il s'occupe de l'entretien et des réparations sur la charpente des roulottes, le système électrique, la plomberie et les appareils au gaz propane (poêles et réfrigérateurs). «Quand un frigo ne fonctionne plus, explique Mathieu, j'essaye de le réparer sur place, dans la caravane. Si je n'y parviens pas, je le dévisse et je le sors pour l'emporter dans l'atelier. Parfois il s'agit de remplacer une pièce ou simplement de nettoyer l'appareil qui s'est encrassé. Mais il arrive aussi que l'on soit obligé d'en installer un neuf.»

Durant le printemps et l'été, Mathieu procède aux vérifications et aux petites réparations avant les départs en vacances. «Je vérifie les freins, les roulements à billes, je m'assure aussi qu'il n'y a pas de fuites de gaz. On inspecte tout de A à Z, pour être certain que les clients n'auront pas de problèmes pendant leur voyage.»

L'automne et l'hiver sont les saisons les plus calmes à la Clinique de la roulotte. C'est durant ces périodes que Mathieu s'attaque aux travaux les moins urgents ou qui prennent trop de temps pour être réalisés pendant l'été, qui est très occupé. Il s'agit généralement de réparations sur la charpente. «Il arrive qu'il y ait des infiltrations d'eau dans une roulotte,

Pour connaître les établissements qui offrent ce programme : **www.inforoutefpt.org**

	Salaire hebdo moyen	Proportion de dipl. en emploi	Emploi relié	Chômage	Nombre de diplômés
2008	N/D	N/D	N/D	N/D	N/D
2007	680 $	58,3 %	57,1 %	0,0 %	15
2006	590 $	73,7 %	76,9 %	0,0 %	27

Statistiques tirées de la *Relance* - Ministère de l'Éducation, du Loisir et du Sport.

Comment interpréter l'information, page 17.

explique Mathieu. Cela peut faire moisir le bois de la charpente. Il faut alors tout démonter pour évaluer les dégâts, enlever ce qui est détérioré, faire la menuiserie et les réparations nécessaires avant de tout remonter.»

QUALITÉS RECHERCHÉES

Dextérité manuelle, polyvalence et débrouillardise sont pour Mathieu les principales qualités pour réussir dans ce métier. «Les pièces de rechange sur les véhicules récréatifs sont assez onéreuses. Il arrive que le propriétaire ne souhaite pas mettre le prix pour remplacer un élément brisé, mais qu'il nous demande quand même de trouver un moyen pour le dépanner, qui coûterait moins cher... Si on veut le satisfaire, il faut être ingénieux.»

Les diplômés sont amenés à travailler pour une clientèle exigeante. Il faut donc avoir de bonnes aptitudes relationnelles et savoir communiquer pour transmettre l'information concernant l'entretien ou les réparations effectués sur le véhicule.

La minutie est également essentielle. Les finitions doivent être impeccables et il faut veiller à ne pas salir ou endommager l'intérieur du véhicule en effectuant les réparations.

Les finitions doivent être impeccables et il faut veiller à ne pas salir ou endommager l'intérieur du véhicule en effectuant les réparations.

DÉFIS ET PERSPECTIVES

Selon Christian Lupien, professeur au Centre de formation professionnelle des Patriotes, le marché des véhicules récréatifs devrait croître au cours des 20 prochaines années. «Les retraités constituent une bonne partie de la clientèle, explique-t-il, et ils sont de plus en plus nombreux. On voit aussi davantage de familles de deux ou trois enfants qui achètent des véhicules récréatifs.»

M. Lupien ajoute que les diplômés devront également se tenir au courant des progrès technologiques. «Il y a 10 ans, les appareils étaient mécaniques, mais désormais les composantes électroniques occupent une place grandissante. Aspirateur central, lave-vaisselle, machine à fabriquer de la glace sont de plus en plus sophistiqués et les diplômés doivent en assurer l'entretien.» 02/05

HORAIRES ET MILIEUX DE TRAVAIL

- Les diplômés trouvent de l'emploi chez les concessionnaires de caravanes ou dans les ateliers de réparation de caravanes. Certains décident de travailler à leur compte.

- Les horaires de travail sont généralement réguliers, mais les techniciens doivent parfois faire face à un surcroît de travail pendant l'été. On doit donc s'attendre à faire des heures supplémentaires durant cette période, voire à travailler les fins de semaine.

DEP

Entretien général d'immeubles

«Je recommande à tous ceux que ça intéresse de faire un DEP en entretien général d'immeubles, car cela donne une formation générale formidable dans une foule de domaines», soutient Roger Lalonde, diplômé en 1998 du Centre de formation professionnelle de l'Outaouais.

PROG. 5211
PRÉALABLE : 2, VOIR PAGE 20

900 HEURES

CHAMPS D'INTÉRÊT
• aime faire un travail diversifié
• aime assumer des responsabilités
• aime observer, vérifier, analyser et résoudre des problèmes
• aime communiquer et rendre service aux personnes

APTITUDES
• sens de l'observation, curiosité et vigilance
• discernement et sens des responsabilités
• autodiscipline et autonomie
• polyvalence : habileté manuelle, débrouillardise, facilité à communiquer

Pour connaître les établissements qui offrent ce programme : **www.inforoutefpt.org**

RÔLE ET TÂCHES

Le rôle de l'ouvrier en entretien général d'immeubles consiste à faire à la fois de la maintenance générale et de l'entretien ménager. Les diplômés sont formés pour diagnostiquer un problème dans la plomberie, le chauffage, l'électricité ou les structures de bois, et effectuer les réparations mineures nécessaires. Ils savent notamment installer des prises de courant, changer des portes et des fenêtres, ou encore vérifier le niveau de mazout dans une chaudière défectueuse. Lorsque le bris est majeur, ils embauchent des plombiers, des menuisiers ou des électriciens formés pour faire le travail requis.

Durant la journée, Roger Lalonde occupe le poste de responsable des services techniques au Centre Terry-Fox, à Ottawa. «Le centre accueille environ 130 jeunes Canadiens par année, venus visiter Ottawa pendant quelques jours. Ils logent dans de grands dortoirs et peuvent se livrer à plusieurs activités récréatives durant leur séjour.»

Roger arrive généralement au centre à 8 h tous les matins, et y travaille environ 40 heures par semaine. «En début de journée, je fais la tournée générale de tous les locaux. Je vérifie notamment la température des pièces, les bris possibles dans les meubles et le bon fonctionnement des ampoules. Je surveille également la propreté des filtres dans les unités de chauffage, situées sur le toit.» L'inspection générale faite par Roger révèle souvent des défectuosités dans la plomberie ou l'électricité, par exemple. «Si les réparations à faire sont mineures, je les effectue moi-même. Sinon, je dois recueillir les estimations d'au moins trois réparateurs, avant de les remettre

	Salaire hebdo moyen	Proportion de dipl. en emploi	Emploi relié	Chômage	Nombre de diplômés
2008	643 $	74,8 %	70,3 %	10,1 %	212
2007	539 $	55,3 %	72,4 %	23,6 %	176
2006	632 $	73,0 %	75,3 %	9,9 %	200

Statistiques tirées de la *Relance* - Ministère de l'Éducation, du Loisir et du Sport.

Comment interpréter l'information, page 17.

à la direction du centre.» Roger affirme que ses journées de travail se suivent, mais ne se ressemblent pas. «L'été dernier, j'ai dû repeindre tous les murs des dortoirs, en utilisant au moins 35 couleurs différentes!»

QUALITÉS RECHERCHÉES

«L'ouvrier en entretien général d'immeubles doit avant tout être très polyvalent, soutient Roger. Tu dois avoir des yeux tout le tour de la tête et t'assurer de constater les bris possibles avant qu'un dégât ne se produise.»

La grande disponibilité de Roger, de même que sa flexibilité lui permettent de faire face aux urgences et de répondre aux demandes de ses employeurs. Son sens de l'organisation lui donne l'assurance de quelqu'un qui sait établir ses priorités sans problème. «Au centre, les jeunes me demandent constamment de leur rendre service. Lorsque leurs requêtes sont pertinentes, j'y réponds immédiatement plutôt que de remettre cela au lendemain.» Un intérêt prononcé pour le travail manuel, de la dextérité et une bonne forme physique sont également requis, car le travail exige de soulever et de déplacer des objets et des matériaux lourds. S'ajoutent à cela le sens des responsabilités et l'autonomie, car l'ouvrier doit souvent travailler seul et trouver lui-même des solutions aux problèmes techniques auxquels il est confronté.

«Certains diplômés deviennent gérants d'immeubles : dans ce cadre, ils sont responsables de l'administration des bâtiments et s'occupent de la gestion des baux de location, par exemple.»

— Pierre Michaud

Photo : C.S. Marie-Victorin - CFP Gérard-Filion

DÉFIS ET PERSPECTIVES

Pierre Michaud, enseignant au Centre de formation professionnelle Pavillon-de-l'Avenir, à Rivière-du-Loup, souligne que les chances d'avancement sont intéressantes dans ce métier. «Certains diplômés deviennent gérants d'immeubles : dans ce cadre, ils sont responsables de l'administration des bâtiments et s'occupent de la gestion des baux de location, par exemple. On peut aussi créer son propre emploi en devenant propriétaire d'immeubles à revenus ou encore en lançant sa propre entreprise d'entretien d'immeubles.» L'enseignant estime que de fausses idées circulent sur la profession : «Nombreux sont ceux qui pensent qu'un ouvrier en entretien d'immeubles est un concierge. On imagine une personne qui passe la vadrouille toute la journée, ce qui n'est pas le cas. D'ailleurs, sur les 900 heures de formation, l'entretien ménager compte pour une centaine d'heures seulement.» 02/01 (mise à jour 03/07)

HORAIRES ET MILIEUX DE TRAVAIL

- Les ouvriers en entretien général d'immeubles peuvent travailler dans les écoles, les hôpitaux, les centres commerciaux, les hôtels et les immeubles à logements.

- Ils effectuent l'entretien ménager et les travaux de maintenance.

- Les diplômés sont appelés à travailler le jour, le soir et les fins de semaine, à temps plein ou à temps partiel.

Installation et fabrication de produits verriers

Cette formation permet de pratiquer trois métiers différents : monteur-mécanicien vitrier, ouvrier en usine de fabrication de portes et fenêtres, ou encore installateur de portes et fenêtres.

PROG. 5282
PRÉALABLE : 1, VOIR PAGE 20

1 350 HEURES

RÔLE ET TÂCHES

«Le métier de monteur-mécanicien vitrier consiste à fabriquer et à installer des ouvrages en verre sur des immeubles neufs, comme des murs-rideaux, des portes et des fenêtres, des vitrines, des solariums, etc. L'ouvrier en usine de fabrication de portes et fenêtres, lui, assemble des pièces pour confectionner des portes et fenêtres. L'installateur de portes et fenêtres remplace des portes, des fenêtres et des vitrines en rénovation résidentielle, industrielle et commerciale», explique Daniel Vézina, enseignant au Centre de formation Le Chantier, à Laval.

L'installateur de portes et fenêtres peut avoir, par exemple, à remplacer une vitrine brisée. «Pour cela, il commence par ôter la moulure de la vitrine, puis le verre cassé. Il prend des mesures et taille dans une grande feuille de verre une vitre aux bonnes dimensions. Enfin, il la pose et la fixe à l'aide de ruban de vitrage, puis remet la moulure en place», précise M. Vézina.

DÉFIS ET PERSPECTIVES

Le métier de monteur-mécanicien vitrier évolue sans cesse puisque de nouveaux matériaux arrivent régulièrement sur le marché, à la fois plus légers, maniables et résistants. «Il faut se tenir au courant et connaître les procédés d'installation pour chacun d'entre eux», explique Daniel Vézina. 05/09

Le métier de monteur-mécanicien vitrier fait partie des métiers de la construction et est régi comme tel par la Commission de la construction du Québec. Voir le tableau en page 144.

HORAIRES ET MILIEUX DE TRAVAIL

• Le diplômé peut travailler dans des usines de fabrication de portes et de fenêtres résidentielles, commerciales ou de murs-rideaux, ainsi que dans des ateliers de vitrerie. Ses horaires sont généralement réguliers.

• Le monteur-mécanicien vitrier travaille sur des chantiers pour des entreprises de construction. Son horaire est généralement régulier et commence vers 7 h. Il peut avoir à faire des heures supplémentaires.

Pour connaître les établissements qui offrent ce programme : **www.inforoutefpt.org**

	Salaire hebdo moyen	Proportion de dipl. en emploi	Emploi relié	Chômage	Nombre de diplômés
2008	717 $	82,0 %	67,5 %	12,8 %	72
2007	629 $	73,2 %	66,7 %	16,7 %	64
2006	634 $	87,5 %	67,9 %	9,7 %	47

Statistiques tirées de la *Relance* - Ministère de l'Éducation, du Loisir et du Sport.

Comment interpréter l'information, page 17.

DEP

Intervention en sécurité incendie

D'abord pompier à temps partiel depuis 1995, Yves Bouchard a choisi de suivre les modules qui lui manquaient pour décrocher un diplôme d'études professionnelles (DEP) en intervention en sécurité incendie, et pouvoir ainsi pratiquer ce métier à temps plein. Il est aujourd'hui pompier permanent pour la Ville de Lévis. «J'ai eu envie d'approfondir mes connaissances dans un domaine qui me tient vraiment à cœur», confie l'homme de 46 ans.

PROG. 5322
PRÉALABLE : 1, VOIR PAGE 20

1 185 HEURES

CHAMPS D'INTÉRÊT
- aime aider et se sentir utile
- aime se dépenser physiquement
- est stimulé par un travail présentant des risques
- aime le travail d'équipe

APTITUDES
- altruisme et dévouement
- grande faculté de discernement, jugement rapide et sûr
- excellente forme physique
- sang-froid et excellents réflexes
- acuité de perception sensorielle (vision, audition, odorat)

RÔLE ET TÂCHES

«À la caserne, nous sommes responsables de l'inspection, de l'entretien et du nettoyage des véhicules; suspension, transmission, freins, moteur, niveau d'huile, gyrophare, tout doit être passé au peigne fin! Il en va de même pour notre équipement, qui doit être fonctionnel en tout temps : appareil respiratoire, radio, lampe portable, etc.», explique Yves Bouchard.

Les pompiers font aussi de la prévention dans les quartiers, les garderies, les écoles. Dans ces dernières, par exemple, ils encadrent les exercices d'évacuation et expliquent le rôle du pompier aux élèves.

«Nous devons aussi suivre divers entraînements pour ne pas perdre la main. Sauvetage en hauteur ou dans un espace clos [égouts, sous-sol], maîtrise d'un incendie dans une embarcation sur un lac, hiver comme été, ou encore intervention en cas de déversement de matières dangereuses ou d'effondrement de bâtiments», ajoute-t-il. Non, les pompiers n'ont pas le temps de jouer aux cartes!

QUALITÉS RECHERCHÉES

«C'est le goût d'aider les autres qui m'a incité à choisir ce métier. Il faut aussi aimer le risque et savoir gérer l'imprévu. On peut se trouver tranquillement à table ou en pleine inspection de véhicule quand, tout à coup, la cloche se met à sonner. Un feu a éclaté : il faut se retourner en moins de deux, s'habiller des pieds à la tête et sauter dans le camion!» lance Yves Bouchard. Pouvoir analyser une situation rapidement de manière à

Pour connaître les établissements qui offrent ce programme : **www.inforoutefpt.org**

	Salaire hebdo moyen	Proportion de dipl. en emploi	Emploi relié	Chômage	Nombre de diplômés
2008	792 $	43,5 %	40,2 %	1,1 %	568
2007	784 $	40,7 %	50,0 %	2,1 %	457
2006	745 $	28,4 %	62,7 %	4,3 %	326

Statistiques tirées de la *Relance* - Ministère de l'Éducation, du Loisir et du Sport.

Comment interpréter l'information, page 17.

élaborer les stratégies les plus adaptées est également indispensable. La moindre erreur de jugement peut se révéler fatale, pour les civils comme pour les pompiers.

Le pompier doit démontrer de bonnes aptitudes physiques (pour démolir des murs, monter sur un toit, combattre les flammes depuis une échelle), faire preuve d'endurance et avoir une certaine force. Sur les lieux d'une intervention, il peut en effet avoir à fournir des efforts très importants. À eux seuls, les vêtements de protection et les appareils respiratoires peuvent peser jusqu'à 20 kilos! Par ailleurs, s'il faut intervenir dans un édifice en hauteur, les étages doivent se gravir à pied pour des raisons de sécurité.

Pour être pompier, il faut aussi aimer vivre en groupe, car la caserne suppose une certaine promiscuité.

DÉFIS ET PERSPECTIVES

Pour Jean-Guy Leclerc, enseignant au DEP en intervention en sécurité incendie au Centre de formation professionnelle de Neufchâtel, maintenir sa motivation au travail même durant les périodes où les appels d'urgence sont rares est l'un des défis de ce métier. «La routine des tâches de la caserne, l'entretien des véhicules et des lieux, ce n'est pas toujours facile pour des pompiers habitués à carburer à l'adrénaline!» observe-t-il. À l'inverse, durant les interventions, il faut être prêt à se dépasser et repousser ses limites personnelles.

«Le véritable avancement pour une nouvelle recrue est de se joindre à une équipe spécialisée de premiers répondants médicaux pour tous les types de sauvetages. C'est l'ancienneté syndicale qui permettra alors au pompier de choisir son affectation [donc le poste et la caserne], au bout d'un nombre d'années qui varie d'un service à l'autre. Certains exigent jusqu'à dix ans d'expérience», précise Jean-Guy Leclerc. 05/09

«On peut se trouver tranquillement à table ou en pleine inspection de véhicule quand, tout à coup, la cloche se met à sonner. Un feu a éclaté : il faut se retourner en moins de deux, s'habiller des pieds à la tête et sauter dans le camion!»

— Yves Bouchard

Photo : Institut de protection contre les incendies du Québec (IPIQ)

HORAIRES ET MILIEUX DE TRAVAIL

- Les pompiers professionnels peuvent travailler pour les services d'incendie des municipalités.

- Ils peuvent aussi décrocher un emploi d'agent de prévention ou d'intervention dans les domaines aéroportuaire, industriel, institutionnel, maritime, forestier, minier ou militaire. Certaines grandes entreprises possèdent aussi leur propre brigade d'intervention.

- Les quarts de travail des pompiers sont de 10 heures le jour, de 14 heures la nuit et, régulièrement, des fins de semaine complètes.

- Les pompiers travaillent dans une caserne et vivent en groupe.

- Le port d'un équipement ininflammable est obligatoire lors des interventions.

DEP
ASP 5172

Mécanique de machines fixes

Vous travaillez dans un bureau du centre-ville chauffé ou climatisé adéquatement? Il y a sûrement un mécanicien de machines fixes qui veille sur votre confort! C'est la mission que s'est donnée Patrick Lalonde, au service de CCUM, Climatisation, chauffage urbain de Montréal.

PROG. 5146
PRÉALABLE : 1, VOIR PAGE 20

1 800 HEURES

CHAMPS D'INTÉRÊT
- aime travailler de ses mains
- aime utiliser des équipements, prendre des paramètres de fonctionnement
- aime résoudre des problèmes par le raisonnement
- s'intéresse à la mécanique

APTITUDES
- esprit d'initiative, capacité de prendre des décisions
- grand sens des responsabilités
- excellent sens de l'observation

Pour connaître les établissements qui offrent ce programme : **www.inforoutefpt.org**

RÔLE ET TÂCHES

Imaginez une centrale thermique souterraine, avec ses immenses bouilloires, ses pompes, des tuyaux parcourant un long couloir de plus de deux kilomètres afin d'amener la vapeur au centre-ville, puis partant dans diverses directions vers les édifices à desservir : voilà le terrain de jeu de Patrick.

Diplômé du Centre de formation professionnelle de Lachine, édifice Dalbé-Viau, il a troqué les cales des navires, où il a travaillé trois ans comme mécanicien (formé sur le tas) dans l'Armée canadienne, contre cet univers souterrain.

«Je travaille dans une chaufferie où l'on produit de la vapeur au moyen de bouilloires. On envoie la vapeur au centre-ville et l'on s'en sert pour chauffer les édifices», dit Patrick. Quels édifices? Rien de moins que la Place-Bonaventure, la gare Centrale, la Place-Ville-Marie, l'hôtel Le Reine Elizabeth, etc. «Dans la Cité Multimédia, en plus de chauffer les bâtiments, on voit à leur climatisation», précise-t-il. Il ajoute que la vapeur peut également servir à alimenter en énergie les cuisines de restaurants ou d'hôpitaux, à désinfecter les appareils de chirurgie, à faire fonctionner certains équipements en industrie, etc.

Chez CCUM, Mario s'occupe de la maintenance des pompes, des bouilloires et de la tuyauterie qui composent la centrale. Il effectue les réparations demandées par son patron. Il serre des boulons, huile, change des pièces. Et quand un opérateur part en vacances, c'est lui qui fait fonctionner les chaudières. «Je veille à ce que l'on ait toujours la bonne pression dans le réseau de distribution de vapeur.»

	Salaire hebdo moyen	Proportion de dipl. en emploi	Emploi relié	Chômage	Nombre de diplômés
2008	815 $	92,9 %	85,7 %	7,1 %	90
2007	783 $	85,1 %	90,0 %	11,1 %	79
2006	758 $	81,4 %	87,9 %	2,8 %	65

Statistiques tirées de la Relance - Ministère de l'Éducation, du Loisir et du Sport.

Comment interpréter l'information, page 17.

QUALITÉS RECHERCHÉES

«Quand je m'occupe de la centrale, c'est moi qui en suis responsable, même s'il y a un chef qui gère la chaufferie. S'il y a une bouilloire à démarrer, je le fais moi-même», dit Patrick. Le mécanicien de machines fixes doit donc être autonome et faire montre d'initiative.

Il doit être en bonne forme physique puisqu'il lui faut monter des escaliers et marcher de longues distances pour aller vérifier l'ensemble du système de distribution de vapeur. Et comme il lui faut parfois grimper au-dessus des bouilloires, il doit être capable de travailler en hauteur. Il lui faut aussi être résistant à la chaleur. «En été, il fait très chaud dans la centrale. C'est la principale difficulté.»

Le mécanicien de machines fixes doit pouvoir travailler dans un environnement bruyant, car les pompes, les moteurs qui tournent, les ventilateurs des chaudières... ça fait du bruit! Il lui faut aussi endurer la poussière quand, une fois par année, il doit entrer dans les réservoirs pour les nettoyer. Mais les conditions varient selon l'endroit où l'on pratique le métier. «On pourrait presque manger sur le plancher de la chaufferie d'un hôpital tellement c'est propre!» souligne Patrick.

DÉFIS ET PERSPECTIVES

Bertrand Demers, enseignant au Pavillon technique de la Commission scolaire de la Capitale, à Québec, considère que les mécaniciens de machines fixes jouent un rôle important. Il explique : «Aussitôt qu'il se construit une bâtisse avec un système de chauffage à vapeur d'une certaine capacité, la loi exige la présence continuelle ou périodique, selon la capacité de la chaufferie, d'une personne possédant un certificat de compétence en mécanique de machines fixes, lequel est obtenu automatiquement après le DEP.

«Auparavant, poursuit-il, on engageait ce qu'on appelait des "chauffeurs de bouilloires". Aujourd'hui le métier est plus spécialisé. Le mécanicien de machines fixes est appelé à effectuer de la mécanique, de la tuyauterie, de la maintenance et de la réparation. Il doit être capable de travailler avec des systèmes informatiques. Tout est géré par ordinateur.» Par ailleurs, de nouveaux débouchés s'ouvrent avec la mise en place d'usines de cogénération, c'est-à-dire des usines produisant de l'énergie à partir de déchets. 02/03

«Aussitôt qu'il se construit une bâtisse avec un système de chauffage à vapeur d'une certaine capacité, la loi exige la présence continuelle ou périodique d'une personne possédant un certificat de compétence en mécanique de machines fixes.»

— Bertrand Demers

Photo : C.S. Marguerite-Bourgeoys

HORAIRES ET MILIEUX DE TRAVAIL

- Le diplômé travaille là où l'on trouve des systèmes produisant de la vapeur à haute pression : dans des usines, des hôpitaux, des centres commerciaux, des centrales thermiques, des raffineries, etc.

- Il peut être appelé à travailler de jour, de nuit ou de soir, ou encore suivant des horaires rotatifs, puisque les bouilloires fonctionnent 24 heures sur 24, sept jours par semaine.

- Ses conditions de travail varie d'un endroit à l'autre, mais il doit, en général, être capable de supporter la chaleur, de travailler en hauteur ou encore dans un espace clos (nettoyage des bouilloires). Le bruit et la poussière font partie de son environnement.

DEP

Mécanique de protection contre les incendies

Les gicleurs suspendus aux plafonds de certaines bâtisses doivent être en règle pour bien nous protéger en cas de feu. Pour installer ces dispositifs, mieux vaut faire appel à un mécanicien de protection contre les incendies, l'expert en la matière!

PROG. 5121
PRÉALABLE : 2, VOIR PAGE 20

900 HEURES

CHAMPS D'INTÉRÊT

- aime bricoler, manipuler des outils
- aime la mécanique
- accorde de la valeur au respect des normes et de la sécurité
- aime se sentir utile et responsable

APTITUDES

- facilité en calcul et en travail manuel
- excellentes facultés de mémoire et d'apprentissage : codes, lois, technologie
- vigilance, discernement et excellents réflexes
- force, excellente condition physique et résistance au vertige

Pour connaître les établissements qui offrent ce programme : **www.inforoutefpt.org**

RÔLE ET TÂCHES

Chez un client, l'une des tâches fréquentes est de vérifier les appareils de protection contre les incendies : avertisseurs de fumée, extincteurs, gicleurs. Pour effectuer leur travail, les mécaniciens utilisent une machine appelée «filière», pour visser les tuyaux dans les raccords, ainsi qu'une machine à rainurer. Cette dernière sert à creuser le métal pour faire des filets dans les tuyaux et joindre ces derniers. Dans le coffre à outils des mécaniciens se trouvent des clés anglaises, des tournevis, des pinces, des clés à molette, des équerres, etc. Guy Magny travaille pour l'entreprise Viking, de Saint-Laurent, depuis qu'il a obtenu son diplôme. Il n'a pas eu de difficulté à trouver un emploi, car il était déjà engagé avant même d'avoir terminé sa formation! Un mécanicien peut travailler sur les chantiers de construction de bâtiments neufs ou pour la division du service à la clientèle. Dans ce dernier cas, le mécanicien se rend alors chez le client. Guy exerce son métier dans cette division. Par exemple, un client déplace des murs ou agrandit ses bureaux. Le mécanicien doit alors réinstaller les systèmes de gicleurs aux nouveaux endroits. Auparavant, le vendeur de ces systèmes a vérifié l'étendue des travaux à réaliser. Guy se rend sur place pour faire les installations recommandées par ce dernier. En arrivant sur les lieux, Guy rencontre le concierge ou le propriétaire de l'immeuble pour connaître l'emplacement des valves et couper la distribution d'eau. Souvent, les gicleurs sont reliés à une alarme. Il est donc important d'avertir la compagnie de surveillance de la fermeture du système de gicleurs avant que les travaux débutent. Vider la tuyauterie constitue l'étape suivante. «On

	Salaire hebdo moyen	Proportion de dipl. en emploi	Emploi relié	Chômage	Nombre de diplômés
2008	727 $	96,9 %	76,7 %	0,0 %	50
2007	706 $	100,0 %	90,0 %	0,0 %	32
2006	729 $	90,9 %	100,0 %	9,1 %	40

Statistiques tirées de la Relance - Ministère de l'Éducation, du Loisir et du Sport.

Comment interpréter l'information, page 17.

installe la machinerie et, en fin de journée, on peut remettre le tout en marche. Il ne reste qu'à rappeler la compagnie du système d'alarme pour prévenir que les travaux sont terminés et qu'ils peuvent remettre l'alarme en fonction», affirme Guy.

QUALITÉS RECHERCHÉES

Le mécanicien doit être à l'aise avec les mathématiques appliquées, car les calculs sont nombreux pour celui qui conçoit des gicleurs automatiques. Il doit en effet utiliser des principes de physique pour calculer le débit et la pression adéquate de l'eau dans les têtes de gicleurs, afin d'éteindre efficacement le feu. Toutefois, ces calculs se font de plus en plus à l'aide d'ordinateurs. Aimer le travail d'équipe et être en bonne forme physique sont des atouts essentiels. De plus, le mécanicien ne doit pas avoir le vertige! Selon Guy, dans la division du service à la clientèle, le souci de garder les lieux propres est important. «Souvent, les bureaux sont fraîchement peints. Le tapis est flambant neuf, il ne manque que l'ameublement. On arrive et on doit s'assurer de tout protéger avec du polythène pour ne pas causer de dégâts. L'eau, de couleur noire, circulant dans les gicleurs, est semblable à de l'huile à moteur.» Il faut également être prêt à œuvrer dans des conditions pas toujours idéales. «Il m'est arrivé de travailler dans des greniers d'église et disons que la tuyauterie était installée dans des endroits très difficiles d'accès. Et dans les sous-sols du centre-ville, ce n'est pas toujours propre!» s'exclame Guy.

Un mécanicien peut travailler sur les chantiers de construction de bâtiments neufs ou pour la division du service à la clientèle. Dans ce dernier cas, le mécanicien se rend alors chez le client.

Photo : C.S. de Laval

DÉFIS ET PERSPECTIVES

Guy Belisle, professeur à l'École polymécanique de Laval, estime qu'il y a beaucoup d'avenir dans cette profession. «Graduellement, ce métier va devenir populaire parce qu'il y aura toujours un besoin de gicleurs. La présence de systèmes de protection contre les incendies dans les immeubles est obligatoire. La réglementation s'est beaucoup resserrée dans ce domaine. C'est un métier qui est appelé à se développer, fait-il remarquer. La demande est forte : les élèves qui terminent leur formation sont peu nombreux et tous trouvent un emploi très rapidement.» 03/01

Ce métier fait partie des métiers de la construction et est régi comme tel par la Commission de la construction du Québec. Voir le tableau en page 144.

HORAIRES ET MILIEUX DE TRAVAIL

- Les municipalités sont des employeurs potentiels.

- Les mécaniciens effectuent leur ouvrage surtout dans l'industrie de la construction et dans les secteurs industriel et commercial, mais moins souvent dans le secteur résidentiel.

- Une semaine de travail compte 40 heures, mais occasionnellement il faut effectuer des heures supplémentaires.

- L'horaire est de 7 h à 15 h 30. Le travail peut parfois se faire le soir ou la nuit.

DEP

Peinture en bâtiment

«J'avais déjà des connaissances en peinture, mais le cours de peinture en bâtiment m'a ouvert des portes et m'a surtout donné de la confiance. C'est le plus beau métier que j'aie exercé jusqu'à ce jour», affirme Richard Miousse.

PROG. 5116
PRÉALABLE : 2, VOIR PAGE 20

900 HEURES

CHAMPS D'INTÉRÊT

- aime bricoler, manipuler des outils, des pinceaux
- aime travailler avec des couleurs et embellir

APTITUDES

- acuité de perception visuelle et de discernement des couleurs
- méticulosité, souci du détail
- résistance aux odeurs fortes, aux vapeurs toxiques et à la poussière
- polyvalence, entregent, souci du service à la clientèle

Pour connaître les établissements qui offrent ce programme : **www.inforoutefpt.org**

RÔLE ET TÂCHES

Richard est au service de Peinture LSB de Chicoutimi, un important entrepreneur de peinture. Très varié, le métier de peintre en bâtiment touche à la rénovation, à la peinture, aux couleurs, au papier peint, à la décoration de maisons.

Selon le boulot qu'il réalise, le peintre en bâtiment peut avoir recours à une multitude de matières : teintures, peintures à l'huile, produits au latex, laques, vernis, revêtements de papier, de tissu, de vinyle. Il exécute aussi des travaux de marquage et de décoration (dessin graphique, lettrage, faux finis).

Après avoir effectué ses premiers contrats de peinture en bâtiment dans les secteurs résidentiel et commercial, Richard a bifurqué vers le domaine industriel. Dans ce milieu, on se sert principalement de l'époxy, un produit composé d'une teinture et d'un durcisseur. Chaque jour, Richard se rend sur le chantier de construction de l'usine Alcan, à Alma. S'il doit peindre un plancher, il le prépare en le nettoyant et passe le balai pour enlever tous les résidus qui pourraient nuire à la bonne adhérence de la peinture. Ensuite, il utilise une machine pour éliminer le lustre du béton, de manière à bien faire adhérer le produit. «On met deux couches de peinture, à 24 heures d'intervalle. Il faut brasser le produit pendant une quinzaine de minutes avec une perceuse, puis on le laisse reposer une dizaine de minutes. Après, on procède au découpage au pinceau, pour ensuite appliquer la peinture avec le rouleau. Il est important de ne pas donner de coups de rouleau. La peinture doit être appliquée le plus uniformément possible», explique

	Salaire hebdo moyen	Proportion de dipl. en emploi	Emploi relié	Chômage	Nombre de diplômés
2008	629 $	68,1 %	77,6 %	26,2 %	159
2007	671 $	66,7 %	79,2 %	19,4 %	145
2006	643 $	66,3 %	75,5 %	25,0 %	129

Statistiques tirées de la *Relance* - Ministère de l'Éducation, du Loisir et du Sport.

Comment interpréter l'information, page 17.

Richard. Lorsque le peintre étend la première couche, il met un produit (qui agit comme de l'essence) pour la faire pénétrer le plus possible dans le béton et durcir celui-ci au maximum. Il peut alors appliquer la seconde couche, celle de surface. «Cela donne une apparence de miroir», ajoute-t-il.

QUALITÉS RECHERCHÉES

Utilisant à l'occasion une nacelle pouvant monter à 80 ou 100 pieds de haut pour peindre de la tuyauterie difficile d'accès avec des escabeaux ou des échelles, le peintre ne doit pas souffrir de vertige! Une bonne forme physique est essentielle, puisque ce métier exige beaucoup d'endurance. Être très professionnel, minutieux et aimer la belle finition sont des qualités qui permettent de donner une bonne image au client, surtout dans le secteur résidentiel où le découpage est plus délicat et exige davantage d'attention. Avoir de l'initiative, de la patience et un sens de l'autonomie sont d'autres qualités importantes pour bien exercer ce métier.

Utilisant à l'occasion une nacelle pouvant monter à 80 ou 100 pieds de haut pour peindre de la tuyauterie difficile d'accès avec des escabeaux ou des échelles, le peintre ne doit pas souffrir de vertige!

DÉFIS ET PERSPECTIVES

Les dernières années ont été bonnes pour les peintres en bâtiment, selon Robert Venturini, professeur à l'École des métiers de la construction de Montréal. Il ajoute que de 25 à 30 % des anciens élèves travaillent à leur compte et deviennent entrepreneurs ou artisans. Dans le programme de peinture en bâtiment, «il est impossible d'étudier tout ce qui concerne la peinture», fait remarquer l'enseignant. Pour les passionnés de la décoration désirant se perfectionner et rêvant de devenir décorateurs, des cours supplémentaires portant sur les grandes écoles européennes de peinture sont offerts. «Il y aura toujours du travail dans ce métier, la décoration va rester. C'est un besoin physiologique et psychologique. Plusieurs études démontrent l'effet des couleurs sur les émotions et le rendement», dit Robert Venturini. Les écoles et les hôpitaux, par exemple, doivent avoir recours à un coup de pinceau de temps à autre pour le bien-être de leurs occupants. «Souvent, les gens veulent changer les couleurs de leur chez-soi après trois ans», précise-t-il. 04/01

Ce métier fait partie des métiers de la construction et est régi comme tel par la Commission de la construction du Québec. Voir le tableau en page 144.

HORAIRES ET MILIEUX DE TRAVAIL

- Les employeurs potentiels sont : l'industrie de la construction, les studios de décoration, les entreprises de construction de ponts et de gros édifices, les entrepreneurs de bâtiment, les quincailleries, etc.

- Les peintres sont souvent exposés à des produits chimiques, dont certains dégagent des odeurs fortes.

- Il y a de la poussière lorsque le travail s'effectue dans de vieilles usines, puisque les peintres doivent balayer et nettoyer les tuyaux avant de les peindre. Le port du masque est donc essentiel.

- Ce métier est salissant et s'effectue à l'extérieur comme à l'intérieur en toute saison.

- Une semaine de travail compte 40 heures.

- Des heures supplémentaires sont à prévoir durant les périodes occupées, c'est-à-dire d'avril à octobre. Après le temps des fêtes, on peut s'attendre à deux ou trois mois plus tranquilles.

DEP

Plâtrage

Après avoir travaillé dans le sablage de planchers et en menuiserie, Sébastien Drouin a décidé de suivre la formation en plâtrage. Un choix qu'il n'a jamais regretté.

PROG. 5286
PRÉALABLE : 2, VOIR PAGE 20

810 HEURES

CHAMPS D'INTÉRÊT

- aime bricoler, manipuler des outils, installer des éléments décoratifs et utiles
- aime calculer et a le souci du détail

APTITUDES

- acuité visuelle et discernement des couleurs
- faculté d'évaluer avec précision des mesures
- résistance au vertige et aux odeurs fortes

RÔLE ET TÂCHES

Souvent confondus, plâtriers et tireurs de joints n'exercent toutefois pas le même métier. Les tâches d'un plâtrier englobent celles d'un tireur de joints, c'est-à-dire le tirage et le remplissage des joints de planches murales en gypse. De plus, le plâtrier pose plusieurs autres enduits, comme le stuc, le ciment, le mortier. Il fixe des moulures métalliques. Il peut aussi effectuer des travaux de moulure de plâtre et de pose d'ornements (rosaces au plafond autour d'une lampe, par exemple), de crépi de fondation et de finition acrylique extérieure.

Pour le tirage des joints de feuilles de gypse, Sébastien prend le ciment à joints prêt à utiliser. «On peut le mélanger avec une perceuse pour le rendre plus mou. Avec la truelle et le porte-mortier, j'étends du ciment sur le joint. Je déroule ensuite le porte-roulette de ruban [mesurant 100 pieds], je mets le ruban et j'essuie avec la truelle», explique-t-il. Le lendemain, il procède au doublage, soit à la pose d'une seconde couche de ciment. Le surlendemain, c'est la phase de la finition, et la dernière étape est celle du sablage.

Bien qu'il aime son métier, Sébastien avoue y trouver un inconvénient. «Je trouve difficile de travailler au froid. Parfois, le hall d'entrée n'est pas chauffé ou il n'y a pas encore l'électricité dans l'édifice.»

QUALITÉS RECHERCHÉES

Comme pour plusieurs métiers de la construction, une bonne résistance physique est nécessaire. «Une boîte de ciment pèse 50 livres; il faut faire

Pour connaître les établissements qui offrent ce programme : **www.inforoutefpt.org**

	Salaire hebdo moyen	Proportion de dipl. en emploi	Emploi relié	Chômage	Nombre de diplômés
2008	691 $	79,0 %	68,9 %	7,5 %	98
2007	640 $	79,1 %	67,3 %	14,5 %	112
2006	661 $	64,7 %	81,0 %	22,8 %	97

Statistiques tirées de la *Relance* - Ministère de l'Éducation, du Loisir et du Sport.

Comment interpréter l'information, page 17.

attention à son dos», précise Sébastien. Les plâtriers peuvent développer des bursites dans les épaules en raison de la répétition des mouvements.

Le plâtrier doit également posséder un bon sens de l'équilibre et ne pas souffrir de vertige puisqu'il utilise de grandes plates-formes montant jusqu'à 40 pieds (à la vitesse d'un petit véhicule motorisé) ainsi que des nacelles et des échafaudages.

«Il faut aussi être travailleur; c'est rare que je fasse moins de 50 heures par semaine. Le patron aime ça quand on est souvent disponible», explique Sébastien en ajoutant que la ponctualité et la débrouillardise sont d'autres caractéristiques importantes pour un plâtrier. Sans oublier la minutie, la précision et la propreté, qualités toujours bien utiles!

En fonction de la taille des chantiers, le plâtrier devra également être à l'aise au sein d'une équipe puisqu'il côtoie d'autres corps de métiers. «Des fois, on n'a même pas encore terminé les joints et le peintre arrive», commente Sébastien. Le plâtrier a des délais très serrés à respecter; sinon, l'entrepreneur risque des pénalités. Cela peut causer certains problèmes de logistique, qu'il importe donc de surmonter.

Avoir de la facilité avec le calcul des quantités ainsi qu'avec les formes et les proportions sont d'autres atouts nécessaires au plâtrier.

Le plâtrier doit posséder un bon sens de l'équilibre et ne pas souffrir de vertige puisqu'il utilise de grandes plates-formes montant jusqu'à 40 pieds ainsi que des nacelles et des échafaudages.

DÉFIS ET PERSPECTIVES

Michel Gilbert, enseignant au Centre de formation professionnelle Jonquière, estime que le métier de plâtrier sera toujours populaire. «Toutes les constructions ont besoin de plâtriers.» De plus, «le savoir-faire est recherché. La construction, c'est une jungle. L'employeur est exigeant. Il est important que le jeune soit polyvalent», signale-t-il. Il ajoute qu'avec l'apparition de nouveaux produits sur le marché des séminaires sont proposés aux plâtriers pour mettre à jour leurs connaissances. Le plâtrier souhaitant travailler à son compte pourra suivre des cours de gestion, qui l'aideront à bien mener son entreprise. 04/01

Ce métier fait partie des métiers de la construction et est régi comme tel par la Commission de la construction du Québec. Voir le tableau en page 144.

HORAIRES ET MILIEUX DE TRAVAIL

- Le secteur résidentiel, l'industrie de la construction, les usines de fabrication de maisons mobiles ou préfabriquées, les gouvernements et les hôpitaux sont des employeurs potentiels.

- En raison du risque d'allergies causées par la poussière de plâtre lors du sablage, les plâtriers doivent porter un masque. Certains ont une visière et des bonbonnes. Cela prévient les problèmes aux poumons à long terme.

- Une semaine de travail compte 40 heures, mais il est possible d'avoir à faire des heures supplémentaires.

- Les plâtriers peuvent travailler le soir lorsqu'un bureau ne permet pas les travaux de jour en raison du bruit et de la poussière. Il y a souvent du travail le samedi sur les gros chantiers.

- Le plâtrier travaille habituellement 12 mois par année.

DEP

Plomberie-chauffage

ASP 5172

Habile de ses mains, Robin Boucher a toujours aimé la construction. Il a lui-même rénové sa maison et, à l'occasion, il a aidé des amis à en faire autant. Si bien qu'il a laissé son emploi dans une fonderie pour vivre de sa passion. Grâce à son diplôme en plomberie-chauffage, il passe maintenant le plus clair de son temps sur les chantiers.

PROG. 5148
PRÉALABLE : 1, VOIR PAGE 20

1 500 HEURES

CHAMPS D'INTÉRÊT

- aime le domaine du bâtiment
- apprécie le travail manuel
- préfère le travail varié à la routine
- aime résoudre des problèmes
- aime le travail bien fait

APTITUDES

- capacité de lire et de comprendre des plans
- capacité de comprendre et d'interpréter des règlements (Code national de la plomberie)
- esprit logique
- dextérité manuelle
- sens des responsabilités et autonomie
- bonne santé physique

Pour connaître les établissements qui offrent ce programme : **www.inforoutefpt.org**

RÔLE ET TÂCHES

Le diplômé en plomberie-chauffage est formé pour installer, réparer et entretenir les réseaux de plomberie dans les bâtiments résidentiels et non résidentiels ainsi que la tuyauterie et les appareils des systèmes de chauffage à la vapeur ou à l'eau chaude utilisés dans les industries, les institutions et les édifices commerciaux.

Tout de suite après avoir terminé son DEP en plomberie-chauffage, Robin a été embauché par un entrepreneur de Saint-Constant, Plomberie Modèle PR. «Nous travaillons uniquement dans des maisons neuves», explique-t-il. Le plombier doit intervenir trois fois pendant la construction : une première fois pour effectuer les installations souterraines, ce qu'on appelle le «fond de cave»; une seconde fois pour l'élévation, c'est-à-dire la pose des tuyaux et des colonnes de ventilation; et une troisième fois pour la finition, soit l'installation des divers appareils (baignoire, évier, douche, etc.).

Robin travaille actuellement comme apprenti, accumulant les heures qui lui permettront d'obtenir sa carte de compagnon dans trois ans, espère-t-il. Chaque matin, il se rend chez son employeur, qui consulte les plans et devis pour déterminer le type et la quantité de matériaux à apporter, selon l'étape où est rendue la construction. Le camion est ensuite chargé, puis déchargé une fois arrivé sur le chantier, et le travail proprement dit peut alors commencer. «Aujourd'hui nous montons le réseau, à partir du sous-sol jusqu'au toit de la maison, explique Robin. Nous perçons des trous dans la structure pour y faire passer les tuyaux. Nous coupons ensuite les tuyaux et les raccordons en utilisant différents modes d'assemblage [soudage, collage, filage, etc.].»

	Salaire hebdo moyen	Proportion de dipl. en emploi	Emploi relié	Chômage	Nombre de diplômés
2008	686 $	86,6 %	86,5 %	8,9 %	510
2007	680 $	84,2 %	84,5 %	9,0 %	470
2006	642 $	84,5 %	83,3 %	9,0 %	471

Statistiques tirées de la *Relance* - Ministère de l'Éducation, du Loisir et du Sport.

Comment interpréter l'information, page 17.

QUALITÉS RECHERCHÉES

«Vous n'aimeriez pas avoir un tuyau qui passe au beau milieu de votre salon, n'est-ce pas? lance Robin. Nous devons donc respecter le Code national de la plomberie en tenant compte de la structure de la maison. Parfois, ça ne donne pas la même chose dans la réalité que sur papier. Il faut alors savoir faire les ajustements qui s'imposent.» Avoir l'esprit logique et être capable de visualiser un plan en trois dimensions, c'est essentiel, croit-il.

Responsable, conscient de l'importance de son rôle dans la construction d'une maison, Robin aime le travail bien fait. «Dans une maison, la plomberie, c'est ce qui dure le plus longtemps. Il faut que ça se tienne, que ce soit solide, qu'il n'y ait pas de fuites. Quand j'ai fini un travail et que je regarde ma tuyauterie bien alignée, je ressens de la fierté.» Et il faut être prêt à travailler physiquement, dans des conditions pas toujours idéales. Robin apprécie particulièrement la variété de son travail. «On ne sait jamais ce qui nous attend. D'une maison à l'autre, la tuyauterie ne passe jamais exactement au même endroit. Il faut être capable de s'adapter à chaque situation.»

> «Dans une maison, la plomberie, c'est ce qui dure le plus longtemps. Il faut que ça se tienne, que ce soit solide, qu'il n'y ait pas de fuites.»
>
> — Robin Boucher

DÉFIS ET PERSPECTIVES

«Tant et aussi longtemps qu'il y aura des systèmes d'alimentation en eau et des systèmes de chauffage à l'eau et à la vapeur dans les bâtiments, il faudra des gens pour en faire l'installation, l'entretien et la réparation», affirme Richard Pelletier, professeur au Centre de formation professionnelle Pavillon-de-l'Avenir, à Rivière-du-Loup. Selon lui, le diplômé qui, après avoir effectué ses heures d'apprentissage, passe les examens pour obtenir son certificat de qualification en plomberie-chauffage, s'assure une bonne sécurité d'emploi.

Photo : C.S. de Saint-Hyacinthe

Mais le métier évolue-t-il? «La plomberie, ça ne change pas rapidement, poursuit Richard Pelletier. Sauf peut-être en ce qui concerne les achats d'équipement, qui se font désormais à peu près toujours par ordinateur. En chauffage, il y a maintenant des systèmes munis de plaquettes électroniques. Il faut donc suivre l'évolution de la technologie pour être capable de déceler si une plaquette est défectueuse.» 02/03

Ce métier fait partie des métiers de la construction et est régi comme tel par la Commission de la construction du Québec. Voir le tableau en page 144.

HORAIRES ET MILIEUX DE TRAVAIL

- Le diplômé est appelé à travailler dans le domaine de la construction résidentielle et non résidentielle, à son propre compte ou pour un entrepreneur.

- Il peut aussi travailler pour une entreprise qui fait l'entretien et la réparation de plomberie et de systèmes de chauffage à l'eau ou à la vapeur.

- On le trouve également dans les institutions (hôpitaux, écoles, etc.) et les industries qui utilisent l'eau ou la vapeur pour le chauffage ou encore pour faire fonctionner des équipements.

- Il travaille généralement de jour, quoiqu'en industrie l'entretien se fasse souvent durant la nuit.

DEP

Pose de revêtements de toiture

Pas question pour Pierre Perreault de se retrouver entre les quatre murs d'un bureau! Il a besoin d'air et d'exercice physique. Après avoir été travailleur forestier pendant des années, il s'est réorienté vers le recouvrement de toitures. Le salaire est excellent, mais «il faut d'abord aimer ça», dit-il.

PROG. 5032
PRÉALABLE : 2, VOIR PAGE 20

600 HEURES

CHAMPS D'INTÉRÊT
• aime travailler à l'extérieur
• aime travailler physiquement
• apprécie le travail d'équipe

APTITUDES
• habileté manuelle, minutie
• force et résistance physiques (résistance au vertige, aux grandes chaleurs et au froid)
• esprit de collaboration

RÔLE ET TÂCHES

Le couvreur, c'est celui qui revêt la toiture d'une bâtisse de divers matériaux de façon à la rendre étanche et agréable à regarder. Il peut effectuer la réfection d'une toiture ou couvrir celle d'une nouvelle construction. Sa technique varie selon la forme du toit (pentu ou plat) et en fonction des matériaux utilisés (bardeaux d'asphalte, membrane multicouche d'asphalte et de gravier, membrane élastomère, etc.).

Embauché en août 2002 par Les Couvertures Dixmo de Laval, Pierre Perreault effectue surtout le revêtement de toitures neuves, en asphalte et gravier. «Comme c'est moi qui conduis le camion, ma journée commence tôt. Je dois être à la compagnie à 5 h 45 le matin.» C'est à ce moment qu'il vérifie si le camion contient les bons outils et qu'il y accroche le réservoir à bitume. Arrivé sur le chantier, il installe le réservoir à proximité du bâtiment, en allume les brûleurs et y raccorde le tuyau qui acheminera le bitume chauffé sur la toiture. Puis, avec les autres employés, il commence le travail de recouvrement.

L'équipe procède par étapes. On pose d'abord plusieurs matériaux enduits de bitume : un pare-vapeur, un isolant et quatre ou cinq couches de papier noir. On procède ensuite au découpage du revêtement autour des divers obstacles (bouches de ventilation, cheminées, etc.) et le long des bords de la toiture. Puis, on étend une dernière couche de bitume avant d'y coller une couche de gravier. «Une toiture sur laquelle il n'y aurait pas de gravier ne résisterait pas aux rayons du soleil», indique le diplômé du Centre de formation professionnelle Le Chantier, à Laval.

Pour connaître les établissements qui offrent ce programme : www.inforoutefpt.org

	Salaire hebdo moyen	Proportion de dipl. en emploi	Emploi relié	Chômage	Nombre de diplômés
2008	870 $	86,7 %	64,6 %	5,5 %	107
2007	806 $	76,8 %	74,0 %	8,6 %	100
2006	864 $	83,7 %	79,4 %	0,0 %	71

Statistiques tirées de la *Relance* - Ministère de l'Éducation, du Loisir et du Sport.

Comment interpréter l'information, page 17.

QUALITÉS RECHERCHÉES

Travailler sur un toit quand le soleil darde ses rayons et que la température frôle les 30 °C, ce n'est pas évident. Surtout quand on étend du bitume lui-même chauffé à 550 °C! «Il faut être capable de supporter la chaleur», signale Pierre. Comme le métier se pratique aussi en hiver (sauf quand la température descend au-dessous de -10 à -15 °C), le couvreur doit également pouvoir résister au froid. L'apprenti commence à près de 25 $ l'heure. «C'est alléchant. Mais s'il travaille juste pour le salaire, il ne tiendra pas le coup. Il doit aimer travailler physiquement, à l'extérieur», prévient Pierre. Et si l'on souffre de vertige ou que l'on craint de se salir les mains, mieux vaut s'abstenir!

Le métier exige aussi une certaine habileté manuelle quand vient le temps de découper le revêtement autour des obstacles. «Plus il y a d'obstacles, plus c'est difficile.» Le couvreur doit enfin être capable de travailler en équipe. «C'est primordial. Souvent, on se retrouve à sept ou huit sur une toiture.»

> L'apprenti commence à près de 25 $ l'heure. «C'est alléchant. Mais s'il travaille juste pour le salaire, il ne tiendra pas le coup. Il doit aimer travailler physiquement, à l'extérieur.»
>
> — Pierre Perreault

DÉFIS ET PERSPECTIVES

Aussi résistant soit-il, le couvreur doit savoir juger de ses capacités, selon Luigi Burrogano, enseignant au Centre de formation professionnelle Le Chantier. «Il doit savoir quand prendre des pauses.» Et, bien qu'essentiellement physique, le travail n'est pas aussi simple qu'il n'y paraît. «Chaque couvreur doit avoir une conscience professionnelle. Le découpage est délicat à effectuer. Si les joints sont mal faits, il y aura des fuites. Notre rôle est de protéger les biens du client. On ne voudrait pas qu'il coule de l'eau sur des ordinateurs!»

Pour progresser dans son métier, le couvreur doit adapter sa technique aux nouveaux produits et matériaux de recouvrement qui arrivent sur le marché (un ou deux environ tous les quatre ans, selon M. Burrogano). S'il a l'esprit d'entreprise, il pourra songer à fonder sa propre compagnie. «Mais il lui faudra d'abord acquérir de l'expérience», souligne l'enseignant.

Les couvertures de toutes les bâtisses doivent être refaites après un certain nombre d'années. «Nous aurons donc toujours besoin de couvreurs», conclut M. Burrogano. 03/03

Ce métier fait partie des métiers de la construction et est régi comme tel par la Commission de la construction du Québec. Voir le tableau en page 144.

HORAIRES ET MILIEUX DE TRAVAIL

- Le diplômé peut trouver de l'ouvrage auprès des entreprises de recouvrement de toitures, comme couvreur ou comme estimateur (un travail moins physique). Après avoir acquis de l'expérience, il pourra fonder sa propre entreprise.

- Les entreprises de recouvrement fonctionnent habituellement à plein régime 9 mois sur 12.

- En hiver, l'ouvrage se fait plus rare, et les derniers couvreurs embauchés sont souvent les premiers touchés par les arrêts de travail. Lorsque la température descend sous les -10 à -15 °C, les activités de recouvrement cessent complètement.

- En été, la pluie peut faire perdre une journée de travail, mais le couvreur s'organise généralement pour reprendre le temps perdu, par exemple en travaillant le samedi.

- La journée commence tôt et se termine souvent tard le soir.

DEP

Pose de revêtements souples

Marc Godet a découvert le métier de poseur de revêtements souples tout à fait par hasard. Diplômé depuis décembre 2000, il ne regrette aucunement ce coup du destin!

PROG. 5115
PRÉALABLE : 2, VOIR PAGE 20

900 HEURES

CHAMPS D'INTÉRÊT
• aime travailler en équipe
• aime faire un travail manuel et méthodique

APTITUDES
• habileté manuelle, force et résistance physique (résistance au vertige, aux grandes chaleurs et au froid)
• souci du détail, minutie
• esprit de collaboration

RÔLE ET TÂCHES

Marc suivait un cours de santé et sécurité sur les chantiers de construction lorsque son professeur, poseur de revêtements souples, lui a fait découvrir ce métier.

Un poseur de revêtements souples installe divers matériaux : tapis, sous-tapis, carreaux de vinyle, dalles de caoutchouc, linoléum, asphalte, liège, etc. Le diplômé pourra également fabriquer et poser des joints, installer des bordures qui longent les murs, et réparer des tapis ou du linoléum.

La plupart du temps, Marc pose du linoléum. Son coffre à outils comprend un fer à souder pour fabriquer les joints, en plus de marteaux et d'une panoplie de couteaux. Lorsqu'il installe du tapis, il utilise un tendeur à genoux, pour bien le faire adhérer au sol. Le boulot s'effectue souvent en équipe de deux. L'apprenti doit préparer les surfaces et choisir les produits et les outils en fonction du matériau à installer. La préparation des surfaces est très importante. Le sol doit être totalement lisse, propre, sans aucun défaut. Autrement, même si on dispose d'un matériau payé à gros prix, le résultat ne sera pas parfait.

QUALITÉS RECHERCHÉES

Dans ce métier, il vaut mieux être en bonne forme physique et avoir les reins solides, puisque le travail s'effectue généralement à genoux. De plus, les articulations sont vulnérables. Souvent placé dans des positions inconfortables, le poseur doit posséder une certaine souplesse.

Pour connaître les établissements qui offrent ce programme : www.inforoutefpt.org

	Salaire hebdo moyen	Proportion de dipl. en emploi	Emploi relié	Chômage	Nombre de diplômés
2008	832 $	84,2 %	78,6 %	5,9 %	29
2007	687 $	62,5 %	42,1 %	20,0 %	56
2006	755 $	90,9 %	55,6 %	9,1 %	43

Statistiques tirées de la *Relance* - Ministère de l'Éducation, du Loisir et du Sport.

Comment interpréter l'information, page 17.

Le poseur devra aimer le travail de finition, surtout pour le linoléum. «C'est plus exigeant, on ne peut pas aller à un rythme aussi rapide que pour les autres revêtements. Le tapis ou les carreaux ne demandent pas la même finesse», fait observer Marc. La patience est donc recommandée.

Le jugement et le sens de l'initiative sont des qualités appréciées. Un côté créatif est aussi très utile pour les poseurs. Les designers des entreprises demandent maintenant des couvre-sols très personnalisés.

La minutie et la rapidité sont nécessaires, mais, pour l'exécution de dessins, le facteur temps prend moins d'importance en raison de la nature plus délicate du travail.

Savoir utiliser des plans et des devis, prendre des mesures et faire des calculs – pour connaître les quantités de matériaux, la façon dont l'installation a été conçue et où sont situés les joints – sont d'autres qualités recherchées.

Un poseur de revêtements souples installe divers matériaux : tapis, sous-tapis, carreaux de vinyle, dalles de caoutchouc, linoléum, asphalte, liège, etc.

DÉFIS ET PERSPECTIVES

Dans les secteurs commercial et institutionnel, le travail ne manque pas pour les poseurs de revêtements souples. «La demande est très grande dans les commerces, les hôtels et les immeubles de bureaux», explique Christian Lamarche, professeur à l'École des métiers de la construction de Montréal.

Peu connu et peu prisé par les jeunes, ce programme ne requiert pourtant que 2 000 heures de formation avant de conférer le statut de compagnon, ce qui est relativement peu en comparaison d'autres métiers de la construction. Avec l'expérience, on peut ensuite devenir contremaître.

Une fois leur formation terminée, les diplômés doivent garder leurs connaissances à jour. «Les techniques et les matériaux évoluent, et il faut participer aux séances de formation offertes par les fabricants», précise l'enseignant. 04/01 (mise à jour 04/07)

Ce métier fait partie des métiers de la construction et est régi comme tel par la Commission de la construction du Québec. Voir le tableau en page 144.

HORAIRES ET MILIEUX DE TRAVAIL

- L'industrie de la construction, les magasins de tapis et de linoléum et les manufacturiers sont des employeurs potentiels.

- Les poseurs manipulent des produits chimiques, comme certaines colles. Aussi, le ciment est toujours un peu nocif. Il y a donc des risques d'allergies.

- L'environnement de travail peut être bruyant lorsqu'on travaille dans le domaine commercial, puisqu'il faut côtoyer les autres corps de métiers.

- L'été est la saison la plus occupée. Une semaine de travail peut alors compter jusqu'à 60 heures, et il y a du travail le soir et les fins de semaine.

- De janvier à mars, c'est plus calme.

- Le nombre d'heures varie en fonction de la superficie à couvrir et de la qualité de la surface.

DEP

Pose de systèmes intérieurs

Benoît Bélanger voulait devenir charpentier, mais aucune place n'étant disponible à l'école, il s'est tourné vers le programme de pose de systèmes intérieurs. Il ne connaissait pas ce métier – d'ailleurs peu connu – avant de choisir cette formation.

PROG. 5118
PRÉALABLE : 2, VOIR PAGE 20

645 HEURES

CHAMPS D'INTÉRÊT
- aime calculer, analyser et travailler à partir de plans
- aime manipuler des outils
- aime la minutie et la précision

APTITUDES
- facilité pour les mathématiques et la lecture de plans
- imagination, acuité visuelle et capacité de visualisation en trois dimensions

RÔLE ET TÂCHES

Un charpentier-menuisier installe des charpentes en bois. Celles du poseur de systèmes intérieurs sont en métal afin de respecter les normes anti-incendies dans les secteurs commercial et industriel. C'est la différence entre ces deux corps de métiers.

Benoît travaille actuellement pour un important entrepreneur, ce qui lui permet de toucher à tout, selon les contrats qu'il effectue. Il se promène d'un chantier à l'autre, dans la région de Montréal et ses environs.

Les tâches d'un poseur de systèmes intérieurs sont variées. Il prépare, assemble et pose des plafonds suspendus décoratifs ou acoustiques. Il installe également des éléments métalliques pour l'érection de murs et de cloisons de gypse. Par exemple, si un bureau procède à un réaménagement, Benoît s'occupera de monter les nouvelles divisions métalliques, qui seront ensuite recouvertes de gypse. Il pourra aussi refaire les plafonds suspendus!

Pour réaliser son boulot, le poseur utilise surtout les plans architecturaux des édifices et les devis émis lors de l'appel d'offres. Il peut aussi avoir recours à des plans de structures, qui indiquent les dimensions et l'emplacement exact des cloisons.

QUALITÉS RECHERCHÉES

Une bonne forme physique est importante, parce que le poseur doit travailler avec des matériaux assez lourds. Bien qu'ils soient généralement

Pour connaître les établissements qui offrent ce programme : www.inforoutefpt.org

	Salaire hebdo moyen	Proportion de dipl. en emploi	Emploi relié	Chômage	Nombre de diplômés
2008	704 $	76,4 %	60,6 %	17,5 %	256
2007	702 $	74,6 %	61,4 %	16,5 %	230
2006	680 $	71,6 %	66,2 %	21,8 %	166

Statistiques tirées de la *Relance* - Ministère de l'Éducation, du Loisir et du Sport.

Comment interpréter l'information, page 17.

en équipe de deux, les poseurs travaillent de plus en plus seuls, car les dimensions des nouveaux matériaux sont moindres. Le poseur doit être capable de travailler dans des positions inconfortables et en hauteur, puisque des échafaudages sont également utilisés.

Un don pour le calcul mental, la géométrie et les fractions est un atout (il faut souvent faire des calculs de surfaces et des mesures linéaires). Ce métier de la construction convient bien aux personnes manuelles, rapides et autonomes. Être en mesure de se débrouiller seul, sans avoir à se faire diriger constamment, est une qualité recherchée. «Lorsque notre contrat est terminé et qu'on va sur un autre chantier, on travaille rarement avec les mêmes personnes. On côtoie plusieurs corps de métiers comme des électriciens et des plombiers», souligne Benoît. Il est important de bien s'entendre avec les gens et de posséder une bonne capacité d'adaptation.

> «Plusieurs jeunes choisissent cette formation parce qu'elle ne requiert que 645 heures. Mais il ne faut pas oublier qu'une fois sur le marché du travail, il faudra donner de bons résultats. Les employeurs sont exigeants et veulent des ouvriers efficaces.»
>
> — Raymond Perrault

DÉFIS ET PERSPECTIVES

Selon Raymond Perrault, professeur à l'École des métiers de la construction de Montréal, les perspectives d'emploi en pose de systèmes intérieurs sont bonnes, même s'il s'agit d'un métier saisonnier. De nombreux travailleurs prendront bientôt leur retraite, cédant la place à la relève.

Photo : C.S. de la Capitale

«Plusieurs jeunes choisissent cette formation parce qu'elle ne requiert que 645 heures. Mais il ne faut pas oublier qu'une fois sur le marché du travail, il faudra donner de bons résultats. Les employeurs sont exigeants et veulent des ouvriers efficaces.»

Les diplômés doivent aussi s'attendre à suivre les cours de perfectionnement requis par la Commission de la construction du Québec une fois leur formation terminée. «Les techniques et les matériaux évoluent rapidement, et ces cours sont indispensables pour garder ses connaissances à jour», explique M. Perrault. 04/01 (mise à jour 04/07)

Ce métier fait partie des métiers de la construction et est régi comme tel par la Commission de la construction du Québec. Voir le tableau en page 144.

HORAIRES ET MILIEUX DE TRAVAIL

- Les employeurs potentiels sont l'industrie de la construction, les usines de fabrication de maisons mobiles ou préfabriquées, les entreprises de fabrication de bâtiments agricoles ou les distributeurs de produits manufacturiers.
- Sur les chantiers de construction, le poseur est exposé au bruit et à la poussière.
- Un poseur peut travailler à l'année, car ses tâches se font en général à l'intérieur. Un travail sur les murs d'édifices peut cependant être effectué à l'extérieur.
- Les travaux doivent être terminés dans les délais prescrits.

DEP

Préparation et finition de béton

Autour de nous, bien des choses sont bâties en béton. Ce n'est pas de sitôt que cette «matière grise» disparaîtra... Glenn Bonenfant a donc fait un choix judicieux en devenant cimentier applicateur, métier peu connu mais très recherché!

PROG. 5117   900 HEURES
PRÉALABLE : 2, VOIR PAGE 20

CHAMPS D'INTÉRÊT
- aime faire un travail manuel
- aime l'exactitude, la minutie, le détail
- aime observer, évaluer, calculer

APTITUDES
- acuité visuelle et excellent sens de l'observation
- dextérité, calme et précision des gestes
- discernement
- souplesse et endurance physique

Pour connaître les établissements qui offrent ce programme : **www.inforoutefpt.org**

RÔLE ET TÂCHES

Les diplômés qui suivent cette formation sont notamment formés pour faire la mise en place et la finition des bases de béton. «Je n'avais pas vraiment pensé me diriger dans ce secteur, mais j'avais des amis qui travaillaient dans le milieu et j'ai décidé de suivre cette formation», explique Glenn Bonenfant, diplômé de l'École des métiers et occupations de l'industrie de la construction de Québec.

Glenn travaille pour un entrepreneur de Québec. Quand il arrive pour la première fois sur un chantier, la bâtisse est sur le sable. «On pompe le béton qui peut être amené à la brouette, à la pompe ou directement d'une machine qu'on fait entrer dans la bâtisse avec la dalle.» Ensuite, c'est l'étape de la coulée de béton à des hauteurs qui ont été définies auparavant. «Si on met six pouces de béton, il faut mettre six pouces partout! On utilise un râteau et une règle de bois pour l'égaliser. À l'étape de la mise en place du béton, on peut être cinq ou six personnes. Installer le béton sur une superficie de 4 000 à 5 000 pieds carrés, par exemple, peut prendre de deux à trois heures. La finition nécessite deux personnes et demande environ sept ou huit heures», explique-t-il.

Les cimentiers-applicateurs utilisent une machine à polir mécanique. Puisque cette machine ne peut polir les rebords du mur, ils utilisent des truelles de finition. Glenn passe alors la truelle manuellement. Les personnes qui font le travail de finition devront procéder à la dernière étape, soit celle du polissage du plancher. Dès que la mise en place du béton est terminée,

	Salaire hebdo moyen	Proportion de dipl. en emploi	Emploi relié	Chômage	Nombre de diplômés
2008	850 $	26,9 %	90,9 %	30,4 %	39
2007	676 $	11,5 %	47,1 %	14,3 %	46
2006	862 $	8,3 %	76,5 %	9,5 %	40

Statistiques tirées de la *Relance* - Ministère de l'Éducation, du Loisir et du Sport.

Comment interpréter l'information, page 17.

les deux cimentiers-applicateurs – ou plus, selon la surface à couvrir – attendent de passer au polissage du béton. Un «déshydrateur» à béton peut être utilisé pour que le béton atteigne plus rapidement la fermeté voulue.

Glenn exerce son métier dans les secteurs résidentiel et commercial. Il peut donc travailler à l'intérieur comme à l'extérieur. «L'hiver, les conditions sont plus difficiles. S'il faut faire la dalle à l'extérieur, les constructeurs fabriquent un abri, mais il ne tient pas toujours. On leur dit de donner quelques coups de marteau de plus pour que ça tienne!» souligne-t-il.

QUALITÉS RECHERCHÉES

Ce travail requiert une bonne forme physique. Souvent accroupi, le cimentier-applicateur doit également avoir un dos solide et être assez souple. L'endurance est essentielle. «Il ne faut pas avoir peur de faire beaucoup d'heures. On ne peut pas décider qu'on arrête à midi pour manger. Le travail ne peut pas être interrompu.» Il est très important d'avoir un bon œil, afin de remarquer tous les petits défauts dans le béton en phase de finition. Il faut aussi faire preuve de dextérité manuelle. Enfin, puisque le travail ne se fait jamais au même endroit, les diplômés doivent s'attendre à se déplacer souvent. Ce métier convient donc à ceux qui aiment changer d'environnement fréquemment.

DÉFIS ET PERSPECTIVES

«Seules deux écoles au Québec offrent le programme de cimentier-applicateur, et plusieurs travailleurs prendront bientôt leur retraite, dit Jean-Guy Côté, enseignant à l'École des métiers et occupations de l'industrie de la construction de Québec. Certains croient à tort qu'il faut être très fort pour faire ce métier. C'était effectivement le cas dans le passé, mais aujourd'hui, la machinerie permet de compenser la force physique, même si cela reste dur et salissant», poursuit-il. Il n'en demeure pas moins qu'il faut de l'endurance : «On peut parfois travailler jusqu'à quinze heures consécutives. On n'arrête pas les travaux quand on veut!» explique l'enseignant. 03/01 (mise à jour 04/07)

> «Seules deux écoles au Québec offrent le programme de cimentier-applicateur, et plusieurs travailleurs prendront bientôt leur retraite.»
>
> — Jean-Guy Côté

Ce métier fait partie des métiers de la construction et est régi comme tel par la Commission de la construction du Québec. Voir le tableau en page 144.

HORAIRES ET MILIEUX DE TRAVAIL

- Le diplômé exerce son métier dans les secteurs résidentiel et commercial. Il peut donc travailler à l'intérieur comme à l'extérieur.

- En hiver, il travaille deux ou trois jours par semaine, mais les journées sont plus longues puisque le béton prend davantage de temps à durcir.

- La période la plus occupée se situe entre avril et octobre. C'est à ce moment qu'il y a beaucoup d'heures supplémentaires à effectuer.

- Il ne faut pas souffrir d'allergies à la poussière!

- Les semaines de travail et les horaires varient beaucoup.

- Selon la saison, le cimentier-applicateur peut travailler de 30 à 40 heures par semaine, et parfois même jusqu'à 50 heures.

DEP

Réfrigération

ASP 5172

«J'ai décidé d'aller en réfrigération, car on touche à plusieurs domaines, dont l'électricité», raconte Eve-Lyne Marcotte, diplômée depuis 2000. Elle a obtenu un emploi quelques jours seulement après avoir terminé sa formation.

PROG. 5315
PRÉALABLE : 1, VOIR PAGE 20

1 800 HEURES

CHAMPS D'INTÉRÊT
- aime les sciences, l'électricité et la mécanique
- aime analyser et résoudre des problèmes

APTITUDES
- facilité pour les mathématiques et la physique
- grande capacité d'apprentissage intellectuel et technique
- esprit curieux, ingénieux, logique et polyvalent
- excellent sens de l'observation, mémoire et débrouillardise

RÔLE ET TÂCHES

Le frigoriste, ou mécanicien en réfrigération et climatisation, s'occupe de l'installation complète, de l'entretien et de la réparation des appareils de réfrigération et de climatisation. Il touche au contrôle de l'électricité, à l'installation de la tuyauterie et à la mécanique. Le frigoriste est donc à la fois plombier, mécanicien, électricien, menuisier et soudeur. C'est l'expert de tout appareil qui contient des gaz réfrigérants; du simple climatiseur de fenêtre au gros système centralisé dans un édifice commercial ou industriel.

Le frigoriste utilise des outils de base (tournevis, couteaux, clés de service) et d'autres plus spécialisés, tel un manomètre, pour vérifier la pression de l'appareil. Certains outils pour la tuyauterie (perceuses, scies électriques) de même que des instruments de mesure électriques (ohmmètre, ampère-mètre et voltmètre) font également partie de son coffre.

Eve-Lyne travaille dans les épiceries, supermarchés et dépanneurs où elle répare les comptoirs réfrigérés. «Quelquefois, la réparation d'un comptoir est plus longue que prévu, alors on fait des heures supplémentaires», dit-elle. Durant son apprentissage, Eve-Lyne travaillait toujours avec un compagnon.

«Lorsque je dois trouver la source du problème, je détermine d'abord s'il est électrique ou dans le circuit de réfrigération. À partir de cela, j'élimine des causes. Il y a beaucoup de solutions possibles. C'est complexe. Il faut réfléchir à tout. Un système frigorifique comporte plusieurs pièces; je dois

Pour connaître les établissements qui offrent ce programme : **www.inforoutefpt.org**

	Salaire hebdo moyen	Proportion de dipl. en emploi	Emploi relié	Chômage	Nombre de diplômés
2008	653 $	91,4 %	84,6 %	6,3 %	234
2007	659 $	88,6 %	86,6 %	8,1 %	245
2006	678 $	89,3 %	86,3 %	4,3 %	222

Statistiques tirées de la *Relance* - Ministère de l'Éducation, du Loisir et du Sport.

Comment interpréter l'information, page 17.

découvrir laquelle fait défaut. Des fois, un problème peut se répéter, et on se rappelle l'avoir déjà vu. On peut prendre environ deux heures à solutionner une difficulté», explique-t-elle.

QUALITÉS RECHERCHÉES

Le frigoriste doit être en forme et à l'aise en hauteur, car il peut travailler sur le toit des édifices. L'installation se fait en équipe, en raison du poids des équipements, qui est trop lourd pour une seule personne. Pour l'entretien, le travail s'effectue habituellement seul. Il est essentiel d'avoir une bonne vision et de posséder de la dextérité manuelle. L'initiative et la débrouillardise sont des atouts obligatoires. Devant un problème, le frigoriste doit être apte à l'analyser progressivement pour le solutionner. Avoir un esprit curieux pour imaginer toutes les causes possibles afin de poser un diagnostic est important. Il y a beaucoup de connaissances théoriques à posséder, tels les procédés de ventilation. Le frigoriste doit pouvoir lire et interpréter des plans et devis. Il est aussi utile de savoir communiquer avec les clients.

Le frigoriste est à la fois plombier, mécanicien, électricien, menuisier et soudeur. C'est l'expert de tout appareil qui contient des gaz réfrigérants; du simple climatiseur de fenêtre au gros système centralisé dans un édifice industriel.

DÉFIS ET PERSPECTIVES

Les perspectives d'emploi dans ce domaine sont bonnes. «Les employeurs attendent les diplômés. Plusieurs jeunes choisissent aussi de fonder leur propre entreprise, parce que c'est plus lucratif. C'est une bonne idée, mais je leur conseille d'attendre au moins deux ans, question d'avoir le temps d'acquérir de l'expérience dans le milieu», dit Michel Vigneault, professeur au Centre de formation professionnelle de Lachine–Dalbé-Viau.

«Plusieurs défis attendent les frigoristes, poursuit M. Vigneault. On travaille de plus en plus avec la gestion intelligente des bâtisses. C'est-à-dire que tout est commandé électroniquement : la climatisation, l'éclairage et la surveillance des portes. Les technologies évoluent, et les diplômés doivent emboîter le pas.» Maintenir ses connaissances à jour et rester à l'affût des progrès technologiques est donc indispensable dans ce métier. 04/01 (mise à jour 04/07)

Ce métier fait partie des métiers de la construction et est régi comme tel par la Commission de la construction du Québec. Voir le tableau en page 144.

HORAIRES ET MILIEUX DE TRAVAIL

- Les frigoristes peuvent travailler dans l'industrie de la construction ainsi que dans les secteurs résidentiel, commercial et industriel.

- Être au service d'un grossiste en vente de pièces et conception de systèmes est une autre possibilité.

- Les frigoristes travaillent dans des conditions variées. À l'intérieur, l'espace peut être chaud et étroit ou très froid dans un entrepôt frigorifique. Une grande partie des travaux s'effectuent à l'extérieur, souvent sur le toit des édifices.

- Une fois leur statut de compagnon obtenu, les frigoristes doivent répondre aux appels de service pour des réparations, une fin de semaine par mois, jour et nuit.

- Une semaine de travail compte 40 heures.

- L'hiver peut être une période un peu plus creuse pour les frigoristes qui travaillent pour une compagnie spécialisée en climatisation. L'été, il y a beaucoup d'heures supplémentaires.

DEP

Vente de produits de quincaillerie

Sylvain Lévesque, un ancien travailleur de la construction, en avait assez des emplois saisonniers sur les chantiers. Il n'a eu aucune difficulté à s'imaginer commis en quincaillerie. Il est donc retourné aux études en vente de produits de quincaillerie.

PROG. 5272
PRÉALABLE : 1, VOIR PAGE 20

1 215 HEURES

CHAMPS D'INTÉRÊT

- s'intéresse aux travaux manuels et au bricolage
- aime apprendre, expliquer, conseiller
- aime servir la clientèle (cerner le besoin)

APTITUDES

- dynamisme, patience et politesse avec la clientèle
- facilité d'expression verbale
- curiosité, mémoire et facilité à apprendre
- ponctualité et disponibilité

Pour connaître les établissements qui offrent ce programme : www.inforoutefpt.org

RÔLE ET TÂCHES

Le rôle principal des conseillers-vendeurs en quincaillerie est de conseiller la clientèle dans ses achats. Durant leur formation, les élèves apprennent à manipuler, à classer et à vendre de la marchandise dans tous les rayons de la quincaillerie, y compris la peinture et le jardinage. On leur enseigne notamment à lire des plans de maisons et à déterminer rapidement quels sont les matériaux nécessaires pour réaliser des projets de construction.

Sylvain a eu la chance de trouver un emploi quelques semaines après la fin de ses études. Il a été embauché comme commis en quincaillerie chez Matériaux Campagna, un magasin spécialisé de Rouyn-Noranda. Il travaille 35 heures par semaine, le jour et en soirée. «J'ai principalement été engagé pour faire du service à la clientèle, derrière un comptoir. Je conseille les clients dans leurs achats de matériaux de construction, de plomberie et d'électricité, et je conclus les ventes. Je n'ai pas à m'occuper moi-même de la caisse, car d'autres employés ont été formés pour le faire.»

Sylvain est capable de faire la différence entre les mille et une sortes d'outils et connaît les propriétés de tous les types de bois. «En fait, j'arrive presque toujours à trouver des solutions aux problèmes dont me font part les clients. Il n'y a que la plomberie qui me donne parfois du fil à retordre, surtout lorsque les gens arrivent avec de vieux tuyaux qui ne sont pas compatibles avec leur nouveau lave-vaisselle!» Pour maximiser la qualité de son travail, il profite de ses minutes de répit pour lire toutes les brochures et tous les dépliants sur les nouveaux produits vendus dans la quincaillerie.

	Salaire hebdo moyen	Proportion de dipl. en emploi	Emploi relié	Chômage	Nombre de diplômés
2008	N/D	N/D	N/D	N/D	N/D
2007	513 $	90,9 %	80,0 %	0,0 %	14
2006	426 $	46,2 %	83,3 %	40,0 %	14

Statistiques tirées de la *Relance* - Ministère de l'Éducation, du Loisir et du Sport.

Comment interpréter l'information, page 17.

«Certains types de produits sont proposés en version améliorée environ tous les six mois. Il y a toujours un client ou deux qui se sont renseignés sur ces nouveautés, dans Internet, et qui veulent en savoir davantage.»

QUALITÉS RECHERCHÉES

«Pour être un bon vendeur, il faut de la patience et de la débrouillardise. Les clients viennent souvent nous voir après avoir eu un problème. Ils ne sont pas toujours de très bonne humeur! Il faut les écouter calmement et leur proposer des solutions intelligentes. Pour y parvenir, mieux vaut connaître parfaitement les matériaux qu'on vend, sinon certaines options pourraient nous échapper.» Toujours en contact avec le public, le vendeur doit être souriant, cordial, et avoir beaucoup d'entregent. Son intérêt pour la construction et les travaux manuels lui permet de mieux comprendre les questions de sa clientèle. Attentif et ordonné, il sait où trouver les gants de jardinage ou les clous en un rien de temps! Un bon niveau de langage et la maîtrise de l'anglais sont aussi des atouts importants. Le vendeur est enfin quelqu'un qui aime la vente et qui communique facilement à ses clients son enthousiasme pour son métier.

> Toujours en contact avec le public, le vendeur doit être souriant, cordial, et avoir beaucoup d'entregent. Son intérêt pour la construction et les travaux manuels lui permet de mieux comprendre les questions de sa clientèle.

DÉFIS ET PERSPECTIVES

Jean Dionne, enseignant en vente de produits de quincaillerie au Centre Qualitech, à Trois-Rivières, affirme que les emplois obtenus par ses diplômés sont souvent des postes saisonniers, à temps partiel. C'est que la vente de matériaux de construction est toujours à la baisse aux mois de janvier et de février, lorsque la plupart des chantiers sont fermés. Selon M. Dionne, «le métier de conseiller-vendeur ne sera pas appelé à changer au cours des prochaines années. Par contre, le matériel, lui, se renouvelle constamment. Il est donc indispensable que les diplômés pensent à se renseigner régulièrement sur les nouveautés dans le domaine. Les formations données par les représentants de compagnies sont l'occasion idéale d'en apprendre davantage sur certains produits. La lecture de magazines spécialisés est également recommandée.» 02/01

HORAIRES ET MILIEUX DE TRAVAIL

- Les diplômés exercent leur métier dans les quincailleries de petite, moyenne ou grande surface, et les entrepôts spécialisés dans la vente de matériaux de construction.

- Certains peuvent également devenir magasiniers ou travailler dans des magasins de peinture ou d'électricité.

- Les conseillers-vendeurs travaillent debout, dans un environnement qui peut être bruyant.

- Ils travaillent surtout à temps partiel, de jour, de soir et les fins de semaine. Leur horaire devient plus régulier quand ils sont promus au poste de gérant d'une quincaillerie.

ASP

Réparation d'appareils au gaz naturel

DEP 5146/5148/5281/5315

Vous êtes minutieux, passionné par l'électricité et l'électronique? Vous recherchez un travail peu routinier? Vous aimez réparer divers appareils? Alors cette attestation de spécialisation professionnelle pourrait correspondre à vos champs d'intérêt.

PROG. 5172
PRÉALABLE : 3, VOIR PAGE 20

600 HEURES

RÔLE ET TÂCHES

Les diplômés peuvent travailler aussi bien dans les secteurs résidentiel, commercial et institutionnel (hôpitaux, écoles, etc.).

«Durant une journée de travail typique, ils installent, entretiennent, inspectent et réparent les appareils au gaz naturel», explique Pierre Beaulieu, chef de service, Formation externe, chez Gaz Métro.

Ils assurent également le service après-vente des appareils de chauffage au gaz et de leurs composantes comme les brûleurs, les valves et les contrôles automatiques. Ils sont aussi amenés à vérifier les conduites de gaz, ainsi que les raccordements et les systèmes d'évacuation, afin de s'assurer qu'il n'y a aucune fuite ni anomalie de fonctionnement.

DÉFIS ET PERSPECTIVES

Parce qu'ils travaillent avec le public, les préposés à la réparation d'appareils au gaz naturel doivent avoir de l'entregent et de très bonnes aptitudes pour la communication. C'est à eux que revient le rôle d'informer la clientèle sur les normes, les dispositifs de sécurité et l'entretien des installations de leur système au gaz.

Par ailleurs, ils doivent se tenir à jour tant sur le plan de la formation technique que sur celui de la connaissance des lois et règlements en vigueur du Code du gaz. 03/07

HORAIRES ET MILIEUX DE TRAVAIL

• Les horaires varient selon le type d'employeur. On peut travailler de 8 h à 17 h, ou alterner des quarts de jour et de soir. Il arrive que l'on doive faire des heures supplémentaires et travailler la fin de semaine.

• Les diplômés peuvent trouver du travail auprès d'installateurs d'équipements au gaz naturel, de distributeurs gaziers, de fabricants d'appareils au gaz naturel ou encore d'établissements commerciaux ou institutionnels en tant que préposés à l'entretien des systèmes au gaz naturel.

Pour connaître les établissements qui offrent ce programme : **www.inforoutefpt.org**

	Salaire hebdo moyen	Proportion de dipl. en emploi	Emploi relié	Chômage	Nombre de diplômés
2008	787 $	94,7 %	83,3 %	5,3 %	22
2007	743 $	84,2 %	81,3 %	15,8 %	25
2006	648 $	72,7 %	92,9 %	23,8 %	31

Statistiques tirées de la *Relance* - Ministère de l'Éducation, du Loisir et du Sport.

Comment interpréter l'information, page 17.

ASP

DEP 5303

Restauration de maçonnerie

Contribuer à la conservation du patrimoine en redonnant à des anciens édifices leur fière allure d'antan, voilà la mission à laquelle se consacre le titulaire d'une ASP en restauration de maçonnerie.

PROG. 5215
PRÉALABLE : 3, VOIR PAGE 20

495 HEURES

RÔLE ET TÂCHES

«On ne crée pas. On reproduit ce qui a déjà été fait», soutient Réal Bélanger, enseignant et responsable de l'ASP en restauration de maçonnerie, à l'École des métiers de la construction de Montréal. Cette attestation est offerte aux titulaires d'un DEP en briquetage-maçonnerie.

Grimpé sur ses échafaudages, le diplômé examine le mur qu'il doit restaurer. Il joue ensuite du marteau, du ciseau, de la truelle et du fer à joints pour faire le rejointoiement, enlever une pierre endommagée et la remplacer par une nouvelle qu'il aura taillée sur mesure, colmater une fissure ou encore remodeler une fine moulure abîmée par le temps.

DÉFIS ET PERSPECTIVES

La restauration d'édifices anciens est un domaine d'avenir. Il s'en faisait auparavant au Québec, mais à très petite échelle. Ces tâches étaient réservées à des maçons d'une grande expérience, qui, aujourd'hui, ont atteint l'âge de la retraite. «Nous devons former la relève», explique Réal Bélanger, ajoutant que les titulaires d'une ASP en restauration de maçonnerie connaissent à fond leur domaine et sont de plus en plus recherchés.

M. Bélanger conseille à ses élèves de faire leur apprentissage auprès d'entrepreneurs qui pratiquent autant la pose de briques et de blocs de béton que la maçonnerie. «Dans le domaine de la construction, on ne sait jamais… Le jour où la restauration tombe, le travailleur doit être capable de poser de la brique.» 02/01

HORAIRES ET MILIEUX DE TRAVAIL

- Le maçon spécialisé en restauration est appelé à travailler à l'extérieur, souvent en hauteur.

- Le travail est en général saisonnier, se déroulant sur une période de huit mois, mais de plus en plus de chantiers se poursuivent pendant la saison froide, grâce à l'installation d'abris chauffés.

- Le diplômé doit s'assurer de posséder l'équipement adéquat, afin d'éviter les maux de dos.

Pour connaître les établissements qui offrent ce programme : **www.inforoutefpt.org**

	Salaire hebdo moyen	Proportion de dipl. en emploi	Emploi relié	Chômage	Nombre de diplômés
2008	1 185 $	50,0 %	83,3 %	20,0 %	41
2007	963 $	72,2 %	81,8 %	0,0 %	29
2006	896 $	55,6 %	100,0 %	16,7 %	12

Statistiques tirées de la *Relance* - Ministère de l'Éducation, du Loisir et du Sport.

Comment interpréter l'information, page 17.

ENVIRONNEMENT ET AMÉNAGEMENT DU TERRITOIRE

CHAMPS D'INTÉRÊT

- se passionne pour la nature et les animaux
- aime vivre et travailler en plein air et au rythme de la nature
- aime appliquer et faire respecter des règlements
- aime communiquer avec le public

APTITUDES

- curiosité et excellent sens de l'observation
- discernement et sens des responsabilités
- résistance physique (par exemple, aux intempéries)
- grande autonomie et débrouillardise
- facilité d'expression verbale, politesse et tact

 RESSOURCES INTERNET

INFOROUTE DE LA FORMATION PROFESSIONNELLE ET TECHNIQUE
http://inforoutefpt.org
Le site incontournable pour tout savoir sur les programmes de formation.

COMITÉ SECTORIEL DE MAIN-D'ŒUVRE DE L'ENVIRONNEMENT
www.csmoe.org
Découvrez une foule de renseignements dans ce site. Le Comité y dresse un portrait de la main-d'œuvre, de la formation et de l'emploi dans le secteur de l'environnement.

ECO CANADA
www.eco.ca
Ce site offre une grande quantité de renseignements sur la formation et les carrières possibles dans l'industrie de l'environnement au Canada.

MINISTÈRE DU DÉVELOPPEMENT DURABLE, DE L'ENVIRONNEMENT ET DES PARCS
www.mddep.gouv.qc.ca
Un site indispensable pour en savoir plus sur la réglementation et les programmes de protection environnementale du gouvernement québécois.

DEP

Protection et exploitation de territoires fauniques

Styven Piché est guide professionnel de chasse et de pêche dans la réserve faunique des Laurentides. «C'est l'amour de la nature et du plein air, et surtout la passion de la chasse et de la pêche qui m'ont amené tout naturellement vers ce métier. La faune et la flore m'ont aussi toujours beaucoup intéressé. Le choix allait donc de soi...», confie le jeune homme de 25 ans.

PROG. 5179
PRÉALABLE : 1, VOIR PAGE 20

1 320 HEURES

CHAMPS D'INTÉRÊT

- est passionné par la nature et les animaux
- aime vivre et travailler en plein air et au rythme de la nature
- aime appliquer et faire respecter des règlements
- aime communiquer avec le public

APTITUDES

- curiosité et excellent sens de l'observation
- discernement et sens des responsabilités
- résistance physique (par exemple, aux intempéries)
- grande autonomie et débrouillardise
- facilité d'expression verbale, politesse et tact

Pour connaître les établissements qui offrent ce programme : www.inforoutefpt.org

RÔLE ET TÂCHES

Styven a obtenu son diplôme d'études professionnelles (DEP) en protection et exploitation de territoires fauniques à l'École de foresterie et de technologie du bois de Duchesnay, à Sainte-Catherine-de-la-Jacques-Cartier, en 2002. Son travail de guide l'occupe une bonne partie de l'année : «En début de saison, au mois de mai, il faut préparer les chalets pour les groupes de pêcheurs. On fait un grand ménage de printemps et on s'assure que l'eau courante se rend bien. Il y a également divers travaux à effectuer, comme restaurer les quais, mettre les embarcations à l'eau ou encore nettoyer les sentiers», explique-t-il.

À partir de la mi-juillet, il guide des groupes pendant leur séjour de chasse et de pêche et voit à l'entretien des chalets, des quais et des embarcations. Ses journées sont très variées. «Après une journée passée sur l'eau, je prépare le repas des pêcheurs sur un feu de bois avec leurs propres prises. Le lendemain, je peux plutôt avoir à bâtir et à peindre un balcon», dit-il. Pendant la haute saison, de la mi-mai à la mi-juillet, Styven passe sept jours sur sept dans le bois, et vit dans un chalet tout équipé. «On peut sortir une fois par semaine en ville pour faire nos courses», dit-il. Son contrat se termine en octobre; il pourrait rester au chômage le reste de l'année, mais il a lancé sa propre entreprise de guide de chasse, qui l'occupe durant l'automne et une partie de l'hiver.

QUALITÉS RECHERCHÉES

Styven estime que la polyvalence est la qualité essentielle de tout guide qui se respecte. Chasser, pêcher, utiliser des scies à chaîne, conduire des

	Salaire hebdo moyen	Proportion de dipl. en emploi	Emploi relié	Chômage	Nombre de diplômés
2008	584 $	65,3 %	39,5 %	14,5 %	103
2007	518 $	61,2 %	40,5 %	8,9 %	88
2006	510 $	53,5 %	47,1 %	24,0 %	100

Statistiques tirées de la *Relance* - Ministère de l'Éducation, du Loisir et du Sport.

Comment interpréter l'information, page 17.

véhicules tout-terrain et des chaloupes, il faut savoir tout faire ou presque! «C'est un domaine où l'apprentissage est constant. La curiosité et la volonté d'intégrer de nouvelles connaissances sont indispensables», estime-t-il.

Le guide de chasse doit être résistant et en excellente forme physique; il doit marcher des kilomètres chaque jour, transporter de l'équipement, etc. «Beau temps, mauvais temps, il faut être prêt à affronter toutes les situations», souligne Styven.

Pour exercer ce métier, il faut également faire preuve d'entregent, mais aussi d'une certaine autorité afin que les clients respectent les consignes de sécurité et ne prennent aucun risque, en forêt comme sur l'eau. «Je dois rester attentif tout en sachant offrir aux visiteurs un séjour agréable. Cela prend de la souplesse, parfois de la patience, mais le plus souvent, c'est un véritable plaisir d'accompagner les gens», explique-t-il.

La polyvalence est la qualité essentielle de tout guide qui se respecte. Chasser, pêcher, utiliser des scies à chaîne, conduire des véhicules tout-terrain et des chaloupes, il faut savoir tout faire ou presque!

DÉFIS ET PERSPECTIVES

«Le premier défi est de trouver sa voie une fois son diplôme en poche», observe Sylvain Lessard, qui enseigne depuis une vingtaine d'années à l'École de foresterie et de technologie du bois de Duchesnay. Certains optent pour le service à la clientèle (accueil, attribution des droits de pêche et de chasse, etc.), d'autres pour l'aménagement et la gestion de la faune, d'autres encore pour l'application des règlements qui régissent l'usage du territoire.

Photo : CFP Montréal Laval

«De plus en plus de magasins spécialisés embauchent aussi nos élèves; la chasse, la pêche, le plein air et le camping se sont beaucoup sophistiqués et exigent des connaissances pointues. Munitions d'armes à feu, cannes à pêche dernier cri, GPS : il faut pouvoir conseiller le consommateur adéquatement», ajoute l'enseignant.

Les atouts qui peuvent servir? «Des notions de boucherie pour dépecer les animaux, en armurerie, en mécanique et une connaissance fonctionnelle de l'anglais. Tous ces éléments sont abordés pendant la formation, mais chaque élève doit les prendre au sérieux et avoir le désir de les approfondir pour bien répondre aux exigences du marché de l'emploi», affirme Sylvain Lessard. 05/09

HORAIRES ET MILIEUX DE TRAVAIL

- Les plus gros employeurs pour les nouvelles recrues sont les zones d'exploitation contrôlée, les pourvoiries et les parcs nationaux.

- Les guides de chasse et de pêche travaillent en forêt, du lever au coucher du soleil, et même au-delà. Ils sont en poste sept jours sur sept en haute saison. Les horaires varient selon les milieux et l'affluence des visiteurs.

- C'est un travail saisonnier. En hiver, les diplômés gèrent parfois leur propre entreprise de déneigement, par exemple.

- Le travail dans des régions éloignées ou des zones difficilement accessibles implique un certain isolement et le fait d'être séparé de ses proches pendant une partie de l'année.

ÉLECTROTECHNIQUE

CHAMPS D'INTÉRÊT

- aime bricoler, observer, démonter et comprendre le fonctionnement des mécanismes et des systèmes
- aime analyser et résoudre des problèmes pratiques
- s'intéresse aux mathématiques et à l'informatique

APTITUDES

- sens de l'observation et facilité d'apprentissage intellectuel et technique
- esprit logique, méthodique et analytique
- curiosité, mémoire, discernement et ingéniosité
- dextérité, concentration, acuité visuelle et auditive
- initiative et sens des responsabilités
- atouts : facilité et clarté d'expression verbale, politesse

 **RESSOURCES INTERNET**

INFOROUTE DE LA FORMATION PROFESSIONNELLE ET TECHNIQUE
http://inforoutefpt.org
Le site incontournable pour tout savoir sur les programmes de formation.

ASSOCIATION DE L'INDUSTRIE ÉLECTRIQUE DU QUÉBEC
www.aieq.net
Porte-parole de l'industrie électrique au Québec, l'Association propose notamment dans son site les dernières nouvelles sur cette industrie et un calendrier des événements à venir.

COMITÉ SECTORIEL DE LA MAIN-D'ŒUVRE DE L'INDUSTRIE ÉLECTRIQUE ET ÉLECTRONIQUE
www.csmoiee.qc.ca
Le site à consulter pour se renseigner sur la formation et les métiers de l'industrie électrique et électronique au Québec.

CORPORATION DES MAÎTRES ÉLECTRICIENS DU QUÉBEC (CMEQ)
www.cmeq.org
Un site à découvrir pour mieux comprendre le métier de maître électricien.

DEP

Électricité

Savoir poser une installation électrique et savoir l'entretenir, voilà en quoi consiste la mission de l'électricien. Sérieux et rigueur sont nécessaires, car la sécurité du client est en jeu!

| PROG. 5295 | 1 800 HEURES |
| PRÉALABLE : 1, VOIR PAGE 20 | |

RÔLE ET TÂCHES

Un bon électricien doit tout d'abord savoir lire les plans élaborés par les ingénieurs, et réaliser concrètement le système électrique qui lui est demandé. Il pose dans les bâtiments interrupteurs, coffrets de branchement et fils électriques. S'il travaille en industrie, il s'occupe également de l'installation des commandes électriques et électroniques.

Avant de commencer le travail, il doit planifier l'ensemble des étapes à réaliser, ce qui lui permettra d'éviter les pertes de temps dues à une mauvaise organisation. «Il faut savoir travailler vite et bien. La rapidité fait partie intégrante du professionnalisme», affirme Jean-Guy Beaulieu, professeur au Centre Polymétier de Rouyn-Noranda.

DÉFIS ET PERSPECTIVES

L'acquisition rapide d'une grande maturité professionnelle fait partie des défis à relever. «Les diplômés doivent se montrer ponctuels, disponibles, rapides et consciencieux», souligne M. Beaulieu. Sur le marché du travail, les employeurs se font vite une idée de la performance de leurs ouvriers.

En outre, la fiabilité d'un électricien est essentielle. Il doit être capable d'évaluer la qualité de son propre travail, car ses installations ne seront pas nécessairement vérifiées par une deuxième personne. Pour Jean-Guy Beaulieu, «le travail doit être irréprochable : c'est une question de confiance et de sécurité». 03/07

Ce métier fait partie des métiers de la construction et est régi comme tel par la Commission de la construction du Québec. Voir le tableau en page 144.

HORAIRES ET MILIEUX DE TRAVAIL

• Les électriciens peuvent travailler pour des entrepreneurs en électricité, dans des services d'entretien d'usines, de bâtiments, d'exploitations minières, de chantiers navals, etc.

• Certains électriciens préfèrent travailler à leur compte et fondent leur propre entreprise.

• Les horaires varient selon le milieu de travail. Il est possible de devoir faire des heures supplémentaires.

Pour connaître les établissements qui offrent ce programme : **www.inforoutefpt.org**

	Salaire hebdo moyen	Proportion de dipl. en emploi	Emploi relié	Chômage	Nombre de diplômés
2008	656 $	78,7 %	70,1 %	11,9 %	1 367
2007	640 $	78,6 %	72,2 %	14,8 %	1 360
2006	623 $	78,7 %	74,3 %	14,1 %	1 357

Statistiques tirées de la Relance - Ministère de l'Éducation, du Loisir et du Sport.

Comment interpréter l'information, page 17.

Électromécanique de systèmes automatisés

«J'ai toujours aimé la mécanique et les systèmes électriques. Comme je ne savais pas vraiment quoi faire à la fin du secondaire, j'ai choisi une formation qui regroupait les deux disciplines, explique Éric Tessier. Ç'a été un coup de dés, mais je suis tombé sur le bon chiffre!»

PROG. 5281
PRÉALABLE : 1, VOIR PAGE 20

1 800 HEURES

CHAMPS D'INTÉRÊT

- aime les sciences et la technologie : informatique, électronique, mécanique et électricité
- aime surveiller le fonctionnement de machines
- aime faire des tâches diversifiées
- aime se sentir autonome et responsable

APTITUDES

- grande facilité d'apprentissage intellectuel et technique
- ingéniosité

RÔLE ET TÂCHES

Éric a trouvé un emploi immédiatement après l'obtention de son DEP du Centre La Croisée de Donnacona. Il travaille pour Columbia Forest Products, une entreprise de Saint-Casimir qui fabrique du contreplaqué pour la confection de meubles ou d'étagères de cuisine. «Ce que j'aime du métier, c'est qu'il n'y a pas de routine. Je touche à tout dans l'usine, explique l'électromécanicien. Mon but premier est l'entretien des machines de production, mais je dois voir aussi à l'entretien général du bâtiment. Je peux travailler le bois durant une journée, concevoir une boîte électrique le lendemain et effectuer des travaux de plomberie!»

L'électromécanicien doit s'assurer du roulement et de l'entretien des équipements de production automatisés. Ces appareils fonctionnent à l'aide de petits automates qui peuvent effectuer des opérations à la chaîne sans intervention humaine. Le diplômé possède donc des connaissances en électronique, en électricité et en mécanique. Il doit aussi comprendre les systèmes hydrauliques et pneumatiques. Si un appareil de la chaîne de production tombe en panne, c'est l'électromécanicien qui doit le réparer. Éric effectue également des tournées préventives pour vérifier le fonctionnement de tous les appareils de l'usine. Il évalue l'usure des pièces et les remplace avant qu'elles ne se brisent. «Je travaille aussi à la conception de projets qui visent à améliorer l'efficacité de la production. Je conçois actuellement un système de jets d'air pour nettoyer les presses avant qu'elles ne compriment le bois.»

Pour connaître les établissements qui offrent ce programme : **www.inforoutefpt.org**

	Salaire hebdo moyen	Proportion de dipl. en emploi	Emploi relié	Chômage	Nombre de diplômés
2008	716 $	78,5 %	80,6 %	10,6 %	749
2007	685 $	78,0 %	80,6 %	8,2 %	757
2006	632 $	78,3 %	75,1 %	10,2 %	787

Statistiques tirées de la *Relance* - Ministère de l'Éducation, du Loisir et du Sport.

Comment interpréter l'information, page 17.

QUALITÉS RECHERCHÉES

L'autonomie et la débrouillardise sont deux qualités essentielles aux bons électromécaniciens. «On n'a pas toujours la pièce de rechange en main pour effectuer la réparation, souligne Éric. Il faut savoir rafistoler quelque chose pour relancer la production, le temps que la bonne pièce nous soit livrée.»

L'électromécanicien doit aussi avoir confiance en lui-même et pouvoir gérer son stress. Il est indispensable d'avoir l'esprit d'équipe. Le diplômé travaille souvent de pair avec un autre électromécanicien et il doit bien s'entendre avec les autres travailleurs de l'usine.

Sur ce point, Ange-Albert Matteau, enseignant en électromécanique de systèmes automatisés au Centre La Croisée, soutient qu'il est en effet très important que l'électromécanicien soit à l'écoute de ses collègues de travail. Il doit les considérer comme ses partenaires.

DÉFIS ET PERSPECTIVES

Une fois sur le marché du travail, les diplômés devront toutefois garder leurs connaissances à jour étant donné que les compagnies développent sans cesse de nouveaux produits et de nouvelles techniques de production.

Une fois sur le marché du travail, les diplômés devront garder leurs connaissances à jour étant donné que les compagnies développent sans cesse de nouveaux produits et de nouvelles techniques de production.

«Il faut s'attendre à apprendre toute sa vie», affirme Ange-Albert Matteau. Internet est une bonne source d'information, mais on doit aussi se créer un réseau de contacts pour aller chercher l'expertise technique dans différents domaines.

«Il arrive que les employeurs forment leur main-d'œuvre, mais les fabricants de produits peuvent aussi offrir des cours», précise Rock Landry, également enseignant au Centre La Croisée. 02/01 (mise à jour 03/07)

Photo : C.S. Saint-Hyacinthe

HORAIRES ET MILIEUX DE TRAVAIL

- Le diplômé est appelé à travailler dans des usines qui utilisent des machines automatisées.

- Certaines entreprises de service font aussi appel à des électromécaniciens. Par exemple, le casino de Charlevoix a déjà engagé des diplômés pour l'entretien des systèmes électroniques de ses machines à sous.

- La journée de travail peut durer 8, 10 ou 12 heures, selon les usines.

- L'électromécanicien travaille souvent selon des horaires rotatifs de jour, de soir, de nuit ou de fin de semaine.

- Les possibilités d'effectuer des heures supplémentaires sont fréquentes.

DEP

Installation et entretien de systèmes de sécurité

Attiré par l'électronique, Frédéric Forget a trouvé chaussure à son pied en devenant installateur de systèmes de sécurité. C'est après avoir rencontré les enseignants et visité les installations du centre de formation où se donnaient les cours qu'il s'est décidé. «Il ne faut pas hésiter à se renseigner», souligne-t-il.

PROG. 5296
PRÉALABLE : 1, VOIR PAGE 20

1 485 HEURES

CHAMPS D'INTÉRÊT
- aime l'électronique
- aime le contact avec les clients
- aime organiser son travail, prendre des initiatives

APTITUDES
- facilité d'apprentissage intellectuel et technique
- entregent, politesse et tact
- bonne logique, capacité de résoudre des problèmes
- atout : bilinguisme

Pour connaître les établissements qui offrent ce programme : www.inforoutefpt.org

RÔLE ET TÂCHES

L'installateur de systèmes de sécurité met en place, dans les immeubles résidentiels, commerciaux ou industriels, des dispositifs de sécurité électroniques : systèmes de sécurité contre l'incendie ou le vol, caméras de surveillance en circuit fermé, contrôle d'accès par cartes, interphones, etc.

Frédéric travaille chez ADT, une entreprise qui installe et répare des systèmes de sécurité. Il fait partie d'une équipe chargée d'ajouter des composantes à des systèmes existants. Il peut s'agir de panneaux de commande, de claviers, de caméras ou de détecteurs de mouvement, par exemple. Le métier étant réglementé, Frédéric en est encore au stade d'apprenti, ce qui signifie qu'il ne peut travailler qu'en présence d'un compagnon, c'est-à-dire un collègue expérimenté. Compagnon et apprenti se rendent chez des clients. Frédéric résume ainsi son travail : «On perce des trous dans les cloisons de l'édifice qui doivent recevoir l'équipement de surveillance. Ensuite, on passe le filage, on installe les composantes, on les programme, on les raccorde, puis on explique aux gens comment fonctionne leur système.» Frédéric manipule divers outils, dont des perceuses, des tournevis et des pinces. À l'occasion, Frédéric peut être appelé à effectuer des réparations. Il examine alors le panneau de commande du système de sécurité et en vérifie le clavier pour trouver la source du problème. Il fait aussi une inspection visuelle du système, vérifie le filage avec des outils de mesure comme le multimètre (appareil qui mesure, entre autres, l'intensité du courant électrique), et remplace la composante défectueuse.

	Salaire hebdo moyen	Proportion de dipl. en emploi	Emploi relié	Chômage	Nombre de diplômés
2008	558 $	85,7 %	72,4 %	9,1 %	63
2007	594 $	100,0 %	82,9 %	0,0 %	65
2006	563 $	85,7 %	76,5 %	2,7 %	60

Statistiques tirées de la Relance - Ministère de l'Éducation, du Loisir et du Sport.

Comment interpréter l'information, page 17.

QUALITÉS RECHERCHÉES

Frédéric se dit consciencieux. «Ça peut être long de passer un fil, étant donné que l'on doit le dissimuler, mais c'est important de bien le faire. Dans une banque, par exemple, si les câbles sont apparents, il sera plus facile de déjouer le système...» Il faut aussi travailler proprement. «Le panneau de commande ne doit pas ressembler à un gros spaghetti!» Une certaine dextérité manuelle est donc nécessaire pour manipuler les fils. Et le diplômé ajoute : «Il ne faut pas être daltonien puisqu'on travaille avec des fils de différentes couleurs.» La logique et une bonne capacité de résoudre des problèmes sont aussi des qualités essentielles. L'installateur de systèmes de sécurité doit également soigner son apparence et faire preuve d'entregent. Il ne doit pas se montrer impatient face aux difficultés et il doit se faire pédagogue pour expliquer le fonctionnement du système.

DÉFIS ET PERSPECTIVES

«Le souci de la sécurité fait aujourd'hui partie du quotidien de tout le monde», lance Jacques Lacasse, enseignant à l'École des métiers et occupations de l'industrie de la construction de Québec. C'est pourquoi les installateurs ne risquent pas de manquer de travail.

Ils doivent toutefois s'attendre à apprendre toute leur vie afin de garder leurs connaissances à jour, car les avancées technologiques sont nombreuses dans ce domaine. Les systèmes de sécurité dernier cri ne cessent d'envahir les lieux publics et privés. Les besoins des aéroports sont particulièrement importants dans ce domaine.

«C'est impressionnant de voir à quel point les choses changent rapidement avec le progrès technologique», poursuit M. Lacasse. Des mises à jour sont souvent offertes par les distributeurs de produits, et les commissions scolaires donnent aussi de la formation sur mesure, à la demande des entreprises. 02/03 (mise à jour 03/07)

Photo : Centre de formation Compétence de la Rive-Sud

Ce métier fait partie des métiers de la construction et est régi comme tel par la Commission de la construction du Québec. Voir le tableau en page 144.

HORAIRES ET MILIEUX DE TRAVAIL

- Les diplômés sont embauchés par des compagnies qui font l'installation et la réparation de systèmes de sécurité, qu'il s'agisse de PME ou de grandes entreprises, comme Protectron et ADT. Certains peuvent également fonder leur propre entreprise.

- Le diplômé peut aussi travailler dans une centrale de surveillance qui reçoit des appels d'urgence, ou encore devenir représentant pour un distributeur ou une compagnie d'installation.

- Le diplômé qui installe des systèmes de sécurité travaille habituellement de jour, alors que celui qui en fait la réparation peut s'attendre à travailler la nuit, les week-ends ou sur appel.

DEP

Installation et réparation d'équipement de télécommunication

Après avoir exercé des métiers qui ne le branchaient pas, Alain Daoust a choisi de retourner sur les bancs de l'école en installation et réparation d'équipement de télécommunication. Un choix qu'il ne regrette pas! Il est aujourd'hui superviseur chez HS Télécom, une entreprise de services en câblodistribution, informatique, sécurité et télécommunications.

PROG. 5266
PRÉALABLE : 1, VOIR PAGE 20

1 800 HEURES

CHAMPS D'INTÉRÊT

- aime l'électronique et la technologie
- aime manipuler, comprendre, installer, vérifier et réparer divers appareils
- aime le contact avec le public (réparateur)
- aime se dépenser physiquement et travailler en plein air (installateur)

APTITUDES

- ingéniosité
- grande dextérité et précision des gestes
- excellente condition physique et coordination, résistance au vertige (installateur d'antennes et de pylônes)
- vigilance

RÔLE ET TÂCHES

Bottes de travail aux pieds, casque de sécurité sur la tête, tournevis et pinces à la ceinture, Alain supervise le travail d'une équipe de techniciens sur les chantiers d'immeubles en construction. Qu'il s'agisse d'un immeuble de 800 logements ou d'un édifice commercial, il coordonne les travaux nécessaires pour l'installation de réseaux en informatique ou l'installation de filage (fil de télévision, système d'alarme et télésurveillance, filage de cinéma maison, etc.).

Pour chaque nouveau contrat, Alain prend connaissance des travaux demandés et commande le matériel nécessaire (fils). Puis, il planifie les tâches que devra effectuer chacun des membres de son équipe. Sur le chantier, il inspecte le travail des techniciens et, au besoin, les assiste dans l'installation de l'équipement. Ainsi, il peut raccorder les différents fils à la boîte de branchement où passent le signal de la compagnie de téléphone et celui de la compagnie de câble. Il règle également les problèmes qui surviennent en cours de route. Par exemple, si l'administration d'un immeuble à logements a décidé de faire passer les fils extérieurs à gauche des portes-fenêtres, mais qu'un résident souhaite plutôt les avoir à droite, Alain devra lui expliquer pourquoi cela est impossible.

Titulaire d'un diplôme d'études professionnelles (DEP) en photolithographie et d'un DEP en infographie du Centre de formation professionnelle Calixa-Lavallée, Alain a travaillé plusieurs années comme agent de sécurité, puis a été infographiste à la pige. Il a ensuite décidé de

Pour connaître les établissements qui offrent ce programme : www.inforoutefpt.org

	Salaire hebdo moyen	Proportion de dipl. en emploi	Emploi relié	Chômage	Nombre de diplômés
2008	592 $	81,1 %	86,0 %	6,5 %	85
2007	649 $	85,7 %	87,5 %	7,7 %	70
2006	544 $	81,1 %	82,1 %	9,1 %	53

Statistiques tirées de la *Relance* - Ministère de l'Éducation, du Loisir et du Sport.

Comment interpréter l'information, page 17.

réorienter sa carrière et a effectué un DEP en installation et réparation d'équipement de télécommunication au Centre de formation professionnelle Émile-Legault. Peu après l'obtention de son diplôme, il est engagé chez HS Télécom, à Montréal, où il occupera le poste de technicien, d'inspecteur et finalement celui de superviseur.

QUALITÉS RECHERCHÉES

Un technicien doit posséder une bonne dextérité manuelle èt être minutieux. «Je travaille avec des fils : certains sont très petits, et il faut les installer dans des endroits restreints. C'est pourquoi on doit être habile de ses mains. De plus, il est important de faire un travail de qualité et de respecter les normes d'installation», explique Alain.

Avoir une bonne endurance physique est également essentiel. «Il faut être en forme pour transporter une échelle de 8 mètres qui pèse 45 kilos!»

Le sens de l'observation est un autre atout non négligeable. Lors d'une réparation, dès le premier coup d'œil, le technicien doit avoir une vue d'ensemble de l'installation afin de pouvoir poser rapidement un diagnostic. Enfin, une bonne vision est importante dans la mesure où il faut distinguer les couleurs des fils.

DÉFIS ET PERSPECTIVES

Dans le domaine des télécommunications, la technologie progresse sans cesse. «Pour rester à la fine pointe, les diplômés doivent s'attendre à suivre plusieurs formations de mise à niveau. Il faut également faire preuve de polyvalence pour s'adapter rapidement aux changements», précise Henri-Pierre Laridan, enseignant au Centre de formation professionnelle de l'Outaouais.

En outre, les techniciens doivent développer leur habileté à travailler avec le public. «La plupart des compagnies de matériel de télécommunication vendent des produits identiques. Ce qui les différencie, c'est le service à la clientèle. Les diplômés doivent donc être de bons représentants auprès des clients quand ils procèdent à l'installation d'équipement», estime M. Laridan. 01/05

> «La plupart des compagnies de matériel de télécommunication vendent des produits identiques. Ce qui les différencie, c'est le service à la clientèle.»
>
> — Henri-Pierre Laridan

Photo : IMC

HORAIRES ET MILIEUX DE TRAVAIL

- Les diplômés peuvent décrocher un emploi chez des câblodistributeurs, des fournisseurs de services téléphoniques, des entreprises de radiocommunications, des fournisseurs de services interphones, des entreprises de câblage.

- Les horaires sont réguliers, de 9 h à 17 h les jours de semaine, mais il faut parfois faire des heures supplémentaires.

- Le milieu de travail varie en fonction des lieux où le technicien installe et répare les équipements de télécommunication (résidences privées, immeubles à logements, etc.).

Montage de lignes électriques

«J'ai choisi ce métier pour pouvoir bouger et travailler au grand air! J'aime grimper dans les hauteurs et braver les intempéries...», raconte Vincent Fauteux, monteur de lignes et professeur au Centre de formation en montage de lignes, près de Lévis. Un emploi pour passionnés, qui ne souffrent surtout pas du vertige!

PROG. 5185
PRÉALABLE : 2, VOIR PAGE 20

900 HEURES

CHAMPS D'INTÉRÊT
- aime se dépenser physiquement et travailler en hauteur
- aime faire un travail manuel demandant de la précision
- aime travailler en équipe

APTITUDES
- souplesse, équilibre et excellente forme physique
- capacité de discipline et de respect des normes de sécurité
- esprit de collaboration
- vigilance

RÔLE ET TÂCHES

Le monteur de lignes construit, entretient et répare des lignes électriques de transport, de distribution, selon des plans préparés par les ingénieurs. Ce sont ces professionnels qui déterminent quel type de pylône sera utilisé selon sa fonction et le lieu où il sera installé.

«Je peux, par exemple, avoir à ériger un pylône en métal sur une base de béton. Dans ce cas, je procède à l'assemblage des pièces au sol, et j'élève la structure en montant dans une nacelle hydraulique. Je peux aussi procéder différemment, en ajoutant une pièce après l'autre, et en grimpant au fur et à mesure sur la structure du pylône», explique Vincent.

Puis, il installe au sommet de la structure les équipements, comme des isolateurs, des conducteurs, des coupe-circuits et des transformateurs. «Je pose ensuite les câbles électriques ou la fibre optique, selon les cas.»

Vincent s'occupe également de l'entretien et de la maintenance du réseau électrique. «J'aime tout particulièrement chercher et déterminer les causes des pannes, et les réparer de la façon la plus efficace et la moins coûteuse possible», dit-il.

QUALITÉS RECHERCHÉES

Ce métier réclame une excellente forme physique, de même que de l'agilité et de la souplesse. «Il faut avoir de bons bras, des jambes musclées et un dos solide. La ceinture d'outils qu'on attache à la taille peut peser jusqu'à

Pour connaître les établissements qui offrent ce programme : www.inforoutefpt.org

	Salaire hebdo moyen	Proportion de dipl. en emploi	Emploi relié	Chômage	Nombre de diplômés
2008	926 $	83,8 %	83,6 %	9,5 %	95
2007	949 $	87,0 %	84,8 %	9,6 %	75
2006	828 $	83,8 %	83,3 %	13,9 %	53

Statistiques tirées de la *Relance* - Ministère de l'Éducation, du Loisir et du Sport.

Comment interpréter l'information, page 17.

30 kilos!» précise Vincent. Grimper dans les hauteurs n'est pas non plus de tout repos : «Dans un pylône, il y a des pièces de métal qui permettent de l'escalader. Mais ce n'est pas le cas pour les poteaux de bois. Dans ce cas, je dois chausser mes bottes à éperons et utiliser la force de mes bras. Une fois au sommet, j'attache le dispositif de sécurité pour éviter les chutes et j'effectue les installations ou les réparations. Je peux avoir à monter et descendre plusieurs fois par jour», dit-il. En plus de devoir rester de longues heures perché en hauteur dans des positions parfois inconfortables, le monteur de lignes subit également les intempéries : pluie, froid, vent, chaleur, etc. Une bonne résistance physique est donc indispensable.

Les poteaux qui permettent le transport de l'électricité mesurent environ 25 mètres et les pylônes jusqu'à 200 mètres. Il ne faut donc pas être sujet au vertige et respecter rigoureusement les règles de sécurité.

> *Ce métier réclame une excellente forme physique, de même que de l'agilité et de la souplesse.*

DÉFIS ET PERSPECTIVES

«La demande de monteurs de lignes a considérablement augmenté au cours des dernières années, notamment à cause des besoins croissants dans le secteur des télécommunications», explique Christian Grant, enseignant au Centre de formation en montage de lignes. Il ajoute qu'à court terme, beaucoup de monteurs de lignes prendront leur retraite et devront être remplacés, ce qui accentuera encore les besoins de main-d'œuvre dans ce domaine.

Ce n'est cependant pas un métier fait pour tout le monde. «C'est difficile et très exigeant physiquement. Ce qui explique qu'il y a malheureusement encore fort peu de femmes à l'exercer», déplore l'enseignant.

«Les monteurs de lignes se déplacent en équipes. Ils transportent avec eux beaucoup de matériel comme d'énormes bobines de fil électrique et de nombreuses pièces. Par conséquent, le permis de classe 3 qui autorise la conduite d'un camion porteur est souvent apprécié par les employeurs», souligne Christian Grant. 05/09

HORAIRES ET MILIEUX DE TRAVAIL

- Les entreprises de distribution d'électricité, d'entretien des lignes et de télécommunications peuvent embaucher les monteurs de lignes.

- Le monteur de lignes peut travailler de jour, de soir et les fins de semaine.

- La semaine normale de travail compte de 35 à 40 heures, mais on peut avoir à faire des heures supplémentaires dans les cas d'urgence.

- Le monteur de lignes est appelé à voyager partout au Québec et même dans d'autres provinces. Par exemple, lorsqu'une catastrophe comme une tempête de verglas endommage lignes électriques, pylônes et poteaux.

Réparation d'appareils électroménagers

Valentin-Augustin Piersic a opté pour une formation en réparation d'appareils électroménagers après avoir perdu son emploi comme mécanicien industriel. Il y a découvert un domaine beaucoup plus complexe qu'il n'y paraît, dynamisé par l'avènement des nouvelles technologies. C'est parfait pour lui puisqu'il aime les défis!

PROG. 5024
PRÉALABLE : 1, VOIR PAGE 20

1 350 HEURES

CHAMPS D'INTÉRÊT
- aime le travail manuel
- aime la mécanique et l'électronique
- aime chercher la solution à des problèmes complexes
- aime le contact avec le public

APTITUDES
- curiosité naturelle : veut savoir comment les choses sont faites
- esprit logique et analytique
- habileté à lire des plans mécaniques ou électroniques
- entregent

RÔLE ET TÂCHES

Après avoir terminé ses cours au Centre de formation professionnelle Antoine-de-Saint-Exupéry, à Montréal, Valentin-Augustin a déniché un emploi à l'endroit même où il avait effectué son stage, chez Sears. Embauché à raison de quatre jours par semaine pour le moment, il se déplace chez les clients pour effectuer la réparation d'appareils tels que réfrigérateurs, cuisinières, laveuses, sécheuses, climatiseurs, humidificateurs, etc.

Valentin-Augustin travaille à partir de 13 h jusqu'à 21 h. Il se rend d'abord à l'atelier pour prendre connaissance des réparations à effectuer au cours de la journée. Il planifie alors son itinéraire, de façon à passer le moins de temps possible sur la route, téléphone aux clients pour les sonder quant aux problèmes éprouvés, et effectue des recherches dans Internet pour tenter de trouver la meilleure façon de les résoudre. «Comme les appareils sont de plus en plus complexes et qu'il existe plusieurs modèles de différentes marques, il faut se renseigner avant d'aller chez le client. Mais c'est sur place que l'on découvre vraiment ce qui se passe.»

Rendu à domicile, le réparateur interprète les informations supplémentaires que fournit le client, examine l'appareil et pose son diagnostic. Par exemple, si le congélateur ne gèle pas, il vérifie le compresseur, les commandes électroniques qui l'alimentent, ainsi que les composantes électriques et mécaniques. Et une fois qu'il a trouvé la source du problème, il change la pièce défectueuse.

Pour connaître les établissements qui offrent ce programme : www.inforoutefpt.org

	Salaire hebdo moyen	Proportion de dipl. en emploi	Emploi relié	Chômage	Nombre de diplômés
2008	564 $	68,8 %	81,8 %	8,3 %	32
2007	534 $	72,7 %	76,9 %	15,8 %	26
2006	520 $	63,2 %	66,7 %	20,0 %	30

Statistiques tirées de la *Relance* - Ministère de l'Éducation, du Loisir et du Sport.

Comment interpréter l'information, page 17.

QUALITÉS RECHERCHÉES

«Pour réparer des appareils électroménagers, il faut aimer la mécanique et être habile manuellement. C'est essentiel», lance spontanément Valentin-Augustin. Il ajoute que le réparateur doit être doté d'un bon esprit logique, puisqu'il lui faut trouver la solution à un problème. Comme il travaille seul, l'autonomie et la débrouillardise sont des qualités nécessaires.

Il est souhaitable d'avoir de l'entregent lorsqu'on effectue des réparations à domicile. «Le client a souvent payé cher pour son appareil et il n'est pas content qu'il soit défectueux. Il faut faire preuve de tact avec lui.» Il faut aussi pouvoir dominer son stress. «On a un certain nombre de clients à rencontrer dans la journée. Il faut se déplacer d'un endroit à l'autre, ce qui n'est pas toujours facile en hiver, et les problèmes à résoudre sont parfois complexes.» Pas évident non plus de travailler avec le client derrière soi.

Autre qualité recherchée : une certaine souplesse physique. En effet, la réparation d'un appareil implique souvent de se plier pour accéder au moteur, de se faufiler derrière pour raccorder des tuyaux, ou encore de demeurer agenouillé jusqu'à deux heures d'affilée.

> **«Comme les appareils sont plus complexes, le réparateur doit avoir de bonnes connaissances de base en mécanique, en électronique, en électricité et en réfrigération.»**
>
> **— Germain Dupuis**

DÉFIS ET PERSPECTIVES

Selon Germain Dupuis, enseignant au Centre de formation professionnelle Gabriel-Rousseau, à Charny, le métier de réparateur n'a plus rien à voir avec ce qu'il était auparavant. «Comme les appareils sont plus complexes, les réparateurs doivent avoir de bonnes connaissances de base en mécanique, en électronique, en électricité et en réfrigération.» C'est ce qui amène les grandes entreprises de réparation à recruter directement dans les écoles. «Elles ne prennent plus de gens formés sur le tas, poursuit M. Dupuis. Avec les mises à la retraite et le fait que les anciens réparateurs ont du mal à suivre les nouvelles technologies, nous sommes très sollicités.»

Puisque la technologie évolue sans cesse et que les modèles d'appareils électroménagers se multiplient, le principal défi pour le réparateur est de maintenir ses connaissances à jour. «Les grandes entreprises de réparation donnent sans cesse de la formation, mais c'est plus difficile pour les petites. Ici, à la commission scolaire, nous regroupons les réparateurs pour leur donner des cours. Mais ça va tellement vite qu'ils doivent aussi être capables de se former par eux-mêmes, à l'aide des manuels techniques.» 02/03 (mise à jour 05/09)

HORAIRES ET MILIEUX DE TRAVAIL

- Dans les centres urbains, les réparateurs travaillent surtout pour les grandes entreprises comme Sears et Maytag. Ils peuvent aussi trouver un emploi dans des petites et moyennes entreprises. Parmi ces dernières, certaines réparent des appareils usagés qu'elles revendent ensuite.

- Le réparateur doit se rendre chez les clients pour effectuer les réparations.

- Après avoir acquis de l'expérience, le réparateur peut songer à fonder sa propre entreprise. Il aura plus de facilité à s'établir en région, étant donné qu'il y a moins de concurrence que dans les grandes villes.

- Le diplômé doit s'attendre à travailler selon un horaire de jour ou de soir (jusqu'à 21 h). Il peut aussi être appelé à se déplacer le samedi. Certains débutent à trois jours par semaine pour ensuite obtenir un emploi à temps plein.

DEP

ASP 5083

Réparation d'appareils électroniques audiovidéos

Un client vous apporte une minichaîne audio qui ne fonctionne plus. En tant que technicien, votre mission consiste à trouver une solution pour ramener cet appareil à la vie. Une tâche qui s'apparente un peu à celle d'un détective!

PROG. 5271
PRÉALABLE : 1, VOIR PAGE 20

1 800 HEURES

RÔLE ET TÂCHES

Pour trouver la source du problème, le technicien pose d'abord des questions au client : par exemple, à quand remonte la panne, comment s'est-elle manifestée, etc. Par la suite, il effectue différents tests sur l'appareil défectueux – chaîne stéréo, DVD, caméra vidéo –, il le démonte et remplace les pièces défectueuses. Enfin, il explique au client quelles étaient les causes de la panne et les réparations qu'il a dû effectuer.

DÉFIS ET PERSPECTIVES

Enseignant au diplôme d'études professionnelles (DEP) en réparation d'appareils électroniques audiovidéos au Centre Polymétier de Rouyn-Noranda, Pierre Decarufel soutient que dans ce métier, on doit constamment maintenir ses connaissances à jour. «Les technologies dans ce domaine ont évolué à toute allure depuis 10 ans, et cela n'est pas près de s'arrêter! Il faut se tenir au courant.» Par exemple, les PEL (polymères électroluminescents) qui remplacent peu à peu les affichages à cristaux liquides.

Un mythe tenace dit qu'il n'est pas nécessaire de posséder une formation pour réparer des appareils électroniques. «C'est faux! s'exclame M. Decarufel. Aujourd'hui, sans formation, on ne peut plus rien réparer ou presque, parce que les appareils sont très sophistiqués. Les anciennes générations de techniciens sont dépassées par les avancées technologiques.» 05/09

HORAIRES ET MILIEUX DE TRAVAIL

• Ce technicien trouve de l'emploi auprès de commerces de détail, d'ateliers de réparation ou de fabricants d'appareils électroniques.

• Le travail peut se partager entre le service à la clientèle, la réparation et l'entretien d'appareils, en atelier ou à domicile.

• Les horaires dépendent de l'entreprise pour laquelle on travaille. Dans le commerce de détail, il faut s'attendre à travailler les fins de semaine et certains soirs.

Pour connaître les établissements qui offrent ce programme : **www.inforoutefpt.org**

	Salaire hebdo moyen	Proportion de dipl. en emploi	Emploi relié	Chômage	Nombre de diplômés
2008	457 $	81,6 %	55,6 %	6,6 %	121
2007	440 $	69,1 %	56,6 %	8,2 %	116
2006	492 $	70,2 %	59,5 %	10,5 %	178

Statistiques tirées de la *Relance* - Ministère de l'Éducation, du Loisir et du Sport.

Comment interpréter l'information, page 17.

DEP

ASP 5280

Service technique d'équipement bureautique

Dimanche soir. Un de vos clients, gérant d'un restaurant, vous appelle : sa caisse enregistreuse vient de tomber en panne! Vite, vous devez utiliser vos connaissances en électronique, informatique, réseautique et mécanique, afin de la remettre en fonction.

PROG. 5265
PRÉALABLE : 1, VOIR PAGE 20

1 800 HEURES

RÔLE ET TÂCHES

Le diplômé peut aussi bien entretenir et réparer des photocopieuses multifonctions que des caisses enregistreuses, des appareils de loterie vidéo ou des guichets automatiques. Le travail s'effectue en atelier ou chez les clients. Suivant l'entreprise pour laquelle il travaille, il peut aussi avoir à installer des équipements neufs et à expliquer leur fonctionnement.

Les tâches sont très variées. Par exemple, dans le cadre d'un contrat de service pour des équipements de bureau, le technicien visite régulièrement les clients et effectue de l'entretien préventif sur des photocopieurs ou des imprimantes. Il démonte les appareils, vérifie l'état des pièces, et les remplace si nécessaire.

DÉFIS ET PERSPECTIVES

Selon Normand Lacasse, directeur adjoint au Centre de formation professionnelle Marie-Rollet, à Québec, deux grands défis attendent les diplômés : faire face aux changements technologiques et offrir un service de qualité.

«Le technicien doit se tenir au courant des nouveaux produits qui arrivent sur le marché et garder ses connaissances à jour», explique-t-il. De plus, parce qu'il est en contact direct avec les clients, le technicien doit avoir une présentation soignée et savoir communiquer efficacement. «Il faut être capable d'expliquer la nature du problème au client et comment on va effectuer la réparation», indique M. Lacasse. 05/09

HORAIRES ET MILIEUX DE TRAVAIL

• Le diplômé peut travailler dans une entreprise d'équipements informatiques ou d'équipements spécialisés (guichets automatiques, caisses enregistreuses, etc.).

• L'horaire de travail est généralement régulier, de jour. Dans certains domaines, par exemple en restauration ou pour l'entretien de guichets automatiques, les employés devront occasionnellement répondre aux appels d'urgence en soirée ou la fin de semaine.

Pour connaître les établissements qui offrent ce programme : **www.inforoutefpt.org**

	Salaire hebdo moyen	Proportion de dipl. en emploi	Emploi relié	Chômage	Nombre de diplômés
2008	534 $	81,0 %	80,0 %	10,5 %	32
2007	467 $	71,4 %	62,5 %	21,9 %	60
2006	613 $	68,0 %	69,2 %	22,7 %	37

Statistiques tirées de la *Relance* - Ministère de l'Éducation, du Loisir et du Sport.

Comment interpréter l'information, page 17.

ASP

DEP 5265

Liaison en réseau d'équipement bureautique

La plupart des équipements informatiques, électroniques ou bureautiques des entreprises d'aujourd'hui sont reliés en réseau. Les diplômés de ce programme possèdent les connaissances nécessaires pour les installer, les réparer et les entretenir.

PROG. 5280
PRÉALABLE : 3, VOIR PAGE 20

450 HEURES

RÔLE ET TÂCHES

Le technicien titulaire de cette attestation de spécialisation professionnelle (ASP) est un spécialiste du service après-vente d'équipements reliés à un réseau tels que les micro-ordinateurs, photocopieurs, télécopieurs, guichets automatiques et appareils de loterie. Il est capable d'installer, de réparer et de faire l'entretien de ces équipements. Lorsqu'un appareil ne communique plus avec le réseau, le technicien doit trouver la source du problème. Il corrigera tout ennui technique concernant l'équipement comme la connexion.

DÉFIS ET PERSPECTIVES

L'évolution très rapide de la technologie oblige ce technicien à constamment rafraîchir ses connaissances. Ainsi, une fois son ASP obtenue, le technicien qui souhaite demeurer compétitif devra suivre des formations de perfectionnement liées à son champ d'expertise.

«Ce métier convient parfaitement aux personnes dotées d'une grande vivacité d'esprit et capables d'abstraction. Ceux qui aiment apprendre de nouveaux concepts et résoudre des problèmes de connectivité réseau y trouveront aussi leur compte», soutient Daniel Lévesque, enseignant dans ce programme au Centre de formation des Nouvelles-Technologies, à Sainte-Thérèse. 04/05

HORAIRES ET MILIEUX DE TRAVAIL

• Le travail se déroule généralement le jour, suivant des horaires de 35 à 40 heures par semaine.

• Certains techniciens doivent être en disponibilité la nuit ou les fins de semaine, en cas de pannes de guichets automatiques ou de terminaux points de vente (appareils permettant de lire les codes barres sur les produits vendus en magasin).

Pour connaître les établissements qui offrent ce programme : www.inforoutefpt.org

	Salaire hebdo moyen	Proportion de dipl. en emploi	Emploi relié	Chômage	Nombre de diplômés
2008	477 $	61,1 %	63,6 %	15,4 %	22
2007	N/D	N/D	N/D	N/D	N/D
2006	496 $	73,2 %	57,1 %	9,1 %	74

Statistiques tirées de la *Relance* - Ministère de l'Éducation, du Loisir et du Sport.

Comment interpréter l'information, page 17.

ENTRETIEN D'ÉQUIPEMENT MOTORISÉ

CHAMPS D'INTÉRÊT

- aime la mécanique
- aime le travail physique et manuel
- aime travailler en équipe
- aime analyser et résoudre des problèmes pratiques
- accorde de la valeur à la précision, à l'efficacité et à la qualité du travail

APTITUDES

- dextérité et résistance physique
- facilité à communiquer et à travailler en équipe
- sens des responsabilités
- sens de l'observation
- patience et minutie

 **RESSOURCES INTERNET**

INFOROUTE DE LA FORMATION PROFESSIONNELLE ET TECHNIQUE
http://inforoutefpt.org
Le site incontournable pour tout savoir sur les programmes de formation.

ASSOCIATION DES INDUSTRIES DE L'AUTOMOBILE DU CANADA (AIA CANADA)
www.aiacanada.com
Cette association représente l'industrie du marché secondaire de l'automobile, c'est-à-dire la vente de produits de rechange, d'accessoires, d'outils et d'équipements pour les véhicules. Visitez le site pour en savoir plus sur cette industrie qui emploie quelque 225 000 personnes au Canada.

COMITÉ SECTORIEL DE MAIN-D'ŒUVRE DES SERVICES AUTOMOBILES
www.csmo-auto.com
Soyez branché sur les carrières qu'offre cette industrie en consultant les sections «Mécanique automobile», «Carrosserie», «Service-conseil» et «Autres métiers».

Carrosserie

À l'âge de huit ans, Martin Delongchamp s'appliquait à repeindre ses petites autos abîmées. Il se souvient aussi de son imposante collection de modèles réduits de voitures. Réussir «à faire du neuf avec du vieux» : voilà comment Martin résume sa passion du métier!

PROG. 5217
PRÉALABLE : 1, VOIR PAGE 20

1 590 HEURES

CHAMPS D'INTÉRÊT
- aime faire un travail manuel sur des véhicules automobiles
- aime réparer, remettre à neuf et surtout fignoler
- aime analyser et résoudre des problèmes pratiques
- aime se sentir autonome et responsable

APTITUDES
- patience, minutie et persévérance
- dextérité, concentration, acuité visuelle et auditive
- endurance physique

RÔLE ET TÂCHES

Le jeune homme travaille à Val-d'Or chez Mabo Western Star, un concessionnaire de camions lourds. Il est en charge de l'atelier de carrosserie. «L'essentiel de mon travail consiste à coordonner ce qui se fait dans l'atelier. Je reçois les clients et procède à l'estimation des réparations. Je répartis ensuite le travail et veille à ce qu'il soit bien fait. Je suis également le peintre attitré de l'atelier. C'est moi qui effectue tous les travaux de peinture sur les camions, une fois qu'ils ont été débosselés, sablés et masqués.» Avant d'occuper ce poste, Martin a acquis son expérience de carrossier dans divers garages. Il a appris à redresser le cadre métallique qui supporte la carrosserie, ce qu'on appelle le châssis de la voiture. Il a aussi appris à souder et à sabler des pièces, en plus de se familiariser avec la préparation d'une voiture avant la peinture.

Aujourd'hui, son emploi chez Mabo Western Star lui fait voir d'autres aspects du métier. «Tout ce qui se fait ici est bien différent de ce que j'ai connu dans les garages, dit Martin. D'abord, on ne fait pas de redressement de châssis de camions. Quand la base d'un camion est tordue, bien souvent le reste n'est plus bon, et ça ne se répare pas. Et puis on travaille beaucoup avec la fibre de verre pour réparer les capots des camions, un matériau qui n'est pas souvent utilisé dans la réparation de voitures. On doit aussi réparer plusieurs pièces en aluminium, un métal beaucoup plus délicat que l'acier, qu'on retrouve dans les pièces automobiles. L'aluminium est difficile à débosseler et à peindre parce que ce ne sont pas tous les produits qui

Pour connaître les établissements qui offrent ce programme : **www.inforoutefpt.org**

	Salaire hebdo moyen	Proportion de dipl. en emploi	Emploi relié	Chômage	Nombre de diplômés
2008	542 $	84,7 %	70,9 %	5,7 %	363
2007	521 $	85,1 %	77,4 %	7,4 %	389
2006	486 $	82,6 %	70,6 %	8,7 %	285

Statistiques tirées de la *Relance* - Ministère de l'Éducation, du Loisir et du Sport.

Comment interpréter l'information, page 17.

y adhèrent.» Après sa journée de travail, Martin entretient sa passion pour les automobiles dans un petit atelier qu'il a aménagé chez lui. «Je restaure des voitures anciennes pour des amis qui participent à des expositions. Quand elles sortent de mon atelier, elles sont plus belles que des neuves!»

QUALITÉS RECHERCHÉES

«Le souci du travail bien fait et la minutie sont des qualités essentielles, explique Martin. Mais le diplômé doit aussi apprendre à travailler rapidement, parce que, dans les garages, c'est la production qui compte.»

La dextérité manuelle et la patience sont d'autres atouts pour le carrossier, qui doit parfois réparer des pièces dans des endroits difficilement accessibles. «Il faut également avoir de la mémoire; il y a autant de sortes de peintures que de marques d'automobiles. L'utilisation des bons produits sur la bonne surface garantit la qualité du travail fini.»

DÉFIS ET PERSPECTIVES

«Les diplômés doivent être polyvalents, souligne Pierre Boudreau, enseignant en carrosserie au Centre de formation en équipement motorisé de Chicoutimi. Les bons carrossiers sont rares. Les employeurs demandent des travailleurs habiles autant à débosseler et à peindre un véhicule qu'à redresser le châssis d'une voiture. Ils recherchent en fait des perfectionnistes.» Il ajoute que les clients paient cher les réparations en raison des coûts de la main-d'œuvre et des matériaux, et qu'ils s'attendent donc à un travail presque parfait. «Le diplômé en carrosserie doit également connaître les nouveaux produits, explique l'enseignant. S'il travaille pour un concessionnaire automobile, son employeur va souvent lui payer des cours de perfectionnement. Mais le carrossier qui est engagé dans un garage indépendant est responsable de sa propre formation.» M. Boudreau précise que l'arrivée de voitures construites en aluminium force les carrossiers à travailler avec de nouveaux matériaux. L'enseignant prévoit aussi qu'au cours des prochaines années, les diplômés auront le défi de travailler avec des matériaux difficiles à manipuler. «Les compagnies automobiles utilisent davantage de nouveaux matériaux qui se réparent difficilement, justement pour forcer les consommateurs à acheter des pièces neuves.» 03/01

> «Les bons carrossiers sont rares. Les employeurs demandent des travailleurs habiles autant à débosseler et à peindre un véhicule qu'à redresser le châssis d'une voiture. Ils recherchent en fait des perfectionnistes.»
>
> — Pierre Boudreau

Photo : CSIM

HORAIRES ET MILIEUX DE TRAVAIL

- Le carrossier peut être embauché par les garages indépendants, les ateliers de carrosserie, les concessionnaires automobiles, les entreprises de vente et d'entretien de véhicules lourds (autocars, camions), les entreprises d'aviation.

- Le travail du carrossier se déroule habituellement de jour.

- La semaine de travail compte 40 heures.

- Dans les grandes entreprises, le travail se fait suivant des horaires rotatifs, le jour, le soir, la nuit et la fin de semaine.

Mécanique agricole

À l'âge de 11 ans, Johnny Guimond passait ses étés à travailler dans des fermes. Il aidait des agriculteurs à faire les foins et à traire les vaches. C'est dans les champs qu'il a appris les rudiments de la mécanique agricole!

PROG. 5070
PRÉALABLE : 1, VOIR PAGE 20

1 800 HEURES

CHAMPS D'INTÉRÊT

- aime travailler en milieu agricole
- aime bricoler, observer, démonter et comprendre le fonctionnement des mécanismes et des systèmes
- aime analyser et résoudre des problèmes pratiques
- aime se sentir autonome et responsable

APTITUDES

- sens de l'observation et facilité d'apprentissage intellectuel et technique
- curiosité, mémoire, discernement et ingéniosité
- dextérité, concentration, acuité visuelle et auditive
- initiative et sens des responsabilités

RÔLE ET TÂCHES

Avec son DEP en poche, Johnny travaille pour les Équipements Bel-Morin, une entreprise de Trois-Pistoles qui vend et entretient de l'équipement agricole. «J'effectue des réparations sur les quatre modèles de tracteurs que vend l'entreprise. Je travaille aussi sur différentes machines agricoles comme les faucheuses, les moissonneuses-batteuses et les épandeurs de fumier.»

Le mécano est capable de régler divers problèmes, qui vont de la crevaison jusqu'au bris de moteur. Il a notamment appris à réparer les transmissions, les systèmes hydrauliques, les freins et les pannes de moteur.

Johnny estime que son travail est comparable à celui d'un mécanicien de garage automobile, à la différence que les réparations sont beaucoup plus longues à effectuer. «Le changement des freins sur une voiture peut durer deux heures, alors que la même opération sur un tracteur prend jusqu'à deux jours!»

L'inspection mécanique des véhicules neufs fait partie des tâches de Johnny. «Je vérifie, entre autres, la pression des pneus, les niveaux d'huile et le fonctionnement des freins. Je dois m'assurer que tout est en bon état de marche avant d'envoyer le tracteur ou la machine chez le client.»

QUALITÉS RECHERCHÉES

«Le métier demande beaucoup de patience et de persévérance, explique Johnny. Ça ne marche pas toujours comme on le voudrait. Parfois, une

Pour connaître les établissements qui offrent ce programme : www.inforoutefpt.org

	Salaire hebdo moyen	Proportion de dipl. en emploi	Emploi relié	Chômage	Nombre de diplômés
2008	604 $	74,5 %	79,4 %	10,3 %	63
2007	507 $	85,5 %	88,9 %	4,1 %	78
2006	488 $	78,2 %	78,0 %	2,3 %	81

Statistiques tirées de la *Relance* - Ministère de l'Éducation, du Loisir et du Sport.

Comment interpréter l'information, page 17.

réparation toute simple demande du temps juste parce qu'on a de la difficulté à desserrer des boulons.»

Le mécanicien agricole doit également avoir un grand sens de l'observation et une bonne mémoire. «Quand je démonte un tracteur, il m'arrive d'attendre jusqu'à trois semaines avant de le remonter, le temps que les pièces soient arrivées. Je dois me souvenir de la façon de tout remettre en place.»

La débrouillardise et la créativité sont d'autres atouts. «On n'a pas toujours la pièce d'origine nécessaire pour réparer le tracteur d'un client, poursuit Johnny. Je dois souvent m'arranger pour dépanner l'agriculteur avec ce que j'ai afin qu'il puisse poursuivre son travail en attendant le bon morceau.»

> «Le changement des freins sur une voiture peut durer deux heures, alors que la même opération sur un tracteur prend jusqu'à deux jours!»
>
> — Johnny Guimond

DÉFIS ET PERSPECTIVES

Même pour le travail dans les champs, on ne peut plus se passer de l'informatique et de l'électronique, et des connaissances pointues dans ces domaines sont désormais nécessaires pour exercer ce métier. «Tout doit être programmé : tracteurs, moissonneuses-batteuses, etc. C'est un beau défi pour les jeunes», fait valoir Réjean Clément, enseignant à l'École d'agriculture de Nicolet. Une fois la formation terminée, le mécanicien devra rester au fait des avancées technologiques.

M. Clément souligne que les filles font de plus en plus leur place dans ce domaine. Même si ce métier requiert une excellente forme physique, avec la machinerie ultraperformante et l'informatisation des systèmes, on n'a plus besoin de fournir des efforts démesurés.

L'expérience aidant, ces diplômés pourront avoir accès aux postes de chef de service ou de mécanicien principal. 03/01 (mise à jour 04/07)

HORAIRES ET MILIEUX DE TRAVAIL

- Le diplômé est généralement employé par les concessionnaires de machinerie agricole, les garages indépendants et les producteurs agricoles.

- Le travail du mécanicien agricole se déroule de jour, de 8 h à 17 h.

- Certains mécaniciens travaillent le samedi jusqu'à midi.

- L'été est une période de pointe où les heures supplémentaires sont fréquentes.

DEP

Mécanique automobile

Yann Wafer est un passionné de violon. Au point qu'il a enseigné la musique pendant quelques années, après avoir terminé un baccalauréat en interprétation musicale. Puis, il a réalisé que ce travail ne répondait pas à ses attentes. Il s'est donc inscrit au diplôme d'études professionnelles (DEP) en mécanique automobile. «J'ai toujours aimé travailler de mes mains et résoudre des problèmes complexes», dit-il. À ce chapitre, ses désirs sont comblés!

PROG. 5298
PRÉALABLE : 1, VOIR PAGE 20

1 800 HEURES

CHAMPS D'INTÉRÊT

- aime faire un travail manuel sur des véhicules automobiles
- aime bricoler, observer, démonter et comprendre le fonctionnement des mécanismes et des systèmes
- aime analyser et résoudre des problèmes pratiques
- aime se sentir autonome et responsable

APTITUDES

- sens de l'observation et facilité d'apprentissage intellectuel et technique
- curiosité, mémoire, discernement et ingéniosité
- dextérité, concentration, acuité visuelle et auditive
- initiative et sens des responsabilités
- atouts : facilité et clarté d'expression verbale; politesse

RÔLE ET TÂCHES

Yann a travaillé comme mécanicien automobile dans divers garages durant cinq ans. Depuis peu, il est toutefois retourné à l'enseignement au Centre de formation professionnelle Wilbrod-Bherer de Québec, là même où il a obtenu son DEP.

«Ce métier est très diversifié, les tâches variant d'une journée à l'autre. On peut ainsi devoir réparer des freins, trouver l'origine d'un bruit suspect dans le moteur, colmater une fuite sur un climatiseur, remplacer un amortisseur endommagé, etc.», explique-t-il.

Le travail doit souvent s'effectuer sous pression, parce que le temps est limité. De plus, il n'est pas toujours facile de se concentrer dans un milieu bruyant. Malgré tout, il faudra retourner au client un véhicule sans aucune égratignure ni problèmes mécaniques oubliés.

Un mécanicien automobile trouve du travail chez les concessionnaires automobiles, les garagistes indépendants ou même les compagnies qui possèdent une flotte de véhicules. Le mécanicien peut aussi être embauché comme vendeur de pièces automobiles, comme estimateur pour une compagnie d'assurance ou à titre d'enseignant dans une commission scolaire.

QUALITÉS RECHERCHÉES

Le métier demande un bon sens de l'observation, un jugement sûr et l'esprit d'analyse. Il faut aussi posséder une excellente dextérité manuelle.

Pour connaître les établissements qui offrent ce programme : www.inforoutefpt.org

	Salaire hebdo moyen	Proportion de dipl. en emploi	Emploi relié	Chômage	Nombre de diplômés
2008	538 $	84,3 %	79,4 %	8,1 %	1 001
2007	506 $	82,2 %	80,4 %	7,8 %	1 057
2006	481 $	81,5 %	81,9 %	7,5 %	994

Statistiques tirées de la *Relance* - Ministère de l'Éducation, du Loisir et du Sport.

Comment interpréter l'information, page 17.

«Une bonne condition physique est également nécessaire, parce que certains travaux sont assez exigeants. Pensez seulement à la période des changements de pneus en automne et au printemps!» ajoute Yann Wafer.

La courtoisie, la patience et le tact sont aussi indispensables, car on doit expliquer au client quelle est la nature des problèmes mécaniques décelés, et les réparations qui doivent être effectuées.

Les véhicules contiennent de plus en plus de pièces électriques et électroniques, et des logiciels spécialisés permettent désormais de diagnostiquer les pannes. Des connaissances en informatique sont donc nécessaires, en plus de la maîtrise des outils traditionnels du mécanicien!

> «Le domaine change très rapidement et il est impératif de tenir ses connaissances à jour.»
>
> — André Royer

DÉFIS ET PERSPECTIVES

Selon André Royer, enseignant et chef de service au Centre de formation professionnelle Wilbrod-Bherer, les technologies évoluent rapidement en mécanique automobile. «Chaque année, de nouveaux modèles de véhicules et de nouveaux carburants arrivent sur le marché, avec de nouveaux problèmes! La mécanique se complexifie et les outils de diagnostic se raffinent, par exemple avec les ordinateurs portables qui permettent de questionner le système électronique du véhicule grâce à des logiciels spécialisés», explique-t-il.

«Le domaine change très rapidement et il est impératif de tenir ses connaissances à jour. Pour cela, on doit être prêt à suivre régulièrement de la formation et retourner de temps à autre sur les bancs de l'école», poursuit André Royer. Par exemple, la multiplication des moteurs hybrides (électricité et essence) réclame la maîtrise d'appareils de diagnostic spécifiques, dont il faut apprendre à se servir. Les mécaniciens doivent constamment s'adapter à ces changements et faire preuve d'une bonne capacité d'apprentissage.

L'expérience aidant, le mécanicien peut accéder à un poste de gérant ou de contremaître chez un concessionnaire, ou encore lancer sa propre entreprise. 05/09

HORAIRES ET MILIEUX DE TRAVAIL

- Un mécanicien travaille généralement du lundi au vendredi, de jour, parfois de soir, occasionnellement le samedi.

- Dans les régions où il existe un comité paritaire de l'automobile (dans et autour des centres urbains, par exemple), le mécanicien doit détenir une carte de qualification qui déterminera son échelle salariale, définie selon ses années d'expérience. Ailleurs, les salaires sont fixés selon l'offre et la demande.

- Chez les concessionnaires, l'horaire de travail peut être de 36 heures, échelonnées sur 4 jours.

- L'environnement de travail est parfois difficile : très chaud l'été, froid et humide l'hiver. Un garage est aussi bruyant et salissant. On peut avoir à travailler dans des positions inconfortables (sous un véhicule, par exemple).

DEP
Mécanique d'engins de chantier
ASP 5259

Olivier Caron s'y connaît en matière de machinerie forestière. Son père est bûcheron, et, à l'adolescence, Olivier l'accompagnait en forêt pour l'aider à réparer ses gros appareils. Quand il s'est inscrit au DEP en mécanique d'engins de chantier, Olivier savait qu'il faisait le bon choix.

PROG. 5055
PRÉALABLE : 1, VOIR PAGE 20

1 800 HEURES

CHAMPS D'INTÉRÊT

- aime faire un travail manuel sur de la machinerie lourde
- aime bricoler, observer, démonter et comprendre le fonctionnement des mécanismes et des systèmes
- aime analyser et résoudre des problèmes pratiques
- aime se sentir autonome et responsable

APTITUDES

- sens de l'observation et facilité d'apprentissage intellectuel et technique
- curiosité, mémoire, discernement et ingéniosité
- dextérité, concentration, acuité visuelle et auditive
- initiative et sens des responsabilités
- atouts : facilité et clarté d'expression verbale, politesse

RÔLE ET TÂCHES

Le mécanicien d'engins de chantier répare la machinerie qui sert à la construction de routes, de même que celle qui effectue des travaux en forêt. Il faut penser ici aux bouteurs, aux grues, aux niveleuses, aux camions à benne, aux excavatrices, autant qu'aux abatteuses et aux débusqueuses d'arbres. Le diplômé possède des connaissances en mécanique et en électricité en plus de savoir réparer des systèmes hydrauliques, des dispositifs de freinage et des diesels.

Olivier a été engagé immédiatement après avoir obtenu son diplôme par une entreprise de transformation du bois. Le jeune homme travaille à l'usine de bois de sciage de Saint-Pamphile. Il fait partie de l'équipe de quatre mécaniciens qui doivent veiller à l'entretien d'une cinquantaine de véhicules lourds. «On travaille toujours en équipe de deux, explique Olivier. Mon rôle consiste essentiellement à effectuer l'entretien périodique de la machinerie. Par exemple, je fais des changements d'huile, je lubrifie des pièces et je change des filtres à air. Je fais aussi des vérifications visuelles de la machinerie. J'inspecte les pièces des véhicules et vérifie leur usure.» Une autre fonction du jeune mécano consiste à réparer la machinerie forestière en panne dans le bois. «Mais je fais surtout de l'entretien parce que les véhicules de l'entreprise sont relativement neufs. Les patrons préfèrent les changer régulièrement pour s'assurer d'avoir des équipements en bon état.»

Pour connaître les établissements qui offrent ce programme : **www.inforoutefpt.org**

	Salaire hebdo moyen	Proportion de dipl. en emploi	Emploi relié	Chômage	Nombre de diplômés
2008	726 $	75,0 %	88,4 %	9,6 %	257
2007	674 $	76,3 %	89,6 %	9,4 %	212
2006	662 $	79,1 %	92,6 %	4,6 %	220

Statistiques tirées de la *Relance* - Ministère de l'Éducation, du Loisir et du Sport.

Comment interpréter l'information, page 17.

QUALITÉS RECHERCHÉES

Selon Olivier, le bon mécanicien a une excellente dextérité manuelle. Il est minutieux et aime le travail bien fait. «On doit aussi s'y connaître en mathématiques, dit Olivier. Il y a beaucoup de calculs de conversion à faire. Les véhicules européens ont été fabriqués suivant le système métrique, mais la machinerie américaine fonctionne avec les mesures anglaises. Il faut s'assurer d'avoir les bonnes dimensions quand on commande une pièce.

«Il faut aussi avoir le sens de l'observation, se souvenir comment remonter un appareil une fois qu'on a défait toutes ses pièces.» La curiosité est une autre qualité à cultiver. «Il me reste beaucoup de notions à apprendre. J'estime qu'il me faudra acquérir cinq ans d'expérience avant de devenir un mécanicien véritablement autonome. Et encore! La technologie évolue tellement vite, j'en aurai toujours à apprendre. Mais c'est ce qui me plaît le plus dans ce métier, cette possibilité de toujours en savoir davantage!»

> «Il faut aussi avoir le sens de l'observation, se souvenir comment remonter un appareil une fois qu'on a défait toutes ses pièces.»
>
> — Olivier Caron

DÉFIS ET PERSPECTIVES

«Le plus important défi est l'adaptation aux nouvelles technologies», soutient Gilles Perron, enseignant au Carrefour Formation Mauricie. Tous les systèmes de machinerie sont en effet commandés par des ordinateurs. «De plus, les systèmes sont pour la plupart directement reliés par satellite au siège social du fabricant», explique Gilles Perron. Pour rester dans la course, le diplômé devra garder ses connaissances à jour.

Si autrefois la force physique était nécessaire, ce n'est plus le cas aujourd'hui. Les nouvelles installations comme les ponts roulants facilitent le travail des employés et leur assurent une plus grande sécurité. L'expérience aidant, le mécanicien d'engins de chantier pourra obtenir un poste de responsable d'atelier ou de secteur, puis de contremaître. 03/03 (mise à jour 04/07)

Ce métier fait partie des métiers de la construction et est régi comme tel par la Commission de la construction du Québec. Voir le tableau en page 144.

HORAIRES ET MILIEUX DE TRAVAIL

- Le mécanicien peut être embauché par les garages de machineries lourdes, les entrepreneurs de construction, les compagnies d'excavation, les compagnies forestières, les concessionnaires de véhicules de chantier (Hewitt, John Deere), les municipalités.

- Le travail du mécanicien d'engins de chantier se déroule généralement de jour, mais certaines entreprises fonctionnent aussi le soir.

- La semaine de travail compte environ 40 heures.

DEP
ASP 5232

Mécanique de véhicules légers

> «À 10 ans, je faisais des randonnées en véhicule tout-terrain avec mon père. Comme il est mécanicien, il y avait toujours des gens qui lui demandaient de réparer leur VTT. Ça m'épatait de le voir effectuer des réparations sur-le-champ!» s'exclame Éric Robitaille.

PROG. 5154
PRÉALABLE : 1, VOIR PAGE 20

1 800 HEURES

CHAMPS D'INTÉRÊT

- aime faire un travail manuel sur des véhicules légers
- aime bricoler, observer, démonter et comprendre le fonctionnement des mécanismes et des systèmes
- aime analyser et résoudre des problèmes pratiques
- aime se sentir autonome et responsable

APTITUDES

- sens de l'observation et facilité d'apprentissage intellectuel et technique
- curiosité, mémoire, discernement et ingéniosité
- dextérité, concentration, acuité visuelle et auditive
- initiative et sens des responsabilités

RÔLE ET TÂCHES

«Aujourd'hui, c'est moi qu'on interpelle dans les sentiers pour des conseils mécaniques!» Éric a obtenu son diplôme en mécanique de véhicules légers en mai 2000. Depuis, il travaille pour Les Sports Dault et Frères, à Maniwaki, une entreprise qui vend des véhicules récréatifs.

«J'entretiens et je répare des motoneiges, des véhicules tout-terrains, des tondeuses à gazon, des tracteurs de jardin, des motocyclettes et des moteurs de bateaux. Les tâches sont variées, indique le jeune homme. Sur les motoneiges, je change régulièrement les lisses [pièces de métal] qui se trouvent sous les skis et qui favorisent la glisse. Ces éléments s'usent rapidement quand on fait beaucoup de kilométrage. J'effectue aussi des mises au point. Sur un VTT, je peux réparer un radiateur qui coule, faire la vidange d'huile et procéder à l'estimation des réparations d'un véhicule accidenté.»

Avec l'arrivée du beau temps vient la saison des tondeuses à gazon. «La tâche la plus fréquente consiste à limer les couteaux des tondeuses. En général, les gens n'aiment pas jouer dans leur tondeuse. Ils peuvent endurer longtemps un problème juste parce qu'ils ne veulent pas se mettre les doigts en dessous.» Durant sa formation en mécanique de véhicules légers, Éric a aussi appris à réparer des moteurs de bateaux. «Aujourd'hui, j'arrive à réparer des moteurs beaucoup plus puissants, en me référant aux manuels techniques et à mes collègues de travail.»

Pour connaître les établissements qui offrent ce programme : **www.inforoutefpt.org**

	Salaire hebdo moyen	Proportion de dipl. en emploi	Emploi relié	Chômage	Nombre de diplômés
2008	522 $	74,7 %	72,7 %	8,2 %	104
2007	476 $	86,7 %	77,9 %	8,9 %	123
2006	485 $	87,7 %	68,5 %	6,6 %	94

Statistiques tirées de la *Relance* - Ministère de l'Éducation, du Loisir et du Sport.

Comment interpréter l'information, page 17.

QUALITÉS RECHERCHÉES

La débrouillardise est une qualité fondamentale du bon mécanicien, estime Éric. «Je ne suis pas le genre à refuser de réparer un appareil parce que je ne le connais pas. Je vais me lancer dans ma réparation et plonger dans les guides techniques pour réussir à régler le problème.»

La patience est une autre vertu qui facilite le travail du mécanicien. «Les solutions aux problèmes complexes ne sont pas évidentes. Il faut essayer toutes sortes d'affaires avant de trouver la véritable cause de l'ennui mécanique. Cela peut parfois prendre une journée entière.»

Pour Éric, qui effectue un travail de précision, surtout lorsqu'il répare des transmissions et des moteurs, le souci du détail est une qualité très recherchée.

Les mécaniciens doivent apprendre à se servir d'ordinateurs portatifs que l'on branche directement sur les motoneiges pour effectuer la vérification des systèmes électroniques.

DÉFIS ET PERSPECTIVES

Normand Barbeau, enseignant en mécanique de véhicules légers au Centre de formation professionnelle Le Tremplin de Thetford Mines, souligne que le milieu a beaucoup évolué au cours des dernières années.

Ainsi, les mécaniciens doivent apprendre à se servir d'ordinateurs portatifs que l'on branche directement sur les motoneiges pour effectuer la vérification des systèmes électroniques. De plus, l'arrivée des systèmes antipollution force les mécaniciens à se familiariser avec de nouveaux équipements.

S'il travaille pour un concessionnaire, le diplômé aura la possibilité de suivre les cours de perfectionnement offerts par la compagnie. En revanche, s'il œuvre pour un garage indépendant, c'est à lui que revient la responsabilité de garder ses connaissances à jour. 03/01 (mise à jour 04/07)

Photo : PPM

HORAIRES ET MILIEUX DE TRAVAIL

- Le diplômé en mécanique de véhicules légers peut être embauché par les entreprises de vente et de réparation de scies mécaniques, de tondeuses et de tracteurs de jardin; les entreprises de vente et de réparation de motoneiges, de véhicules tout-terrains et de motocyclettes; les concessionnaires de véhicules légers.

- Le diplômé peut également devenir propriétaire de sa petite entreprise d'entretien et de réparation.

- Le travail du mécanicien de véhicules légers se déroule généralement de jour, et la semaine de travail compte 40 heures.

- Il est possible d'avoir à faire des heures supplémentaires le soir ou la fin de semaine en période de pointe.

DEP

ASP 5259

Mécanique de véhicules lourds routiers

Éric Charlebois a commencé très jeune à rafistoler son vélo, avant de s'attaquer aux motoneiges, aux quatre-roues et aux motocyclettes. Plus tard, il a étudié la mécanique automobile, mais c'est auprès des semi-remorques qu'il a finalement trouvé sa voie.

PROG. 5049
PRÉALABLE : 1, VOIR PAGE 20

1 800 HEURES

CHAMPS D'INTÉRÊT

- aime faire un travail manuel sur des véhicules lourds
- aime bricoler, observer, démonter et comprendre le fonctionnement des mécanismes et des systèmes
- aime analyser et résoudre des problèmes pratiques
- aime se sentir autonome et responsable

APTITUDES

- sens de l'observation et facilité d'apprentissage intellectuel et technique
- curiosité, mémoire, discernement et ingéniosité
- dextérité, concentration, acuité visuelle et auditive
- initiative et sens des responsabilités

Pour connaître les établissements qui offrent ce programme : www.inforoutefpt.org

RÔLE ET TÂCHES

Éric a obtenu son diplôme en mécanique de véhicules lourds routiers en décembre 2000. Il est aujourd'hui mécanicien au Centre de formation du transport routier Saint-Jérôme. «Je répare la flotte de camions qui est utilisée par les élèves qui suivent la formation en conduite de camions.»

Le jeune homme fait partie d'une équipe de mécaniciens qui veillent à l'entretien de 120 véhicules, camions et remorques inclus. Il procède notamment à l'inspection des mastodontes. «Cela se fait tous les trois mois. Je dois m'assurer que les véhicules sont aptes à prendre la route. Je fais un entretien préventif pour éviter les accidents. Je vérifie, par exemple, l'usure des pneus et la solidité des roues. J'inspecte aussi le châssis des camions et je dois m'assurer que le système électronique des véhicules fonctionne normalement.»

Plusieurs camions sont équipés d'ordinateurs qui contrôlent les tours du moteur et la vitesse maximale que peut atteindre le véhicule. Le jeune mécano est capable de réparer les ennuis informatiques de ces appareils.

«Les tâches sont tout aussi variées en ce qui concerne les réparations. Je peux changer des radiateurs, des démarreurs, des alternateurs et des pompes à eau. L'aspect le plus difficile du métier est d'établir le diagnostic, avoue Éric. Une fois qu'on a trouvé le hic, tout va vite. On peut se casser la tête pendant une semaine pour déterminer la nature d'un problème majeur, alors que la réparation va se faire en cinq minutes.»

	Salaire hebdo moyen	Proportion de dipl. en emploi	Emploi relié	Chômage	Nombre de diplômés
2008	677 $	82,9 %	92,0 %	5,6 %	360
2007	667 $	84,1 %	87,4 %	4,7 %	355
2006	631 $	81,2 %	90,7 %	4,4 %	341

Statistiques tirées de la *Relance* - Ministère de l'Éducation, du Loisir et du Sport.

Comment interpréter l'information, page 17.

QUALITÉS RECHERCHÉES

Éric estime qu'un bon mécanicien doit posséder un grand sens de l'observation. «D'abord, il faut être capable de détecter à l'œil nu les imperfections sur un camion, comme une roue tordue ou un pneu fini. La mémoire visuelle est également nécessaire lorsqu'on démonte des pièces, puisqu'il faut se souvenir de la façon de les replacer.» Le mécanicien est aussi méthodique dans l'accomplissement de ses tâches. «Il faut procéder par étapes. Une simple erreur de branchement, par exemple, peut faire exploser une batterie et tous les ordinateurs d'un camion.

«Il faut également être débrouillard pour arriver à effectuer tous les types de réparations, et aimer les défis. J'estime que je ne connais pas le quart de mon métier. Je dois donc poursuivre ma formation en me référant aux manuels techniques.» Éric ajoute que le métier exige des travailleurs consciencieux. «Si je me dépêche de finir une réparation et que je visse mal une roue, cela peut engendrer un grave accident de la route. Le mécanicien de véhicules lourds routiers a la responsabilité de s'assurer que les camions qui prennent la route sont vraiment en bon état.»

> «Les tâches sont variées en ce qui concerne les réparations. Je peux changer des radiateurs, des démarreurs, des alternateurs et des pompes à eau. L'aspect le plus difficile du métier est d'établir le diagnostic.»
>
> — Éric Charlebois

DÉFIS ET PERSPECTIVES

«Les employeurs recherchent des personnes qui possèdent non seulement des connaissances techniques, mais aussi les aptitudes nécessaires à leur épanouissement personnel. Désormais, dans le cadre de la formation, on travaille aussi le développement de la personnalité de l'élève», souligne André Paradis, directeur du Centre de formation en mécanique de véhicules lourds de Saint-Romuald. Durant les cours, les élèves sont donc évalués sur certaines aptitudes, telles que la débrouillardise, l'autonomie et le sens de l'initiative.

Ce métier-là ne s'improvise pas : «Pas question d'apprendre sur le tas. La technologie est aujourd'hui tellement poussée et progresse si vite qu'il faut absolument avoir une formation pour faire sa place sur le marché du travail», ajoute M. Paradis. Et même avec son diplôme en poche, le mécanicien devra garder ses connaissances à jour pour suivre l'évolution technologique. 03/01 (mise à jour 03/07)

HORAIRES ET MILIEUX DE TRAVAIL

- Le mécanicien de véhicules lourds routiers peut travailler pour les concessionnaires de véhicules lourds, les compagnies de transport, les garages indépendants, les municipalités.

- Le travail se déroule généralement le jour et le soir, mais il est possible de travailler la nuit et la fin de semaine dans certaines compagnies de transport.

- La semaine de travail compte environ 40 heures.

DEP

Mécanique marine

C'est en effectuant des excursions d'observation de baleines, dans le cadre de son travail en Gaspésie, que Gérard Boulanger a choisi le métier qu'il voulait exercer. «Je devais m'occuper de l'entretien du bateau d'excursion, et c'est comme ça que j'ai découvert la mécanique marine.»

PROG. 1250
PRÉALABLE : 1, VOIR PAGE 20

1 350 HEURES

CHAMPS D'INTÉRÊT

- aime bricoler, observer, démonter et comprendre le fonctionnement des mécanismes et des systèmes, particulièrement dans le domaine maritime
- aime analyser et résoudre des problèmes pratiques
- aime se sentir autonome et responsable

APTITUDES

- sens de l'observation et facilité d'apprentissage intellectuel et technique
- curiosité, mémoire, discernement et ingéniosité
- dextérité, concentration, acuité visuelle et auditive
- initiative et sens des responsabilités
- persévérance, entregent et mobilité géographique

RÔLE ET TÂCHES

Gérard travaille aujourd'hui à Montréal pour Marindustriel, une entreprise spécialisée notamment dans la vente de génératrices, de transmissions marines et de turbines de bateaux. «J'effectue toutes les réparations sur les appareils que l'on vend. Je répare donc des turbines de bateaux et je remonte des transmissions marines. Je fais aussi des mises au point sur des moteurs qui servent à faire fonctionner de grosses machines, comme des scies à béton», explique ce diplômé du Centre spécialisé des pêches de Grande-Rivière.

Le mécanicien de la marine est apte à réparer la machinerie qui se trouve sur les bateaux. Sa formation lui permet de comprendre le fonctionnement des appareils de propulsion (les moteurs), des systèmes hydrauliques et des génératrices d'électricité. Il s'occupe de l'entretien mécanique de l'embarcation, mais il doit aussi être capable de réparer un grille-pain ou de déboucher un lavabo!

Les diplômés possèdent également des notions sur le fonctionnement des systèmes de réfrigération qui permettent la conservation du poisson. Le mécanicien à bord est un peu comme un «super col bleu» qui doit savoir régler tous les genres de problèmes. Il voit aussi à la sécurité et à la propreté des machines.

Gérard, qui est originaire de Percé, n'a pas perdu le pied marin. Il n'écarte d'ailleurs pas la possibilité de travailler un jour sur un bateau. «J'ai la mer

Pour connaître les établissements qui offrent ce programme : www.inforoutefpt.org

	Salaire hebdo moyen	Proportion de dipl. en emploi	Emploi relié	Chômage	Nombre de diplômés
2008	N/D	N/D	N/D	N/D	N/D
2007	N/D	N/D	N/D	N/D	N/D
2006	N/D	N/D	N/D	N/D	N/D

Statistiques tirées de la *Relance* - Ministère de l'Éducation, du Loisir et du Sport.

Comment interpréter l'information, page 17.

en moi, souligne-t-il, et je m'en ennuie beaucoup. Mais pour l'instant, je ne suis pas prêt à partir longtemps sur l'eau, car mes enfants sont encore jeunes. Je prends donc de l'expérience comme mécanicien.»

QUALITÉS RECHERCHÉES

«Le mécanicien doit être minutieux et patient s'il veut effectuer de bonnes réparations», soutient Gérard. Il doit aussi être capable d'exécuter son travail en équipe. «En atelier, il faut savoir s'entendre avec nos collègues et être à leur écoute. Je travaille avec un mécanicien de 64 ans qui a œuvré dans divers milieux, et j'apprends beaucoup de son expérience.»

Le travail d'équipe est encore plus important pour les mécaniciens qui exercent leur métier sur un bateau. «Je n'ai encore jamais vécu cette expérience, mais je peux très bien l'imaginer. C'est un petit monde qui se côtoie pendant des semaines. Il faut certainement savoir se parler pour éviter les conflits.»

Le mécanicien de la marine est apte à réparer la machinerie qui se trouve sur les bateaux. Sa formation lui permet de comprendre le fonctionnement des appareils de propulsion, des systèmes hydrauliques et des génératrices d'électricité.

«La polyvalence est une autre qualité essentielle», soutient Éric D'Amours, qui enseigne la mécanique marine au Centre spécialisé des pêches de Grande-Rivière. «Un matin, le diplômé est plombier; l'après-midi, il est mécanicien; et le lendemain, il effectue des travaux d'électricité. Il doit maîtriser un ensemble de connaissances techniques et être habile de ses mains. La débrouillardise est aussi importante, puisqu'en mer on est seul au monde!»

DÉFIS ET PERSPECTIVES

Le mécanicien de la marine doit continuellement parfaire sa formation. «Les techniques et les produits évoluent rapidement, assure M. D'Amours. Les diplômés sont obligés de se tenir au courant des nouveautés.»

L'enseignant ne craint pas pour l'avenir de la profession. «Je suis certain qu'au cours des prochaines années on va tenter d'exploiter davantage l'océan. Ce qui va nécessairement avantager les mécaniciens de la marine.»

Selon lui, les diplômés ont de belles perspectives d'avancement dans leur carrière. Ils ont la possibilité d'obtenir des brevets qui leur permettront de travailler sur de plus gros navires. Les intéressés doivent pour cela accumuler du temps de travail en mer et réussir les examens de Transports Canada. 02/01

Photo : Centre spécialisé des pêches

HORAIRES ET MILIEUX DE TRAVAIL

- Les mécaniciens de la marine travaillent généralement sur des bateaux de pêche ou des navires de transport.

- Les diplômés ont acquis assez de connaissances pour travailler dans diverses entreprises sur terre.

- On peut les trouver dans des compagnies de transport, à l'entretien de camions, d'autobus ou de tracteurs.

- Les entreprises de vente et de réparation d'équipements de bateaux engagent aussi des mécaniciens de la marine.

- Certains optent pour l'entretien d'appareils, dans des usines de transformation des produits de la pêche.

- Le travail sur les bateaux est saisonnier. Il se déroule habituellement de mars à octobre.

- Le mécanicien doit alors être disponible pour partir cinq jours consécutifs en mer.

- Dans les usines, le mécanicien travaille selon un horaire rotatif et doit être disponible le jour, le soir et la nuit.

DEP

Service-conseil à la clientèle en équipement motorisé

Il est presque révolu le temps où le propriétaire d'un véhicule faisait directement affaire avec son garagiste, dans le bruit et l'odeur d'essence de l'atelier! Aujourd'hui, on consulte plutôt un conseiller technique comme Philippe Gemme, qui travaille pour le concessionnaire automobile Trois Diamants Chrysler, à Mascouche.

PROG. 5258
PRÉALABLE : 1, VOIR PAGE 20

930 HEURES

CHAMPS D'INTÉRÊT
- aime travailler avec la clientèle
- aime cerner les besoins des clients
- aime chercher et fournir des renseignements
- est intéressé par la mécanique

APTITUDES
- sociabilité
- aptitude à vulgariser des informations techniques
- autonomie et sens des responsabilités
- entregent et patience
- sens de l'organisation
- capacité de travailler sous pression

RÔLE ET TÂCHES

Philippe se définit comme l'intermédiaire entre le client et le mécanicien. «Lorsqu'un client se présente au comptoir, j'ouvre d'abord un bon de travail à l'ordinateur et j'y inscris les différents problèmes qu'il a constatés dans son véhicule. J'imprime ensuite le bon et le transmets au mécanicien. Ce dernier me donne une estimation de la durée et du coût des réparations. Ensuite, je communique cette information au propriétaire de la voiture pour qu'il me donne son approbation et que l'on puisse procéder aux réparations.»

Outre son rôle d'intermédiaire, Philippe peut également conseiller le client dans ses choix. «Je n'ai peut-être pas les compétences pour réparer un véhicule, mais je m'y connais un peu. Par exemple, je peux aider le client qui se demande s'il devrait opter pour des pièces neuves ou reconstruites, ou encore lui rappeler de changer son huile à transmission.»

Philippe s'assure aussi de rester en contact avec le client pendant toute la durée des réparations, qu'il s'agisse d'un simple changement d'huile ou d'un problème plus important qui demandera plusieurs jours de travail. «Dans ce dernier cas, je vais l'appeler chaque jour pour faire un suivi, et si nécessaire, lui demander son approbation pour procéder à une réparation supplémentaire.»

À 24 ans, Philippe est titulaire d'un diplôme d'études professionnelles (DEP) en service-conseil à la clientèle en équipement motorisé, obtenu à l'École des métiers de l'équipement motorisé de Montréal. À l'âge de 18 ans, il a commencé à travailler chez un concessionnaire automobile,

Pour connaître les établissements qui offrent ce programme : **www.inforoutefpt.org**

	Salaire hebdo moyen	Proportion de dipl. en emploi	Emploi relié	Chômage	Nombre de diplômés
2008	619 $	89,2 %	84,4 %	5,7 %	58
2007	544 $	91,2 %	90,3 %	6,1 %	53
2006	546 $	80,6 %	69,0 %	12,1 %	63

Statistiques tirées de la *Relance* - Ministère de l'Éducation, du Loisir et du Sport.

Comment interpréter l'information, page 17.

où il occupait plusieurs fonctions dont livreur de pièces, responsable de location d'autos et homme de cour (personne chargée de placer les véhicules dans la cour du concessionnaire, de remplir leur réservoir d'essence et de faire des essais routiers). «Je voulais monter dans la hiérarchie. Comme il y a une forte demande de conseillers techniques, j'ai choisi de m'inscrire à ce programme», souligne Philippe.

QUALITÉS RECHERCHÉES

Le service à la clientèle demande d'aimer travailler avec le public, d'avoir de l'entregent, d'être patient et de posséder une bonne aptitude à communiquer. Philippe ajoute qu'il est important de rester calme devant un client insatisfait. «On ne doit pas le prendre de façon personnelle; il faut faire preuve de diplomatie et tenter de régler la situation. De plus, le prochain client ne doit pas subir notre mauvaise humeur! On doit repartir sur de bonnes bases.»

La capacité de travailler sous pression et le sens de l'organisation sont également des qualités essentielles lors des périodes de pointe, quand le conseiller est sollicité de tous côtés. Pour sa part, Philippe tient une feuille de route où il inscrit les coordonnées de ses clients ainsi que des informations à leur sujet (numéro de téléphone, heure à laquelle chacun veut récupérer son véhicule, numéro de bon de travail, etc.) afin de ne rien oublier et de pouvoir les contacter en tout temps en cas de pépin, par exemple s'il faut effectuer des réparations supplémentaires.

DÉFIS ET PERSPECTIVES

Le service à la clientèle est la priorité du conseiller technique, explique Daniel Daviault, enseignant au Centre de formation professionnelle de l'automobile de Sainte-Thérèse. «Le défi du diplômé est de fidéliser ses clients. Il doit établir une relation de confiance avec eux en leur suggérant de faire faire les réparations qui sont réellement nécessaires au véhicule. Par ailleurs, parce que la technologie des automobiles évolue constamment, le diplômé doit tenir ses connaissances à jour et savoir vulgariser l'information pour les clients afin de mieux les conseiller.» Daniel Daviault souligne enfin que de plus en plus de femmes se destinent à ce métier. 02/05

> «Le défi du diplômé est de fidéliser ses clients. Il doit établir une relation de confiance avec eux en leur suggérant de faire faire les réparations qui sont réellement nécessaires au véhicule.»
>
> — Daniel Daviault

Photo : École des métiers de l'équipement motorisé de Montréal

HORAIRES ET MILIEUX DE TRAVAIL

• Les conseillers techniques peuvent travailler chez des concessionnaires automobiles, dans des garages indépendants, des centres d'esthétique automobile, des centres de vente et de réparation d'autobus, de camions et de véhicules récréatifs, ainsi que dans les grandes surfaces (Walmart, Canadian Tire, Sears, etc.).

• Généralement, ils sont appelés à travailler à l'intérieur, derrière un comptoir.

• Les horaires de travail varient selon les employeurs. Chez un concessionnaire automobile, le conseiller travaille de 7 h à 18 h les jours de semaine. Dans les grandes surfaces, il peut travailler le jour, le soir et les fins de semaine.

DEP

Vente de pièces mécaniques et d'accessoires

«J'ai toujours dit que j'allais faire un métier non traditionnel. Je voulais prouver aux hommes que les femmes peuvent réussir dans les mêmes domaines qu'eux», affirme Caroline Marquis, qui a suivi la formation en vente de pièces mécaniques et d'accessoires.

PROG. 5194
PRÉALABLE : 1, VOIR PAGE 20

1 095 HEURES

CHAMPS D'INTÉRÊT

- aime parler et travailler avec la clientèle (cerner le besoin, écouter, conseiller)
- aime apprendre
- aime chercher et fournir des renseignements
- atout : aimer la mécanique

APTITUDES

- curiosité et mémoire
- sociabilité, facilité et clarté d'expression verbale
- efficacité et esprit de collaboration
- atout : bilinguisme

RÔLE ET TÂCHES

Caroline travaille aujourd'hui à Chicoutimi, dans une entreprise qui vend des pièces industrielles aux usines, aux manufactures et aux ateliers d'outillage. À titre de commis aux pièces, elle prépare de A à Z les commandes de ses clients. «Je prends d'abord les commandes au téléphone. Je dois ensuite m'assurer que les pièces sont disponibles et je les commande auprès de nos fournisseurs.

«C'est moi qui reçois la marchandise et la vérifie, ajoute Caroline. Je dois être certaine que les pièces répondent à nos normes de qualité. Je procède ensuite à la préparation des paquets de chacun de mes clients. Chaque jour, à 13 h, j'expédie mes colis grâce à différentes compagnies de transport.»

À chacune de ces étapes, Caroline entre les données dans un système informatique : les pièces commandées, la marchandise reçue et les colis envoyés.

«En fin d'après-midi, j'effectue la facturation de toutes les commandes expédiées. Mon travail s'arrête là puisque ce n'est pas moi qui reçois les paiements. Cela se fait dans une succursale de Montréal.»

Le travail du commis s'effectue généralement au comptoir des pièces, mais Caroline s'apprête à expérimenter une autre facette du métier. Elle prendra la route à titre de représentante de la compagnie. C'est-à-dire qu'elle se rendra directement chez les clients pour les rencontrer et leur présenter les nouveaux produits de l'entreprise.

Pour connaître les établissements qui offrent ce programme : **www.inforoutefpt.org**

	Salaire hebdo moyen	Proportion de dipl. en emploi	Emploi relié	Chômage	Nombre de diplômés
2008	526 $	77,9 %	76,9 %	10,0 %	137
2007	509 $	78,0 %	72,4 %	10,3 %	151
2006	476 $	77,2 %	83,1 %	14,1 %	109

Statistiques tirées de la *Relance* - Ministère de l'Éducation, du Loisir et du Sport.

Comment interpréter l'information, page 17.

QUALITÉS RECHERCHÉES

Pas besoin d'être mécanicien pour devenir commis, mais le diplômé doit tout de même posséder un «esprit mécanique» pour identifier des pièces et comprendre les principes de fonctionnement.

Par contre, il est essentiel d'avoir un bon sens de l'organisation. «Je fais tout en même temps, raconte Caroline. Je réponds au téléphone pendant que je prépare mes colis. Il ne faut pas que je perde le fil de mes affaires. Je dois aussi assurer le suivi des commandes : rappeler les fournisseurs qui ne m'ont pas envoyé les pièces demandées et téléphoner aux clients pour les avertir du retard. J'ai beaucoup de responsabilités.» Elle doit aussi user de débrouillardise pour dénicher toutes les pièces que les clients lui demandent.

«Il ne faut pas avoir peur d'apprendre, ajoute Caroline. Il y a sans cesse des nouvelles pièces qui font leur apparition sur le marché. J'ai des collègues de travail qui ont 10 ans d'expérience et qui en apprennent encore sur le métier!»

Les diplômés en vente de pièces mécaniques ont reçu la formation pour gérer un entrepôt. Ils savent aussi travailler avec des logiciels de gestion qui évaluent le roulement des pièces de l'entreprise.

DÉFIS ET PERSPECTIVES

«Il y a 20 ans, le rayon des pièces mécaniques était considéré comme la pire des sections d'une entreprise parce qu'elle était toujours déficitaire, souligne Louis Côté, enseignant au Centre de formation professionnelle du Lac-Abitibi, à La Sarre. Peu à peu, les concessionnaires automobiles, par exemple, se sont aperçus qu'une saine gestion des stocks de pièces assurait une rentabilité.

«C'est de plus en plus rare aujourd'hui qu'une personne sans formation arrive à trouver un emploi dans le domaine, assure l'enseignant. Les employeurs veulent des commis qui ont de bonnes connaissances parce qu'ils n'ont pas le temps de les former. Le DEP en vente de pièces mécaniques est devenu à bien des endroits un critère d'embauche. Les diplômés doivent cependant s'attendre à commencer au bas de l'échelle. Souvent, avant de se retrouver au comptoir des pièces, ils doivent travailler comme manutentionnaires dans l'entrepôt de l'entreprise. Ce séjour leur permet tout de même de repérer les pièces et de comprendre le fonctionnement de la compagnie.» 02/01

HORAIRES ET MILIEUX DE TRAVAIL

- Le commis de pièces mécaniques peut être embauché par : les concessionnaires automobiles; les magasins de pièces automobiles; les sections mécaniques des magasins à grande surface (Canadian Tire); les magasins de pièces de véhicules lourds (camions, autobus, tracteurs); les concessionnaires de véhicules récréatifs (roulottes, caravanes).

- L'horaire de travail du diplômé en vente de pièces mécaniques et d'accessoires se déroule habituellement de jour, de 8 h à 17 h.

- Certains magasins sont ouverts le soir, les jeudis et vendredis, de même que le samedi, de 9 h à 17 h.

ASP

Mécanique de moteurs diesels et contrôles électroniques

DEP 5049 / 5055

Depuis que les véhicules sont dotés de systèmes informatiques complexes, le métier de mécanicien a beaucoup évolué. L'ASP vient répondre aux nouvelles réalités du marché.

PROG. 5259	810 HEURES
PRÉALABLE : 3, VOIR PAGE 20	

RÔLE ET TÂCHES

«Aujourd'hui, les véhicules sont munis d'un système intégré de gestion électronique – qui contrôle entre autres les systèmes de freinage et de transmission – relié à un réseau informatique. Le finissant est formé pour comprendre les interrelations entre ce système et le réseau informatique», affirme André Paradis, directeur du Centre de formation en mécanique de véhicules lourds de Saint-Romuald. Le travail d'un mécanicien qui a terminé l'ASP consiste principalement à dépister l'origine d'une panne, qu'elle soit mécanique ou électrique. Par exemple, si le régulateur de vitesse ne fonctionne plus, l'employé, après avoir élaboré une méthode de travail, fait des vérifications jusqu'à ce qu'il trouve la source du problème. Lorsqu'il a découvert, par exemple, qu'un fil spécifique a été coupé, il est en mesure d'effectuer la réparation. Il peut aussi travailler sur les systèmes d'air climatisé et de freins ABS, contrairement au finissant du DEP en mécanique de véhicules lourds routiers ou du DEP en mécanique d'engins de chantier.

DÉFIS ET PERSPECTIVES

Les élèves du DEP ont avantage à faire l'ASP, qui procure de meilleures chances d'emploi et possibilités d'avancement. «Les finissants de l'ASP ont un niveau de compétence très élevé qui reflète l'évolution du métier. Ils ont plus de chances d'être engagés chez un concessionnaire qui offre des garanties sur l'équipement récent, car ils sont aptes à travailler avec des technologies de pointe et les logiciels apparentés, ce qui n'est pas le cas des finissants du DEP», affirme M. Paradis. Le principal défi consiste à se tenir à jour, car les nouvelles technologies sont en perpétuel mouvement. 03/07

HORAIRES ET MILIEUX DE TRAVAIL

- Les semaines comportent en moyenne 40 heures et la plage horaire s'étend généralement de 8 h à 17 h. Certains employeurs offrent des quarts de travail de soir.

- Il est possible de travailler pour un concessionnaire, dans un garage indépendant ou à son compte.

- La demande est très forte dans le secteur des véhicules lourds et de chantier. On peut donc travailler pour un entrepreneur de construction ou une compagnie minière.

Pour connaître les établissements qui offrent ce programme : www.inforoutefpt.org

	Salaire hebdo moyen	Proportion de dipl. en emploi	Emploi relié	Chômage	Nombre de diplômés
2008	694 $	90,5 %	94,4 %	7,3 %	58
2007	689 $	92,5 %	94,6 %	5,1 %	60
2006	640 $	82,9 %	91,2 %	8,1 %	56

Statistiques tirées de la *Relance* - Ministère de l'Éducation, du Loisir et du Sport.

Comment interpréter l'information, page 17.

ASP

DEP 5154

Mécanique de motocyclettes

Les motocyclettes ont une mécanique complexe; c'est pourquoi leur entretien doit être confié à des spécialistes. Les concessionnaires embauchent des mécaniciens de motocyclettes pour qu'ils effectuent la vérification et la réparation des différentes composantes.

PROG. 5232
PRÉALABLE : 3, VOIR PAGE 20

540 HEURES

RÔLE ET TÂCHES

Le mécanicien de motocyclettes fait le diagnostic des bris électriques, électroniques et mécaniques de tous les types de motos. Il effectue l'entretien et la réparation, notamment, des systèmes d'allumage, de charge (batterie et alternateur), de démarrage et de freinage. Au besoin, il démonte et remonte le moteur, le cadre, le système de roulement et les suspensions avant et arrière. Nouveauté sur le marché : il fait de plus l'analyse des gaz d'échappement et la vérification des sacs gonflables.

DÉFIS ET PERSPECTIVES

La mécanique d'une motocyclette est beaucoup plus compliquée que celle d'autres véhicules. «Un moteur comprend de 2 500 à 3 000 pièces différentes, explique Henri Lebarbé, enseignant en mécanique de motocyclettes à l'École des métiers de l'équipement motorisé de Montréal. Lorsqu'on démonte un moteur, on doit se rappeler où vont les pièces pour éviter les erreurs d'assemblage.» Pour cela, le mécanicien devra travailler avec le manuel d'atelier. Ce travail exige dextérité, patience et concentration. «Il faut avoir le souci du travail bien fait, dit l'enseignant. On n'a pas droit à l'erreur.»

L'évolution de la technologie oblige le diplômé à suivre deux ou trois cours de perfectionnement par année. Cette formation lui permettra d'acquérir une expertise.

Le diplômé sera d'abord apprenti avant de devenir mécanicien. Avec l'expérience, il pourra occuper les postes de directeur de service, de conseiller technique, de chef d'atelier ou de chef de service. 03/07

HORAIRES ET MILIEUX DE TRAVAIL

• Les diplômés travaillent pour les concessionnaires, les importateurs de motocyclettes et les vendeurs de véhicules d'occasion et de pièces réusinées.

• Ils travaillent selon un horaire régulier, du lundi au vendredi, de 8 h à 18 h.

• Au printemps, les mécaniciens effectuent souvent des heures supplémentaires le soir et le samedi.

Pour connaître les établissements qui offrent ce programme : **www.inforoutefpt.org**

	Salaire hebdo moyen	Proportion de dipl. en emploi	Emploi relié	Chômage	Nombre de diplômés
2008	N/D	N/D	N/D	N/D	N/D
2007	569 $	57,1 %	33,3 %	33,3 %	8
2006	503 $	87,5 %	100,0 %	0,0 %	13

Statistiques tirées de la *Relance* - Ministère de l'Éducation, du Loisir et du Sport.

Comment interpréter l'information, page 17.

FABRICATION MÉCANIQUE

CHAMPS D'INTÉRÊT

- aime la technologie, la mécanique et l'électronique
- aime travailler avec des machines automatisées ou informatisées et en comprendre le fonctionnement
- aime observer, manipuler, vérifier et calculer
- aime analyser et résoudre des problèmes
- accorde de la valeur à la précision, à l'efficacité et à la qualité du travail
- aime travailler en milieu industriel

APTITUDES

- sens de l'observation et grande facilité d'apprentissage intellectuel et technique
- esprit logique, méthodique et analytique
- dextérité, rapidité et précision d'exécution
- curiosité, mémoire, discernement et ingéniosité
- autonomie, minutie et sens des responsabilités
- atout : bilinguisme

 **RESSOURCES INTERNET**

INFOROUTE DE LA FORMATION PROFESSIONNELLE ET TECHNIQUE
http://inforoutefpt.org
Le site incontournable pour tout savoir sur les programmes de formation.

COMITÉ SECTORIEL DE LA MAIN-D'ŒUVRE DANS LA FABRICATION MÉTALLIQUE INDUSTRIELLE
www.csmofmi.qc.ca
Ce site propose une foule de renseignements sur l'industrie de la fabrication métallique industrielle, la formation et les métiers qui y sont liés.

COMITÉ SECTORIEL DE MAIN-D'ŒUVRE EN AÉROSPATIALE (CAMAQ)
www.camaq.org
En plus de présenter les objectifs et les principales réalisations de cet organisme, le site du CAMAQ offre une série de publications portant sur le secteur, la situation de l'emploi et la formation.

DEP

Conduite et réglage de machines à mouler*

Après avoir été soldat d'infanterie pendant trois ans, Serge Sinclair a décidé de changer de métier. Il a été attiré par le domaine de la plasturgie. «Comme cette industrie est encore jeune, j'ai tout de suite vu qu'il y avait place pour le développement, l'innovation et l'avancement.»

PROG. 5193
PRÉALABLE : 1, VOIR PAGE 20

1 350 HEURES

CHAMPS D'INTÉRÊT

- aime la technologie, la mécanique et l'électronique
- aime travailler avec des machines automatisées ou informatisées et en comprendre le fonctionnement
- aime observer, manipuler, vérifier et calculer
- aime résoudre des problèmes

APTITUDES

- sens de l'observation et grande facilité d'apprentissage intellectuel et technique
- esprit logique, méthodique et analytique
- dextérité, rapidité et précision d'exécution
- autonomie, minutie et sens des responsabilités

RÔLE ET TÂCHES

Le conducteur-régleur de machines à mouler voit au bon fonctionnement des appareils qui servent à donner une forme au caoutchouc ou à la matière plastique et en assure la maintenance.

Il peut s'agir d'une machine qui moule des poubelles, des seaux, des tuyaux ou des jouets en plastique, mais aussi des pneus de voiture, des courroies de transmission ou des semelles en caoutchouc. En plus de s'assurer du bon fonctionnement de l'outillage, il installe les moules sur la machine et il effectue des réparations mineures aux appareils. Il joue également un rôle dans le contrôle de la qualité des produits auxquels il donne forme.

La formation suivie par le diplômé comprend des notions d'hydraulique, de pneumatique, d'électricité et d'entretien des machines.

Serge Sinclair travaille chez Recyc RPM, une entreprise spécialisée dans le recyclage de matières plastiques. «J'ai réussi à devenir directeur de la production avec mes seules connaissances acquises au Centre sectoriel des plastiques et, bien sûr, grâce à mon expérience. Aujourd'hui, je suis responsable, entre autres, de la gestion de la production et des activités de l'entreprise. Ma bonne connaissance des résines me permet de coordonner la production des mélanges de matières plastiques.»

Serge dirige également les employés, forme les recrues et essaie de trouver de nouveaux moyens pour optimiser le rendement de l'usine.

Pour connaître les établissements qui offrent ce programme : www.inforoutefpt.org

	Salaire hebdo moyen	Proportion de dipl. en emploi	Emploi relié	Chômage	Nombre de diplômés
2008	604 $	91,3 %	85,7 %	0,0 %	32
2007	576 $	92,9 %	69,2 %	7,1 %	26
2006	657 $	100,0 %	80,0 %	0,0 %	7

Statistiques tirées de la *Relance* - Ministère de l'Éducation, du Loisir et du Sport.

Comment interpréter l'information, page 17.

QUALITÉS RECHERCHÉES

«Quand j'ai commencé à travailler, je m'intéressais à plusieurs aspects de l'usine et je posais beaucoup de questions, explique Serge. J'essayais aussi de proposer de nouvelles idées pour améliorer les procédés et l'efficacité de l'entreprise. J'ai fait preuve de débrouillardise et d'initiative, et mes patrons ont vu que j'avais le potentiel pour avancer.»

Les diplômés doivent être minutieux et consciencieux, puisqu'ils travaillent avec des équipements très coûteux. L'esprit d'équipe est également un atout essentiel, même si la majeure partie du travail s'effectue en solo. «Il est important de parler avec ceux qui prennent la relève pour transmettre l'information sur les problèmes expérimentés ou les améliorations apportées.»

DÉFIS ET PERSPECTIVES

«Les diplômés doivent s'adapter aux nouvelles technologies», souligne Louise Maillette, enseignante au DEP en conduite et réglage de machines à mouler au Centre de formation professionnelle de Memphrémagog.

Les diplômés doivent être minutieux et consciencieux, puisqu'ils travaillent avec des équipements très coûteux.

Pour suivre les avancées dans ce domaine, il est donc impératif que les opérateurs gardent leurs connaissances à jour, notamment en ce qui concerne l'automatisation et la robotisation des machines.

Avec les changements technologiques, le travail s'effectue aussi plus vite. Diverses techniques de production commencent à être introduites, comme le SMED (*Single Minute Exchange of Die*), qui permet de changer rapidement les outils lors du passage d'un produit à un autre. La capacité d'adaptation constitue donc une qualité essentielle afin de rester dans la course.

L'expérience aidant, le diplômé peut accéder aux postes de superviseur, de chef d'équipe ou de contrôleur de la qualité. 05/03 (mise à jour 04/07)

---

* *Cette formation offre la possibilité de travailler dans les industries du plastique ou du caoutchouc.*

Photo: PPM

HORAIRES ET MILIEUX DE TRAVAIL

- On trouve les conducteurs-régleurs de machines à mouler dans les usines de transformation du caoutchouc et de fabrication de matières plastiques.

- Le moulage du caoutchouc procure un environnement de travail moins confortable que le moulage des matières plastiques, surtout en ce qui a trait aux odeurs et aux températures.

- Les journées de travail durent de 8 à 12 heures pour un total de 40 heures hebdomadaires, selon les horaires de production de l'usine.

- Comme certaines entreprises n'arrêtent jamais leur production, les employés peuvent travailler selon un horaire rotatif de jour, de soir et de nuit. Plusieurs sont aussi en poste la fin de semaine.

DEP

Dessin industriel

Éric Bienvenue avait déjà en poche un DEP en mécanique automobile quand il s'est inscrit en dessin industriel. «Je ne suis même pas allé sur le marché du travail comme mécanicien. Je me suis aperçu que ce qui m'intéressait vraiment, c'était le dessin et l'informatique.»

PROG. 5225
PRÉALABLE : 1, VOIR PAGE 20

1 800 HEURES

CHAMPS D'INTÉRÊT
• aime le calcul et le dessin (technique)
• aime utiliser l'informatique
• aime le travail d'équipe

APTITUDES
• facilité pour les mathématiques et le dessin technique
• facilité d'apprentissage de l'informatique
• minutie et patience

RÔLE ET TÂCHES

Éric a plongé à fond dans son nouveau domaine au point de s'inscrire aux Olympiades de la formation professionnelle, au printemps 2000. Il a remporté la médaille d'or dans sa région ainsi que la médaille d'argent lors de la compétition provinciale.

Il travaille aujourd'hui pour Venmar CES inc., une entreprise de Saint-Léonard-d'Aston, au nord de Drummondville, qui fabrique des systèmes de ventilation pour les édifices commerciaux. Éric fait partie de l'équipe des dix dessinateurs chargés de tracer les plans des appareils qui y sont fabriqués. «C'est un ingénieur qui fait le croquis du système de ventilation suivant les besoins du client. Mon travail consiste ensuite à dessiner, à partir de ce croquis, les plans de la machine pièce par pièce.»

Éric travaille autant aux plans qui serviront à la fabrication et au montage de l'appareil, qu'aux dessins d'ensemble qui permettront au client de visualiser le système qui sera installé sur le toit de son commerce. «La conception d'une pièce nécessite de 20 à 100 dessins selon les dimensions du système, souligne Éric. Il faut oublier les crayons et la planche à dessin! On fonctionne vraiment à l'ère du dessin par ordinateur.» Il utilise surtout le logiciel Autocad.

«Je remplis aussi beaucoup de paperasse. Je dois entrer dans une base de données les spécifications concernant la grandeur des feuilles de tôle à utiliser, suivant mes plans pour la production.»

Pour connaître les établissements qui offrent ce programme : **www.inforoutefpt.org**

	Salaire hebdo moyen	Proportion de dipl. en emploi	Emploi relié	Chômage	Nombre de diplômés
2008	574 $	77,6 %	86,2 %	8,2 %	164
2007	542 $	73,9 %	79,0 %	17,1 %	149
2006	539 $	77,8 %	75,3 %	10,9 %	187

Statistiques tirées de la *Relance* - Ministère de l'Éducation, du Loisir et du Sport.

Comment interpréter l'information, page 17.

QUALITÉS RECHERCHÉES

Un aspect incontournable : le dessinateur doit avoir le souci du détail. «C'est un travail qui exige de la précision et de la minutie, explique Éric. Parfois ce sont vraiment de toutes petites pièces qu'on doit dessiner.

«L'esprit d'équipe est également indispensable dans ce métier. On est dix dessinateurs dans le même bureau, à travailler aux mêmes projets. C'est important de se parler pour ajuster nos flûtes et être bien certains que nos dessins se complètent.»

Le talent en dessin n'est toutefois pas nécessaire, estime Robert Cusson, enseignant en dessin industriel au Centre Bernard-Gariépy de Sorel-Tracy. Les diplômés n'ont pas à faire de croquis à main levée, puisque tous les dessins se font par ordinateur. «Heureusement qu'il ne faut pas être bon en dessin parce que je n'aurais jamais fait ce métier-là, lance à la blague l'enseignant. Ce qui est essentiel, c'est d'aimer les mathématiques. Le dessinateur doit constamment calculer des mesures de précision aux dix millièmes de pouce près.»

Depuis quatre ans, Robert Cusson remarque une hausse de la demande de dessinateurs en industrie. Une augmentation qu'il explique, entre autres, par le départ à la retraite de dessinateurs expérimentés.

DÉFIS ET PERSPECTIVES

«La plupart des dessinateurs veulent un jour devenir concepteurs, souligne M. Cusson. C'est-à-dire qu'ils veulent travailler à la conception d'appareils plutôt que de se consacrer au dessin du détail de chacune des pièces.» L'enseignant explique qu'il est possible, avec le seul DEP en dessin industriel, d'accéder à ce genre de poste. «Les possibilités d'avancement sont multiples dans ce métier, ajoute M. Cusson. Il n'est pas rare de voir des diplômés parfaire leur formation au cégep, en techniques de génie mécanique, et même jusqu'à l'École Polytechnique pour devenir ingénieurs.»

Le marché de l'emploi de ces professionnels se modifie. «On note une émergence de dessinateurs qui deviennent travailleurs autonomes et qui effectuent des contrats pour différentes entreprises. De nos jours, les grandes industries engagent de moins en moins de gens dans leurs bureaux. Elles ne veulent pas se retrouver avec la responsabilité de ces employés s'il y a une baisse de leur production. Les industries préfèrent donc donner des contrats. C'est pourquoi on voit naître davantage de petites entreprises de dessin qui emploient de 5 à 10 dessinateurs.» 02/01

Photo : C.S. de Lund

HORAIRES ET MILIEUX DE TRAVAIL

- Le dessinateur peut être engagé par tous les types d'entreprises de fabrication industrielle (automobile, aéronautique, domaine manufacturier, etc.) et des bureaux de dessinateurs.

- Le diplômé peut aussi devenir travailleur autonome et réaliser chez lui des contrats de dessins pour diverses entreprises.

- Le travail du dessinateur industriel se déroule selon un horaire de bureau : du lundi au vendredi, de 8 h à 16 h.

- La semaine de travail compte environ 40 heures, mais il y a possibilité de faire des heures supplémentaires.

Mise en œuvre de matériaux composites

La mise en œuvre de matériaux composites permet, notamment, de fabriquer des pièces d'avions, d'hélicoptères, de bateaux de plaisance et de motomarines, des carrosseries et des pièces automobiles. Pour sa part, François Fortier participe à la production de capots pour les camions.

PROG. 5267
PRÉALABLE : 1, VOIR PAGE 20

900 HEURES

CHAMPS D'INTÉRÊT

- aime faire un travail manuel en usine et en équipe
- aime effectuer un travail de précision, de qualité et d'efficacité
- aime manipuler et transformer des matériaux pour créer des objets utiles

APTITUDES

- discipline, capacité de respecter les normes et règles de sécurité
- excellente résistance physique et respiratoire (produits toxiques)
- concentration et débrouillardise

RÔLE ET TÂCHES

François Fortier a obtenu son diplôme d'études professionnelles (DEP) en mise en œuvre de matériaux composites au Centre de formation professionnelle Saint-Joseph. Pendant quelques années, il a fabriqué des pièces d'autobus avant d'être embauché chez René Matériaux Composites, à Saint-Éphrem-de-Beauce, où il travaille désormais dans le domaine des capots de camions en fibre de verre. «Lorsqu'on moule des pièces, explique François, la première opération consiste à mettre la peinture dans le moule, c'est donc le travail du peintre. Ensuite, le lamineur se charge d'appliquer la fibre de verre par-dessus. Il s'agit de l'étendre adéquatement et d'ôter les bulles d'air. Puis, quand la fibre de verre est sèche, on démoule. Le finisseur effectue alors la finition des pièces à la main, en ôtant toutes les imperfections apparues pendant le processus de fabrication.»

François a fait partie de la chaîne de production pendant un an, en occupant successivement les postes de peintre, puis de lamineur et de finisseur, avant d'être promu superviseur. À ce titre, il a la responsabilité de l'ensemble de la chaîne, dans laquelle travaillent 30 personnes. «J'arrive avant tout le monde, je mets les machines en marche, je m'assure de l'approvisionnement en matière première, je planifie la production et, s'il y a des absences, j'attribue les tâches de façon que la chaîne puisse continuer à produire normalement. Enfin, je vois à ce que tout se déroule adéquatement dans la production et je vérifie la qualité des pièces.»

Pour connaître les établissements qui offrent ce programme : **www.inforoutefpt.org**

	Salaire hebdo moyen	Proportion de dipl. en emploi	Emploi relié	Chômage	Nombre de diplômés
2008	575 $	75,7 %	81,5 %	6,7 %	50
2007	594 $	65,3 %	63,3 %	17,9 %	68
2006	667 $	50,0 %	100,0 %	12,5 %	20

Statistiques tirées de la *Relance* - Ministère de l'Éducation, du Loisir et du Sport.

Comment interpréter l'information, page 17.

QUALITÉS RECHERCHÉES

«On doit être très polyvalent et ne pas avoir peur de se salir les mains», affirme François, expliquant qu'il faut être en mesure de travailler à tous les postes de la chaîne de production.

Dextérité manuelle, minutie et souci du détail sont aussi indispensables pour produire des pièces d'une qualité irréprochable. Et pour que tout aille rondement, il importe de savoir travailler en équipe et communiquer avec collègues et superviseur.

Ce travail nécessite également d'avoir une bonne condition physique et de ne pas souffrir d'allergies aux produits de finition, comme la résine époxy. Certains d'entre eux ont une odeur particulière et forte qu'il faut être en mesure de supporter. En outre, le travailleur doit rester vigilant quant à l'utilisation des produits chimiques, et s'assurer de respecter les normes de sécurité sanitaire et environnementale.

> Le travailleur doit rester vigilant quant à l'utilisation des produits chimiques, et s'assurer de respecter les normes de sécurité sanitaire et environnementale.

DÉFIS ET PERSPECTIVES

Professeur au Centre de formation professionnelle Saint-Joseph, Pierre Létourneau affirme que le monde des matériaux composites évolue et offre de bien meilleures conditions de travail qu'auparavant.

«Nous voyons arriver des matériaux contenant moins de solvants nocifs, explique-t-il, et les normes se resserrent de plus en plus en ce qui a trait aux émanations. Il arrive que certaines productions nécessitent de travailler avec des moules ouverts, mais on utilise de plus en plus les procédés à moules fermés pour éviter d'être exposé aux vapeurs de solvants.»

Les diplômés peuvent devenir peintres, lamineurs ou finisseurs dans les ateliers de production. 02/05

HORAIRES ET MILIEUX DE TRAVAIL

- Les diplômés travaillent dans des chaînes de production. Dans l'atelier, ils sont exposés à la poussière et aux odeurs fortes dégagées par les procédés chimiques de transformation des matériaux composites. Le port d'un masque et de gants en latex est généralement obligatoire.

- La plupart des diplômés travaillent selon un horaire régulier, de jour ou de soir.

DEP

Montage de câbles et de circuits

Le DEC en arts de Chantal Monette et ses 10 années d'expérience comme relationniste à la Fiducie Desjardins ne laissaient rien présager de son avenir professionnel. C'est une perte d'emploi qui l'a propulsée dans l'univers de l'aérospatiale!

PROG. 5269
PRÉALABLE : 1, VOIR PAGE 20

945 HEURES

CHAMPS D'INTÉRÊT

- aime la mécanique, l'électricité et l'électronique
- aime faire un travail manuel en usine
- aime observer, manipuler, vérifier et calculer
- accorde de la valeur à la précision, à l'efficacité et à la qualité du travail

APTITUDES

- facilité pour les mathématiques et la physique
- sens de l'observation et grande facilité d'apprentissage intellectuel et technique
- dextérité, rapidité et précision d'exécution
- atouts : acuité visuelle et bilinguisme

RÔLE ET TÂCHES

«J'ai beaucoup voyagé et j'ai toujours aimé les avions en plus d'être attirée par les mathématiques et l'électricité. C'est un peu ce qui a motivé mon changement de carrière.» Cette mère de famille, qui a obtenu son diplôme en janvier 2000, affirme que la combinaison d'ouvrière lui va comme un gant.

Chantal est installatrice avionique pour le Groupe d'Aviation Innotech-Execaire, de Dorval; elle est spécialisée dans l'entretien et la remise à neuf d'intérieurs d'avions d'affaires. La diplômée travaille à l'installation et à la réparation du câblage électrique des différents appareils des avions. On pense ici au tableau de bord, aux panneaux d'instrumentation et aux différents systèmes de navigation, de communication et de divertissement (téléviseurs, magnétoscopes, projecteurs de films, chaînes stéréo). Elle a appris à réaliser des câbles à partir de conducteurs électriques, à installer le câblage et à brancher les appareils.

«Le centre de services d'Innotech-Execaire s'apparente un peu à un garage de voitures, aménagé pour les avions, explique Chantal. Les fabricants d'aéronefs nous envoient des bulletins qui commandent des modifications techniques, un peu comme le font les concessionnaires automobiles pour un rappel de services. Je dois corriger des défauts qui ont été observés. Il peut s'agir, par exemple, de redistribuer le courant [le faire passer ailleurs, dans d'autres circuits].»

Pour connaître les établissements qui offrent ce programme : **www.inforoutefpt.org**

	Salaire hebdo moyen	Proportion de dipl. en emploi	Emploi relié	Chômage	Nombre de diplômés
2008	625 $	65,2 %	51,2 %	15,7 %	625
2007	663 $	88,9 %	78,9 %	11,1 %	663
2006	722 $	81,1 %	79,3 %	6,3 %	722

Statistiques tirées de la *Relance* - Ministère de l'Éducation, du Loisir et du Sport.

Comment interpréter l'information, page 17.

QUALITÉS RECHERCHÉES

La dextérité manuelle et le sens de la mécanique conjugués à une excellente capacité de concentration forment le bon monteur-câbleur en aérospatiale. «Il faut être patient et avoir le souci du travail bien fait, ajoute la diplômée. Il faut prendre le temps d'installer correctement nos câbles et de vérifier l'état des fils. Il n'y a pas de place pour l'erreur.» Ce métier de précision exige une grande acuité visuelle.

«La bonne forme physique est un autre atout, souligne Chantal. Je travaille souvent dans ce qu'on appelle la baie avionique, le ventre de l'avion. C'est un endroit assez restreint où passent tous les câbles des unités avioniques. Mes mouvements y sont limités, et mes manipulations exigent de l'endurance. Et puis il y a des opérations, comme le dévissage de certaines composantes, qui demandent de la force.

La maîtrise de l'anglais est indispensable, estime Mario Cardin, enseignant à l'École des métiers de l'aérospatiale de Montréal. «Le monde de l'aérospatiale est international; et la langue officielle, c'est l'anglais. Non seulement la plupart des manuels techniques sont-ils écrits dans cette langue, mais les diplômés sont appelés à voyager et à travailler aux États-Unis, en Asie et en Europe.»

DÉFIS ET PERSPECTIVES

Chantal soutient que les diplômés sont bien préparés au marché du travail. Leur formation est parfaitement adaptée aux besoins de l'industrie. Les possibilités d'avancement au sein d'une entreprise sont donc nombreuses. «Le diplômé peut devenir assez rapidement chef d'équipe et contremaître. Des cours de perfectionnement en administration ou en avionique avantagent le monteur-câbleur qui souhaite accéder à ces postes.»

M. Cardin ajoute que les diplômés doivent demeurer à l'affût des nouveautés technologiques. «Actuellement, c'est la fibre optique qui devient de plus en plus présente dans les nouveaux systèmes. Les diplômés doivent poursuivre leur formation pour demeurer au parfum. Ils ont toujours la possibilité de revenir à l'école pour suivre des cours de perfectionnement.» 03/01

Les diplômés sont bien préparés au marché du travail. Leur formation est parfaitement adaptée aux besoins de l'industrie. Les possibilités d'avancement au sein d'une entreprise sont donc nombreuses.

Photo : École des métiers de l'aérospatiale de Montréal

HORAIRES ET MILIEUX DE TRAVAIL

- Les principaux employeurs sont les constructeurs d'avions, les entreprises de fabrication de pièces d'avions, les fabricants de simulateur de vol, les entreprises d'entretien et de réparation d'avions.

- Le travail du monteur-câbleur se déroule le jour, le soir ou la nuit, selon des horaires fixes ou rotatifs.

- Les nouveaux diplômés doivent s'attendre à travailler le soir et la nuit durant au moins un an.

- La semaine de travail compte environ 40 heures, et les heures supplémentaires sont fréquentes la fin de semaine.

DEP

Montage de structures en aérospatiale

Hélène Pichet aurait pu devenir critique de livres d'aventures. Après voir obtenu un certificat en littérature jeunesse, elle a cependant décidé de se tourner vers le monde de l'aérospatiale. «J'aime bien lire, mais j'ai toujours adoré jouer du marteau!»

PROG. 5197
PRÉALABLE : 1, VOIR PAGE 20

975 HEURES

CHAMPS D'INTÉRÊT
- aime le domaine de l'aéronautique
- aime faire un travail manuel de grande précision
- aime découper, assembler et monter des pièces à partir de plans
- aime créer, donner forme à un produit

APTITUDES
- sens de l'observation et grande facilité d'apprentissage intellectuel et technique
- esprit logique, méthodique et analytique
- dextérité, rapidité et précision d'exécution
- autonomie, minutie et sens des responsabilités

RÔLE ET TÂCHES

Le travail du diplômé en montage de structures en aérospatiale consiste à fabriquer, à assembler, à installer et à réparer des panneaux de métal qui sont destinés au revêtement des avions. Le diplômé maîtrise notamment la lecture de plans ainsi que les techniques de perçage et d'assemblage des structures à l'aide de rivets.

Hélène Pichet est monteuse de structures au centre de finition de la multinationale Bombardier à Dorval. Elle participe aux travaux d'aménagement à l'intérieur des avions d'affaires. «Ce sont des avions privés qui ont été dessinés en fonction des besoins et des goûts des compagnies qui les ont commandés, explique la diplômée. Chaque appareil est unique en son genre. En six mois, je n'ai jamais effectué la même tâche.»

La jeune femme pose des structures métalliques qui préparent l'installation de tapis, de meubles et d'appareils. Elle installe, par exemple, des planchers de carbone et des boîtes en métal qui serviront à soutenir des modules comme les téléviseurs ou les appareils d'aviation. Elle place aussi des systèmes de climatisation. «Je reçois un plan avec des pièces déjà fabriquées. Je dois trouver l'emplacement de la structure dans l'avion et comprendre comment l'installer. Certains plans comptent jusqu'à 30 pages. Il m'est déjà arrivé d'étudier un plan pendant six heures avant de me mettre à l'œuvre. Le temps d'installation peut varier d'une journée à un mois et demi.»

Pour connaître les établissements qui offrent ce programme : **www.inforoutefpt.org**

	Salaire hebdo moyen	Proportion de dipl. en emploi	Emploi relié	Chômage	Nombre de diplômés
2008	712 $	89,2 %	76,6 %	1,5 %	135
2007	635 $	83,6 %	73,9 %	11,5 %	86
2006	N/D	N/D	N/D	N/D	N/D

Statistiques tirées de la *Relance* - Ministère de l'Éducation, du Loisir et du Sport.

Comment interpréter l'information, page 17.

Hélène conçoit à l'occasion des pièces simples en métal. «Certaines modifications dans les avions exigent l'ajout de pièces. Plutôt que d'attendre que les morceaux soient fabriqués en atelier, je me charge de leur conception.»

QUALITÉS RECHERCHÉES

La monteuse affirme que son métier exige un bon sens de l'organisation. «C'est moi qui détermine ma méthode de travail et qui définis les étapes d'assemblage. Je commence par les opérations les plus complexes pour finir par les plus simples.»

La diplômée doit donc faire preuve d'autonomie et de débrouillardise en plus d'être très habile pour lire ses plans techniques. «Ce ne sont jamais les mêmes plans qui reviennent puisque je n'effectue pas un travail répétitif sur une chaîne de montage. Je dois étudier sérieusement chaque plan, détecter les erreurs et surtout arriver à voir la structure en trois dimensions.» Hélène ajoute que «les diplômés doivent être minutieux et consciencieux. Il ne faut pas oublier qu'on a entre les mains un appareil qui vaut 50 millions de dollars. C'est préférable d'y penser deux fois avant de percer un trou!»

Le montage de structures demande également une dextérité manuelle et une bonne coordination. «Il ne faut vraiment pas avoir les mains pleines de pouces pour réussir dans ce métier!» La soif d'apprendre est aussi indispensable. «Je n'ai pas appris tout mon métier à l'école. J'ai dû m'adapter aux besoins de la compagnie. L'entreprise m'a offert jusqu'ici une dizaine de jours de formation adaptée au travail de finition dans les avions d'affaires.»

DÉFIS ET PERSPECTIVES

Les diplômés sont très préparés au marché du travail. Outre l'aérospatiale, leur expertise demeure recherchée par les autres secteurs du transport, dans lesquels ils peuvent également décrocher des emplois.

Même si leur formation est adaptée aux besoins de l'industrie, les diplômés doivent maintenir leurs connaissances à jour et suivre de près l'évolution des technologies. Des cours de perfectionnement se révèlent utiles, aussi bien pour rester au courant des progrès technologiques, que pour accroître ses chances d'avancement au sein de l'entreprise. 06/03

> «Il ne faut pas oublier qu'on a entre les mains un appareil qui vaut 50 millions de dollars. C'est préférable d'y penser deux fois avant de percer un trou!»
>
> — Hélène Pichet

Photo : École des métiers de l'aérospatiale de Montréal

HORAIRES ET MILIEUX DE TRAVAIL

- Les principaux employeurs sont les constructeurs d'avions, les entreprises de fabrication de pièces d'avions, les transporteurs aériens.

- Le travail du monteur de structures en aérospatiale se déroule selon un horaire fixe ou rotatif de jour, de soir ou de nuit.

- La semaine de travail compte 40 heures, et les heures supplémentaires sont fréquentes la fin de semaine.

Montage mécanique
en aérospatiale

«Je cherchais un métier suffisamment complexe dans lequel je pourrais relever des défis. J'estime avoir fait le bon choix en suivant la formation de monteur mécanique en aérospatiale», soutient **Tobie Langlois.**

PROG. 5307
PRÉALABLE : 1, VOIR PAGE 20

1 185 HEURES

CHAMPS D'INTÉRÊT

- aime le domaine de l'aéronautique
- aime faire un travail manuel de grande précision
- aime découper, assembler et monter des pièces à partir de plans
- aime créer, donner forme à un produit

APTITUDES

- sens de l'observation et grande facilité d'apprentissage intellectuel et technique
- esprit logique, méthodique et analytique
- dextérité, rapidité et précision d'exécution
- autonomie, minutie et sens des responsabilités

RÔLE ET TÂCHES

Après avoir obtenu son DEP, il a été engagé immédiatement par l'entreprise Pratt & Whitney Canada, qui fabrique des moteurs d'avions. Tobie travaille au centre de révision de l'entreprise de Saint-Hubert, qui remet à neuf des moteurs qui ont subi des bris. «Je travaille toujours avec des documents qui me sont distribués par mon chef d'équipe, explique le jeune homme. Ces papiers m'indiquent toutes les manipulations que je dois effectuer sur le moteur à réparer. Je dirais que la moitié de mon travail consiste à lire et à remplir de la paperasse.»

Un peu comme quand on monte un meuble IKEA, Tobie doit suivre à la lettre les directives de la compagnie. «Certaines réparations nécessitent le démontage complet du moteur. Les plans m'indiquent toutes les étapes à suivre et m'avisent de l'ordre des pièces à démonter et des outils à utiliser. Je peux me retrouver avec 5 000 pièces sur la table! Mon guide d'opérations me montre aussi comment remonter le moteur.»

Le monteur mécanique est responsable de son travail, souligne Tobie. «Je dois garantir mon ouvrage en certifiant que j'ai effectué l'opération. Pour ce faire, j'appose sur le plan une estampe qui m'identifie. Dans les cas d'écrasement d'avion, l'enquête peut démontrer qu'une pièce du moteur a fait défaut. Les enquêteurs peuvent ainsi retracer le responsable d'un boulon mal vissé ou d'une pièce mal installée.»

Pour connaître les établissements qui offrent ce programme : **www.inforoutefpt.org**

	Salaire hebdo moyen	Proportion de dipl. en emploi	Emploi relié	Chômage	Nombre de diplômés
2008	940 $	86,7 %	92,3 %	7,1 %	21
2007	N/D	N/D	N/D	N/D	N/D
2006	798 $	71,4 %	75,0 %	0,0 %	10

Statistiques tirées de la *Relance* - Ministère de l'Éducation, du Loisir et du Sport.

Comment interpréter l'information, page 17.

QUALITÉS RECHERCHÉES

Le remontage d'un moteur comporte jusqu'à 500 opérations et s'étale sur une semaine. «Le sens de l'organisation est essentiel. Si on n'est pas organisé au milieu de nos 5 000 pièces, on va être perdu! La minutie et le sens de la précision sont aussi des qualités nécessaires aux bons monteurs.»

Tobie doit également être prudent et suivre des règles de santé et de sécurité au travail. La manutention et le transport de pièces, de même que l'utilisation de certains outils peuvent être dangereux et nécessitent le port de gants, d'un casque ou d'un masque.

La capacité de travailler en équipe est importante dans ce domaine. «La compagnie a des délais à respecter. Elle peut avoir 30 jours pour remonter un moteur. À plusieurs étapes de mon travail, j'avise différents services, comme celui du nettoyage, pour que les ouvriers se préparent à recevoir le moteur. C'est important qu'entre collègues on coordonne notre travail afin que tout soit prêt à temps.»

> «Le sens de l'organisation est essentiel. Si on n'est pas organisé au milieu de nos 5 000 pièces, on va être perdu! La minutie et le sens de la précision sont des qualités nécessaires aux bons monteurs.»
>
> — Tobie Langlois

DÉFIS ET PERSPECTIVES

Denis Marcoux, enseignant à l'École des métiers de l'aérospatiale de Montréal, estime que les diplômés devront s'intéresser à l'évolution des technologies de l'aérospatiale. «Tout change rapidement dans ce domaine. On parle de nouveaux matériaux et alliages, de techniques novatrices. Les diplômés ont le défi de suivre ces changements. À plus long terme, un monteur mécanique en aérospatiale peut suivre des cours de perfectionnement offerts par son entreprise.»

Il peut aussi s'inscrire à d'autres programmes au collégial (en avionique ou en construction aéronautique) ou à l'université (en génie) pour se spécialiser. «Le diplômé qui aimerait être promu à des postes de direction devra parfaire sa formation, ajoute M. Marcoux. Il est en effet très difficile d'accéder à ces postes seulement avec un DEP.»

La robotique aura beau se développer, elle ne constitue pas une menace pour le métier, soutient Denis Marcoux. «L'être humain est encore irremplaçable lorsqu'il s'agit d'effectuer de nombreuses tâches nécessitant une certaine compréhension des systèmes.» 02/01

HORAIRES ET MILIEUX DE TRAVAIL

• Le monteur mécanique en aérospatiale peut être engagé par : les constructeurs d'aéronefs, les fabricants de moteurs, les fabricants de systèmes d'aviation (comme les trains d'atterrissage ou les simulateurs de vol), les entreprises spécialisées dans la réparation de moteurs et les transporteurs aériens.

• Le travail du monteur mécanique en aérospatiale se déroule en usine, suivant des horaires rotatifs.

• Le diplômé doit s'attendre à travailler le jour, le soir, la nuit et parfois le week-end.

• La semaine de travail compte habituellement 40 heures.

Opération d'équipements de production

Steve Béland s'est aussitôt inscrit quand il a appris que le programme *Conduite de machines industrielles* (ancien nom du DEP) était offert par la commission scolaire près de chez lui, en collaboration avec un employeur. Lui qui voulait intéresser les employeurs est tombé pile : la compagnie Bodco l'a embauché immédiatement après la fin de ses études.

PROG. 5310
PRÉALABLE : 2, VOIR PAGE 20

900 HEURES

CHAMPS D'INTÉRÊT

- aime le travail en usine et les tâches répétitives
- aime les machines et en comprendre le fonctionnement
- aime observer, vérifier, manipuler et calculer
- aime résoudre des problèmes
- aime voir les résultats concrets de son travail

APTITUDES

- autonomie et sens des responsabilités
- sens de l'observation
- sens de l'organisation
- dextérité

RÔLE ET TÂCHES

La compagnie Bodco, située à Saint-François-Xavier, en Estrie, fabrique du matériel agricole, comme des convoyeurs à moulée ou encore des épandeurs à purin. On y effectue le travail à la chaîne, au moyen de plusieurs machines qui plient, coupent et assemblent le métal jusqu'à l'obtention du produit fini.

Steve travaille principalement avec trois presses plieuses, dont deux sont à commande numérique. «Quand j'arrive le matin, je regarde le plan de la pièce que l'on a à fabriquer, puis je prépare la machine en conséquence.» Dans le cas des presses à commande numérique, il entre, dans l'ordinateur, la séquence de plis à effectuer (par exemple, un pli à 5 cm du bord de la feuille de métal, un autre à 8 cm, etc.). L'autre presse, plus ancienne, doit être préparée manuellement. Quand tous les paramètres sont réglés, il installe sur la machine le moule en métal qui donnera la forme à la pièce.

Après avoir fabriqué une première pièce, Steve vérifie si elle correspond exactement au plan, et ajuste la machine au besoin. Puis, s'il n'a pas d'autres machines à préparer, il travaille lui-même à la production. Par exemple, il devra alors placer les feuilles de métal sur la presse plieuse en plus de veiller au bon fonctionnement de la machine et de s'assurer que les dimensions des pièces produites sont conformes au plan.

QUALITÉS RECHERCHÉES

L'opérateur doit posséder un bon sens de l'observation pour pouvoir déceler toute pièce qui ne correspond pas exactement au plan. «Si on veut

Pour connaître les établissements qui offrent ce programme : www.inforoutefpt.org

	Salaire hebdo moyen	Proportion de dipl. en emploi	Emploi relié	Chômage	Nombre de diplômés
2008	589 $	67,5 %	59,6 %	18,2 %	110
2007	483 $	70,2 %	61,5 %	14,9 %	73
2006	484 $	66,3 %	60,8 %	21,9 %	129

Statistiques tirées de la *Relance* - Ministère de l'Éducation, du Loisir et du Sport.

Comment interpréter l'information, page 17.

que le produit soit parfait, chaque pièce qui le compose doit être impeccable», déclare Steve. Et quand il y a des ajustements à effectuer en cours de production, le diplômé doit réagir rapidement. «Il faut être autonome. Si on passe notre temps à demander au contremaître ce qu'il faut faire, on ne travaillera pas longtemps comme opérateur.»

En revanche, même si les réparations ne sont pas de son ressort, l'opérateur a un rôle à jouer dans la détection et même dans la prévention de bris mécaniques. «Parfois, juste au son, je peux savoir que la machine ne va pas bien.» Dans ce cas, il faut immédiatement aviser le contremaître, pour qu'il fasse venir le mécanicien. La vigilance est donc nécessaire.

Enfin, ce travail manuel exige naturellement une bonne dextérité, mais aussi des aptitudes en mathématiques, car on a à effectuer des calculs rapides pour déterminer, par exemple, la superficie qu'aura une pièce une fois le pliage effectué.

> D'un endroit à l'autre, le défi est toujours le même : augmenter la productivité de l'entreprise en faisant fonctionner adéquatement une machine et en décelant le plus rapidement possible tout ce qui pourrait la ralentir.

DÉFIS ET PERSPECTIVES

«À la fin de leur formation, les diplômés possèdent des connaissances de base en hydraulique, en pneumatique et en mécanique, qui leur permettent de faire fonctionner des machines dans tous les types d'entreprises», assure Ghislain Desjardins, enseignant au Pavillon Des Baies à la Commission scolaire de L'Estuaire, à Baie-Comeau. «Cela contribue à leur ouvrir des portes.» Ainsi, on trouve les diplômés tant dans des usines de transformation alimentaire que dans des entreprises qui fabriquent des produits en métal, en plastique ou en bois.

«D'un endroit à l'autre, le défi est toujours le même, signale M. Desjardins : augmenter la productivité de l'entreprise en faisant fonctionner adéquatement une machine et en décelant le plus rapidement possible tout ce qui pourrait la ralentir. Avec le temps, l'opérateur peut devenir contremaître de production», précise-t-il.

«Pour favoriser l'employabilité des diplômés, le programme s'adapte aux besoins des régions où il est offert», ajoute l'enseignant. Par exemple, à Baie-Comeau, où l'on compte de nombreuses scieries, on forme des opérateurs capables de faire fonctionner de l'équipement de sciage. 04/03

HORAIRES ET MILIEUX DE TRAVAIL

- L'opérateur d'équipements de production travaille nécessairement en usine.

- Les tâches et les conditions de travail varient selon l'entreprise. Par exemple, dans une scierie où toutes les opérations sont informatisées, l'opérateur travaillera derrière une console, dans une cabine insonorisée. Dans d'autres entreprises, il aura à ajuster manuellement des machines parfois bruyantes.

- L'opérateur peut travailler soit uniquement de jour, soit selon un horaire rotatif qui comprend des périodes de jour, de soir et de nuit. Le travail durant le week-end est également possible.

DEP

Techniques d'usinage

ASP 5041 / 5042 / 5224 / 5249

Christian Desbiens est un champion. Il a remporté la médaille d'or de sa formation lors des sixièmes Olympiades canadiennes de la formation professionnelle, qui se sont déroulées en juin 2000. C'est un véritable passionné des techniques d'usinage!

PROG. 5223	1 800 HEURES
PRÉALABLE : 1, VOIR PAGE 20	

CHAMPS D'INTÉRÊT

- aime donner une forme à un produit
- aime faire un travail manuel de grande précision
- aime programmer et utiliser des machines-outils
- aime travailler à partir d'un plan (lire, analyser et interpréter)

APTITUDES

- sens de l'observation et grande facilité d'apprentissage intellectuel et technique
- esprit logique, méthodique et analytique
- dextérité, rapidité et précision d'exécution
- autonomie, minutie et sens des responsabilités

RÔLE ET TÂCHES

Christian enseigne en techniques d'usinage à la Commission scolaire de l'Estuaire sur la Côte-Nord. Il est également machiniste chez Fabrication Fransi, un atelier d'usinage général de Baie-Comeau.

Il fabrique sur mesure des pièces mécaniques de métal à l'aide de machines. «Quand j'arrive le matin, je vais voir mon contremaître. Il me remet un classeur dans lequel se trouvent les informations sur les pièces à fabriquer, explique Christian. Je dois d'abord comprendre les plans qui me sont confiés. Ensuite, je prépare mon matériel en fonction de la quantité à produire et j'usine la pièce.» Il procède aussi à l'emballage du produit fini.

Le machiniste façonne ses pièces notamment à l'aide d'un tour à métal ou d'une autre machine-outil rotative appelée *fraiseuse*. Son travail est varié. D'une journée à l'autre, les articles à fabriquer changent. Les entreprises font souvent appel aux ateliers d'usinage quand elles ont besoin d'une pièce qui ne se trouve pas sur le marché.

Christian usine divers objets : des pièces d'autos, des outils ou des instruments. «Récemment, j'ai fabriqué des grosses vis de trois pouces de diamètre. Ces vis devaient servir à supporter une cuve de 12 tonnes dans une aluminerie de la région.»

Il peut effectuer un travail de production, c'est-à-dire qu'il a plusieurs pièces identiques à fabriquer, ou concevoir une pièce unique. Enfin, le machiniste inspecte le tout afin de s'assurer de la qualité du produit fini.

Pour connaître les établissements qui offrent ce programme : **www.inforoutefpt.org**

	Salaire hebdo moyen	Proportion de dipl. en emploi	Emploi relié	Chômage	Nombre de diplômés
2008	624 $	76,5 %	83,7 %	9,4 %	357
2007	584 $	76,9 %	87,0 %	7,8 %	310
2006	561 $	78,3 %	78,5 %	7,9 %	354

Statistiques tirées de la *Relance* - Ministère de l'Éducation, du Loisir et du Sport.

Comment interpréter l'information, page 17.

QUALITÉS RECHERCHÉES

Le machiniste exécute un travail de précision qui demande minutie, dextérité et concentration. Christian doit faire plusieurs copies d'un même modèle et s'assurer que toutes les pièces sont identiques et interchangeables. Le diplômé doit aussi posséder de bonnes connaissances en mathématiques pour calculer ses mesures au millième de pouce près.

La patience et la créativité sont des qualités indispensables. «Quand je reçois un plan, il faut que j'arrive à voir la pièce en trois dimensions. Je dois concevoir sur ma machine le montage qui me permettra de fabriquer la pièce. Je fais des montages à l'aide d'étaux ou d'équerres qui vont servir à positionner mon morceau de métal et à le retenir pendant que j'usine la pièce. Il arrive aussi que je doive fabriquer un autre outil pour usiner mon morceau. Je passe parfois une demi-journée à faire mon montage, alors que l'usinage ne prend qu'une demi-heure!»

DÉFIS ET PERSPECTIVES

«Nos diplômés doivent de plus en plus utiliser des machines à commande numérique, souligne Eric Bilodeau, enseignant au Centre de formation professionnelle Harricana, de Amos. Ils doivent pouvoir concevoir leurs pièces en effectuant des dessins par ordinateur et être capables de programmer la machine.» Selon lui, les diplômés doivent maîtriser à la fois les machines conventionnelles et les nouveaux outils informatiques.

M. Bilodeau soutient que les possibilités d'avancement sont grandes pour le machiniste qui démontre une bonne motivation. «Habituellement, le diplômé est engagé comme apprenti machiniste dans une entreprise. Il devient ensuite machiniste. Avec l'expérience, il peut accéder à des postes de contremaître ou de directeur. Des cours en comptabilité ou en gestion d'entreprise favorisent cet avancement. Le machiniste peut également parfaire sa formation en allant suivre des cours de perfectionnement en électronique ou en informatique. 02/01 (mise à jour 05/09)

> «Nos diplômés doivent de plus en plus utiliser des machines à commande numérique. Ils doivent pouvoir concevoir leurs pièces en effectuant des dessins par ordinateur, et être capables de programmer la machine.»
>
> — Eric Bilodeau

Photo : École des métiers de l'aérospatiale de Montréal

HORAIRES ET MILIEUX DE TRAVAIL

- Le diplômé en techniques d'usinage peut être engagé par : les ateliers d'usinage; les fabricants d'avions, d'automobiles, de camions, de motoneiges; les entreprises spécialisées dans l'entretien, la réparation ou la fabrication de pièces diverses.

- Le travail du machiniste se déroule de jour ou selon des horaires rotatifs, le jour, le soir, la nuit et la fin de semaine.

DEP

Tôlerie de précision

Ce qui a décidé Justin Desrosiers à se diriger en tôlerie de précision, c'est le fait que ce secteur touche à deux aspects importants pour lui : la créativité et l'ingéniosité.

PROG. 5244
PRÉALABLE : 1, VOIR PAGE 20

1 275 HEURES

CHAMPS D'INTÉRÊT
- aime le travail en équipe
- aime la technologie, l'informatique, les calculs mathématiques
- aime les tâches manuelles
- aime les responsabilités

APTITUDES
- dextérité manuelle et minutie
- débrouillardise
- imagination et bonne perception spatiale en trois dimensions
- polyvalence et capacité d'adaptation
- habiletés de communication

Pour connaître les établissements qui offrent ce programme : **www.inforoutefpt.org**

RÔLE ET TÂCHES

Une fois diplômé, Justin aurait pu se diriger en aérospatiale ou encore en production en série, mais il a préféré se consacrer à la construction sur mesure pour mieux exploiter sa créativité. Toutefois, il a dû user de ténacité pour obtenir son stage de fin d'études aux Industries Thinox, une entreprise de Mascouche qui fabrique des pièces d'ameublement professionnel et des plans de travail en acier inoxydable à la demande d'industries pharmaceutiques ou d'entreprises agroalimentaires, entre autres. «Au début, le patron n'était pas intéressé à m'engager comme stagiaire. Je lui ai alors expliqué le contenu de ma formation : cours de dessin de croquis, interprétation de plans, technique de découpe et de pliage, procédés d'assemblage, etc. À la fin du stage, il n'était plus question de me lâcher!»

Chez Thinox, Justin a le titre de ferblantier, c'est-à-dire celui qui travaille les métaux en feuilles. «Le chef m'apporte un plan, un dessin, ou juste une idée de ce qu'il faut fabriquer, et je réalise le projet de A à Z. Ça peut être un comptoir pour fleuriste, une hotte de cuisine, un plan de travail avec évier.»

Pour fabriquer la pièce avec le plus de précision possible, Justin se déplace chez le client pour prendre des mesures et évaluer ses besoins. Ensuite, il élabore les croquis et les patrons, puis détermine les coupes et les pliages de l'acier inoxydable. «La première découpe de la tôle, je la fais à la cisaille, une machine à pression d'environ cinq mètres de long, explique-t-il. Ensuite, j'effectue une découpe plus fine avec la meule à mains libres. Notre plieuse n'est pas robotisée, c'est une machine hydraulique qu'on actionne

	Salaire hebdo moyen	Proportion de dipl. en emploi	Emploi relié	Chômage	Nombre de diplômés
2008	662 $	69,2 %	66,7 %	10,0 %	35
2007	709 $	81,3 %	76,9 %	13,3 %	25
2006	557 $	81,8 %	77,8 %	18,2 %	35

Statistiques tirées de la *Relance* - Ministère de l'Éducation, du Loisir et du Sport. Voir données complémentaires page 395.

Comment interpréter l'information, page 17.

manuellement. Il reste ensuite le polissage et le soudage des morceaux.» Une fois la pièce fabriquée, Justin retourne chez le client pour l'installer.

QUALITÉS RECHERCHÉES

Diplômé depuis moins d'un an, Justin assume déjà d'importantes responsabilités. «Comme je gère plusieurs projets à la fois, le patron me confie la supervision de polisseurs et de soudeurs.» Une bonne communication est alors nécessaire pour transmettre l'information et expliquer clairement les tâches à accomplir aux personnes de l'équipe. «Quand je dois déléguer des tâches, je suis sous pression, car le travail est minutieux et exigeant. S'il y a un problème, c'est ma responsabilité.

«Une bonne dextérité manuelle est importante, poursuit le diplômé. Mais il faut aussi être capable de rester concentré et avoir le souci du détail pour respecter les mesures, parce qu'une erreur entraînerait des complications lors de l'assemblage et de l'installation de la pièce chez le client.»

> «Le chef m'apporte un plan, un dessin, ou juste une idée de ce qu'il faut fabriquer, et je réalise le projet de A à Z. Ça peut être un comptoir pour fleuriste, une hotte de cuisine, un plan de travail avec évier.»
>
> — Justin Desrosiers

DÉFIS ET PERSPECTIVES

«Plus le jeune diplômé est polyvalent, meilleure est sa position de travail pour l'avenir», souligne Roger Sawyer, enseignant au Centre de formation professionnelle Gérard-Filion, de Longueuil. Les entreprises veulent des employés performants à divers postes de la production, que ce soit à la cisaille, à l'emboutisseuse (machine servant à arrondir le métal), à la poinçonneuse, à la plieuse ou à la rouleuse (machine servant à former des cylindres), mais aussi au travail d'assemblage des pièces. «Il faut être capable de fabriquer toutes sortes d'objets, précise M. Sawyer, du boîtier d'ordinateur aux ailerons d'un avion.»

Les diplômés doivent également être au fait des innovations technologiques, car le métier s'informatise avec l'introduction d'équipement comme les presses plieuses et les poinçonneuses à commande numérique.

M. Sawyer pense qu'ils doivent aussi développer leur habileté de communication interpersonnelle, afin de transmettre leurs idées avec précision. À ce propos, il explique que de plus en plus d'entreprises exigent le bilinguisme ainsi que la connaissance de l'approche japonaise «Gemba Kaizen», visant l'amélioration constante de la productivité par la participation des employés. 03/03

HORAIRES ET MILIEUX DE TRAVAIL

- Les diplômés peuvent trouver de l'emploi chez les fabricants de systèmes de ventilation, les entreprises de toitures et de revêtements métalliques, les usines de fabrication de pièces et d'accessoires en feuilles de métal destinés aux meubles et aux véhicules (notamment dans le secteur aérospatial).

- La journée de travail est généralement de sept ou huit heures, mais certaines entreprises appliquent la journée de dix heures, permettant ainsi la semaine de quatre jours.

- Les horaires de travail exigent de la souplesse de la part des employés, qui sont appelés à travailler le soir, la nuit et le week-end.

ASP
DEP 5223

Fabrication de moules

La marque du mouliste se retrouve partout dans notre vie quotidienne. Peu connu du grand public, il crée les moules qui permettent de fabriquer la multitude d'objets en plastique qui nous entourent, de la simple tasse à la pièce d'automobile.

PROG. 5249	1 185 HEURES
PRÉALABLE : 3, VOIR PAGE 20	

RÔLE ET TÂCHES

Le mouliste conçoit, fabrique, entretient, modifie et répare divers types de moules en acier ou en aluminium. Pour usiner les composantes du moule, il doit savoir utiliser des machines-outils courantes ainsi que des machines à commande numérique.

Le polissage est la touche finale apportée à un moule. Pour exécuter cette tâche, il faut avoir un sens artistique, qui donnera à la pièce son design unique. Ce travail d'orfèvre, une infime minorité de moulistes pourront l'exercer. En effet, la tâche est très exigeante et requiert de la minutie.

DÉFIS ET PERSPECTIVES

Ce métier exige patience, dextérité et grande précision. En retour, les moulistes ont accès à de belles occasions de carrière, plusieurs devenant chefs d'équipe alors qu'ils ont moins de trois ans d'expérience.

Ces spécialistes doivent faire face à des défis majeurs. «Avec l'arrivée d'outillages plus performants, nous vivons une véritable révolution technologique qui demande aux moulistes une grande capacité d'adaptation», explique Jean-Pierre Dion, enseignant au Centre de formation professionnelle l'Envolée-de-Montmagny. Par ailleurs, pour que l'industrie d'ici puisse rester dans la course, et résister notamment à la concurrence chinoise, le mouliste doit fournir un travail de grande qualité tout en respectant des délais de livraison de plus en plus courts. 03/07

HORAIRES ET MILIEUX DE TRAVAIL

• La majorité des moulistes travaillent de 8 h à 16 h ou de 16 h à minuit. Il est possible de devoir travailler la fin de semaine.

• Le mouliste est de plus en plus appelé à travailler dans des ateliers de sous-traitance, et plus seulement dans les grandes entreprises.

Pour connaître les établissements qui offrent ce programme : **www.inforoutefpt.org**

	Salaire hebdo moyen	Proportion de dipl. en emploi	Emploi relié	Chômage	Nombre de diplômés
2008	N/D	N/D	N/D	N/D	N/D
2007	591 $	100,0 %	100,0 %	0,0 %	6
2006	563 $	50,0 %	100,0 %	40,0 %	7

Statistiques tirées de la *Relance* - Ministère de l'Éducation, du Loisir et du Sport.

Comment interpréter l'information, page 17.

ASP

DEP 5223

Matriçage

Canettes de boisson gazeuse, coffrets de branchement, assiettes d'aluminium, composantes d'appareils ménagers, pièces d'automobiles… là où il y a du métal, il y a presque toujours un matriceur!

PROG. 5041
PRÉALABLE : 3, VOIR PAGE 20

900 HEURES

RÔLE ET TÂCHES

Les fonctions du matriceur consistent à concevoir les outils qui permettront de découper, de poinçonner, de déplier et de façonner les feuilles de métal.

«Le matriceur fabrique, assemble et règle des outils qui permettront en fin de compte de donner à une pièce de métal sa forme définitive. Pour chaque outil, il peut y avoir jusqu'à quinze opérations différentes avant d'en arriver au résultat final», explique Luc Pouliot, enseignant et coordonnateur au Département de fabrication mécanique au Centre de formation professionnelle Paul-Gérin-Lajoie.

«La routine n'existe pas dans ce métier. Il est très rare que l'on travaille deux fois de suite sur les mêmes pièces; il y a sans cesse de la nouveauté», poursuit M. Pouliot.

DÉFIS ET PERSPECTIVES

Les matriceurs ont recours à des machines-outils de pointe pour découper et poinçonner le métal, mais ils doivent savoir en adapter le réglage et le fonctionnement selon leurs besoins. La débrouillardise est donc une aptitude essentielle dans ce métier.

Par ailleurs, les avancées technologiques sont nombreuses dans le domaine des machines-outils, c'est pourquoi les matriceurs doivent sans cesse parfaire leurs connaissances.

Il faut de la persévérance pour devenir un bon matriceur. C'est un domaine dans lequel on n'a jamais fini d'apprendre et de relever des défis. 03/07

HORAIRES ET MILIEUX DE TRAVAIL

• Le travail se fait généralement de jour, de 9 h à 17 h.

• La plupart des matriceurs œuvrent en usine, souvent debout, bien que certains d'entre eux soient appelés à travailler dans des bureaux pour faire du dessin technique.

Pour connaître les établissements qui offrent ce programme : **www.inforoutefpt.org**

	Salaire hebdo moyen	Proportion de dipl. en emploi	Emploi relié	Chômage	Nombre de diplômés
2008	N/D	N/D	N/D	N/D	N/D
2007	N/D	N/D	N/D	N/D	N/D
2006	N/D	N/D	N/D	N/D	N/D

Statistiques tirées de la *Relance* - Ministère de l'Éducation, du Loisir et du Sport.

Comment interpréter l'information, page 17.

ASP
DEP 5223

Outillage

Après un DEP en techniques d'usinage, les élèves créatifs qui n'aiment pas la routine devraient considérer l'ASP en outillage. Au lieu d'usiner des pièces en série, l'outilleur fabrique une pièce à la fois, à partir d'un dessin.

PROG. 5042
PRÉALABLE : 3, VOIR PAGE 20   900 HEURES

RÔLE ET TÂCHES

La formation d'outilleur permet d'apprendre à concevoir des pièces qui serviront à la fabrication en série. L'outilleur peut aussi bien confectionner les plaquettes qui vont retenir les morceaux de bois lors de la fabrication d'un crayon que le modèle qui servira à produire une pièce en série, par exemple.

L'employé reçoit d'abord le dessin de l'objet qu'il doit produire. «Il doit être débrouillard et créatif, car il est le premier à fabriquer cet outil, et le dessin n'est pas toujours final et détaillé. De plus, il doit continuellement s'adapter, car le client peut décider de modifier le design en cours de route», affirme Daniel Deak, conseiller pédagogique du service aux entreprises de la Commission scolaire des Chênes.

DÉFIS ET PERSPECTIVES

Tous les jours, l'outilleur travaille à fabriquer des pièces qui n'ont encore jamais été réalisées. C'est un défi constant. «L'expérience professionnelle est inestimable. Un finissant doit compter cinq années de travail avant qu'on puisse lui confier un projet qu'il sera capable de réaliser par lui-même, de A à Z», affirme M. Deak. Jusque-là, l'employé sera supervisé par un autre outilleur ou un contremaître.

Les possibilités d'avancement sont nombreuses, puisque l'outilleur travaille généralement dans une petite entreprise. «Avec l'expérience, il devient progressivement apte à réaliser des projets de plus en plus complexes, ce qui l'amène à accepter davantage de responsabilités. Il peut alors devenir contremaître, chef d'équipe ou concepteur. Il peut même envisager de créer sa propre entreprise», explique M. Deak. 03/07

HORAIRES ET MILIEUX DE TRAVAIL

- Le diplômé travaille principalement pour de petites entreprises.

- La semaine de travail comporte en moyenne 50 heures. Il y a généralement du travail à effectuer en heures supplémentaires, le soir et la fin de semaine.

Pour connaître les établissements qui offrent ce programme : **www.inforoutefpt.org**

	Salaire hebdo moyen	Proportion de dipl. en emploi	Emploi relié	Chômage	Nombre de diplômés
2008	N/D	N/D	N/D	N/D	N/D
2007	N/D	N/D	N/D	N/D	N/D
2006	N/D	N/D	N/D	N/D	N/D

Statistiques tirées de la *Relance - Ministère de l'Éducation, du Loisir et du Sport.*

Comment interpréter l'information, page 17.

ASP

DEP 5223

Usinage sur machines-outils à commande numérique

Une fois son DEP en techniques d'usinage en poche, le diplômé peut opter pour cette formation qui lui permettra de fabriquer des pièces industrielles à l'aide d'une machine à commande numérique.

PROG. 5224
PRÉALABLE : 3, VOIR PAGE 20

885 HEURES

RÔLE ET TÂCHES

Les machinistes qui possèdent cette ASP peuvent fabriquer toute une gamme de pièces employées dans la construction d'avions, d'automobiles, d'éoliennes, etc. Les machinistes utilisent notamment un tour à commande numérique.

Entièrement automatisée, cette machine est équipée d'outils qui permettent de façonner des pièces de métal. Des programmes informatiques commandent à la machine le déplacement des outils sur la pièce, ce qui assure une grande précision dans la fabrication. C'est toutefois le machiniste qui règle et ajuste l'appareil et qui usine les pièces commandées. Il doit pouvoir interpréter facilement les dessins techniques qui lui sont transmis par les concepteurs. C'est à partir de ces plans qu'il devra fabriquer les pièces.

DÉFIS ET PERSPECTIVES

De plus en plus de femmes font leur apparition dans le métier. «Dans notre dernière cohorte d'élèves, il y avait autant de filles que de garçons, souligne Jean-Denis Julien, directeur adjoint du Centre de formation professionnelle André-Morissette, à Plessisville. Ce travail ne demande pas vraiment de force physique. La personne doit avant tout être capable de régler des problèmes mathématiques qui sont liés à l'usinage. Cela exige surtout beaucoup de minutie et de concentration.»

Il existe désormais des passerelles qui permettent de poursuivre des études collégiales en génie mécanique. S'il le désire, le titulaire de cette ASP peut donc continuer son cheminement scolaire dans le but de devenir technologue. 03/07

HORAIRES ET MILIEUX DE TRAVAIL

• Les horaires de travail sont très variés : la nuit, le jour et la fin de semaine.

• Les principaux employeurs sont les industries automobile et aéronautique, le secteur de la fabrication de machinerie et d'équipement, de même que les ateliers d'usinage.

Pour connaître les établissements qui offrent ce programme : www.inforoutefpt.org

	Salaire hebdo moyen	Proportion de dipl. en emploi	Emploi relié	Chômage	Nombre de diplômés
2008	654 $	86,0 %	83,5 %	4,3 %	191
2007	592 $	86,3 %	87,5 %	5,8 %	178
2006	574 $	90,8 %	84,4 %	3,0 %	200

Statistiques tirées de la *Relance* - Ministère de l'Éducation, du Loisir et du Sport.

Comment interpréter l'information, page 17.

FORESTERIE ET PAPIER

CHAMPS D'INTÉRÊT

- aime travailler dehors, loin des centres urbains, et se dépenser physiquement
- aime régler et manœuvrer de la machinerie
- aime observer, calculer, analyser, planifier
- aime faire un travail manuel minutieux
- accorde une grande valeur à la qualité de son travail
- aime se sentir responsable

APTITUDES

- habiletés pour le calcul, l'analyse et les sciences
- dextérité, habileté en mécanique et efficacité d'exécution
- sens de l'observation, logique et discernement
- résistance au bruit et à la poussière
- rigueur et minutie
- autonomie et débrouillardise
- bonne condition physique
- esprit de collaboration

RESSOURCES INTERNET

INFOROUTE DE LA FORMATION PROFESSIONNELLE ET TECHNIQUE
http://inforoutefpt.org
Le site incontournable pour tout savoir sur les programmes de formation.

COMITÉ SECTORIEL DE MAIN-D'ŒUVRE DES INDUSTRIES DE LA TRANSFORMATION DU BOIS
www.csmobois.com
Ce site est tout indiqué pour en savoir plus sur l'industrie de la transformation du bois. Vous y trouverez notamment des renseignements sur les programmes de formation offerts par chacun des ordres d'enseignement.

COMITÉ SECTORIEL DE MAIN-D'ŒUVRE EN AMÉNAGEMENT FORESTIER
www.csmoaf.com
Un site qui ouvre une fenêtre sur le dynamisme de ce secteur d'activité et de sa main-d'œuvre. Au menu : de l'information sur les métiers, les dernières nouvelles de l'industrie et des rapports d'études.

CONSEIL DE L'INDUSTRIE FORESTIÈRE
www.cifq.qc.ca
Une description détaillée des industries de la forêt, du bois de sciage et des pâtes et papiers au Québec.

DEP

Abattage et façonnage des bois

Denis Lepage est un amoureux de la nature. Il a été pêcheur professionnel en Gaspésie durant 30 ans avant d'effectuer un retour aux études. Après avoir connu les beautés de la mer, il s'est découvert une nouvelle passion : la forêt.

PROG. 5189
PRÉALABLE : 2, VOIR PAGE 20

840 HEURES

CHAMPS D'INTÉRÊT

- aime travailler en plein air et hors des centres urbains
- aime régler et manœuvrer de la machinerie
- aime utiliser l'informatique
- aime observer, calculer, analyser, planifier
- aime résoudre des problèmes

APTITUDES

- habileté au calcul et à l'analyse
- dextérité et habileté en mécanique
- sens de l'observation, logique et discernement
- rapidité et efficacité d'exécution

Pour connaître les établissements qui offrent ce programme : **www.inforoutefpt.org**

RÔLE ET TÂCHES

Possédant un DEP en récolte de matière ligneuse et un second en abattage et façonnage des bois, Denis Lepage enseigne aujourd'hui au Centre de formation professionnelle de Forestville. Il montre aux élèves comment faire fonctionner deux types de machines forestières : l'abatteuse multi-fonctionnelle et le porteur autochargeur.

«L'abatteuse multifonctionnelle abat les arbres, les ébranche et les tronçonne en billots selon la longueur et la grosseur déterminées par l'entrepreneur forestier, explique Denis. Elle les empile ensuite le long du sentier. Le porteur autochargeur, lui, vient ramasser les billots et les emporte près des chemins qui serviront au transport du bois. L'abatteuse multifonctionnelle est munie d'un ordinateur, ajoute-t-il. Cela permet à l'opérateur de commander la dimension des billots désirée.»

Denis Lepage apprend aux futurs opérateurs des méthodes de travail qui respectent le renouvellement de la forêt. «Je leur montre comment respecter les sentiers d'abattage qui ont été tracés à l'aide de rubans de couleur. L'opérateur ne circule jamais hors de ces limites. Il doit aussi éviter les jeunes pousses d'arbres et prendre soin de ne pas les abîmer avec sa machine.» Les diplômés apprennent à travailler dans la forêt le jour comme la nuit, puisque certaines entreprises poursuivent leurs activités dans le bois après la tombée du jour. Ils possèdent aussi certaines notions de mécanique, de soudure et d'électronique afin d'être en mesure d'effectuer des réparations mineures sur leurs appareils.

	Salaire hebdo moyen	Proportion de dipl. en emploi	Emploi relié	Chômage	Nombre de diplômés
2008	793 $	60,0 %	54,1 %	29,8 %	153
2007	805 $	72,7 %	64,9 %	15,8 %	176
2006	971 $	69,6 %	79,8 %	19,7 %	191

Statistiques tirées de la *Relance* - Ministère de l'Éducation, du Loisir et du Sport.

Comment interpréter l'information, page 17.

QUALITÉS RECHERCHÉES

L'autonomie et la débrouillardise sont deux qualités essentielles aux bons opérateurs d'abatteuse-façonneuse des bois. «Le diplômé doit être à son affaire pour répondre à la demande de l'entrepreneur forestier. Il doit aussi pouvoir réparer sa machine s'il lui arrive un pépin dans le bois.»

L'esprit d'équipe est également important, estime Denis Lepage. «À la fin de sa journée de travail, l'opérateur doit transmettre les informations au sujet de la machine à celui qui vient prendre sa relève. C'est toujours bien de lui parler des ennuis mécaniques qui se sont produits et de lui décrire brièvement le travail qu'on a fait et ce qu'il reste à accomplir.»

Un bon sens de l'orientation est indispensable pour repérer des sites de coupe. La prudence est également nécessaire. «Le diplômé doit suivre une série de règles de sécurité pour éviter les accidents. Il doit mettre son casque avant de sortir et arrêter sa machine avant d'effectuer toute manipulation à l'extérieur.» L'opérateur de machine multifonctionnelle doit être prêt à affronter les diverses conditions climatiques : neige, grêle et grandes chaleurs de l'été avec les moustiques!

L'opérateur de machine multifonctionnelle doit être prêt à affronter les diverses conditions climatiques : neige, grêle et grandes chaleurs de l'été avec les moustiques!

Photo : CFP Morel-Loutier

DÉFIS ET PERSPECTIVES

«Ça prend deux ans avant de devenir un opérateur vraiment aguerri, précise Georges Guénard, enseignant au Centre de formation et d'extension en foresterie de l'est du Québec, à Causapscal. Notre école effectue un suivi, et les employeurs se chargent aussi de poursuivre la formation des nouveaux venus.»

Les diplômés auront le défi d'adapter leurs méthodes de travail aux demandes de l'entrepreneur, poursuit l'enseignant. «À l'école, on exige le maximum de qualité sur l'exécution des travaux. Sur le marché du travail, par contre, c'est souvent la production qui prime. Les diplômés vont devoir ajuster leurs méthodes et devenir parfois moins rigoureux sur la qualité afin de répondre aux exigences. Mais on les avertit de ne pas tout négliger!

«L'industrie forestière reconnaît la formation en abattage et façonnage des bois, dit M. Guénard. C'est encore possible aujourd'hui d'apprendre le métier sur le terrain, mais les entreprises jugent qu'il est beaucoup plus avantageux et économique pour elles d'engager des opérateurs déjà formés.» 03/01

HORAIRES ET MILIEUX DE TRAVAIL

- Le diplômé en abattage et façonnage des bois est habituellement engagé par les entreprises d'exploitation forestière.
- La journée de travail compte habituellement 12 heures (de 6 h à 18 h ou de 18 h à 6 h).
- Le travail s'effectue sur une période d'environ dix mois, de la mi-mai au début du mois de mars.
- Les machines sont munies de lumières très puissantes pour le travail de nuit.

DEP

Abattage manuel et débardage forestier

Quand on naît sur la Côte-Nord dans une famille de bûcherons, il est naturel de devenir travailleur forestier. Sylvain Lavoie a tout de même senti le besoin de retourner à l'école pour élargir ses connaissances.

PROG. 5290
PRÉALABLE : 2, VOIR PAGE 20

900 HEURES

CHAMPS D'INTÉRÊT
- aime bouger, travailler en forêt, au rythme de la nature
- aime faire un travail manuel
- aime travailler seul

APTITUDES
- dextérité et excellente condition physique
- sens de l'observation et discernement

RÔLE ET TÂCHES

«Je voulais d'abord apprendre à utiliser une débusqueuse; finalement, le programme m'a permis d'améliorer mes méthodes de travail», affirme Sylvain. Le diplômé en abattage manuel et débardage forestier est le bûcheron des temps modernes. Il a troqué sa hache contre la scie mécanique et il effectue de la coupe sélective dans les forêts feuillues et mixtes (composées de feuillus et de résineux) du Québec.

Plus qu'un simple abatteur d'arbres, c'est un travailleur spécialisé de la forêt qui reconnaît l'essence des arbres, et qui peut identifier les espèces à protéger. Le diplômé est également capable d'utiliser la débusqueuse, cette machine qui sert à sortir les arbres abattus de la forêt.

Sylvain travaille depuis plusieurs années pour la Nord-Côtière, une coopérative forestière de Bergeronnes qui effectue différentes activités sylvicoles dans les forêts publiques du Québec. Il a occupé plusieurs postes de travail, qui vont du planteur d'arbres au chef d'une équipe de débroussailleurs. «Grâce à mon DEP, j'ai aussi travaillé comme abatteur d'arbres. On travaille toujours en équipe de deux : un abatteur, qui coupe les arbres à la scie mécanique; et un opérateur de débusqueuse, qui traîne le bois sur les chemins de transport.»

L'abatteur a appris à couper les arbres identifiés sans abîmer aucun autre arbre ou plant de régénération de la forêt. L'abatteur est également apte à ébrancher les arbres (enlever les branches) et à classer les troncs selon la qualité du bois.

Pour connaître les établissements qui offrent ce programme : www.inforoutefpt.org

	Salaire hebdo moyen	Proportion de dipl. en emploi	Emploi relié	Chômage	Nombre de diplômés
2008	533 $	60,0 %	55,6 %	0,0 %	22
2007	557 $	52,2 %	50,0 %	14,3 %	33
2006	N/D	N/D	N/D	N/D	N/D

Statistiques tirées de la *Relance* - Ministère de l'Éducation, du Loisir et du Sport.

Comment interpréter l'information, page 17.

«À titre d'opérateur de la débusqueuse, il faut aussi voir à son entretien», précise Sylvain. Le diplômé est capable d'effectuer des travaux de soudure et des réparations mécaniques mineures sur la machinerie.

QUALITÉS RECHERCHÉES

«Il faut aimer être dans le bois», lance sans hésiter Sylvain quand on lui demande les qualités nécessaires pour réussir dans ce métier. «On passe parfois 10 jours dans la forêt avant de rentrer chez nous. Les salaires ne sont pas toujours très élevés, donc celui qui n'a pas la passion de la forêt va facilement se décourager!»

Bien que le métier de bûcheron se soit beaucoup modernisé, il demeure très exigeant physiquement. «Il ne faut pas penser qu'on part en vacances quand on s'en va passer 10 jours en forêt. Les journées sont longues, et les conditions de travail sont difficiles. L'été, il fait chaud et les mouches noires nous piquent.» L'esprit d'équipe est important, puisque l'abatteur travaille de pair avec l'opérateur de la débusqueuse. L'autonomie est aussi recherchée.

DÉFIS ET PERSPECTIVES

«La profession est appelée à se transformer, souligne Yvon Marchand, enseignant à l'École forestière de La Tuque. Bientôt, il n'y aura plus de marteleurs pour identifier les arbres à couper. Ce sont les abatteurs qui devront faire la sélection. On cherche à élargir le champ d'action de nos diplômés, un peu comme cela se fait en Europe.»

M. Marchand affirme également que l'industrie forestière reconnaît davantage la profession. «Les entreprises forestières sont de plus en plus exigeantes avec leurs employés. D'ici à quelques années, un certificat de qualification d'abatteur conventionnel sera d'ailleurs exigé par les employeurs. Il garantira notamment que l'abatteur utilise des méthodes de travail sécuritaires en forêt.» L'enseignant souligne toutefois qu'il y a encore de nombreux entrepreneurs forestiers en fin de carrière qui résistent à l'implantation de nouvelles méthodes de travail. «Pour contrer cette résistance, on favorise actuellement le travail autonome en abattage manuel et débardage forestier.» 03/01

> **«Les entreprises forestières sont de plus en plus exigeantes avec leurs employés. D'ici à quelques années, un certificat de qualification d'abatteur conventionnel sera d'ailleurs exigé par les employeurs.»**
>
> **— Yvon Marchand**

Photo : C.S. des Hauts-et-Marées

HORAIRES ET MILIEUX DE TRAVAIL

- Le diplômé est généralement engagé par les entreprises d'exploitation forestière, les coopératives forestières, les ZEC (zones d'exploitation contrôlée), les pourvoiries.

- Le travailleur vit dans un camp forestier quand le lieu de coupe est trop éloigné.

- Le travail du diplômé est saisonnier. Il s'effectue sur une période qui varie de six à dix mois, comprise entre mai et mars.

- Le travail se déroule de jour et la journée compte de dix à douze heures.

- L'horaire est très variable : certains passent cinq jours en forêt, d'autres restent dix jours dans le bois avant de prendre quatre jours de congé.

DEP

Affûtage

«Affûteur, ce n'est pas un métier pour une fille!» lui avaient dit certaines personnes. Réussir dans un secteur traditionnellement réservé aux hommes, c'était justement un défi très tentant pour Sandra Rioux. Elle a donc troqué les couteaux du restaurant où elle travaillait contre ceux, autrement plus coupants, d'une scierie!

PROG. 5073
PRÉALABLE : 2, VOIR PAGE 20

900 HEURES

CHAMPS D'INTÉRÊT
- aime le bois
- préfère le travail physique au travail intellectuel
- aime le travail bien fait, a une âme d'artisan
- aime jouer un rôle important dans une entreprise

APTITUDES
- capacité de faire face au stress
- capacité de résoudre des problèmes
- minutie
- patience
- sens des responsabilités
- habiletés mathématiques (pour calculer la vitesse de coupe, les angles, les surfaces et les volumes)

Pour connaître les établissements qui offrent ce programme : **www.inforoutefpt.org**

RÔLE ET TÂCHES

Sandra a eu la piqûre de l'affûtage en visitant les installations du Centre de formation professionnelle Dolbeau-Mistassini. Quatre mois après avoir obtenu son DEP, elle était embauchée par une scierie en Haute-Mauricie. Son emploi consiste à entretenir et à aiguiser les scies et les couteaux utilisés dans le travail du bois. Elle doit aussi ajuster, entretenir et réparer les machines qui servent à tailler le bois et à affûter les lames.

«Actuellement, je travaille de nuit. Avant de terminer sa journée, l'affûteur de jour change les couteaux de l'équarrisseuse – une machine qui sert à couper le bois de façon à lui donner des surfaces planes – et les lames de la déligneuse qui égalise la largeur des planches. Moi, je dois les affûter. Et il se peut qu'au cours de la nuit j'aie à changer une scie, en cas de bris», explique la jeune femme.

Pour affûter une lame, Sandra commence par la nettoyer et l'inspecter. Elle l'aplanit ensuite manuellement à l'aide d'un marteau et d'un réglet (petite règle dont on se sert pour vérifier la planéité). Puis, pour rendre la lame bien droite, elle en ajuste la tension (un peu comme on tend un fil de fer) à l'aide d'un appareil appelé tensionneur. Elle répare enfin la dentelure, s'il y a lieu, et place la lame sur une affûteuse automatique qu'elle aura préalablement réglée. Comme les couteaux de l'équarrisseuse raccourcissent à force d'être affûtés, elle les place dans une machine où du régule, un alliage de métaux, est coulé sur les lames pour leur redonner la bonne longueur.

	Salaire hebdo moyen	Proportion de dipl. en emploi	Emploi relié	Chômage	Nombre de diplômés
2008	735 $	75,0 %	66,7 %	25,0 %	18
2007	770 $	93,3 %	84,6 %	6,7 %	19
2006	664 $	71,4 %	73,3 %	21,1 %	37

Statistiques tirées de la *Relance* - Ministère de l'Éducation, du Loisir et du Sport.

Comment interpréter l'information, page 17.

QUALITÉS RECHERCHÉES

«L'affûtage, c'est le cœur du moulin. Si les scies ne sont pas bien affûtées, elles font mal leur travail. C'est la qualité du produit qui est en jeu», dit Sandra, qui est dotée d'un grand sens des responsabilités. L'affûtage étant un travail de précision, il faut être minutieux. La prudence est aussi nécessaire, puisque l'affûteur manipule des outils coupants.

Et puis, la patience de l'affûteur est parfois mise à l'épreuve. Quand une scie ne fonctionne pas bien, c'est à lui, avec les mécaniciens, d'en trouver les causes. Il doit être capable de communiquer ses observations à ses collègues.

Dans les cas où l'effort physique est plus exigeant, Sandra a trouvé des solutions pour se faciliter la tâche, avec l'aide de ses camarades. «Pour changer les couteaux de l'équarrisseuse, je devais travailler à bout de bras. Alors, les mécaniciens m'ont fait un petit escabeau. Et comme les couteaux sont lourds, on en range deux paires dans deux petites boîtes au lieu d'en mettre quatre dans une grande boîte.»

> «L'affûtage, c'est le cœur du moulin. Si les scies ne sont pas bien affûtées, elles font mal leur travail. C'est la qualité du produit qui est en jeu.»
>
> — Sandra Rioux

DÉFIS ET PERSPECTIVES

«Le plus grand défi que l'affûteur doit relever dans le cadre de son métier, c'est de faire face au stress. S'il y a un problème de sciage, on va s'adresser à lui tout de suite pour savoir ce qui se passe», signale Lionel Hédou, enseignant au Centre de formation et d'extension en foresterie, situé à Causapscal, dans le Bas-Saint-Laurent.

C'est avec l'expérience que l'affûteur finit par maîtriser son métier. «On donne une bonne formation à nos élèves, poursuit M. Hédou, mais ils doivent être accompagnés par un affûteur d'expérience pendant un certain temps dans leur travail.»

Les diplômés ont plus de chances de trouver du travail s'ils acceptent de se déplacer. «À moins qu'un poste s'ouvre dans une scierie près de chez eux», précise M. Hédou. «On ne pourra jamais remplacer les affûteurs par des machines dans l'industrie du bois, parce qu'il restera toujours des opérations de réglage à effectuer sur les équipements, aussi modernes soient-ils.» L'affûteur peut aspirer à devenir un jour responsable d'un atelier d'affûtage ou encore accéder à d'autres postes, comme en contrôle de la qualité. 02/03

HORAIRES ET MILIEUX DE TRAVAIL

- Les diplômés travaillent dans des scieries ou dans des ateliers d'affûtage qui font de la sous-traitance.

- Dans les petites entreprises, ils travaillent de jour. Dans les grandes scieries, ils font généralement des journées de neuf heures, de jour ou de nuit.

- Comme ils manipulent des outils coupants et qu'ils travaillent dans la poussière et le bruit, ils suivent les consignes de sécurité (par exemple, cadenasser la scie avant de changer une lame) et utilisent de l'équipement de protection (gants, lunettes de sécurité, etc.).

DEP

Aménagement de la forêt

«En forêt, je me retrouve dans ce qu'il y a de plus naturel. Tout est calme. Je respire l'air pur et j'éprouve un sentiment de liberté.» Roger Meunier a occupé nombre d'emplois avant de suivre, à l'âge de 25 ans, une formation en aménagement de la forêt.

PROG. 5306
PRÉALABLE : 1, VOIR PAGE 20

1 215 HEURES

CHAMPS D'INTÉRÊT

- aime travailler en plein air et en nature
- aime bouger et se dépenser physiquement
- aime la botanique et, particulièrement, les arbres
- aime observer, calculer et analyser

APTITUDES

- facilité pour les sciences (mathématiques et botanique) et l'analyse
- excellent sens de l'observation et discernement
- rigueur et minutie
- autonomie et débrouillardise
- atout : excellente condition physique

Pour connaître les établissements qui offrent ce programme : **www.inforoutefpt.org**

RÔLE ET TÂCHES

Originaire des Laurentides, Roger Meunier travaille aujourd'hui à l'École de foresterie du Centre de formation professionnelle Harricana d'Amos, là où il a fait ses études. Son rôle consiste à effectuer différentes tâches relatives à l'encadrement des travaux exécutés en forêt par les élèves. «Je procède notamment au contournement de secteurs de coupe, explique-t-il. Cela consiste à entourer de rubans de couleur un peuplement forestier qui sera coupé, pour s'assurer que la machinerie va respecter les limites du site. Cela évite que les arbres non touchés par la coupe soient abîmés.»

Les diplômés sont aussi appelés à réaliser d'autres types de tâches, explique Claude Pouliot, enseignant à l'École de foresterie et de technologie du bois de Duchesnay. «Ils effectuent des inventaires forestiers, vérifient la qualité de travaux de plantation, de débroussaillage et d'abattage. Ils peuvent aussi avoir à mesurer des superficies en forêt, à identifier les arbres à couper et à calculer le volume de bois récolté.»

Pour se guider en forêt, Roger Meunier a appris à se servir d'une boussole et à lire différents types de cartes : les cartes topographiques, qui indiquent le relief; les cartes écoforestières, qui définissent la composition des plantations forestières (l'essence des arbres, leur âge, leur hauteur); et les photographies aériennes. «Ce sont les outils que j'utilise pour m'orienter en forêt et pour savoir exactement où aller faire mon contournement d'arbres. Je me guide avec ma boussole et mes cartes. Je sais, par exemple, que je dois passer dans une tourbière, puis dans une plantation d'épinettes et de sapins avant d'arriver au peuplement de trembles à abattre.»

	Salaire hebdo moyen	Proportion de dipl. en emploi	Emploi relié	Chômage	Nombre de diplômés
2008	531 $	53,2 %	35,5 %	21,4 %	95
2007	699 $	55,9 %	75,0 %	26,7 %	100
2006	593 $	48,2 %	48,1 %	35,7 %	87

Statistiques tirées de la *Relance* - Ministère de l'Éducation, du Loisir et du Sport.

Comment interpréter l'information, page 17.

Roger aménage aussi des sentiers d'abattage. «Je délimite un sentier afin que la machinerie utilise toujours le même chemin et ne ravage pas le sol. Après la coupe, je retourne effectuer une inspection des lieux pour m'assurer qu'on a respecté les limites du sentier.»

Le diplômé dénombre les arbres, détermine leur essence, leur âge. Il les mesure. Il voit ensuite s'il y a assez de jeunes arbres pour assurer la régénération de la forêt ou s'il y a lieu de reboiser.

QUALITÉS RECHERCHÉES

Le diplômé en aménagement de la forêt doit absolument aimer le plein air et les grands espaces. Il doit aussi être prêt à affronter les intempéries. «Je suis dehors quand il fait beau et que tout le monde souhaiterait travailler à l'extérieur, raconte Roger. Mais je suis aussi dehors quand il fait mauvais! Ce n'est pas grave, je m'habille en conséquence. Je suis tellement heureux en pleine nature!» Le métier exige aussi une bonne forme physique pour la marche en forêt.

Le jeune diplômé ne doit pas avoir peur de l'éloignement, puisque les activités forestières se déroulent loin des grands centres urbains. Il lui faut aussi apprécier le travail en solitaire. Roger passe parfois des heures, seul dans le bois, à la recherche d'un secteur de coupe. Des notions de base de survie en forêt, un bon sens de l'orientation et de la débrouillardise sont indispensables.

DÉFIS ET PERSPECTIVES

Les travaux en foresterie ont souvent mauvaise presse, souligne M. Pouliot. Les diplômés sont pourtant sensibilisés à la question du développement durable et ont appris à utiliser des méthodes de travail respectueuses de l'environnement.

Le diplômé en aménagement de la forêt devra poursuivre une formation continue tout au long de sa carrière, car le domaine de la foresterie évolue rapidement. Les méthodes de mesurage changent, les normes et les lois aussi. Le diplômé doit garder ses connaissances à jour.

L'informatique a aussi fait son apparition dans les bois. De petits ordinateurs permettent maintenant de traiter les données recueillies sur le terrain. Le diplômé doit donc s'adapter aux nouvelles technologies. 02/01 (mise à jour 05/09)

> «Je suis dehors quand il fait mauvais! Ce n'est pas grave, je m'habille en conséquence. Je suis tellement heureux en pleine nature!»
>
> **— Roger Meunier**

Photo : CFP Mont-Laurier

HORAIRES ET MILIEUX DE TRAVAIL

- Le diplômé en aménagement de la forêt peut travailler pour : des sociétés d'exploitation forestière; des coopératives ou groupements forestiers; des entreprises de plantation ou de débroussaillage; des scieries; des services municipaux ou gouvernementaux; des firmes de consultants (ingénieurs) en aménagement forestier.

- L'horaire du diplômé varie selon les saisons. L'été on prépare le terrain, alors que la coupe forestière s'effectue habituellement l'hiver.

- Le travail s'effectue surtout durant le jour et rarement les fins de semaine.

DEP

Classement des bois débités

Le classeur joue un rôle central dans les activités d'une scierie. C'est l'employé clé qui permet de rentabiliser au maximum le bois qui sort de l'usine. Les décisions qu'il prend, par exemple retirer une planche d'un lot pour la scier à nouveau et en augmenter la qualité, seront une source de revenus supplémentaires. Mais pour cela, il faut un bon jugement et, surtout, une grande rapidité dans la prise de décision!

PROG. 5208
PRÉALABLE : 2, VOIR PAGE 20

·930 HEURES

CHAMPS D'INTÉRÊT

- aime observer, analyser et classer
- accorde de la valeur à la précision, à l'efficacité et à la qualité du travail
- intérêt pour l'utilisation, la composition et la manipulation du bois

APTITUDES

- acuité visuelle, mémoire et discernement
- esprit méthodique, rapidité et sûreté de jugement
- esprit de collaboration et ponctualité
- résistance au stress

RÔLE ET TÂCHES

Quand le bois arrive à la scierie, il est d'abord coupé puis mis à sécher pendant quelques jours. Il est ensuite classé et finalement envoyé aux clients, des entreprises de construction ou des fabricants de planchers par exemple. Yan Dion travaille comme classeur à la Scierie Dion et Fils, à Saint-Raymond-de-Portneuf.

Il commence sa journée aux aurores, à 6 h. Il peut classer de 15 000 à 20 000 pieds mesures de planche (PMP) par jour. Un PMP équivaut à un morceau de bois de 1 pouce d'épaisseur sur 12 pouces de large et 12 de long. «Les lots sont classés par essence et par qualité, par exemple de l'érable de classe sélect, la meilleure qualité de bois. On installe d'abord le paquet de bois sur une machine qui fait défiler les planches sur notre table de travail. Au passage, nous devons vérifier les deux côtés de chaque planche. Si je vois un morceau qui n'est pas de la même qualité que le reste du lot, je l'enlève de la table de travail pour l'améliorer. Par exemple, je demande aux scieurs de couper des nœuds qui réduisent sa qualité», explique Yan Dion.

Un lot de planches peut servir cinq ou six clients. «Je dois séparer le paquet de bois en fonction des commandes. Je m'assure que chacun reçoive la qualité et la quantité de bois demandées.»

Yan ne s'en cache pas : il a trouvé ses premiers mois difficiles. «Je traitais à peine 10 000 PMP par jour et je revenais à la maison complètement épuisé. Trois ans plus tard, je fais de 15 000 à 20 000 PMP quotidiennement

Pour connaître les établissements qui offrent ce programme : **www.inforoutefpt.org**

	Salaire hebdo moyen	Proportion de dipl. en emploi	Emploi relié	Chômage	Nombre de diplômés
2008	654 $	60,0 %	66,7 %	25,0 %	6
2007	N/D	N/D	N/D	N/D	N/D
2006	623 $	71,4 %	84,0 %	10,7 %	47

Statistiques tirées de la *Relance* - Ministère de l'Éducation, du Loisir et du Sport.

Comment interpréter l'information, page 17.

et je suis beaucoup moins fatigué à la fin de ma journée!» L'expérience aidant, on prend en effet de la vitesse dans l'exécution du classement.

QUALITÉS RECHERCHÉES

Avoir un bon jugement est nécessaire dans le domaine du classement de bois débités. «Pour obtenir une qualité maximale, il faut souvent retourner des planches à la scierie. Je suis toujours en train de calculer comment je pourrais augmenter la valeur des planches, quels morceaux devraient être retranchés, par exemple.»

Le travail de classeur est aussi physiquement exigeant. Yan travaille près de 50 heures par semaine et doit sans cesse tourner des planches. Certaines essences comme le chêne et l'érable sont plus lourdes que d'autres, le bouleau par exemple.

DÉFIS ET PERSPECTIVES

Selon Mario Welsh, enseignant au programme de classement des bois débités de l'École de foresterie et de technologie du bois de Duchesnay, dans la région de Québec, le principal défi du classeur est de maximiser la valeur du bois qui quitte la scierie.

«Les pièces de bois n'ont pas toutes la même valeur : certaines essences valent plus cher que d'autres, et il existe également différentes qualités de bois. Au sommet de l'échelle se trouve le bois de qualité sélect, utilisé pour fabriquer des meubles, des tables et des marches. Au bas de l'échelle, il y a le "3b commun". Ces planches servent notamment au bois de plancher», précise M. Welsh.

Dans certains cas, les prix varient de 50 %. «Mais l'intervention du classeur peut faire une grande différence. Par exemple, il peut choisir un morceau de classe inférieure et suggérer de couper un pied à chaque extrémité pour en faire un morceau sélect un peu moins long, mais qui sera vendu plus cher», explique Mario Welsh.

Parce qu'il participe directement à la rentabilité de la scierie, le classeur a beaucoup de possibilités d'avancement. Avec l'expérience, il pourra devenir acheteur, vendeur et même accéder à des postes de direction. 05/09

> Parce qu'il participe directement à la rentabilité de la scierie, le classeur a beaucoup de possibilités d'avancement. L'expérience aidant, il peut devenir acheteur, vendeur et même accéder à des postes de direction.

Photo : Michel Lapsie

HORAIRES ET MILIEUX DE TRAVAIL

- Deux possibilités d'emploi s'offrent aux finissants : le travail dans un scierie ou dans une cour à bois, où ils classeront aussi le bois selon sa qualité.

- Le travail dans une cour à bois s'effectue de jour, généralement de 7 h à 16 h. Dans le cas des scieries, les horaires sont variables, de jour ou de soir.

- Dans une scierie, il faut s'attendre à travailler de longues heures, rarement moins de 40 par semaine. Par exemple, Yan Dion travaille 48 heures sur une base hebdomadaire.

- La scierie est un milieu de travail bruyant.

- Les employeurs fournissent l'uniforme, les gants, les bottes de sécurité et les protections auditives.

DEP

Pâtes et papiers (opérations)

Lise Desjardins a atteint son objectif : elle est devenue opératrice de pâtes et papiers dans une usine de Gatineau. «Pour la deuxième fois, je suis retournée sur les bancs de l'école et je ne le regrette pas. Cela a été un tournant décisif dans ma vie et, aujourd'hui, je fais un métier que j'adore.»

PROG. 5262
PRÉALABLE : 1, VOIR PAGE 20

1 170 HEURES

CHAMPS D'INTÉRÊT
- aime faire un travail manuel et faire fonctionner de la machinerie
- aime observer et vérifier le bon fonctionnement des machines
- aime le travail d'équipe en usine

APTITUDES
- esprit de collaboration
- sens de la mécanique
- rapidité, précision et efficacité
- résistance physique (à la chaleur et au stress de la productivité)

Pour connaître les établissements qui offrent ce programme : **www.inforoutefpt.org**

RÔLE ET TÂCHES

Avant d'entreprendre ses études, Lise était mesureur de bois. «Les emplois étaient saisonniers, et je ne travaillais que six mois par an.» Elle a donc décidé de s'inscrire au programme de pâtes et papiers (opérations).

Son diplôme en poche, elle n'a pas tardé à décrocher un poste. La fabrication du papier exige plusieurs étapes; Lise est un maillon dans la chaîne de ce processus complexe. Au départ, le moulin reçoit de gros ballots composés de papier kraft, de papier journal ou de rebus. «Les normes gouvernementales en vigueur incitent en effet les usines à utiliser un certain pourcentage de papier recyclé», explique Lise. Le moulin peut aussi produire du papier à partir de copeaux de bois.

Les matières brutes sont ensuite travaillées de façon à obtenir un produit fini. Lise intervient au moment où il faut enrouler ce papier autour de grosses bobines. «Je procède à l'installation des bobines et je m'assure que le papier s'y enroule bien après être passé dans une presse. Comme on ne peut placer les feuilles de papier sur toute leur longueur dans la presse, je dois les adapter, les couper en biseau au besoin.»

«Les opérateurs de pâtes et papiers ont des tâches diversifiées, qui dépendent de l'endroit où ils se situent dans la chaîne de production. En résumé, ils assurent le fonctionnement de l'équipement de production de pâtes, de papiers et de cartons. Pour cela, ils doivent faire fonctionner divers types de machines», explique Françoise Cabana, directrice du centre Compétences Outaouais.

	Salaire hebdo moyen	Proportion de dipl. en emploi	Emploi relié	Chômage	Nombre de diplômés
2008	785 $	74,4 %	57,3 %	17,2 %	168
2007	778 $	80,4 %	55,8 %	11,1 %	251
2006	771 $	77,6 %	55,2 %	15,3 %	357

Statistiques tirées de la *Relance* - Ministère de l'Éducation, du Loisir et du Sport.

Comment interpréter l'information, page 17.

QUALITÉS RECHERCHÉES

L'opérateur de pâtes et papiers doit être minutieux et patient. La capacité d'évaluer une situation et d'y apporter des solutions concrètes est aussi une qualité importante dans ce domaine. «On doit être très attentif, souligne Lise. Une petite erreur peut en effet occasionner le déroulement complet d'un rouleau de papier. Il faut constamment veiller au bon fonctionnement de la machinerie et réagir vite lorsque, par exemple, une feuille se brise sur un rouleau.»

Il faut aimer travailler en équipe et être à l'aise en communication interpersonnelle. Les opérateurs doivent être capables d'expliquer les problèmes qui surgissent, et de proposer des solutions en vue d'accroître l'efficacité, la productivité et la qualité du produit.

«Il ne faut pas se gêner pour poser des questions quand on n'est pas sûr d'une procédure, ajoute Lise. On doit parfois avoir une bonne dose d'humilité pour reconnaître que l'on ne sait pas tout.»

> **Les opérateurs doivent être capables d'expliquer les problèmes qui surgissent, et de proposer des solutions en vue d'accroître l'efficacité, la productivité et la qualité du produit.**

DÉFIS ET PERSPECTIVES

Autrefois, c'est à l'œil qu'on évaluait la qualité du papier. Aujourd'hui, grâce à des lecteurs optiques, on peut régler sur-le-champ les paramètres pour corriger la blancheur et la résistance du papier.

Ces changements technologiques amèneront l'opérateur à devoir se familiariser avec de nouvelles procédures opérationnelles tout au long de sa vie professionnelle. La polyvalence et la capacité d'adaptation constituent donc des compétences clés, très recherchées des employeurs. 09/00 (mise à jour 05/09)

Photo : Cégep de Trois-Rivières

HORAIRES ET MILIEUX DE TRAVAIL

- Les diplômés en pâtes et papiers (opérations) peuvent décrocher des postes dans diverses entreprises : des usines de fabrication de papier hygiénique, de papier photographique, de papier journal ou de serviettes de table en papier.

- On les trouve aussi dans des compagnies de recyclage. Certains laboratoires embauchent ces diplômés pour vérifier la qualité – la rugosité et la blancheur – des feuilles de papier.

- Dans le domaine des pâtes et papiers, l'horaire comporte généralement des périodes de travail qui varient entre 8 et 12 heures.

- Il peut aussi y avoir des équipes de nuit.

Sciage

Les opérations de sciage ont beau être de plus en plus informatisées, la technologie n'est pas encore parvenue à remplacer la qualité fondamentale du scieur : le jugement.

PROG. 5088
PRÉALABLE : 2, VOIR PAGE 20

900 HEURES

CHAMPS D'INTÉRÊT
- aime le domaine forestier
- aime le travail routinier sur une chaîne de production

APTITUDES
- bon jugement
- sens de l'observation
- bonne condition physique
- rapidité
- assiduité et constance

RÔLE ET TÂCHES

Hugo Bondu est scieur à la Scierie Bondu (aucun lien de parenté, précise-t-il), une entreprise située près de Mont-Laurier.

«La formation du scieur lui permet de bien connaître la qualité du bois», explique Hugo. Premier maillon de la chaîne de transformation, il joue un rôle très important puisqu'il sélectionne, dans chaque billot, les parties qui feront les meilleures planches. La valeur de la production de toute la scierie en dépend. Le DEP en sciage forme aussi au classement du bois scié selon le niveau de qualité. C'est pourquoi on appelle souvent les diplômés «scieurs-classeurs».

Assis dans sa cabine insonorisée dès sept heures le matin, Hugo manipule des leviers qui, dans un premier temps, activent le tourne-bille pour lui permettre de repérer la meilleure qualité du bois tout autour de l'arbre, sachant que le bois de qualité inférieure, avec plus de nœuds, se concentre vers le cœur de l'arbre. «Lorsqu'on a bien saisi où se trouve la meilleure qualité du bois, on active la scie pour débiter le billot [le couper en planches], poursuit Hugo. Nous faisons un travail d'équipe, puisque, après avoir débité le billot, le scieur l'envoie à la déligneuse qui enlève les irrégularités. Finalement, un classeur reçoit la pièce travaillée et la classe selon sa qualité.»

La technologie numérique joue désormais un rôle important dans ce métier. «Quand on débite les billots, on utilise maintenant des ordinateurs que l'on programme pour calculer les dimensions des planches. Cela augmente notre vitesse de production. On peut désormais

Pour connaître les établissements qui offrent ce programme : **www.inforoutefpt.org**

	Salaire hebdo moyen	Proportion de dipl. en emploi	Emploi relié	Chômage	Nombre de diplômés
2008	N/D	N/D	N/D	N/D	N/D
2007	634 $	87,5 %	85,7 %	6,7 %	20
2006	565 $	100,0 %	66,7 %	0,0 %	8

Statistiques tirées de la *Relance* - Ministère de l'Éducation, du Loisir et du Sport.

Comment interpréter l'information, page 17.

débiter de 500 à 600 billots par jour.» Plus rapide, le travail est également plus précis, ce qui contribue à réduire les pertes.

QUALITÉS RECHERCHÉES

Pour être efficace, un scieur-classeur doit posséder un bon sens de l'observation et du jugement afin d'évaluer correctement la qualité du bois qu'il manipule. Évidemment, il faut qu'il soit en mesure de faire fonctionner la machinerie de sciage de façon sécuritaire.

Le scieur-classeur doit aussi être rapide, autant quand il prend des décisions concernant la qualité du bois, que lorsqu'il exécute ses tâches de sciage. Conscient que les autres opérations de la chaîne de production dépendent de son rendement, il fera preuve d'un bon sens des responsabilités.

DÉFIS ET PERSPECTIVES

La machinerie de sciage a énormément évolué ces dernières années, selon Jean-François Guay, enseignant au Centre de formation professionnelle Dolbeau-Mistassini. «Travailler dans une scierie représente beaucoup moins un danger de nos jours qu'il y a 15 ou 20 ans.» Non seulement les appareils sont plus sécuritaires, mais leur manipulation demande une moins grande force physique, si bien qu'une femme peut faire le travail qu'un homme faisait autrefois.

«Notre domaine est en évolution, poursuit-il. Le défi est d'arriver à suivre. La formation continue ne peut qu'améliorer les conditions de travail et les salaires des scieurs-classeurs, puisqu'elle les rend plus attrayants pour les employeurs. Il ne faut donc pas hésiter à en faire la demande à ses patrons. Chacun en sort gagnant.»

Quand il parle de formation continue, Jean-François Guay fait principalement référence à des cours de santé et de sécurité au travail, de secourisme et d'approfondissement des connaissances de la machinerie de sciage. «Cette formation continue permet d'obtenir des cartes, des accréditations et des petits certificats qui ne sont pas nécessairement reconnus au ministère de l'Éducation, mais qui le sont en industrie. Il arrive même que des employeurs exigent une carte de secourisme, par exemple. Ce sont des atouts dans un curriculum vitæ.» 03/03

«Quand on débite les billots, on utilise maintenant des ordinateurs que l'on programme pour calculer les dimensions des planches. Cela augmente notre vitesse de production.»

— Hugo Bondu

Photo : C.S. de la Capitale

HORAIRES ET MILIEUX DE TRAVAIL

- Les scieurs-classeurs peuvent travailler dans des scieries, des cours à bois, des séchoirs et dans toutes les usines où l'on traite le bois d'œuvre.

- Ils effectuent habituellement des journées de huit heures et des semaines de cinq jours, selon des postes de jour, de soir et de nuit.

- Le travail durant le week-end est très rare.

- Comme l'environnement de travail est bruyant, les employés des scieries utilisent fréquemment des casques antibruit et des bouchons, à moins qu'ils ne bénéficient de cabines insonorisées.

CNP 8422　　CUISEP 315-000

Travail sylvicole

Marc Dumont est un amateur de plein air. Le camping, la pêche et le jardinage figurent au nombre de ses activités favorites. Des passe-temps qu'il ne sacrifierait pour rien au monde et qu'il a su intégrer à son travail en devenant sylviculteur.

PROG. 5289
PRÉALABLE : 2, VOIR PAGE 20

900 HEURES

CHAMPS D'INTÉRÊT

- aime la nature, particulièrement la forêt et les arbres
- aime bouger et se dépenser physiquement
- aime observer, calculer, analyser et classer

APTITUDES

- facilité pour les mathématiques et les sciences de la nature
- excellent sens de l'observation et esprit analytique
- excellente condition physique
- sens des responsabilités et discernement
- atout : leadership

RÔLE ET TÂCHES

Marc travaille pour une entreprise sylvicole de Saint-Michel-des-Saints qui entretient la forêt naturelle et des plantations forestières afin de favoriser leur développement. Il dirige une équipe de 40 ouvriers qui effectuent des opérations de dégagement de la forêt à l'aide de débroussailleuses. Les travaux se font sur des terres publiques sur lesquelles une entreprise du secteur de la foresterie a des droits de coupe. «L'opération de débroussaillage consiste à déterminer quels sont les meilleurs plants d'arbres à vocation commerciale, et à dégager un espace d'environ deux mètres autour d'eux pour favoriser leur croissance. Je m'occupe de repérer les terrains à l'aide de cartes et de photos aériennes. Puis, je distribue le travail.» Marc, qui a appris à reconnaître toutes les essences d'arbres, doit s'assurer que ses ouvriers ne coupent pas les espèces à conserver.

Le jeune sylviculteur se définit un peu comme un jardinier qui cultive les essences commerciales de bois tout en protégeant la régénération de la forêt. Marc apprécie son environnement de travail. «J'aime le calme de la forêt et la proximité des lacs qui me permet d'aller à la pêche à la fin de la journée.»

Maxime Wilson est diplômé de l'École de foresterie et de technologie du bois de Duchesnay. Il s'est quant à lui tourné vers l'autre aspect du métier de sylviculteur, qui touche à la culture des plants forestiers en pépinière pour le reboisement. «J'ai travaillé deux ans pour la pépinière forestière Pampev de Saint-Louis-de-Blandford. Je m'occupais de l'irrigation, de la fertilisation et du suivi de croissance de plus d'un million de plants

Pour connaître les établissements qui offrent ce programme : **www.inforoutefpt.org**

	Salaire hebdo moyen	Proportion de dipl. en emploi	Emploi relié	Chômage	Nombre de diplômés
2008	636 $	23,3 %	57,1 %	61,1 %	54
2007	760 $	23,5 %	100,0 %	42,9 %	27
2006	816 $	30,8 %	100,0 %	60,0 %	21

Statistiques tirées de la *Relance* - Ministère de l'Éducation, du Loisir et du Sport.

Comment interpréter l'information, page 17.

d'épinettes destinés au reboisement. Je veillais attentivement à ce qu'aucun insecte ou maladie n'attaque les plants.»

QUALITÉS RECHERCHÉES

Marc et Maxime s'entendent pour dire que le métier de sylviculteur requiert une bonne forme physique. «On marche beaucoup dans la forêt, parfois jusqu'à 15 kilomètres par jour», souligne Marc. Le travail à la débroussailleuse et à la scie mécanique demande également une certaine endurance. De plus, le sylviculteur doit être prêt à travailler malgré les intempéries.

Maxime ajoute que le travail en pépinière exige une grande minutie. «Il faut être très attentif à l'état de santé des plants et avoir le sens de l'observation. Le bon jugement est aussi indispensable pour réagir à différents problèmes. Les traitements ne sont pas les mêmes selon que les aiguilles jaunissent, que le plant se recourbe ou que les racines deviennent molles.»

«Le travailleur sylvicole doit aussi faire preuve de courage, dit Marc. Il n'est pas rare de croiser des ours et des lynx en forêt alors que nous ne sommes pas armés pour nous défendre.» Parce qu'il dirige une équipe d'employés, Marc doit également faire preuve d'autonomie et être habile dans la gestion de personnel.

DÉFIS ET PERSPECTIVES

L'un des principaux défis du sylviculteur n'est pas de trouver un emploi, mais de persévérer dans ce domaine. «Les difficultés du métier entraînent un fort taux de roulement», soutient Jacques Côté, enseignant à l'École de foresterie et de technologie du bois de Duchesnay.

Emploi saisonnier et très physique, conditions climatiques souvent rigoureuses, horaires exigeants, rémunération souvent à forfait... tous ces éléments font que plusieurs se découragent au bout de quelques années. Même si les élèves sont sensibilisés à cette réalité durant leur formation, «ce n'est pas la même chose lorsqu'on la vit concrètement sur le terrain et que, par exemple, il faut commencer sa journée à quatre heures du matin. En revanche, pour ceux qui travaillent fort et qui demeurent dans le métier, le salaire peut devenir très intéressant», précise Jacques Côté. 03/03 (mise à jour 03/07)

> «Il faut être très attentif à l'état de santé des plants et avoir le sens de l'observation. Le bon jugement est aussi indispensable pour réagir à différents problèmes.»
>
> **— Maxime Wilson**

Photo: CFP Mont-Laurier

HORAIRES ET MILIEUX DE TRAVAIL

- Le sylviculteur peut être engagé par les entreprises d'exploitation forestière, les coopératives forestières, les entreprises sylvicoles, les bureaux d'ingénieurs forestiers.

- Il peut également travailler pour les pépinières forestières privées (Pampev, CPPFQ) et les pépinières forestières gouvernementales.

- Le travail du sylviculteur est saisonnier.

- En forêt, le travail se déroule sur une période de cinq à six mois, comprise entre mai et octobre.

- La journée commence avec le lever du soleil et prend fin en début d'après-midi.

- Les travailleurs peuvent passer neuf ou dix jours dans le bois avant de prendre cinq jours de congé.

- En pépinière, l'horaire est plus régulier. Le travail se fait généralement de 8 h à 17 h, sur une période d'environ huit mois (d'avril à novembre).

COMMUNICATION ET DOCUMENTATION

CHAMPS D'INTÉRÊT

- aime la lecture, les arts visuels, le dessin
- aime manipuler des images, du papier et des couleurs
- aime le travail de précision, basé sur la perception visuelle
- aime observer et calculer avec précision

APTITUDES

- acuité visuelle et excellent discernement des couleurs
- dextérité, précision et minutie
- sens esthétique
- aisance en mathématiques (calculs)

 RESSOURCES INTERNET

INFOROUTE DE LA FORMATION PROFESSIONNELLE ET TECHNIQUE
http://inforoutefpt.org
Le site incontournable pour tout savoir sur les programmes de formation.

COMITÉ SECTORIEL DE MAIN-D'ŒUVRE DES COMMUNICATIONS GRAPHIQUES DU QUÉBEC
www.impressionsgraphiques.qc.ca
Ce site vous propose une visite virtuelle dans le monde de l'imprimerie et des communications graphiques. Vous y trouverez de l'information utile sur les différentes professions, les programmes de formation et les données statistiques sur la main-d'œuvre.

DEP

Imprimerie

Quelques mois avant de remplir sa demande d'admission au programme de formation en imprimerie offert par le Centre de formation des Bâtisseurs, en Beauce, Jean-François Dufour n'avait encore jamais pensé travailler dans le domaine de l'imprimerie. «J'avais d'abord décidé de m'inscrire en techniques d'intervention en loisir. Mais je n'étais pas certain de mon choix et, après avoir consulté un conseiller d'orientation, j'ai finalement opté pour un DEP en imprimerie. J'ai adoré ça.»

PROG. 5246
PRÉALABLE : 1, VOIR PAGE 20

1 350 HEURES

CHAMPS D'INTÉRÊT

- aime la lecture, les arts visuels, le dessin
- aime faire un travail de précision, basé sur la perception visuelle
- aime observer, manipuler et calculer avec précision
- aime travailler en usine (machinerie; directives et horaires précis)

APTITUDES

- capacité de travailler debout plusieurs heures
- patience
- résistance au bruit et aux odeurs fortes
- atout : facilité à utiliser l'informatique

Pour connaître les établissements qui offrent ce programme : **www.inforoutefpt.org**

RÔLE ET TÂCHES

Jean-François travaille aujourd'hui comme pressier pour Impressions de Beauce. L'entreprise imprime, autant en noir et blanc qu'en couleurs, un large éventail de documents, qui vont des manuels scolaires aux rapports annuels, en passant par les affiches et les calendriers. Facile, le métier de pressier? «Pas si on tient compte des technologies utilisées, des impératifs de temps et de coûts et des exigences de la clientèle», soutient Jean-François.

«Je dois régler la presse en fonction de la taille et de l'épaisseur du papier, des couleurs et des quantités voulues. Cela paraît simple, mais le pressier a parfois beaucoup d'ajustements à faire avant d'obtenir la précision et la qualité d'impression recherchées», précise-t-il.

Certaines presses peuvent être si complexes que les diplômés doivent commencer comme aides-pressiers, un emploi que Jean-François a d'ailleurs occupé les deux premières années chez Impressions de Beauce. «Les machines utilisées à l'école étaient différentes de celles avec lesquelles je travaille en ce moment. Cela m'a demandé une période d'adaptation», explique-t-il.

QUALITÉS RECHERCHÉES

«Les employés évoluant dans une salle de presse doivent être en mesure de travailler en équipe, précise Jean-François. Deux ou trois personnes peuvent parfois travailler simultanément sur la même presse. Par exemple, un aide-pressier peut s'occuper d'ajouter de l'encre et du papier pendant que le pressier nettoie les plaques servant à l'impression.»

	Salaire hebdo moyen	Proportion de dipl. en emploi	Emploi relié	Chômage	Nombre de diplômés
2008	480 $	77,5 %	71,4 %	11,4 %	57
2007	502 $	84,9 %	78,6 %	4,3 %	93
2006	494 $	78,5 %	61,2 %	13,6 %	97

Statistiques tirées de la Relance - Ministère de l'Éducation, du Loisir et du Sport.

Comment interpréter l'information, page 17.

Les tâches dévolues aux pressiers demandent aussi de la logique, ajoute Jean-François. «Lorsqu'il y a un problème avec une presse, il faut prendre le temps de réfléchir et savoir garder son calme pour arriver à le corriger. Cela exige également une bonne dose de débrouillardise.»

Par ailleurs, la minutie, le souci du détail, la rigueur en ce qui a trait aux méthodes de travail et une bonne condition physique sont au nombre des qualités recherchées chez les pressiers.

«Soulèvement des boîtes de papier, déplacements à effectuer dans la salle de presse, postures pas toujours faciles à prendre pour corriger un problème avec une presse...; vaut mieux être en bonne forme physique pour faire ce métier», explique Jean-François.

DÉFIS ET PERSPECTIVES

Au dire de Sylvain Ross, enseignant au programme d'imprimerie du Centre 24-Juin, à Sherbrooke, il ne faut surtout pas percevoir les tâches d'un pressier comme étant uniquement manuelles : «À part mettre du papier dans une presse, les fonctions du pressier sont loin d'être manuelles; il doit résoudre les problèmes et surtout faire de fréquents réglages aux presses pour arriver au résultat souhaité.»

Reste que l'un des principaux défis des diplômés réside dans leur capacité à apprendre par eux-mêmes les différentes tâches qui leur sont confiées afin d'être en mesure de progresser et d'obtenir une meilleure situation au sein de l'entreprise.

Car même s'il donne une longueur d'avance, «le diplôme n'est pas obligatoire pour travailler chez un imprimeur ou sur une presse en particulier. Si bien qu'un autodidacte doué et davantage proactif pourrait se voir offrir de l'avancement avant un diplômé, par exemple s'il fait preuve d'initiative en proposant à son patron de changer lui-même une pièce d'équipement», affirme Sylvain Ross. 03/07

L'un des principaux défis des diplômés réside dans leur capacité à apprendre par eux-mêmes les différentes tâches qui leur sont confiées afin d'être en mesure de progresser et d'obtenir une meilleure situation au sein de l'entreprise.

Photo : C.S. Marie-Victorin

HORAIRES ET MILIEUX DE TRAVAIL

- Les aides-pressiers et les pressiers peuvent travailler de jour, de soir ou de nuit.

- Ils sont souvent appelés à se déplacer à l'intérieur de l'imprimerie et doivent être suffisamment souples pour emprunter les postures nécessaires au réglage de certains appareils, les presses notamment.

- Souvent bruyant, le lieu de travail s'apparente à celui d'une usine manufacturière où il n'y a pas de fenêtre.

- La température ambiante et le taux d'humidité peuvent être contrôlés afin de préserver les matériaux.

- Les normes de sécurité doivent être respectées.

- Le port d'un uniforme et de souliers de sécurité est souvent exigé.

DEP

Procédés infographiques

«J'ai toujours aimé dessiner. Mon cours préféré à l'école était les arts plastiques», lance Victor Millette. Pas étonnant que le jeune homme de 22 ans ait choisi de faire de sa passion son métier. Il est aujourd'hui infographiste chez Groupe-Focus-Communications, une entreprise de Saint-Hyacinthe.

| PROG. 5221 | 1 800 HEURES |
| PRÉALABLE : 1, VOIR PAGE 20 | |

CHAMPS D'INTÉRÊT
- aime la lecture, les arts visuels, le dessin
- aime manipuler des images, du papier et des couleurs
- aime observer, manipuler et calculer avec précision
- aime la technologie et l'informatique

APTITUDES
- facilité d'apprentissage de l'informatique
- faculté d'imagination et de perception en trois dimensions
- capacité de travailler sous pression, de manière autonome
- capacité d'adaptation

RÔLE ET TÂCHES

Victor crée des cartes professionnelles, des dépliants et des affiches pour des PME et des grandes entreprises. Il fait aussi des retouches sur des photographies de mariage, des portraits ou des photos d'entreprise. Ses outils de travail? Papier et crayon, mais surtout son ordinateur et des logiciels de création graphique tels que Photoshop, Illustrator et QuarkXpress.

Pour la création de cartes professionnelles et de matériel promotionnel, Victor discute d'abord avec le client pour savoir quelles sont ses exigences en ce qui concerne les couleurs, les textes, le slogan ou le logo utilisés. Puis, il dessine sur une feuille de papier plusieurs esquisses, qu'il transpose ensuite dans son ordinateur. Il montre une première épreuve de son travail au client pour approbation. Victor peut alors avoir à faire certaines modifications, avant d'envoyer le montage final à l'imprimerie.

Pour la retouche de photographies, Victor utilise le logiciel Photoshop. Il procède à certaines améliorations, par exemple en éclaircissant une zone du visage, en ajustant les couleurs, en blanchissant les dents ou en ôtant un reflet sur l'image. Il imprime un échantillon de la photo retouchée et la montre au client pour approbation. Puis, il envoie l'image finalisée au laboratoire de photographie qui procédera à son impression.

Titulaire d'un diplôme d'études professionnelles (DEP) en procédés infographiques du Campus de Brome-Missisquoi du Centre d'éducation des adultes et de formation professionnelle, à Cowansville, Victor a effectué son stage d'études chez Groupe-Focus-Communications avant d'y

Pour connaître les établissements qui offrent ce programme : **www.inforoutefpt.org**

	Salaire hebdo moyen	Proportion de dipl. en emploi	Emploi relié	Chômage	Nombre de diplômés
2008	463 $	74,0 %	66,4 %	12,7 %	262
2007	449 $	75,2 %	80,4 %	12,8 %	308
2006	419 $	74,4 %	58,2 %	13,3 %	372

Statistiques tirées de la *Relance* - Ministère de l'Éducation, du Loisir et du Sport.

Comment interpréter l'information, page 17.

être engagé comme infographiste. «J'adore mon métier, car je suis payé pour créer! De plus, c'est très valorisant lorsqu'un client vient me voir pour me dire qu'il est bien satisfait de mon travail», souligne Victor.

QUALITÉS RECHERCHÉES

La créativité est à la base du travail de l'infographiste. «Il est important d'avoir son propre style et de savoir innover, autant pour plaire aux clients que pour se démarquer de ses pairs. Pourtant, il n'est pas toujours facile d'avoir des idées. Ainsi, l'une des choses les plus difficiles à concevoir est un logo. Il est important de garder une forme simple et d'éviter de la surcharger avec des textures ou des effets, car alors on détournerait l'attention du message qu'on veut véhiculer», explique Victor.

> La minutie, la rapidité d'exécution, l'autonomie et la débrouillardise sont des qualités très recherchées par les employeurs.

L'entregent et la capacité à communiquer sont d'autres atouts à posséder pour l'infographiste. «Il faut aussi savoir faire preuve de diplomatie. Par exemple, si le client a certaines exigences dont on sait qu'elles nuiront à l'esthétique de l'ensemble, on doit le lui expliquer.» La minutie, la rapidité d'exécution, l'autonomie et la débrouillardise sont également des qualités très recherchées par les employeurs.

DÉFIS ET PERSPECTIVES

L'un des principaux défis des diplômés est de garder constamment leurs connaissances à jour. En effet, de nouvelles versions des logiciels utilisés sortent presque tous les six mois. «Dans ce domaine, on apprend perpétuellement. Les diplômés doivent suivre des formations et s'abonner à des revues spécialisées pour rester au courant des tendances les plus récentes et des dernières versions de logiciels», explique Johanne Di Narzo, chef d'équipe dans l'établissement scolaire dont Victor est diplômé.

De nouvelles avenues s'offrent désormais aux diplômés en procédés infographiques, comme la conception de sites Web et la retouche de photographie. Mme Di Narzo constate également une demande nouvelle en conception de maquettes au crayon feutre plutôt que sur ordinateur. «Les créations réalisées avec des logiciels tendent à se ressembler. Désormais, les gens veulent des produits originaux où l'on peut voir la touche du concepteur.» 01/05

HORAIRES ET MILIEUX DE TRAVAIL

- Plusieurs types d'employeurs recherchent ces diplômés : boîtes de design, agences de publicité, maisons d'édition, entreprises de lettrage, studios de photographie, journaux et entreprises manufacturières.
- Les diplômés travaillent habituellement dans un bureau, à l'aide de leur ordinateur.

- Beaucoup d'entre eux exercent à leur propre compte.
- Les diplômés travaillent généralement selon un horaire régulier, soit de 9 h à 17 h les jours de semaine. En période de pointe et pour respecter les échéanciers de production, il faut s'attendre à faire des heures supplémentaires.

DEP

Reprographie et façonnage

Marie-Claude Tardif est reprographe au Cégep de Sainte-Foy. Elle fait fonctionner plusieurs machines en même temps, des photocopieurs ultra-perfectionnés qui font mille et une choses. Mais n'allez pas penser qu'elle se contente d'appuyer sur un bouton et sirote un café en attendant que le travail se fasse tout seul!

PROG. 5240
PRÉALABLE : 1, VOIR PAGE 20

840 HEURES

CHAMPS D'INTÉRÊT
- aime se sentir utile et servir la clientèle (cerner le besoin)
- aime faire un travail très méthodique et fignolé
- aime manipuler des appareils automatisés

APTITUDES
- rapidité et efficacité d'exécution
- sociabilité et sens du service à la clientèle (respect et tact)
- atout : facilité d'apprentissage de l'informatique

RÔLE ET TÂCHES

«La majeure partie de mon travail consiste à reproduire les documents que les professeurs doivent distribuer aux élèves, expose Marie-Claude. Je travaille avec des photocopieurs très performants qui génèrent en moyenne 105 copies à la minute. Certains sont numériques et fonctionnent comme de vrais ordinateurs, enregistrant dans leur mémoire tous les originaux. Les machines peuvent agrafer, perforer, plier les feuilles, poser des onglets et même produire de petits dépliants.»

Le métier ne se résume pas à poser une feuille sur une vitre d'exposition, met en garde Marie-Claude. Elle doit bien cadrer la copie et ajuster toutes les fonctions pour obtenir un bon résultat. «J'ai mon mot à dire sur la sortie finale. Par exemple, je dois parfois pâlir ou foncer la copie pour la rendre conforme à l'original. Si un professeur échappe une goutte de café sur une feuille, je peux aussi la faire disparaître en utilisant un pointeur électronique qui dissimule la tache sans modifier le reste du document.»

La reprographe effectue également tout le travail de finition. Si le document est trop volumineux pour être agrafé au photocopieur, Marie-Claude devra le faire elle-même avec une agrafeuse appropriée. Elle perfore aussi les copies, les assemble ou les plastifie. Les documents peuvent également être assemblés avec des spirales, des boudins ou grâce à la thermoreliure, c'est-à-dire une bande noire autocollante qui maintient les feuilles ensemble.

Pour connaître les établissements qui offrent ce programme : **www.inforoutefpt.org**

	Salaire hebdo moyen	Proportion de dipl. en emploi	Emploi relié	Chômage	Nombre de diplômés
2008	497 $	60,0 %	88,9 %	25,0 %	24
2007	N/D	N/D	N/D	N/D	N/D
2006	591 $	86,7 %	76,9 %	0,0 %	19

Statistiques tirées de la *Relance* - Ministère de l'Éducation, du Loisir et du Sport.

Comment interpréter l'information, page 17.

D'autres tâches incombent au reprographe, comme le service à la clientèle, l'utilisation d'une caisse enregistreuse, l'emballage des documents et la gestion des stocks.

QUALITÉS RECHERCHÉES

Selon Marie-Claude, l'une des qualités premières d'un reprographe est son sens de l'organisation. «Les clients sont nombreux et pressés. Il faut bien planifier sa journée et être ordonné. Si on est interrompu pendant une tâche, il faut ensuite reprendre le travail là où on l'avait laissé, sans se tromper.»

La débrouillardise, la résistance au stress et une bonne dose de patience vont aussi de pair avec ce métier. La personne doit composer avec les imprévus, comme le bris d'un photocopieur, qui nécessite une prise de décision rapide.

Une bonne condition physique est également nécessaire, puisque le travail s'effectue la plupart du temps debout et implique le transport de boîtes de papier.

Par ailleurs, l'opérateur de photocopieur doit bien servir la clientèle. «Il faut aimer travailler avec le public», confie Marie-Claude. La diplomatie, la courtoisie et le sens de l'écoute sont donc des qualités essentielles.

> La débrouillardise, la résistance au stress et une bonne dose de patience vont de pair avec ce métier. La personne doit composer avec les imprévus, comme le bris d'un photocopieur, qui nécessite une prise de décision rapide.

DÉFIS ET PERSPECTIVES

Le reprographe doit travailler avec des appareils numériques de plus en plus perfectionnés, mais aussi savoir prendre le virage informatique, estime Michel Barbusci, enseignant dans le cadre de ce programme au Centre Calixa-Lavallée, à Montréal. «De plus en plus de clients envoient leur commande sur support informatique : CD-ROM, Internet ou le serveur de l'entreprise. Certains font également appel à nous pour numériser et archiver leurs documents de papier en version électronique.»

La tendance est aussi à la personnalisation, dit-il. «Par exemple, à partir d'un gros document s'adressant à plusieurs individus, la machine peut ajouter le nom d'une personne sur la page couverture et retrancher l'information et les images qui ne la concernent pas.»

Selon le professeur, les opérateurs de photocopieur seront aussi de plus en plus appelés à procéder aux ajustements finaux, en matière de contrôle de la qualité du produit fini et de corrections couleur. 02/05

HORAIRES ET MILIEUX DE TRAVAIL

• Les principaux employeurs de ces diplômés sont les institutions gouvernementales, les commissions scolaires, les hôpitaux et toutes les grandes entreprises qui ont leur propre centre de reprographie, comme les compagnies d'assurances. L'horaire de travail y est généralement stable, et le «9 à 5» est monnaie courante. Les heures supplémentaires seront quelquefois nécessaires dans les commissions scolaires, au moment de la rentrée.

• Les imprimeries commerciales, les centres de photocopie et les centres de copie libre-service emploient également les diplômés. Dans ces secteurs, il faut s'attendre à travailler de jour comme de soir, même les week-ends, au gré de l'achalandage et des contrats.

MÉCANIQUE D'ENTRETIEN

CHAMPS D'INTÉRÊT

- aime résoudre des problèmes pratiques
- aime le travail manuel, avec des outils
- aime démonter, réparer et remonter des objets, des mécanismes et des appareils

APTITUDES

- acuité visuelle
- dextérité
- sens de l'observation et capacité de concentration
- facilité d'apprentissage intellectuel et technique
- facultés d'analyse et de logique
- discernement et ingéniosité
- esprit rigoureux et méthodique

 **RESSOURCES INTERNET**

INFOROUTE DE LA FORMATION PROFESSIONNELLE ET TECHNIQUE
http://inforoutefpt.org
Le site incontournable pour tout savoir sur les programmes de formation.

COMMISSION DE LA CONSTRUCTION DU QUÉBEC
www.ccq.org
Visitez particulièrement la section «Formation professionnelle» et cliquez sur le lien «métiers et titres occupationnels». Vous y trouverez des fiches descriptives des métiers les plus demandés, comme ceux de mécanicien d'ascenseur, de serrurier de bâtiment et de mécanicien industriel.

LE PROGRAMME HORLOGERIE-BIJOUTERIE
www2.csduroy.qc.ca/ Bel-Avenir/horlogerie.htm
Pour tout savoir sur la formation d'horloger.

DEP

ASP 5263

Horlogerie-bijouterie

«J'ai toujours été bricoleuse dans tous les domaines, mis à part l'électricité. Mais avec l'horlogerie, j'ai découvert la beauté du mouvement. Pour moi, ç'a été le coup de foudre!» Voilà qui en dit long sur la passion qu'éprouve Linda Quessy pour son métier!

PROG. 5182
PRÉALABLE : 1, VOIR PAGE 20

1 800 HEURES

CHAMPS D'INTÉRÊT

- aime les bijoux et les mécanismes
- aime le travail avec la clientèle
- aime faire un travail de grande précision basé sur l'observation et la manipulation
- aime utiliser des loupes et de minuscules outils

APTITUDES

- dextérité fine et grande précision des gestes
- très grande capacité de concentration
- facilité d'expression verbale et sens du service à la clientèle

RÔLE ET TÂCHES

Cette mère de famille a décidé d'effectuer un retour aux études en horlogerie-bijouterie. Elle travaille dans un centre de réparation de montres et de bijoux situé dans un grand magasin de la région de Trois-Rivières.

Linda procède à l'estimation des réparations et conseille les clients sur le fonctionnement de petits appareils. «Je réussis parfois à solutionner le problème juste en parlant avec le client et en lui suggérant une manipulation pour régler son horloge.»

Le travail de l'horloger-bijoutier consiste principalement à réparer les horloges et les montres mécaniques et électroniques. «Il s'agit souvent de changer des piles, explique Linda. Il faut aussi démonter complètement les rouages de certaines montres pour les réparer. Je fais également des nettoyages complets de montres et d'horloges.»

L'horloger-bijoutier effectue également des ajustements de colliers ou de bracelets. Il peut monter des bagues et des colliers de perles ou de pierres. Son travail comprend le nettoyage et le polissage des bijoux. Il doit cependant suivre un cours en joaillerie pour confectionner des bijoux.

Celui qui possède une excellente habileté à travailler avec de petits mécanismes pourra réparer divers objets, comme des boîtes à musique ou des jouets. «J'ai déjà réparé une paire de jumelles, raconte Linda. Un objet était collé sur une lunette, et j'ai dû démonter les jumelles pour trouver le problème.»

Pour connaître les établissements qui offrent ce programme : www.inforoutefpt.org

	Salaire hebdo moyen	Proportion de dipl. en emploi	Emploi relié	Chômage	Nombre de diplômés
2008	N/D	N/D	N/D	N/D	N/D
2007	N/D	40,0 %	0,0 %	0,0 %	7
2006	N/D	60,0 %	100,0 %	25,0 %	5

Statistiques tirées de la *Relance* - Ministère de l'Éducation, du Loisir et du Sport.

Comment interpréter l'information, page 17.

Certains horlogers développent même des compétences dans l'entretien de minuteries spécialisées ou d'appareils de précision utilisés en aéronautique.

«Le métier nous amène aussi à fabriquer des outils pour effectuer nos réparations, souligne Linda. On n'a pas toujours l'objet idéal pour aller à un endroit précis dans une horloge. Il faut savoir se débrouiller.»

QUALITÉS RECHERCHÉES

Le métier d'horloger-bijoutier demande une bonne dextérité manuelle et un grand sens de l'observation. Il faut démonter des pièces et se rappeler où elles vont, afin de les remettre au bon endroit! «Il faut aimer la précision et les petits objets, ajoute Linda. Le travail à l'intérieur des montres est très minutieux.» Il exige aussi une patience d'ange, et, dans ses relations avec les clients, l'horloger-bijoutier doit faire preuve d'entregent et de courtoisie.

Linda souligne qu'un bon bijoutier doit avoir un esprit créatif pour arriver à effectuer certaines réparations. «On réalise parfois des modifications sur des bijoux. L'installation et l'agencement de pierres sur une bague, par exemple, nécessitent des qualités artistiques.»

DÉFIS ET PERSPECTIVES

Les diplômés qui sortent de l'École d'horlogerie du Centre de formation professionnelle Bel-Avenir, à Trois-Rivières, sont un peu laissés à eux-mêmes, déplore Michel Plourde, responsable de cette école. «Ils n'ont pas de maître avec qui ils peuvent travailler pour compléter leur formation. Actuellement, la moyenne d'âge des horlogers au pays est de 60 ans et plus. Quand ils partiront, ce sont des encyclopédies de connaissances qui disparaîtront. Le défi des diplômés consiste donc à aller chercher l'information pour restaurer tous les types d'appareils horaires : montres, horloges, etc.»

Les perspectives d'emploi à l'étranger sont intéressantes pour les horlogers. «Notre école est reconnue comme la meilleure en Amérique du Nord par la Fédération horlogère suisse. Nos diplômés peuvent aller parfaire leur formation à Neuchâtel, en Suisse, afin d'approfondir leurs connaissances en horlogerie haut de gamme. Cette spécialisation leur ouvre les portes des grandes compagnies comme Rolex, Birks et Cartier.» 02/01

«Le métier nous amène aussi à fabriquer des outils pour effectuer nos réparations. On n'a pas toujours l'objet idéal pour aller à un endroit précis dans une horloge. Il faut savoir se débrouiller.»

— Linda Quessy

Photo : C.S. du Chemin-du-Roy

HORAIRES ET MILIEUX DE TRAVAIL

- Les principaux milieux de travail sont les bijouteries, les horlogeries, les centres de réparation de montres et de bijoux et les grandes compagnies de fabrication.

- Certains centres de services de serrurerie, comme le Service canadien de serrures bancaires, embauchent des horlogers pour l'entretien de systèmes de minuterie.

- Les compagnies aéronautiques engagent aussi des horlogers pour s'occuper de l'entretien de menus appareils de précision, comme les altimètres.

- Les diplômés peuvent s'attendre à travailler 40 heures par semaine.

- Les bijouteries et les horlogeries suivent les horaires des commerçants. Il faut donc prévoir du travail de jour et de soir, les jeudis et vendredis.

Mécanique d'ascenseur

Pour Simon Legros, jeune apprenti mécanicien d'ascenseur, son métier est le plus beau du monde! «Ce métier allie à la fois travail manuel et technologie de pointe, travail physique et mental. C'est une activité professionnelle très complète et variée.»

PROG. 5200
PRÉALABLE : 1, VOIR PAGE 20

1 800 HEURES

CHAMPS D'INTÉRÊT

- aime les sciences (la mécanique et l'électronique en particulier)
- aime le travail manuel (manipulation d'outils)
- aime faire un travail complexe et diversifié
- aime se sentir responsable et autonome

APTITUDES

- facilité d'apprentissage des sciences
- polyvalence
- force et résistance physique
- atout : bilinguisme

Pour connaître les établissements qui offrent ce programme : www.inforoutefpt.org

RÔLE ET TÂCHES

«Lorsqu'on œuvre dans le domaine de la mécanique d'ascenseur, on peut aussi bien construire un nouvel ascenseur que travailler à la modernisation ou à la réparation de systèmes déjà existants. D'une façon ou d'une autre, c'est toujours une activité passionnante», explique Simon.

Yvon Carrier, enseignant en mécanique d'ascenseur à l'École des métiers du Sud-Ouest de Montréal, souligne pour sa part que rien n'est laissé au hasard dans la construction et l'installation d'un ascenseur. «C'est un processus complexe, qui comprend plusieurs étapes, observe M. Carrier. Les premières tâches consistent à planifier les travaux, à vérifier les plans de mécanique et d'électricité, à monter les échafaudages et à déterminer l'alignement des équipements dans le puits de l'ascenseur. Par la suite, on pose les supports, les assises, les amortisseurs et les rails, on assemble l'étrier et la plate-forme, puis on pose la cabine et on effectue le raccord électrique. On doit enfin faire des essais, l'inspection finale et la livraison.»

Quel que soit le système concerné – ascenseur à traction ou hydraulique, escalier roulant ou monte-charge –, le mécanicien d'ascenseur aura besoin de toutes ses connaissances en mécanique, en électronique, en techniques d'assemblage et en raccordement électrique pour effectuer ces tâches et veiller à la conformité des installations.

La durée de vie d'un ascenseur est d'environ 50 ans. C'est pourquoi, en plus de savoir construire un ascenseur pièce par pièce, le mécanicien doit encore s'assurer de son entretien, de sa modernisation, voire de son

	Salaire hebdo moyen	Proportion de dipl. en emploi	Emploi relié	*Chômage	Nombre de diplômés
2008	788 $	96,2 %	88,0 %	0,0 %	38
2007	815 $	100,0 %	80,0 %	0,0 %	38
2006	933 $	78,6 %	100,0 %	21,4 %	18

Statistiques tirées de la *Relance* - Ministère de l'Éducation, du Loisir et du Sport.

Comment interpréter l'information, page 17.

remplacement. La longévité d'un ascenseur dépend en effet autant de l'équipement que du contrôle de ce dernier. C'est donc au mécanicien d'ascenseur que l'on demandera une expertise sur les travaux nécessaires. Il doit également être en mesure de discerner les causes d'une défaillance technique et savoir comment parer à tout disfonctionnement des installations.

QUALITÉS RECHERCHÉES

Pour Yvon Carrier, la première des qualités à posséder est d'être capable de travailler avec précision. Il faut aussi savoir juger de la valeur des informations et interpréter des plans. Selon lui, la mécanique d'ascenseur exige également une grande dextérité manuelle et une bonne coordination de la vue et des mains, et même des pieds! Compétences intellectuelles et souplesse physique vont de pair pour effectuer ce travail, somme toute, diversifié.

Simon Legros confirme l'importance de ces qualités. «Nous travaillons avec des installations à la fine pointe de la technologie. On doit être habile de nos mains, mais il faut aussi être capable de lire des plans de construction très techniques.» Ce métier nécessite également une grande force physique, car il faut parfois porter de lourdes charges. Cela n'empêche pas pour autant des femmes de s'inscrire à ce programme.

DÉFIS ET PERSPECTIVES

«C'est un métier où l'on doit sans cesse se perfectionner parce qu'il y a toujours des changements technologiques», constate Bruno Lavoie, enseignant en mécanique d'ascenseur à l'École des métiers du Sud-Ouest de Montréal. Tout se fait désormais par ordinateur et au moyen d'automates programmables. «De plus, de nouveaux produits arrivent régulièrement sur le marché. Par exemple, il existe maintenant une gamme complète d'ascenseurs pour personnes handicapées», mentionne M. Lavoie. Si le bassin d'emplois se trouve surtout à Montréal, on construit aussi beaucoup d'édifices en hauteur à Québec et à Sherbrooke. L'expérience aidant, les mécaniciens d'ascenseur peuvent aspirer à devenir contremaîtres. 09/99 (mise à jour 03/07)

Ce métier fait partie des métiers de la construction et est régi comme tel par la Commission de la construction du Québec. Voir le tableau en page 144.

> **«Nous travaillons avec des installations à la fine pointe de la technologie. On doit être habile de nos mains, mais il faut aussi être capable de lire des plans de construction très techniques.»**
>
> **— Simon Legros**

HORAIRES ET MILIEUX DE TRAVAIL

- Les diplômés peuvent travailler au sein d'entreprises de construction d'ascenseurs, de compagnies spécialisées dans l'installation de systèmes de déplacement mécanisé ou pour des entreprises d'entretien d'ascenseurs.

- Au terme de leur apprentissage professionnel obligatoire, les diplômés deviendront des mécaniciens d'ascenseur confirmés, puis ils pourront devenir ajusteurs.

- Si le mécanicien construit l'ascenseur, l'ajusteur, lui, s'occupe du domaine des automates programmables, des équipements électriques et électroniques.

- Dans ce métier à haut risque, on ne plaisante pas avec la sécurité. Le port du casque, de lunettes et de vêtements de protection, ainsi que les harnais de sécurité, sont obligatoires.

- Un mécanicien d'ascenseur travaille environ 40 heures par semaine. Le travail s'effectue généralement de jour, mais il peut arriver qu'il se fasse la nuit et les fins de semaine.

DEP

Mécanique de machines à coudre industrielles

C'est un peu par hasard que Carol Bissonnette s'est inscrit à ce programme. «Après deux jours de cours, j'ai su que j'aimerais le métier!» Il est maintenant propriétaire d'une petite entreprise de services d'entretien et de réparation.

PROG. 5209		1 350 HEURES
PRÉALABLE : 1, VOIR PAGE 20		

CHAMPS D'INTÉRÊT
- aime entretenir et réparer des machines
- aime travailler en milieu industriel
- accorde de la valeur à la productivité, à l'efficacité

APTITUDES
- capacité de travailler sous pression
- initiative et esprit de collaboration
- sens de l'observation et de l'organisation
- atouts : initiative et sens des affaires

RÔLE ET TÂCHES

«J'ai un atelier chez moi où je vends et répare des machines à coudre domestiques et industrielles, explique Carol. J'offre également mes services d'entretien aux manufactures qui n'ont pas de mécanicien attitré. J'ai un camion dans lequel se trouvent mes outils et mes pièces. Dans 80 % des cas, je me rends directement chez les clients pour effectuer les réparations.»

Il dessert neuf entreprises de l'industrie du textile de l'Estrie. Il les visite en cas de bris de machines, mais aussi pour faire l'entretien préventif des appareils.

Les manufactures ne sont pas toutes équipées de la même façon. Les machines à coudre varient selon leur utilité. Celles qui installent des poches de jeans ne fonctionnent pas comme celles qui font les ourlets de pantalons. Au cours de sa formation, Carol a donc étudié le fonctionnement de plus de 150 machines à coudre industrielles.

Il offre aussi des services de modernisation de manufactures de vêtements. Il procède au réaménagement de la machinerie pour améliorer la productivité d'une usine et faciliter le travail des employés. «Je peux rallonger des tables de machines à coudre pour permettre aux couturières de mieux placer leurs tissus. J'ai aussi conçu un petit automate programmable doté d'un bras qui peut déplacer des morceaux de tissus d'une table à une autre dans une usine de fabrication de pantalons.»

Pour connaître les établissements qui offrent ce programme : **www.inforoutefpt.org**

	Salaire hebdo moyen	Proportion de dipl. en emploi	Emploi relié	Chômage	Nombre de diplômés
2008	N/D	N/D	N/D	N/D	N/D
2007	N/D	N/D	N/D	N/D	N/D
2006	N/D	N/D	N/D	N/D	N/D

Statistiques tirées de la *Relance* - Ministère de l'Éducation, du Loisir et du Sport.

Comment interpréter l'information, page 17.

QUALITÉS RECHERCHÉES

Le mécanicien de machines à coudre industrielles doit avoir un bon esprit d'analyse pour détecter le problème au plus vite et trouver le moyen de le régler. Il doit aussi être capable de bien gérer son stress devant un client ou une couturière qui perd de l'argent lorsque sa machine ne fonctionne pas.

«Il faut être très polyvalent pour réussir dans ce métier, surtout quand on travaille à son compte, ajoute Carol. Je ne me limite pas à la mécanique de la machine à coudre. Comme je suis habile de mes mains, j'essaie de voir à l'ensemble du bon fonctionnement de l'usine.» Ainsi, il n'est pas rare que le mécanicien se transforme en menuisier pour fabriquer des tables de coupe pour le tissu ou des casiers pour ranger des bobines de fil.

Parce qu'il dirige sa propre entreprise, Carol a dû faire preuve de créativité afin d'attirer sa clientèle. «Au début, j'offrais une promotion. Je ne facturais pas mes deux premières heures de travail. C'est comme ça que j'ai réussi à entrer dans quelques entreprises pour leur montrer mon savoir-faire.»

> **«Je ne me limite pas à la mécanique de la machine à coudre. Comme je suis habile de mes mains, j'essaie de voir à l'ensemble du bon fonctionnement de l'usine.»**
>
> **— Carol Bissonnette**

DÉFIS ET PERSPECTIVES

«Les tissus synthétiques sont de plus en plus utilisés dans la confection de vêtements, ce qui exige une grande coordination dans l'ajustement des machines à coudre», explique Réjean Bouffard, enseignant au Centre de formation professionnelle Morillac de Windsor. Ces tissus sont plus glissants et sujets aux points de couture ratés. Les diplômés doivent être extrêmement minutieux et précis dans les ajustements des machines pour que les coutures soient solides. «L'industrie du vêtement au Québec a d'ailleurs choisi d'augmenter ses normes de qualité pour contrer les importations, ajoute M. Bouffard. La qualité des coutures dépend du bon fonctionnement des machines à coudre.»

De plus en plus, l'industrie du textile demande des mécaniciens qui ont suivi la formation sur les machines à coudre industrielles. Les manufacturiers recherchent aussi des diplômés compétents disposés à poursuivre leur formation en entreprise pour satisfaire leurs normes de qualité. 02/01

HORAIRES ET MILIEUX DE TRAVAIL

- Le diplômé peut être engagé par : les manufactures de produits textiles (vêtements, rideaux, tissus d'ameublement); les dépositaires de machines à coudre industrielles et domestiques; les ateliers d'équipements de camping; les entreprises de rembourrage; les manufactures de chaussures.
- Il peut aussi devenir propriétaire de son centre de services d'entretien et de réparation.

- Le mécanicien de machines à coudre industrielles qui devient propriétaire d'une petite entreprise de services doit être très disponible. Il peut travailler jusqu'à 60 heures par semaine, réparties sur six ou sept jours.
- Celui qui travaille en manufacture a habituellement un horaire de jour, de 40 heures par semaine.

DEP

Mécanique industrielle de construction et d'entretien

ASP 5006 / 5012

Aimée-Rose Poirier s'est découvert des talents de mécano en participant à des ateliers de recherche d'emploi. «Un jour, le système de plomberie du local où se déroulaient les rencontres a fait défaut. J'ai réussi à le rafistoler, et c'est comme ça que les animateurs m'ont orientée vers la mécanique.»

| PROG. 5260 | 1 800 HEURES |
| PRÉALABLE : 1, VOIR PAGE 20 | |

CHAMPS D'INTÉRÊT

- aime régler, réparer et modifier des mécanismes
- aime les sciences et la technologie
- aime travailler en milieu industriel
- accorde de la valeur à la productivité, à l'efficacité

APTITUDES

- facilité d'apprentissage des techniques informatisées
- facilité pour les mathématiques
- initiative, esprit de collaboration et ingéniosité

RÔLE ET TÂCHES

Aimée-Rose a obtenu son diplôme du Centre intégré de mécanique industrielle de la Chaudière. Aujourd'hui, elle est mécanicienne pour le Groupe Paré Brossel, une entreprise de la Beauce qui fabrique des manches, des goujons (tiges métalliques) et des blocs de brosses en bois (qui retiennent les poils d'une brosse). Elle voit à l'entretien d'environ 150 machines, dont les débiteuses qui coupent le bois en planches, les scieuses, les sableuses, les perceuses, les tours, les convoyeurs et plusieurs autres. «Je procède au graissage et à la lubrification des machines, explique la mécanicienne. Cela me permet de vérifier aussi l'état des pièces pour prévenir les bris. Je peux changer des courroies ou des chaînes qui semblent trop usées. Je travaille sur trois plans de travail. Ça me prend plus d'une semaine pour faire le tour de toutes les machines.»

Elle répare aussi les appareils et conçoit à l'occasion des pièces qui améliorent le rendement de la machinerie. Aimée-Rose, qui était l'unique femme de sa classe, est également la seule mécanicienne de l'usine. Elle dit toutefois se sentir à sa place. «En général, je me sens bien acceptée. Je n'ai rien à prouver aux hommes. Je cherche avant tout à être satisfaite de mon travail. C'est vrai qu'on n'a pas la même force physique que nos collègues masculins, mais on a plus d'habileté à réparer des petites pièces.»

QUALITÉS RECHERCHÉES

«Il faut être très alerte dans ce métier, assure Aimée-Rose. Je dois effectuer mes inspections en suivant toutes les étapes pour que rien ne m'échappe. Je

Pour connaître les établissements qui offrent ce programme : www.inforoutefpt.org

	Salaire hebdo moyen	Proportion de dipl. en emploi	Emploi relié	Chômage	Nombre de diplômés
2008	761 $	80,1 %	81,2 %	7,4 %	403
2007	747 $	77,9 %	81,7 %	11,1 %	406
2006	696 $	81,2 %	78,7 %	7,0 %	484

Statistiques tirées de la *Relance* - Ministère de l'Éducation, du Loisir et du Sport.

Comment interpréter l'information, page 17.

suis également attentive au moindre petit bruit anormal qui pourrait me signaler une défectuosité. Chaque tâche doit être effectuée consciencieusement.»

La minutie et la patience sont d'autres qualités recherchées. «Il faut s'appliquer à bien démonter les pièces pour comprendre les problèmes. Parfois, en démontant on découvre de nouveaux ennuis.» L'esprit d'analyse garantit aussi le succès d'un bon mécano. «Il y a plusieurs composantes à analyser avant d'effectuer une réparation. Par exemple, je dois prendre le temps de vraiment comprendre le fonctionnement d'un circuit pneumatique pour évaluer la nature du problème. Ce n'est pas toujours nécessaire de tout démonter.»

DÉFIS ET PERSPECTIVES

«Les diplômés en mécanique industrielle de construction et d'entretien reçoivent une formation générale sur des équipements de production. Ils doivent ensuite s'ajuster à leur milieu de travail et aux machines utilisées», explique Yves Gagné, enseignant au Centre de formation professionnelle de Jonquière.

M. Gagné ajoute que les diplômés augmentent leurs chances de trouver un emploi s'ils choisissent de se spécialiser. «Il y a deux attestations de spécialisation professionnelle [ASP] qui se rattachent à leur formation. La première concerne la mécanique d'entretien en commandes industrielles. C'est un programme qui approfondit leurs connaissances dans le domaine de la réparation de systèmes hydrauliques. La seconde attestation en mécanique d'entretien préventif et prospectif industriel leur permet de mieux prévoir les bris et les arrêts de production en industrie. Je remarque qu'un nombre important d'entreprises exigent maintenant le DEP et une ASP en mécanique d'entretien.»

«Le métier de mécanicien industriel de construction et d'entretien offre également des possibilités d'avancement intéressantes, souligne l'enseignant. Le diplômé qui a acquis de l'expérience au sein d'une entreprise peut accéder à un poste de contremaître de la maintenance.» Dans ce contexte, des cours en administration et en gestion du personnel avantagent le mécanicien. 03/01

Ce métier fait partie des métiers de la construction et est régi comme tel par la Commission de la construction du Québec. Voir le tableau en page 144.

«Il faut être très alerte dans ce métier. Je suis attentive au moindre petit bruit anormal qui pourrait me signaler une défectuosité. Chaque tâche doit être effectuée consciencieusement.»

— Aimée-Rose Poirier

Photo : PPM

HORAIRES ET MILIEUX DE TRAVAIL

- Le diplômé peut être engagé par des usines de transformation de divers secteurs : pâtes et papiers, aluminerie, métallurgie, plasturgie, sciage de bois, transformation alimentaire, textile.

- Il peut aussi se retrouver dans les entreprises de réparation et d'installation de systèmes hydrauliques, ainsi que dans les usines de fabrication de matériel industriel.

- Le mécanicien de construction et d'entretien travaille généralement selon des horaires rotatifs : le jour, le soir, la nuit.

- Il doit aussi s'attendre à travailler souvent la fin de semaine et les jours fériés lorsqu'il y a des arrêts de production dans l'usine.

DEP

Réparation d'armes à feu

Depuis longtemps, Léo Fecteau rêvait de posséder un commerce. «Comme il faut travailler très fort pour réussir, il fallait que ce soit dans un domaine que j'aime», soutient-il. Passionné de chasse, il a choisi la réparation d'armes à feu. Armurier et Mousquet : tel est le nom de son entreprise située à Thetford Mines.

PROG. 1489
PRÉALABLE : 1, VOIR PAGE 20

1 350 HEURES

CHAMPS D'INTÉRÊT
- aime la chasse, les armes à feu
- aime le contact avec les gens
- aime le travail d'artisan
- souhaite être son propre patron (pour l'entrepreneur)

APTITUDES
- patience
- logique, capacité de résoudre des problèmes
- habileté manuelle
- minutie
- discipline, ordre
- débrouillardise

RÔLE ET TÂCHES

Un mois après avoir terminé son DEP au Centre de formation professionnelle de la Vallée-de-la-Gatineau, à Maniwaki, Léo, 44 ans, ouvrait sa boutique. C'était en 1996. Aujourd'hui, les affaires vont tellement bien qu'il agrandit son établissement.

Léo réparé, modifie et vend des armes à feu. Il peut entre autres changer des canons et fabriquer de nouvelles crosses pour des armes existantes. Il est aussi habile à travailler le bois que le métal. «Je consacre la moitié de mon temps au travail sur les armes et le reste aux tâches administratives et au service à la clientèle», explique l'armurier. Quand on lui apporte une arme défectueuse, il l'examine et interroge le client pour déterminer la source du problème. Il démonte ensuite le fusil, change les pièces défectueuses ou répare le mécanisme brisé.

Quand il ne possède pas en boutique les pièces dont il a besoin, Léo les cherche dans les catalogues des distributeurs canadiens, américains et européens. Comme il a reçu une formation en usinage dans le cadre de son DEP, il peut lui-même fabriquer celles qui demeurent introuvables.

Léo a même mis au point de la machinerie qui lui permet de transformer des armes à cartouches en armes à chargement par la bouche tirant de la poudre noire. «Je savais que la chasse avec ce type d'armes devenait de plus en plus populaire.»

Pour connaître les établissements qui offrent ce programme : **www.inforoutefpt.org**

	Salaire hebdo moyen	Proportion de dipl. en emploi	Emploi relié	Chômage	Nombre de diplômés
2008	493 $	80,0 %	0,0 %	0,0 %	7
2007	534 $	62,5 %	50,0 %	0,0 %	13
2006	530 $	75,0 %	100,0 %	0,0 %	6

Statistiques tirées de la *Relance* - Ministère de l'Éducation, du Loisir et du Sport.

Comment interpréter l'information, page 17.

QUALITÉS RECHERCHÉES

Le diplômé qui désire ouvrir son propre atelier devra avoir le profil d'un entrepreneur, puisqu'il devra chercher à toujours améliorer son service et travailler sans compter ses heures. «L'automne, je travaille de 14 à 15 heures par jour, sept jours par semaine», affirme Léo. Et c'est avec son honnêteté que l'entrepreneur taillera sa réputation.

Minutieux, il se verra comme un artisan. En attendant d'avoir un employé, Léo garde sa boutique fermée en matinée pour pouvoir effectuer certains travaux sans être dérangé, comme la fabrication d'une crosse ou le bleuissage (application d'un fini sur les canons et les mécanismes).

Avec la quantité de pièces qu'il possède en magasin, Léo ne pourrait plus s'y retrouver s'il n'était pas ordonné. Le bilinguisme est pour lui un atout. «Quand il faut faire venir des pièces, ça se passe en anglais.» Dans ce secteur, on doit également s'armer de ténacité. «Comme le domaine des armes à feu est très réglementé, nous devons faire face à de nombreuses contraintes administratives.»

Les habiletés acquises durant sa formation permettent au diplômé de trouver du travail dans des métiers connexes, comme machiniste, soudeur ou ébéniste.

DÉFIS ET PERSPECTIVES

Les diplômés de cette formation sont généralement des passionnés d'armes à feu. Certains vont travailler dans des boutiques de chasse et de pêche, tandis que d'autres ouvriront leur propre atelier. S'ils se lancent en affaires, leur plus grand défi sera de réaliser un travail de qualité. «On peut être tenté de faire à la va-vite pour égaler le prix de la concurrence. Mais ce n'est pas comme ça qu'on se fait un nom», commente Lucien Desnoyers, directeur du Centre de formation professionnelle de la Vallée-de-la-Gatineau, la seule école à offrir le programme au Québec.

Photo: CFP de la Vallée-Gatineau

Les habiletés acquises durant sa formation permettront au diplômé de trouver du travail dans des métiers connexes, comme machiniste, soudeur ou ébéniste. Cela lui permettra de subsister pendant les périodes creuses, en dehors de la saison de la chasse, ou encore d'ajouter un volet à son commerce.

Ayant reçu une formation de base, le réparateur d'armes à feu développera son expertise avec les années. Il devra cependant se rendre en Europe ou aux États-Unis s'il veut se spécialiser dans l'un ou l'autre aspect de son métier (fabrication de crosses, finition de pièces, etc.). 02/03

HORAIRES ET MILIEUX DE TRAVAIL

- Le diplômé peut ouvrir son propre atelier ou travailler pour une boutique spécialisée de chasse et de pêche.

- S'il travaille pour lui-même, il ne devra pas compter ses heures.

- Il doit s'attendre à exercer une activité connexe pendant les périodes creuses, en dehors de la saison de la chasse.

- Il connaît des périodes de travail intensif en automne.

DEP

Serrurerie

«J'ai appris très jeune la base du métier de serrurier avec un de mes oncles. J'ai toujours fait de petits travaux de serrurerie pour le plaisir, bien avant d'obtenir mon diplôme», affirme Robert Gendreau, qui a lancé sa propre entreprise.

PROG. 5162
PRÉALABLE : 1, VOIR PAGE 20

1 290 HEURES

CHAMPS D'INTÉRÊT
- aime la mécanique et l'électronique
- aime faire un travail diversifié
- aime être en contact avec la clientèle

APTITUDES
- facilité d'apprentissage de l'électronique
- honnêteté et grand sens des responsabilités
- sens du service à la clientèle

RÔLE ET TÂCHES

Robert travaille 70 heures par semaine. Il dessert pas loin de 100 000 clients, et ses tâches sont variées. Il effectue l'installation et la réparation de serrures aussi bien dans les résidences privées que dans les commerces et les industries. Il fabrique également des clés sur mesure à partir de serrures. «J'installe aussi des systèmes d'alarme et des systèmes de contrôle d'accès qui fonctionnent à l'aide de cartes à puce. Je peux également monter des systèmes de "clé maîtresse" pour les propriétaires d'immeubles à logements. Cela consiste à fabriquer une clé unique pour chacun des locataires et une clé maîtresse qui permettra de déverrouiller tous les logements.» Robert s'est aussi spécialisé dans l'installation d'un système antivol de camions semi-remorques, dont le mécanisme verrouille la transmission du véhicule. Il peut en outre s'occuper de l'aménagement de coffres-forts.

Le serrurier peut venir en aide à ceux qui oublient leurs clés là où il ne faut pas! Robert est souvent appelé à déverrouiller des portes de résidences, de commerces ou de voitures. Il lui arrive aussi de fermer à clé des commerces.

QUALITÉS RECHERCHÉES

«En serrurerie, il faut que tu sois bien patient et très débrouillard, explique Robert. Il faut que tu trouves d'une façon ou d'une autre des solutions à des problèmes. On ne connaît pas toutes les serrures. Il faut prendre le temps de les comprendre. Je répare parfois des modèles de serrures qui n'existent plus. Je dois alors trouver le moyen de réparer la serrure ou de la modifier.

Pour connaître les établissements qui offrent ce programme : www.inforoutefpt.org

	Salaire hebdo moyen	Proportion de dipl. en emploi	Emploi relié	Chômage	Nombre de diplômés
2008	467 $	100,0 %	83,3 %	0,0 %	7
2007	503 $	85,7 %	83,3 %	0,0 %	11
2006	477 $	90,0 %	66,7 %	10,0 %	15

Statistiques tirées de la *Relance* - Ministère de l'Éducation, du Loisir et du Sport.

Comment interpréter l'information, page 17.

«Le serrurier doit inspirer confiance, ajoute Robert. Quand tu ouvres des coffrets de sûreté ou que tu installes toutes les serrures d'une maison, tu entres dans la vie privée des gens. Il faut être respectueux.»

Le métier exige également une très grande disponibilité. Le serrurier doit être au poste sept jours sur sept pour répondre à des appels d'urgence. Enfin, le sens des affaires constitue un autre atout pour les diplômés qui souhaitent gérer, comme Robert, leur propre entreprise.

DÉFIS ET PERSPECTIVES

«Il y a toujours de nouveaux produits qui arrivent sur le marché. Il faut demeurer à jour, souligne Robert. Dans le domaine de l'automobile, par exemple, les serrures fonctionnent de plus en plus avec des clés de commande à distance. Le serrurier doit être prêt à suivre des cours de perfectionnement. L'ennui, c'est que ces cours se donnent souvent à Toronto ou aux États-Unis.»

Le serrurier peut venir en aide à ceux qui oublient leurs clés là où il ne faut pas! Robert est souvent appelé à déverrouiller des portes de résidences, de commerces ou de voitures.

Bruno Robitaille, enseignant en serrurerie au Centre de formation Compétence Rive-Sud, de La Prairie, renchérit en précisant que les diplômés vont devoir développer leur autonomie et leur polyvalence. Il leur conseille de connaître le plus de mécanismes de serrurerie possible et de s'informer sur tous les nouveaux produits. «Le serrurier doit maîtriser autant les nouveaux systèmes de cartes à puce que les mécanismes mécaniques, assure l'enseignant. Mais la serrure mécanique est là pour de bon. Derrière les systèmes de contrôle d'accès se cache bien souvent une serrure traditionnelle à déverrouiller au cas où l'informatique ferait défaut.

«Je ne vois pas le jour où tout le monde sera équipé d'un système de contrôle d'accès. Les serrures mécaniques demeurent à mes yeux le meilleur système de sécurité. Les besoins de serruriers qui connaissent ces mécanismes ne sont pas près de disparaître!»

Le Centre de formation Compétence Rive-Sud est le seul à offrir la formation en serrurerie au Québec. «Souvent, on n'arrive pas à répondre à la demande des employeurs parce qu'on n'a pas assez d'inscriptions et donc pas suffisamment de diplômés.» 02/01

HORAIRES ET MILIEUX DE TRAVAIL

- Le diplômé peut être embauché par : des serrureries; des immeubles à logements ou des tours à bureaux; des institutions publiques (hôpitaux, universités, commissions scolaires); des bureaux gouvernementaux et municipaux.

- L'horaire de travail du serrurier est très flexible. Même s'il travaille généralement le jour, il doit être prêt à répondre à des appels d'urgence le soir, la nuit et la fin de semaine.

- Plusieurs serruriers se munissent de téléavertisseurs ou de téléphones cellulaires pour demeurer accessibles en tout temps.

ASP

Horlogerie-rhabillage

DEP 5182

S'il souhaite devenir le plus autonome possible, la meilleure route à suivre pour le titulaire d'un DEP en horlogerie-bijouterie est celle de l'ASP en horlogerie-rhabillage. Dans le domaine de la réparation de montres et d'horloges, il n'y aura plus rien à son épreuve!

| PROG. 5263 | 600 HEURES |
| PRÉALABLE : 3, VOIR PAGE 20 | |

RÔLE ET TÂCHES

Le rhabillage n'a rien à voir avec le monde du vêtement! En fait, il s'agit de la réparation de montres et d'horloges. L'élève qui aura obtenu son ASP sera en mesure d'effectuer les réparations les plus complexes.

Il sera capable de démonter montres et horloges, d'effectuer les vérifications d'usage, de refaire certaines pièces (par exemple, s'il s'agit d'une ancienne montre pour laquelle on ne trouve plus de pièces sur le marché), de modifier une pièce existante, de changer des pièces, de calibrer des montres, etc. Horloges à sonnerie, montres mécaniques ou électroniques : il pourra tout réparer!

DÉFIS ET PERSPECTIVES

Derrière chaque mécanisme d'horlogerie, il y a un horloger. «On vogue encore sur la vague des montres au quartz à 15 $, presque jetables une fois brisées, mais il y aura toujours une place pour la montre mécanique qui va durer toute la vie», affirme André Fontaine, directeur adjoint du Centre de formation professionnelle Bel-Avenir, à Trois-Rivières.

Selon M. Fontaine, l'horloger spécialisé en réparation pourra être appelé à effectuer l'entretien de coffres de banques comprenant des mécanismes d'horlogerie. Il devra réparer des compteurs d'eau ou des compteurs électriques. Ses compétences pourront également servir dans des compagnies qui fabriquent des pièces d'avions, tels les altimètres.

Ajoutons que les titulaires d'une ASP en horlogerie-rhabillage sont également qualifiés pour travailler comme représentants pour des grandes compagnies comme Seiko ou Bulova. 02/01

HORAIRES ET MILIEUX DE TRAVAIL

• Les diplômés de l'ASP en horlogerie-rhabillage travaillent pour des horlogers-bijoutiers déjà établis, en industrie ou dans les grands centres de service à Montréal, à Québec et à Toronto.

• Le diplômé peut lancer sa propre entreprise, mais il lui est d'abord recommandé d'acquérir de l'expérience.

Pour connaître les établissements qui offrent ce programme : **www.inforoutefpt.org**

	Salaire hebdo moyen	Proportion de dipl. en emploi	Emploi relié	Chômage	Nombre de diplômés
2008	N/D	N/D	N/D	N/D	N/D
2007	N/D	N/D	N/D	N/D	N/D
2006	N/D	N/D	N/D	N/D	N/D

Statistiques tirées de la *Relance* - Ministère de l'Éducation, du Loisir et du Sport.

Comment interpréter l'information, page 17.

ASP

DEP 5260

Mécanique d'entretien en commandes industrielles

Dans une usine, une toute petite pièce mécanique défectueuse peut causer l'interruption de tout le système de production. C'est pour éviter ce genre de désagrément que les entreprises embauchent des spécialistes en mécanique d'entretien en commandes industrielles.

PROG. 5006
PRÉALABLE : 3, VOIR PAGE 20 | 450 HEURES

RÔLE ET TÂCHES

Les tâches de ces mécaniciens consistent à installer, à réparer et à entretenir des systèmes de commandes qui assurent certaines fonctions, comme faire fonctionner un convoyeur, une pompe, une presse, un ventilateur, un variateur de vitesses, un compacteur, etc.

«Ils peuvent travailler sur des systèmes de commandes très sophistiqués, par exemple des systèmes mécaniques, hydrauliques, électrohydrauliques et électropneumatiques», souligne Alain Lamy, directeur adjoint au Centre de formation professionnelle et d'éducation des adultes à la Commission scolaire de Sorel-Tracy.

DÉFIS ET PERSPECTIVES

Le niveau de responsabilité du mécanicien dépend souvent de la taille de l'entreprise où il travaille. «Dans une grande entreprise, il travaillera en équipe et ses tâches seront plus spécialisées, mentionne Alain Lamy. S'il y a un problème de tuyauterie, il œuvrera de concert avec les tuyauteurs pour réparer la panne. S'il s'agit d'un problème électrique, il fera appel aux électriciens. Mais dans une PME, ses tâches seront plus étendues et il devra souvent réparer les pannes seul. Son niveau d'autonomie et de responsabilité sera donc supérieur.»

De plus en plus d'entreprises, notamment dans le domaine de la métallurgie, exigent cette ASP pour un poste de mécanicien d'entretien en commandes industrielles, ainsi qu'une formation de base en mécanique industrielle de construction et d'entretien. 03/07

HORAIRES ET MILIEUX DE TRAVAIL

• Dans la grande entreprise, les spécialistes en mécanique d'entretien en commandes industrielles travaillent généralement selon des quarts de 12 heures, en rotation, de jour comme de soir, à raison de trois ou quatre jours par semaine. En PME, c'est l'horaire de jour qui prime.

• Le travail se fait généralement en usine.

Pour connaître les établissements qui offrent ce programme : **www.inforoutefpt.org**

	Salaire hebdo moyen	Proportion de dipl. en emploi	Emploi relié	Chômage	Nombre de diplômés
2008	767 $	73,7 %	82,1 %	3,4 %	61
2007	634 $	73,0 %	73,1 %	6,9 %	53
2006	730 $	82,1 %	86,7 %	2,1 %	81

Statistiques tirées de la *Relance* - Ministère de l'Éducation, du Loisir et du Sport.

Comment interpréter l'information, page 17.

ASP

DEP 5260

Mécanique d'entretien préventif et prospectif industriel

Afin de prévenir les bris mécaniques de machinerie, de nombreuses entreprises embauchent des mécaniciens d'entretien préventif et prospectif industriel. Ces derniers s'occupent de la maintenance et de l'inspection de tout type de machinerie, et leur expertise permet de détecter les problèmes mécaniques éventuels.

PROG. 5012
PRÉALABLE : 3, VOIR PAGE 20

450 HEURES

RÔLE ET TÂCHES

Les mécaniciens d'entretien préventif et prospectif sont spécialisés dans l'entretien des différents systèmes composant les appareils industriels, qu'ils soient pneumatiques (mus à l'air comprimé ou autre gaz), hydrauliques (mus par l'eau), électriques ou autres. Ils élaborent, améliorent et mettent en œuvre des plans d'entretien de divers appareils, qui vont du ventilateur au chariot élévateur, en passant par la machine à concassage et les systèmes de fermeture de portes. Les mécaniciens d'entretien préventif et prospectif effectuent aussi des analyses d'huile, de vibration et de thermographie (variations de température) dans le but de détecter les problèmes avant qu'ils ne se produisent. En cas de bris, ils posent des diagnostics, planifient les travaux et effectuent les réparations nécessaires au bon fonctionnement des appareils.

DÉFIS ET PERSPECTIVES

La spécialisation du mécanicien d'entretien préventif et prospectif lui permet d'anticiper les problèmes mécaniques, une expertise que ne possède pas le mécanicien industriel. «De plus en plus d'industries réalisent l'importance d'établir des programmes d'entretien préventif, soutient Bernard Blackburn, enseignant en mécanique industrielle au Centre de formation professionnelle Jonquière. Le mécanicien doit par ailleurs être en mesure de poser des diagnostics précis afin d'éviter des arrêts de production non planifiés de l'usine.» Pour ce faire, il doit très bien connaître la machinerie et l'entreprise pour laquelle il travaille. «Le métier exige du travailleur une excellente capacité d'analyse, de même que de bonnes aptitudes pour la planification des tâches et le travail d'équipe», dit M. Blackburn. Avec l'expérience, le mécanicien peut devenir contremaître ou fonder son entreprise de sous-traitance. 03/07

HORAIRES ET MILIEUX DE TRAVAIL

• Les entreprises qui emploient des mécaniciens d'entretien préventif et prospectif sont les usines de transformation et de produits finis.

• Les mécaniciens travaillent dans des usines, où la chaleur est souvent extrême, et les installations, bruyantes et poussiéreuses.

• Le travail se fait généralement selon un horaire régulier, soit du lundi au vendredi, de 8 h à 16 h.

Pour connaître les établissements qui offrent ce programme : **www.inforoutefpt.org**

	Salaire hebdo moyen	Proportion de dipl. en emploi	Emploi relié	Chômage	Nombre de diplômés
2008	588 $	83,3 %	60,0 %	16,7 %	9
2007	N/D	N/D	N/D	N/D	N/D
2006	699 $	57,1 %	75,0 %	20,0 %	7

Statistiques tirées de la *Relance* - Ministère de l'Éducation, du Loisir et du Sport.

Comment interpréter l'information, page 17.

LES CARRIÈRES DE L'ÉNERGIE

13,95 $ • 104 pages

L'industrie de l'énergie recrute!

Hydroélectricité • Énergie éolienne • Énergie solaire • Géothermie • Bioénergie • Gaz naturel • Raffinage de pétrole • Efficacité énergétique

DANS CE GUIDE :

- 50 professionnels de l'énergie témoignent : leurs tâches, ce qui les motive au travail, leur parcours, leurs conseils pour la relève
- Un portrait de l'industrie de l'énergie : les projets, les professionnels recherchés
- Un questionnaire d'exploration pour déterminer quels types d'emplois vous conviendraient le mieux

En collaboration avec

Tous vos outils et ressources sur :
www.carriere.jobboom.com

MINES ET TRAVAUX DE CHANTIER

CHAMPS D'INTÉRÊT

- aime se dépenser physiquement
- aime faire fonctionner de la machinerie
- aime le travail d'équipe
- accorde de la valeur à la qualité et à l'efficacité

APTITUDES

- dextérité, force et résistance physiques
- acuité visuelle et sens de l'observation
- excellente coordination et excellents réflexes
- vigilance, discernement et capacité à respecter des règlements de sécurité
- grande capacité de travail et de collaboration

RESSOURCES INTERNET

INFOROUTE DE LA FORMATION PROFESSIONNELLE ET TECHNIQUE
http://inforoutefpt.org
Le site incontournable pour tout savoir sur les programmes de formation.

CONSEIL CANADIEN D'ADAPTATION ET DE FORMATION DE L'INDUSTRIE MINIÈRE
www.mitac.ca
Découvrez dans ce site les orientations du Conseil, le profil de l'industrie minière au Canada de même qu'une banque d'emplois.

MINISTÈRE DES RESSOURCES NATURELLES ET DE LA FAUNE DU QUÉBEC
www.mrn.gouv.qc.ca
Ce site trace un profil détaillé de l'industrie minière québécoise. Vous y trouverez des dossiers sur le diamant, le potentiel minéral du sol québécois et les titres miniers.

DEP

Conduite de machinerie lourde en voirie forestière

Carl Déry a appris à conduire une pelle hydraulique comme d'autres apprennent à faire de la bicyclette! À 12 ans, il conduisait sa première pelle, celle de son père, propriétaire d'une compagnie d'excavation.

PROG. 5273
PRÉALABLE : 2, VOIR PAGE 20

630 HEURES

CHAMPS D'INTÉRÊT
- aime faire fonctionner de la machinerie lourde
- aime travailler hors du milieu urbain
- aime prendre des décisions et se sentir autonome dans son travail

APTITUDES
- capacité de travailler de longues heures en position assise
- excellente coordination sensorimotrice
- habileté à la mécanique

Pour connaître les établissements qui offrent ce programme : **www.inforoutefpt.org**

RÔLE ET TÂCHES

Plus tard, quand le temps est venu de se choisir un métier, Carl a troqué le chantier de construction contre la forêt. Il dit avoir opté pour la liberté. Les grands espaces lui permettent de faire fonctionner sa pelle sans contraintes!

L'opérateur de machinerie lourde en voirie forestière aménage des routes qui servent au transport du bois. Il a appris à conduire un tracteur sur chenilles et une pelle hydraulique. Il connaît bien les lois environnementales et aménage les routes en utilisant des méthodes de travail qui respectent le développement de la forêt.

Carl Déry travaille pour un entrepreneur forestier de Saint-Raymond, au nord-est de Québec. «Je commence à travailler dans le bois à 6 h du matin. Un contremaître s'occupe de faire enlever les arbres qui se trouvent sur le chemin, et me trace la voie. Je le suis avec ma pelle hydraulique pour construire la route. Je creuse des fossés sur les côtés et j'utilise la matière enlevée [sable, terre, gravier] pour aménager le chemin. Je tape la terre, je la nivelle, puis j'avance un peu plus loin.» Carl déplace aussi les grosses roches ou les souches pour libérer la voie. «Quand j'arrive à une dénivellation du chemin où l'eau risquerait de s'accumuler, je m'occupe d'installer des tuyaux pour que l'eau puisse traverser le chemin. Je dois aussi aplanir les pentes trop abruptes.»

L'opérateur peut construire différents types de chemins. Il construira plus solidement une route qui sera utilisée par une entreprise forestière pendant des années, qu'une autre qui ne servira que pour une coupe de bois.

	Salaire hebdo moyen	Proportion de dipl. en emploi	Emploi relié	Chômage	Nombre de diplômés
2008	725 $	65,6 %	55,6 %	28,8 %	279
2007	728 $	60,7 %	62,8 %	29,2 %	257
2006	671 $	66,0 %	61,1 %	28,7 %	212

Statistiques tirées de la *Relance* - Ministère de l'Éducation, du Loisir et du Sport.

Comment interpréter l'information, page 17.

En tout temps, l'opérateur doit cependant respecter des règles environnementales strictes. «Les lois qui régissent la foresterie sont plus sévères que le Code de la route, résume Carl. C'est important que nos chemins demeurent à 60 mètres des lacs et à 20 mètres des ruisseaux pour éviter une accumulation de sédiments dans ces cours d'eau.»

QUALITÉS RECHERCHÉES

Le métier exige beaucoup d'autonomie et de débrouillardise. L'opérateur de machinerie lourde doit pouvoir s'adapter aux matériaux qu'il trouve en forêt. Quelques notions de mécanique constituent toujours un atout quand vient le temps d'effectuer des réparations mineures sur la machinerie. L'opérateur doit aussi aimer travailler en plein air et être prêt à conduire dans toutes les conditions climatiques. La patience est une autre qualité recherchée! Carl avance à petits pas dans la forêt. «Quand je réussis à construire un kilomètre de chemin en cinq jours, c'est une bonne semaine de travail. Il ne faut vraiment pas être pressé.»

L'opérateur de machinerie lourde en voirie forestière aménage des routes qui servent au transport du bois. Il a appris à conduire un tracteur sur chenilles et une pelle hydraulique.

DÉFIS ET PERSPECTIVES

«La formation est courte. On leur montre de nombreuses méthodes de travail, mais, une fois sur le terrain, les diplômés ont encore beaucoup à apprendre, explique Normand Verrault, du Centre de formation professionnelle de Dolbeau-Mistassini. Ils auront le défi de démontrer leur volonté d'apprendre.» L'opérateur doit également mettre à jour ses connaissances sur les lois environnementales. Généralement, les entreprises forestières qui l'embauchent l'informent à ce sujet. Il doit alors adapter son travail aux nouvelles règles.

Par ailleurs, la profession est bien reconnue par l'industrie forestière. «Sans formation, ce n'est plus possible d'entrer dans le métier, souligne Serge Michaud, également enseignant au Centre Dolbeau-Mistassini. Les entreprises forestières exigent des diplômés qui connaissent des méthodes de travail pour aménager des chemins à des coûts avantageux.» 02/01

HORAIRES ET MILIEUX DE TRAVAIL

- Le diplômé peut travailler pour : des compagnies d'exploitation forestière, des coopératives forestières, des scieries, etc.

- La semaine de travail de l'opérateur de machinerie lourde en voirie forestière compte un minimum de 40 à 50 heures.

- Le diplômé doit généralement travailler de 10 à 12 heures par jour (de 6 h à 18 h l'été, de 7 h à 17 h l'hiver).

- Certaines compagnies fonctionnent du lundi au vendredi; d'autres sont actives sept jours sur sept.

- Le boulot s'effectue généralement sur une période de dix mois, soit de juin à mars.

- Quand le chantier est trop éloigné, l'opérateur habite dans des camps forestiers.

DEP

Conduite de machines de traitement du minerai

Les opérateurs en conduite de machines de traitement du minerai sont un peu les chefs cuisiniers du concentrateur, l'usine où la roche est transformée en métaux précieux. Leur intervention permet au cuivre, au zinc, à l'argent et à l'or de voir le jour. Un univers fascinant où rien n'est dû au hasard!

PROG. 5274
PRÉALABLE : 2, VOIR PAGE 20

900 HEURES

CHAMPS D'INTÉRÊT

- aime travailler en usine et en équipe
- aime observer, vérifier et utiliser des équipements
- aime les mathématiques et l'informatique

APTITUDES

- facilité d'apprentissage technique et esprit de collaboration
- esprit méthodique, logique et analytique
- vigilance et initiative
- habileté à la mécanique

RÔLE ET TÂCHES

Après avoir travaillé pendant sept ans comme secrétaire médicale dans un centre local de services communautaires d'Abitibi-Témiscamingue, Kathy Lamothe est retournée sur les bancs de l'école pour suivre une formation professionnelle en conduite de machines de traitement du minerai. «Je cherchais quelque chose qui bougeait un peu plus. Ce programme m'a accrochée», dit-elle. Elle a obtenu son diplôme en juin 2006, et depuis janvier 2008, elle travaille pour les Mines Agnico-Eagle, division LaRonde, à Cadillac, en Abitibi-Témiscamingue.

Les opérateurs en conduite de machines de traitement du minerai travaillent au concentrateur, c'est-à-dire à l'usine où la roche prélevée (sous terre ou dans la mine à ciel ouvert) est traitée. Ils interviennent durant les différentes étapes de production des métaux.

«Je suis opératrice de machines au remblai. À son arrivée au concentrateur, la roche passe dans le circuit du broyeur, où elle est transformée en pulpe [un mélange d'eau et de roche]. Par la suite, elle traverse des circuits de flottation où, à l'aide de produits chimiques, on en extrait les métaux. Ici, nous produisons du zinc, du cuivre et de l'or. Pour ma part, j'interviens à l'étape du circuit de production du "stérile", c'est-à-dire de la roche non utilisée», explique-t-elle. Son rôle consiste à faire fonctionner les machines qui permettront de traiter une partie de la pulpe – la décontaminer pour en ôter les produits chimiques – puis à retourner la roche stérile sous terre, où elle servira à renforcer les galeries.

Pour connaître les établissements qui offrent ce programme : **www.inforoutefpt.org**

	Salaire hebdo moyen	Proportion de dipl. en emploi	Emploi relié	Chômage	Nombre de diplômés
2008	985 $	100,0 %	70,0 %	0,0 %	15
2007	861 $	85,7 %	66,7 %	14,3 %	9
2006	794 $	50,0 %	100,0 %	50,0 %	9

Statistiques tirées de la *Relance* - Ministère de l'Éducation, du Loisir et du Sport.

Comment interpréter l'information, page 17.

QUALITÉS RECHERCHÉES

Pour travailler dans un concentrateur, il faut être en bonne forme physique, estime Kathy Lamothe. «Les circuits sont répartis sur plusieurs étages. Je marche beaucoup pendant mes journées de travail, qui s'étendent sur 12 heures», dit-elle.

L'opérateur doit aussi être capable de travailler en équipe. Parce qu'il s'agit d'une chaîne de production, tous les maillons sont importants. Un problème dans le circuit du broyeur peut rapidement dégénérer et interrompre l'ensemble de la production, ce qui nuira au rendement de l'usine. Les tâches des opérateurs sont donc constamment liées à celles des autres employés.

La polyvalence est également indispensable, car les opérateurs ne sont pas attitrés à un seul circuit. Dans certaines usines, on peut avoir à en changer toutes les trois semaines.

> «Il faut rester attentif aux vibrations et aux sons qu'émettent les machines qu'on actionne. De cette façon, on peut déceler des problèmes à l'avance.»
>
> — **Tony Grondin**

DÉFIS ET PERSPECTIVES

Selon Tony Grondin, enseignant au diplôme d'études professionnelles (DEP) en conduite de machines de traitement du minerai au Centre de formation professionnelle Val-d'Or, le principal défi que doivent relever les opérateurs est d'optimiser la production de leurs circuits.

«Il faut rester attentif aux vibrations et aux sons qu'émettent les machines qu'on actionne. De cette façon, on peut déceler des problèmes à l'avance, avant même qu'un équipement ne se brise», indique M. Grondin. L'arrêt complet d'une usine qui traite 100 tonnes de minerai à l'heure coûte environ 23 000 $ l'heure, estime-t-il. Il faut donc rester à l'affût de tout ce qui peut sembler anormal.

Selon Tony Grondin, les perspectives d'avancement sont intéressantes pour les jeunes diplômés. «Dans certains circuits, comme le filtrage, le concassage et le remblai, on trouve surtout des nouveaux employés. Lorsqu'ils gagnent en expérience, ils peuvent accéder à des circuits comme le broyage et la flottation. Par la suite, certains deviennent chefs d'équipe», explique-t-il. 05/09

HORAIRES ET MILIEUX DE TRAVAIL

- Le concentrateur est un milieu de travail bruyant et, selon les endroits, poussiéreux, au circuit du concassage par exemple.

- Dans certains centres miniers, on suit des horaires rotatifs de travail et de congé (3-2-2-3 ou 5-4-4-5). Dans le Grand Nord québécois en revanche, les horaires sont de 28 jours consécutifs de travail suivis de 14 jours de congé, compte tenu de l'éloignement.

- Les employés travaillent selon des quarts de travail variables de 12 heures (jour et nuit, en semaine et le week-end).

- Les mines sont souvent situées en régions éloignées, il faut donc faire preuve de mobilité géographique.

- Les employeurs fournissent l'équipement nécessaire au travail sous terre ou au concentrateur (uniforme, bottes de travail, gants, protections auditives et lunettes).

Conduite d'engins de chantier

Opérateur d'engins de chantier, Nicolas Lessard se passionne pour son métier. Bien qu'il passe plusieurs heures par jour sur son bouteur, il ne se lasse jamais d'en parler.

PROG. 5220
PRÉALABLE : 2, VOIR PAGE 20

1 095 HEURES

CHAMPS D'INTÉRÊT

- aime le travail à l'extérieur, peu importent les conditions climatiques
- aime le travail en solitaire
- aime prendre des décisions
- aime effectuer des tâches répétitives
- aime travailler avec des machines et des objets

APTITUDES

- sens de la mécanique
- bonne dextérité manuelle et bonne coordination des mains, des pieds et des yeux
- autonomie et respect des autres
- souci du travail bien fait

Pour connaître les établissements qui offrent ce programme : www.inforoutefpt.org

RÔLE ET TÂCHES

«Enfant, j'adorais déjà tout ce qui touchait à la machinerie. En fait, j'ai été élevé dans un milieu de camionneurs, et mon intérêt s'est porté des camions vers la machinerie de chantier», raconte Nicolas.

Voilà pourquoi, après avoir abandonné ses études secondaires, il a décidé de s'inscrire à l'Atelier-école Les Cèdres. «Ça n'a pas été facile, avoue-t-il. Il a fallu que j'attende deux ans parce que le programme était contingenté. Aujourd'hui, je sais que j'ai bien fait d'être patient, car j'adore mon métier.» Non seulement son travail lui permet de travailler à l'extérieur, avec de la machinerie, mais il lui donne aussi le sentiment de contribuer à des projets importants.

Au service d'une entreprise spécialisée en travaux de gros chantiers nommée Sintra, Nicolas participe à la construction et à la rénovation de routes et d'égouts. C'est lui, avec son bouteur (ou bulldozer), qui prépare le fond du terrain et étend les matériaux comme le sable et la pierre, avant le passage de la niveleuse et de la paveuse.

Lorsqu'il arrive sur le chantier vers 6 h 30 le matin, Nicolas doit d'abord voir à l'entretien du bouteur sur lequel il passera la journée. «Même si notre journée débute officiellement à 7 h, il faut arriver un peu avant pour s'assurer que l'engin est en état de bien fonctionner», indique-t-il. Puis, dès qu'ils commencent leur travail, les ouvriers doivent rester attentifs à ce qui se passe autour d'eux, que ce soit les mouvements des autres engins ou la circulation automobile. Ils travaillent en solitaire, mais doivent demeurer conscients que leur travail complète celui des autres.

	Salaire hebdo moyen	Proportion de dipl. en emploi	Emploi relié	Chômage	Nombre de diplômés
2008	861 $	66,4 %	75,0 %	26,8 %	168
2007	805 $	68,6 %	75,6 %	22,6 %	112
2006	927 $	56,3 %	83,3 %	37,9 %	155

Statistiques tirées de la *Relance* - Ministère de l'Éducation, du Loisir et du Sport.

Comment interpréter l'information, page 17.

QUALITÉS RECHERCHÉES

La persévérance est nécessaire pour réussir à décrocher un emploi comme opérateur d'engins de chantier. Car, selon Nicolas, ce milieu est plutôt fermé. «Il n'est pas facile pour un jeune d'arriver parmi les plus âgés et les plus expérimentés. Il faut savoir faire sa place et apprendre rapidement.» Pour faire ses preuves et montrer qu'on a le cœur à l'ouvrage, Nicolas estime qu'il ne faut pas compter ses heures. Dans l'entreprise où travaille Nicolas, les opérateurs doivent aussi s'occuper des réparations de leurs machines. L'autonomie est donc une autre qualité recherchée, car chacun doit voir à ses responsabilités et se débrouiller en cas de pépin. «D'où l'importance d'avoir de bonnes connaissances mécaniques, explique le diplômé. De façon générale, nous n'avons qu'à nous occuper du graissage, du nettoyage et de petites réparations, mais parfois on peut être appelé à en faire plus, comme réparer le moteur.»

Avec son bouteur (ou bulldozer), Nicolas Lessard prépare le fond du terrain et étend les matériaux comme le sable et la pierre, avant le passage de la niveleuse et de la paveuse.

DÉFIS ET PERSPECTIVES

Selon Richard Drouin, enseignant au Centre national de conduite d'engins de chantier, les jeunes se doivent d'acquérir de l'expérience très rapidement, puisque les attentes sont grandes sur le marché du travail. «Il fut un temps où les jeunes avaient de la difficulté à obtenir des emplois, souligne-t-il. Maintenant que la construction se porte mieux, les employeurs sont obligés d'embaucher des jeunes, mais ils aimeraient qu'ils aient la même expérience qu'un employé qui a 25 ans de métier.» Ainsi, Richard Drouin soutient que pour arriver sur le marché du travail le mieux préparés possible, les élèves doivent apprendre de leurs erreurs et de celles des autres durant leur formation. Par exemple, si un chargeur sur roues verse sur le côté, il leur faut observer comment cet incident peut arriver, afin de savoir l'éviter. Les élèves doivent aussi s'attendre à composer avec l'évolution technologique de la machinerie. Par exemple, les niveleuses les plus récentes peuvent lire le niveau du sol automatiquement grâce aux ultrasons; l'opérateur n'a plus qu'à conduire la machine. Ainsi, au Centre national de conduite d'engins de chantier, les élèves apprennent à faire fonctionner la machinerie ancienne et récente afin de pouvoir s'adapter à tous les équipements en usage sur le marché du travail. 03/03

Photo : C.S. des Trois-Lacs

Ce métier fait partie des métiers de la construction et est régi comme tel par la Commission de la construction du Québec. Voir le tableau en page 144.

HORAIRES ET MILIEUX DE TRAVAIL

- Les horaires de travail comptent généralement entre 45 et 50 heures régulières par semaine, mais des heures supplémentaires peuvent être requises.

- Bien que les chantiers soient surtout actifs le jour et en semaine, il arrive que les activités se prolongent le soir, la nuit ou les week-ends, selon l'ampleur des travaux.

- En plus de travailler pour des entrepreneurs de construction, les opérateurs peuvent se faire embaucher par des municipalités, des entreprises de services publics telles que Canadien Pacifique, Hydro-Québec et TELUS, ainsi que des aéroports.

- Les petits entrepreneurs en terrassement, qui font un peu de tout (sous-sols de maisons, piscines creusées, etc.), offrent du travail sur appel.

- Comme les chantiers de construction engendrent un haut niveau de bruit, les opérateurs portent des coquilles et des bouchons pour protéger leur audition.

DEP

Extraction de minerai

Après avoir travaillé successivement comme cuisinière, pompiste et soudeuse, Nathalie Pomerleau a eu envie de changer d'air. Elle s'est inscrite au diplôme d'études professionnelles (DEP) en extraction de minerai au Centre de formation professionnelle de la Jamésie, à Matagami, son village natal. «Le choix a été tout naturel car mon père, mineur pendant 40 ans, me parlait de son travail, et ça m'intéressait beaucoup. J'adore ce que je fais, je suis au paradis!» s'exclame-t-elle.

PROG. 5261
PRÉALABLE : 2, VOIR PAGE 20

930 HEURES

CHAMPS D'INTÉRÊT

- est stimulé par un travail présentant certains risques
- aime forcer et se dépenser physiquement
- aime utiliser des outils et de la machinerie
- accorde de la valeur au sentiment d'appartenance (groupe, équipe)

APTITUDES

- force et excellente condition physique
- résistance au vertige et à la claustrophobie
- mobilité géographique

RÔLE ET TÂCHES

Nathalie conduit un camion de 45 tonnes pour la compagnie minière Xstrata, à la mine Persévérance Division Matagami. Auparavant, elle accomplissait d'autres types de tâches comme descendre du matériel sous terre, consolider des parois dans les galeries ou préparer le chantier avant le dynamitage. Les diplômés dans ce domaine sont susceptibles d'occuper des fonctions variées, comme conduire de la machinerie lourde, faire fonctionner des équipements miniers (foreuse, treuil, chargeuse, niveleuse), déblayer du minerai, etc.

Au volant de son énorme véhicule, Nathalie sort le minerai de zinc de sous la terre. «Le matin, je vais chercher mon horaire de la journée auprès du responsable. Ensuite, j'effectue la vérification de mon véhicule : le niveau d'huile et la pression des pneus, les phares, les signaux lumineux, etc. Nous avons une série de points à cocher sur une liste et il faut signaler toute anomalie pour que le mécanicien fasse les réparations nécessaires à la fin du quart de travail. Si je décèle une défectuosité grave, je dois changer de camion.»

Puis, elle se rend à son poste de travail sous terre. Là, elle attend qu'une chargeuse navette effectue le remplissage de roche concassée, qui provient des galeries. Lorsque la benne de son camion est pleine, Nathalie remonte à la surface et décharge sa cargaison sur un amas de minerai qui sera ensuite traité. Au cours d'une journée, elle peut effectuer jusqu'à 20 allers-retours d'une durée de 20 minutes chacun.

Pour connaître les établissements qui offrent ce programme : **www.inforoutefpt.org**

	Salaire hebdo moyen	Proportion de dipl. en emploi	Emploi relié	Chômage	Nombre de diplômés
2008	1 142 $	94,1 %	90,6 %	5,9 %	56
2007	1 160 $	90,9 %	95,0 %	9,1 %	34
2006	894 $	84,0 %	81,0 %	12,5 %	37

Statistiques tirées de la *Relance* - Ministère de l'Éducation, du Loisir et du Sport.

Comment interpréter l'information, page 17.

QUALITÉS RECHERCHÉES

Dans ce métier, les travaux sont variés et on doit utiliser différents types d'équipements et de machinerie lourde. Il faut donc faire preuve de polyvalence et d'une bonne capacité d'adaptation.

Cette flexibilité permettra au mineur d'occuper divers genres de postes durant sa carrière, comme faire fonctionner un treuil, une foreuse ou même installer des voies ferrées dans les galeries. «On ne s'ennuie pas lorsqu'on est au service d'une compagnie minière! Chaque journée est différente des autres, car les tâches qu'on nous confie varient en fonction des besoins», souligne Nathalie Pomerleau.

Le mineur doit également posséder un certain esprit d'aventure, car travailler sous terre dans un environnement humide n'est pas toujours chose facile. La résistance physique est aussi nécessaire, de même que la capacité de travailler de longues heures dans des espaces clos.

Il faut avoir l'esprit d'équipe, car on travaille et communique avec un grand nombre de personnes : géologues, ingénieurs, contremaîtres, arpenteurs, collègues mineurs, etc.

> «L'expérience aidant, le mineur qui démontre du leadership se verra offrir de nouvelles responsabilités, comme celles de chef de groupe ou de contremaître.»
>
> — Jean-Robert Gagnon

Photo : C. S. de l'Or-des-Bois

DÉFIS ET PERSPECTIVES

Dans ce métier, le défi constant est d'assurer sa sécurité. «Même si on travaille avec des équipements sophistiqués et de haute technologie, cela ne remplace pas pour autant les vérifications de sécurité d'usage. Si le mineur escamote cette étape, par exemple s'assurer de la solidité du plafond dans la galerie sous terre, il peut mettre sa santé et celle des autres mineurs en danger», souligne Jean-Robert Gagnon, conseiller pédagogique au Centre de formation professionnelle de la Jamésie.

Par ailleurs, dans ce domaine, les possibilités d'avancement sont intéressantes. «L'expérience aidant, le mineur qui démontre du leadership se verra offrir de nouvelles responsabilités, comme celles de chef de groupe ou de contremaître. Il pourra aussi voyager, en se faisant muter dans les mines que sa compagnie exploite à l'étranger», souligne M. Gagnon. 05/09

HORAIRES ET MILIEUX DE TRAVAIL

- Les mineurs travaillent de jour ou de soir en rotation, généralement par tranches de 11 heures d'affilée.

- Les horaires sont généralement de quatre ou cinq jours travaillés, en alternance avec quatre ou cinq jours de congé. Dans les exploitations minières très éloignées, les horaires sont plutôt de 28 jours consécutifs de travail suivis de 14 jours de congé, compte tenu des distances.

- Le milieu de travail est bruyant, sombre et humide.

- Le secteur minier est cyclique et dépend beaucoup du prix des métaux.

- Les salaires sont habituellement généreux. Bonis, primes au rendement, assurances, fonds de pension et vacances s'ajoutent aux conditions salariales.

Forage au diamant

Jason Michaud était bien conscient qu'en choisissant le métier de foreur au diamant il acceptait de travailler loin de la civilisation. Mais comme il l'exprime tout simplement : «J'aime être au grand air. C'est un travail qui m'intéresse, et c'est payant!»

PROG. 5253
PRÉALABLE : 2, VOIR PAGE 20

600 HEURES

CHAMPS D'INTÉRÊT
- aime les tâches physiques et manuelles
- aime travailler à l'extérieur
- aime observer, calculer, évaluer
- aime travailler seul ou à deux

APTITUDES
- endurance physique et dextérité manuelle
- tolérance à la solitude et à l'isolement
- sens de l'observation
- assiduité au travail
- grande mobilité géographique
- sens des responsabilités

RÔLE ET TÂCHES

Diplômé depuis un mois seulement, Jason n'a pas eu de mal à trouver un emploi. Une compagnie de forage de Val-d'Or lui a proposé un poste le jour même de sa sortie de l'école. Comme il débute dans le métier, Jason est aide-foreur. Son partenaire, plus expérimenté, est aux commandes de la foreuse. Ensemble, ils prélèvent des échantillons de sol en suivant un plan déterminé par un géologue. Si ce dernier établit que les échantillons contiennent suffisamment de minerai, l'ouverture d'une mine d'exploitation peut être envisagée. «On peut faire du forage pour de l'or ou pour toutes sortes d'autres minerais, comme du zinc ou du cuivre», précise Jason.

La foreuse qu'utilisent Jason et son partenaire est équipée d'un trépan, un outil en forme de couronne muni de plusieurs petits diamants, qui perce la roche en tournant rapidement. C'est ainsi qu'un échantillon continu de roche, appelé une carotte de forage, est récupéré à l'aide d'un tube accroché au trépan. «Quand le tube ressort, explique Jason, je l'enlève pour le remplacer par un tube vide, et ainsi de suite, jusqu'à ce qu'on ait atteint la profondeur souhaitée par le géologue.» Jason doit aussi veiller au bon fonctionnement de la foreuse, laquelle est actionnée par un moteur diesel hydraulique, puis il participe au démontage et au transport de la machine lorsque le forage est terminé.

QUALITÉS RECHERCHÉES

Le forage au diamant nécessite une bonne endurance physique. Il faut pouvoir travailler dans toutes les conditions climatiques, et les manipulations à effectuer sont dures. «Tant que la machine fore, explique

Pour connaître les établissements qui offrent ce programme : www.inforoutefpt.org

	Salaire hebdo moyen	Proportion de dipl. en emploi	Emploi relié	Chômage	Nombre de diplômés
2008	1 010 $	80,0 %	75,0 %	14,3 %	50
2007	1 245 $	94,7 %	77,8 %	5,3 %	31
2006	N/D	N/D	N/D	N/D	N/D

Statistiques tirées de la *Relance* - Ministère de l'Éducation, du Loisir et du Sport.

Comment interpréter l'information, page 17.

Jason, je veille à ce que tout se passe bien. Et quand la foreuse remonte et qu'il faut changer le tube, je dois fournir un gros effort.» En effet, les carottes rocheuses peuvent mesurer plusieurs mètres. Non seulement sont-elles lourdes, mais il faut les manipuler avec soin.

Bien que la foreuse comporte des instruments de mesure permettant d'anticiper les problèmes, le foreur et son aide doivent rester extrêmement vigilants pour arrêter la poussée dans le trou avant que l'équipement ne bloque dans les profondeurs du sol. Cela entraînerait une perte onéreuse, qui pourrait justifier le renvoi du foreur. Lorsqu'il est suffisamment expérimenté pour diriger les opérations, ce dernier doit donc pouvoir supporter le poids des responsabilités. Le métier exige aussi d'aimer les endroits reculés. Certains sites ne sont accessibles que par hélicoptère. Comme ces déplacements sont chers, il faut parfois demeurer en forêt pour toute la durée d'un contrat.

Après trois ou quatre ans d'expérience, les foreurs qualifiés ont la possibilité de décrocher des contrats d'exploration minière à l'étranger, par exemple en Amérique du Sud ou en Afrique.

DÉFIS ET PERSPECTIVES

«De nos jours, on fait des trous très profonds qui demandent de l'équipement de plus en plus sophistiqué, indique Alfred Racette, responsable du programme de forage au diamant, au Centre de formation professionnelle Val-d'Or. Les diplômés devront donc s'adapter continuellement aux innovations technologiques apportées aux foreuses.» À cet effet, il souligne que ce sont généralement les fournisseurs d'équipement qui assurent la formation des foreurs.

Après trois ou quatre ans d'expérience, les foreurs qualifiés ont la possibilité de décrocher des contrats d'exploration minière à l'étranger, par exemple en Amérique du Sud ou en Afrique. M. Racette ajoute que les entreprises de construction immobilière font aussi appel aux foreurs. «Avant de construire de gros édifices, il faut faire des études sur les propriétés des sols et des roches, ce qu'on appelle la géotechnique.» Cette branche du forage se perfectionne de plus en plus et offre une solution de rechange à ceux qui ne souhaitent pas s'exiler. 03/03

Photo : C.S. de l'Or-et-des-Bois

HORAIRES ET MILIEUX DE TRAVAIL

- La journée de travail dure entre 10 et 12 heures. Il est possible de travailler plus de dix jours consécutifs, qui sont suivis de trois à cinq jours de congé.
- Le diplômé peut travailler de jour ou de nuit.
- Le forage de surface nécessite que l'on puisse supporter des conditions climatiques parfois rigoureuses : canicule ou froid polaire. Certains foreurs peuvent travailler dans les mines, où la température ambiante est stable et plus tolérable (entre 5 et 10 °C).
- Comme le travail de forage comporte des risques d'accident, les règles de sécurité dans les mines québécoises sont extrêmement rigoureuses.

Forage et dynamitage

Chaque fois qu'elle pose la main sur le détonateur, Élisabeth Lemay a des palpitations. Quelques secondes suffisent à faire de ses longues heures de travail une réussite absolue ou mitigée. Quand on est dynamiteur, notre cœur aussi fait parfois «boum»!

PROG. 5092
PRÉALABLE : 1, VOIR PAGE 20

900 HEURES

CHAMPS D'INTÉRÊT

- aime résoudre des problèmes
- aime les responsabilités et les défis
- aime le travail d'équipe
- aime manipuler des outils et de la machinerie

APTITUDES

- bonne gestion du stress
- grand sens des responsabilités
- débrouillardise et discipline
- minutie
- bonne faculté de concentration
- mobilité géographique

RÔLE ET TÂCHES

Élisabeth travaille pour Forages St-Laurent, une entreprise spécialisée en forage et en dynamitage. Dès l'aube, elle doit charger les camions de dynamite et remplir soigneusement un bordereau de transport avant de se rendre sur le chantier de construction où l'on réclame ses services. «La dynamite, ce n'est pas un jouet, prévient-elle. Il faut bien gérer les quantités qui circulent.»

Dans la construction de sous-sols de maisons, de routes ou encore de piscines creusées, le dynamitage est parfois nécessaire pour éliminer le roc qui empêche l'excavation. Comme son nom l'indique, le DEP en forage et dynamitage prépare aussi au métier de foreur, qui consiste à tailler un chemin dans le roc pour que l'on puisse y déposer la dynamite. Sur le terrain, les tâches de forage et de dynamitage sont habituellement assurées par deux personnes différentes, pour des raisons d'efficacité. Élisabeth travaille donc en collaboration avec un foreur, qui perce le trou pendant qu'elle prépare les explosifs.

Après avoir évalué la quantité de dynamite dont elle aura besoin, elle doit la transporter sur ses épaules jusqu'à l'endroit désigné. «Il arrive que la charge atteigne 25 kilos et que nous ayons une distance relativement longue à parcourir sur un terrain qui n'est pas toujours plat. Il faut être fait fort!» Arrivée sur les lieux, Élisabeth insère le détonateur dans un bâton appelé «amorce», attache les fils, place la dynamite dans le trou foré et érige un périmètre de sécurité.«Nous avons une grande responsabilité. Il faut s'assurer que tout est en ordre et que personne ne se trouve trop près du site avant d'appuyer sur le détonateur.» Et «boum»! En quelques secondes, tout saute!

Pour connaître les établissements qui offrent ce programme : **www.inforoutefpt.org**

	Salaire hebdo moyen	Proportion de dipl. en emploi	Emploi relié	Chômage	Nombre de diplômés
2008	1 505 $	72,2 %	100,0 %	13,3 %	32
2007	1 260 $	76,5 %	69,2 %	23,5 %	27
2006	1 048 $	63,6 %	83,3 %	22,2 %	15

Statistiques tirées de la *Relance* - Ministère de l'Éducation, du Loisir et du Sport.

Comment interpréter l'information, page 17.

«Ce n'est jamais pareil, poursuit Élisabeth. Parfois, nous réussissons très bien et parfois les pierres sont plus grosses qu'on l'aurait souhaité. Il y a des impondérables, et on ne peut pas toujours obtenir un résultat parfait. »

QUALITÉS RECHERCHÉES

Comme la moindre erreur peut avoir de graves conséquences, le dynamiteur doit être minutieux et savoir bien gérer son stress. «C'est certain que l'adrénaline fonctionne au maximum, lance Élisabeth. Chaque fois que j'enclenche le détonateur, c'est un défi pour moi. Il faut être capable de vivre avec ce sentiment, car il est très présent dans ce métier.»

Comme la moindre erreur peut avoir de graves conséquences, le dynamiteur doit être minutieux et savoir bien gérer son stress.

Élisabeth estime aussi que l'esprit de collaboration est très important. «Les tâches du foreur et du dynamiteur sont directement liées. Plus les deux collaborent ensemble, plus les chances de réussite sont grandes.»

Enfin, sur le plan physique, il faut être en forme et avoir une bonne coordination des yeux et des mains, puisqu'il y a plusieurs tâches à accomplir en même temps, (par exemple, tenir le fil du détonateur et vérifier la quantité de dynamite déposée, tout en s'assurant que personne ne s'aventure près du site du dynamitage). Souvent, l'action se déroule dans des quartiers résidentiels, et il y a parfois des curieux. À ceux que le métier intrigue, Élisabeth conseille de participer aux journées portes ouvertes des établissements offrant la formation. C'est ainsi qu'elle a elle-même pu saisir toute la nature du travail.

DÉFIS ET PERSPECTIVES

Selon Daniel Williams, enseignant au Centre de formation professionnelle 24-Juin, il n'y a pas de développements majeurs à prévoir dans le domaine du forage et du dynamitage au cours des prochaines années. «Le principe reste toujours le même, souligne-t-il. Toutefois, les techniques sont de plus en plus sécuritaires.» Par exemple, il existe depuis peu des détonateurs électroniques qu'il est possible de programmer, ce qui les empêche d'être activés accidentellement. Voilà donc une nouveauté que les dynamiteurs devront apprendre à maîtriser. «Le défi constant est de faire son travail de façon la plus sécuritaire possible, enchaîne Daniel Williams. Il faut être conscient que les conséquences des accidents peuvent être très sérieuses.» 03/03

HORAIRES ET MILIEUX DE TRAVAIL

- Les foreurs et les dynamiteurs travaillent pour des compagnies de forage et de dynamitage qui agissent à titre de sous-traitants pour divers entrepreneurs de construction. On trouve aussi les foreurs et les dynamiteurs dans les compagnies pétrolières, dans les mines souterraines et dans les carrières.

- Selon la période de l'année, les journées des foreurs et des dynamiteurs peuvent être assez longues : elles débutent à 7 h pour se terminer à la tombée du jour.

- En été, quand les heures de clarté et la demande de construction sont à leur maximum, certaines semaines de travail peuvent atteindre 60 et même 90 heures.

- Il y a souvent des périodes de relâche durant l'hiver, alors que les foreuses hydrauliques ne peuvent résister au grand froid.

SECTEUR **16**

PAGES 316
⇓
329

MÉTALLURGIE

CHAMPS D'INTÉRÊT

- aime mesurer, calculer, assembler des pièces de métal
- aime le travail manuel, en usine ou à l'extérieur, sur un chantier
- aime analyser et concrétiser un plan
- aime faire un travail créatif
- aime le dessin technique

APTITUDES

- facilité en mathématiques et en dessin technique
- faculté d'imagination et de visualisation en trois dimensions
- dextérité, minutie, précision et rapidité d'exécution
- habileté manuelle, force et résistance physiques
- capacité de travailler sous pression
- discipline et prudence
- esprit logique, méthodique et analytique
- acuité visuelle, capacité de concentration et sens de l'observation

 RESSOURCES INTERNET

INFOROUTE DE LA FORMATION PROFESSIONNELLE ET TECHNIQUE
http://inforoutefpt.org
Le site incontournable pour tout savoir sur les programmes de formation.

COMITÉ SECTORIEL DE MAIN-D'ŒUVRE DE LA MÉTALLURGIE DU QUÉBEC
www.metallurgie.ca
Pour en apprendre davantage sur les travaux de ce comité, sur l'industrie métallurgique et sur le développement de sa main-d'œuvre.

CONSEIL CANADIEN DU COMMERCE ET DE L'EMPLOI DANS LA SIDÉRURGIE
www.cstec.ca
Ce site vous renseignera sur les programmes de formation de cet organisme voué au développement de la main-d'œuvre dans les domaines de la sidérurgie au Canada.

MINISTÈRE DU DÉVELOPPEMENT ÉCONOMIQUE, DE L'INNOVATION ET DE L'EXPORTATION DU QUÉBEC
www.mdeie.gouv.qc.ca
(Cliquez sur *Entreprises*, puis sur *Secteurs industriels* et *Métallurgie*.)
Cette page présente un portrait du secteur métallurgique en plus de vous donner accès à un répertoire des fonderies québécoises et à une série de liens vers des associations québécoises ayant rapport avec la métallurgie.

DEP

Chaudronnerie

Les tâches routinières, les horaires fixes et les lieux de travail permanents, rien de tout ça ne fait partie de l'univers du chaudronnier. À tout moment, partout au pays, on peut réclamer ses services pour remettre en état des équipements industriels.

PROG. 5165
PRÉALABLE : 1, VOIR PAGE 20

1 290 HEURES

CHAMPS D'INTÉRÊT
• aime changer d'horaire et de lieu de travail
• aime le travail manuel

APTITUDES
• dextérité
• force physique
• tolérance aux hauteurs et aux espaces clos
• tolérance au stress
• capacité à travailler en équipe

Pour connaître les établissements qui offrent ce programme : www.inforoutefpt.org

RÔLE ET TÂCHES

Le chaudronnier, c'est le spécialiste des cuves, des réservoirs, des chaudières, des échangeurs de chaleur... bref, des équipements en métal qui servent à entreposer, à distribuer ou à traiter des gaz et des liquides dans différentes industries. On a donc recours à ses services pour construire, réparer, nettoyer et entretenir ces gros contenants.

Après avoir obtenu un DEC en informatique et un autre en génie civil, Carl Dubé s'est rendu compte qu'il se sentait davantage attiré par les travaux manuels. «Après un an d'études intensives au Centre de formation des métiers de l'acier, j'ai tout de suite commencé à travailler en chaudronnerie.»

Le travail de Carl est tellement varié qu'il lui est difficile de décrire une journée type. Selon les endroits où il est appelé, il peut démonter et nettoyer des échangeurs de chaleur; examiner, entretenir et réparer les tours qui servent à mélanger les phases liquide et gazeuse des produits pétroliers; ou encore construire des réservoirs de pétrole, une tâche qui implique des travaux de soudure. Le métier comporte son lot de pression, selon le diplômé. «Par exemple, pendant que nous entretenons les équipements d'une pétrolière, celle-ci doit arrêter ses activités. Il ne faut donc pas accumuler de retard.»

N'ayant pas d'employeur précis, Carl fait partie d'un syndicat local qui s'occupe de lui trouver des contrats pour différentes compagnies de la construction industrielle. L'ouvrage peut nécessiter des déplacements autant au Québec que dans l'Ouest canadien et aux États-Unis.

	Salaire hebdo moyen	Proportion de dipl. en emploi	Emploi relié	Chômage	Nombre de diplômés
2008	N/D	N/D	N/D	N/D	N/D
2007	994 $	100,0 %	100,0 %	0,0 %	17
2006	N/D	N/D	N/D	N/D	N/D

Statistiques tirées de la *Relance* - Ministère de l'Éducation, du Loisir et du Sport.

Comment interpréter l'information, page 17.

QUALITÉS RECHERCHÉES

Pour exercer ce métier, il ne faut pas craindre les hauteurs, puisqu'on travaille parfois du haut de tours. «Nous travaillons également dans des endroits exigus. Nous ne devons donc pas souffrir de claustrophobie», prévient Carl. Comme le travail comporte une part de risque, il faut également faire preuve de vigilance. «Bien que nous soyons protégés par des normes de sécurité sévères qui nous obligent à porter un équipement adéquat [casque, lunettes, bottes à embouts d'acier et ceinture de sécurité], il faut avoir conscience des accidents qui peuvent se produire [comme les chutes et le manque d'air].»

Le chaudronnier doit en outre compter sur une excellente dextérité manuelle pour pouvoir manipuler de grosses clés à molette aussi bien que des petits outils de précision tels que compas, règles et équerres. Pour les travaux de construction d'équipement, de bonnes connaissances en mathématiques ainsi qu'une facilité à lire, à interpréter et à visualiser des plans sont nécessaires afin de bien comprendre ce qui est demandé. «Le travail d'équipe est important dans l'élaboration de nos tâches. Il faut donc être en mesure de bien communiquer avec les autres chaudronniers et savoir collaborer», ajoute le diplômé.

L'ouvrage peut nécessiter des déplacements autant au Québec que dans l'Ouest canadien et aux États-Unis.

DÉFIS ET PERSPECTIVES

La protection environnementale a eu et continue d'avoir des répercussions directes sur le travail des chaudronniers. Maintenant que les usines sont tenues de limiter leurs émissions de gaz dans l'atmosphère, elles ont recours à des épurateurs d'air et à des dépoussiéreurs, entre autres. «Ce sont les chaudronniers qui construisent, qui entretiennent et qui modifient ces équipements», explique Guy Lévesque, enseignant formateur au Centre de formation des métiers de l'acier. En effet, ces dispositifs antipollution se composent de systèmes sous pression ou devant résister à la pression, la spécialité des chaudronniers. «La tendance est loin de s'estomper, poursuit l'enseignant. D'autres systèmes d'épuration d'air seront très certainement inventés dans les prochaines années, et ce sera aux chaudronniers de les construire. Voilà de beaux défis en perspective.» 03/03

Ce métier fait partie des métiers de la construction et est régi comme tel par la Commission de la construction du Québec. Voir le tableau en page 144.

HORAIRES ET MILIEUX DE TRAVAIL

- On trouve les chaudronniers dans les alumineries, les centrales thermiques, les centrales nucléaires, les usines de papier et les pétrolières.

- Les journées varient entre 8 et 12 heures, selon les entreprises.

- Les chaudronniers peuvent travailler de jour, de soir, de nuit, ainsi que les week-ends.

- Travaillant autant à l'intérieur qu'à l'extérieur, ils sont exposés à la chaleur, au froid et à la poussière.

DEP

Fabrication de structures métalliques et de métaux ouvrés

Pour ériger un bâtiment de grande envergure, on a besoin de structures métalliques. Ces dernières seront fabriquées en usine grâce au travail d'un assembleur.

| PROG. 5308 | 1 350 HEURES |
| PRÉALABLE : 2, VOIR PAGE 20 | |

RÔLE ET TÂCHES

Le travail de l'assembleur de structures métalliques commence avec la lecture des plans des poutres, poutrelles ou colonnes à fabriquer. Il utilise de longues structures de métal en forme de H.

Son rôle consiste à préparer le travail que devront effectuer d'autres travailleurs spécialisés sur chacune des pièces. Il marque, par exemple, les zones où un soudeur devra placer une plaque de connexion, qui permettra à la structure de s'emboîter avec d'autres pièces une fois sur le chantier. Il marque aussi les emplacements où il faudra percer des trous ou couper le métal.

DÉFIS ET PERSPECTIVES

«Dans une usine de fabrication de structures métalliques, tout tourne autour de l'assembleur», fait valoir Christian Verrette, enseignant au Pavillon technique à Québec. Le poste qu'il occupe représente en effet une sorte de passage obligé : chaque pièce à fabriquer doit nécessairement passer entre ses mains avant d'être acheminée à un autre.

Outre la minutie et le sens du détail, l'assembleur possède un sens aigu de l'organisation du travail. «Il doit avoir une bonne idée de la façon dont vont se dérouler ses tâches et en visualiser mentalement toutes les étapes.»

«Il faut être rigoureux, car on doit effectuer de nombreux calculs et toute erreur aura des conséquences», ajoute pour sa part Bernard Boulé, directeur de Centre de formation des métiers de l'acier, à Montréal. 04/07

HORAIRES ET MILIEUX DE TRAVAIL

- Dans les entreprises de fabrication de structures métalliques, il y a fréquemment des quarts de travail de jour et de soir, afin de respecter les délais de production souvent serrés.

- L'assembleur travaille en usine dans un environnement bruyant.

Pour connaître les établissements qui offrent ce programme : **www.inforoutefpt.org**

	Salaire hebdo moyen	Proportion de dipl. en emploi	Emploi relié	Chômage	Nombre de diplômés
2008	604 $	81,3 %	76,9 %	7,1 %	25
2007	597 $	66,7 %	84,6 %	6,7 %	31
2006	549 $	84,6 %	77,3 %	0,0 %	35

Statistiques tirées de la *Relance* - Ministère de l'Éducation, du Loisir et du Sport.

Comment interpréter l'information, page 17.

Ferblanterie-tôlerie

C'est à la suite d'une mise à pied que Jean-François Tremblay a décidé de s'inscrire en ferblanterie-tôlerie. Ce sont surtout les bonnes perspectives d'emploi qui l'ont attiré dans ce domaine. Son choix ne l'a pas déçu, et Jean-François a maintenant un emploi stable!

PROG. 5233
PRÉALABLE : 1, VOIR PAGE 20

1 800 HEURES

CHAMPS D'INTÉRÊT

- aime faire un travail créatif
- aime analyser et concrétiser un plan
- aime le dessin technique
- aime manipuler et travailler le métal
- aime calculer et résoudre des problèmes pratiques

APTITUDES

- facilité pour les mathématiques et le dessin technique
- faculté d'imagination et de visualisation en trois dimensions
- facilité d'apprentissage de l'informatique
- esprit logique, méthodique et analytique
- dextérité

RÔLE ET TÂCHES

Jean-François a été engagé par la compagnie où il a effectué son stage, l'entreprise Mauvalin, à Chicoutimi, qui fabrique des systèmes de ventilation. Il travaille dans l'atelier de fabrication et d'assemblage des pièces. «Comme il s'agit d'un petit atelier, cela me permet de toucher à tous les aspects de la ferblanterie. C'est-à-dire que je passe de la feuille de papier à la feuille de tôle vierge jusqu'au produit fini prêt à être installé, explique Jean-François. Je conçois d'abord les pièces à partir de croquis qui me sont remis par un contremaître. Je dois les dessiner sur du carton avant de les tracer sur ma feuille de tôle. Le développement de certaines pièces prend jusqu'à une heure parce qu'elles ont des formes particulières.» Jean-François effectue ensuite le découpage. «Cela se fait à l'aide de ciseaux à métal ou de cisailles électriques suivant l'épaisseur de la tôle. Je procède aussi au pliage des pièces, puis à leur assemblage.»

Le travail du ferblantier-tôlier est très varié. Il est capable de confectionner un nombre illimité d'objets conçus à l'aide de métal en feuilles. Cela l'amène à travailler dans des usines de fabrication de meubles ou d'accessoires en métal (armoires, coffres, comptoirs, hottes), de véhicules (camions de pompiers, autobus), de pièces utilisées en aéronautique, etc. Le ferblantier-tôlier peut aussi se diriger vers le domaine de la construction, où il se spécialisera notamment dans le revêtement de murs ou de toitures de tôle.

Pour connaître les établissements qui offrent ce programme : **www.inforoutefpt.org**

	Salaire hebdo moyen	Proportion de dipl. en emploi	Emploi relié	Chômage	Nombre de diplômés
2008	761 $	76,9 %	79,3 %	15,5 %	119
2007	686 $	87,1 %	93,3 %	7,6 %	108
2006	715 $	86,5 %	90,7 %	8,2 %	86

Statistiques tirées de la *Relance* - Ministère de l'Éducation, du Loisir et du Sport.

Comment interpréter l'information, page 17.

QUALITÉS RECHERCHÉES

«En plus d'une grande dextérité manuelle, c'est un métier qui exige une bonne perception de l'espace en trois dimensions, explique Jean-François. On part toujours d'une pièce sur papier qu'il faut voir dans notre tête en trois dimensions pour déterminer la façon de la concevoir.» Selon lui, c'est l'un des aspects les plus difficiles de la profession.

Des habiletés à la fois en dessin et en mathématiques sont importantes pour la conception des pièces. «Il faut avoir une bonne mémoire des méthodes de dessin pour arriver à illustrer des pièces, comme celles qui sont circulaires et qui nécessitent une technique particulière.» On pense ici aux notions de géométrie et aux calculs mathématiques. La créativité et la polyvalence sont d'autres qualités recherchées. En particulier dans les petits ateliers de quartier, le ferblantier-tôlier est un artisan capable de fabriquer divers objets : coffre de métal, bas de porte de voiture ou remorque de camion. «C'est ce qui m'attire le plus dans ce métier. Cette diversité des tâches qui m'amène à toucher à tout et à ne jamais faire la même chose de mes journées!»

Jean-François tient à mettre en garde ceux qui ont des oreilles fragiles. «C'est un métier très bruyant. On doit aussi être prudent. La tôle est parfois coupante et elle se manipule mal avec des gants.»

> «La vraie école commence au travail. Il y a toujours à apprendre dans ce métier, et les diplômés peuvent s'attendre à devoir acquérir de nombreuses connaissances une fois sur le marché du travail.»
>
> **— Alain Harvey**

DÉFIS ET PERSPECTIVES

«La vraie école commence au travail, souligne Alain Harvey, enseignant au Centre de formation en métallurgie et multiservices de Chicoutimi. Il y a toujours à apprendre dans ce métier, et les diplômés peuvent s'attendre à devoir acquérir de nombreuses connaissances une fois sur le marché du travail.» Les outils se sont modernisés au cours des dernières années, et les élèves doivent s'adapter aux nouvelles technologies. «Le métier qui était autrefois surtout manuel est devenu très informatisé, dit l'enseignant. L'industrie utilise un nombre grandissant d'appareils à commande numérique, comme les presses plieuses, les guillotines et les poinçonneuses. Les ferblantiers-tôliers apprennent à programmer et à utiliser ces nouveaux appareils.» 03/01

Photo : École Paul-Rousseau

Ce métier fait partie des métiers de la construction et est régi comme tel par la Commission de la construction du Québec. Voir le tableau en page 144.

HORAIRES ET MILIEUX DE TRAVAIL

- Dans le secteur de la construction, le ferblantier-tôlier peut être engagé par les entreprises qui fabriquent et installent des systèmes de ventilation, de climatisation ou de chauffage, ainsi que par les entreprises de toiture et de revêtement métallique.

- Le ferblantier-tôlier qui travaille dans le domaine de la construction a un horaire de jour.

- En usine, le diplômé peut être engagé par diverses entreprises de fabrication de pièces et d'accessoires en feuille de métal : meubles (armoires, étagères, comptoirs, casiers, hottes), véhicules (camions, autobus, tracteurs), pièces aéronautiques, matériel agricole.

- Celui qui travaille en usine doit s'attendre à suivre un horaire rotatif. Il peut travailler le jour, le soir, la nuit et la fin de semaine.

Fonderie

«Moi, j'avais d'abord étudié en techniques policières», raconte Martin Berthelot, nouvellement diplômé en fonderie. «Je travaillais avec de jeunes délinquants, mais ma situation professionnelle était instable, et je voulais quelque chose de concret.»

PROG. 5203
PRÉALABLE : 1, VOIR PAGE 20

1 230 HEURES

CHAMPS D'INTÉRÊT
- aime les tâches physiques et manuelles
- aime les tâches routinières
- aime le travail d'équipe
- aime respecter des consignes et des normes

APTITUDES
- bonne condition physique
- dextérité manuelle
- sens de l'observation
- minutie, précision, souci du détail
- sens des responsabilités

RÔLE ET TÂCHES

Âgé de 32 ans, père de deux enfants, Martin pense alors à changer de carrière pour s'assurer une meilleure sécurité financière. «Tant qu'à retourner à l'école, j'ai décidé d'aller dans le domaine de l'industrie, parce que je savais qu'il y avait de l'ouvrage et que les salaires étaient en général appréciables.» Après avoir lu un article sur les perspectives d'avenir en métallurgie-fonderie, il s'est décidé à suivre la formation en fonderie au Centre de formation professionnelle de La Baie.

Diplômé depuis neuf mois seulement, Martin travaille aux Industries métallurgiques Norcast, près de Mont-Joli, où il a fait son stage de formation. Norcast produit essentiellement des plaques blindées, que l'on trouve dans les machines à laver, par exemple. «Après mes trois semaines de stage, ils m'ont pris comme journalier, relate Martin. Puis j'ai fait plusieurs contrats jusqu'à devenir rapidement syndiqué. Comme tout le monde au début, j'ai commencé par faire le ménage et pelleter le sable qui sert à la fabrication des moules, mais j'ai rapidement été affecté à différents postes plus intéressants.»

Ainsi, Martin a occupé le poste de couleur de métal à la fournaise. «C'est moi qui coulais manuellement le métal en fusion dans les moules, à l'aide d'un récipient en métal réfractaire [qui ne fond qu'à plus de 1 800 °C]», explique-t-il. Il a aussi appris le noyautage, c'est-à-dire la fabrication de noyaux en sable résistant au métal en fusion, que l'on introduit dans un moule pour obtenir les parties creuses des plaques blindées.

Pour connaître les établissements qui offrent ce programme : **www.inforoutefpt.org**

	Salaire hebdo moyen	Proportion de dipl. en emploi	Emploi relié	Chômage	Nombre de diplômés
2008	620 $	88,2 %	73,3 %	6,3 %	22
2007	668 $	81,8 %	87,5 %	18,2 %	18
2006	714 $	93,3 %	78,6 %	0,0 %	24

Statistiques tirées de la *Relance* - Ministère de l'Éducation, du Loisir et du Sport.

Comment interpréter l'information, page 17.

QUALITÉS RECHERCHÉES

Mesurant 1 m 93 et pesant 112 kg, Martin admet qu'une bonne résistance physique est indispensable dans ce métier. «J'ai perdu plus de 20 kg depuis mes débuts. Tout est lourd! Rien ne pèse en bas de 20 kg, sauf le marteau!»

Selon lui, la dextérité manuelle est importante, tout comme l'attention et le sens de l'observation. «Le procédé de fabrication, c'est comme une recette. Il faut y aller étape par étape et surtout ne rien oublier!» La fabrication d'un moule, par exemple, implique de mélanger du sable avec un liant à base de résine.

En plus de suivre les consignes, il est important de comprendre le pourquoi de ce qu'on fait. «Certains travailleurs pensent qu'on leur fait peindre les pièces uniquement pour les embêter, lance Martin. Ils râlent sans savoir que c'est une étape indispensable pour protéger les pièces avant qu'elles ne cuisent dans les fours.» Martin insiste également sur la vigilance au travail pour éviter les accidents, en particulier les éclaboussures de métal en fusion!

DÉFIS ET PERSPECTIVES

«À l'école, nous transmettons la théorie, mais nous n'avons pas toujours l'équipement correspondant aux dernières technologies», explique Fernando Lavoie, coordonnateur du programme de fonderie au Centre de formation professionnelle de La Baie. Ce sont donc les entreprises qui complètent la formation des diplômés. Les employés les plus motivés ont ainsi l'occasion de suivre des stages ou des formations complémentaires. Parmi celles-ci, la radiographie industrielle, par exemple, une spécialité qui vise le contrôle de qualité des produits.

Selon M. Lavoie, les femmes représentent actuellement de 10 à 15 % de l'effectif dans ce domaine. On les trouve davantage dans les fonderies de métaux non ferreux, qui produisent des pièces d'aluminium et de magnésium, lesquelles sont trois ou quatre fois moins lourdes à manipuler que les pièces de fonte et d'acier. «Étant donné que l'aluminium tend à remplacer l'acier, notamment dans le secteur automobile, il y aura une émergence d'offres d'emploi dans la transformation des métaux légers, et donc un accroissement des postes plus accessibles aux femmes.» M. Lavoie révèle aussi que des recherches sont en cours pour trouver de nouveaux débouchés à la transformation de l'aluminium et du magnésium. 03/03

> «Étant donné que l'aluminium tend à remplacer l'acier, notamment dans le secteur automobile, il y aura une émergence d'offres d'emploi dans la transformation des métaux légers, et donc un accroissement de postes plus accessibles aux femmes.»
>
> — **Fernando Lavoie**

Photo : PPN

HORAIRES ET MILIEUX DE TRAVAIL

- Le diplômé trouvera de l'emploi dans les aciéries, les fonderies artisanales, les fonderies industrielles et les usines de traitement du minerai.

- La journée de travail dure de sept à huit heures, avec possibilité d'heures supplémentaires quand il y a plus d'ouvrage.

- De nombreuses entreprises appliquent les horaires rotatifs. Les travailleurs s'échangent ainsi les postes de jour, de nuit et de fin de semaine.

- Il faut s'attendre à travailler dans des milieux humides et poussiéreux, où la chaleur est intense. Une promotion peut cependant mener à un travail de bureau lié aux études sur la productivité et à la qualité des produits fabriqués.

Montage structural et architectural

Un seul diplôme, mais deux métiers possibles! Le DEP en montage structural et architectural mène en effet au montage d'acier de structure et à la serrurerie de bâtiment.

PROG. 5299
PRÉALABLE : 2, VOIR PAGE 20

1 230 HEURES

RÔLE ET TÂCHES

Le monteur d'acier de structure travaille sur des chantiers de construction où l'on érige des édifices d'envergure, tels que des centres commerciaux ou des immeubles. C'est lui qui assemble les poutres, les colonnes et les charpentes métalliques qui forment la structure des bâtiments. Pour ce faire, il utilise des techniques de montage, de boulonnage, de perçage de trous et de soudage.

Le serrurier de bâtiment intervient plus loin dans la chaîne. Il installe les éléments de métal tels que les escaliers, les mezzanines, les rampes, etc. Il travaille avec différents métaux (fer, acier, aluminium) et, comme le monteur, il maîtrise les techniques d'assemblage, de soudage et de boulonnage. Chaque pièce fait l'objet d'un travail de finition, visant à faire disparaître les marques de soudure notamment.

DÉFIS ET PERSPECTIVES

«La formation est essentielle pour intégrer l'industrie, explique Bernard Boulé, directeur du Centre de formation des métiers de l'acier, à Montréal. On érige les bâtiments si vite aujourd'hui que le travailleur qui arrive sur le chantier doit déjà être très performant.»

Le monteur d'acier de structure doit être en bonne condition physique et être capable de travailler en hauteur. Quant au serrurier de bâtiment, il se doit d'être très minutieux, car il sera jugé sur la qualité finale de son travail. 04/07

Ces métiers font partie des métiers de la construction et sont régis comme tels par la Commission de la construction du Québec. Voir le tableau en page 144.

HORAIRES ET MILIEUX DE TRAVAIL

• L'horaire des monteurs et des serruriers de bâtiment est généralement de 7 h à 16 h, cinq jours par semaine.

• L'environnement de travail est bruyant. Sur le chantier, les travailleurs doivent être vigilants et observer les normes de sécurité.

Pour connaître les établissements qui offrent ce programme : **www.inforoutefpt.org**

	Salaire hebdo moyen	Proportion de dipl. en emploi	Emploi relié	Chômage	Nombre de diplômés
2008	968 $	69,4 %	92,0 %	26,5 %	54
2007	956 $	88,9 %	81,3 %	11,1 %	24
2006	844 $	68,0 %	76,5 %	20,9 %	75

Statistiques tirées de la *Relance* - Ministère de l'Éducation, du Loisir et du Sport.

Comment interpréter l'information, page 17.

DEP

Pose d'armature du béton

C'est grâce au travail des ferrailleurs que les édifices, ponts et autoroutes ont une structure solide. Bien enfouies dans le béton, les armatures d'acier confèrent à ces constructions toute la résistance nécessaire.

PROG. 5076
PRÉALABLE : 2, VOIR PAGE 20

735 HEURES

CHAMPS D'INTÉRÊT

- aime travailler en plein air et se dépenser physiquement
- aime faire un travail manuel
- aime travailler en équipe sur un chantier
- aime manipuler des outils (souder, boulonner, assembler)
- aime observer et calculer

APTITUDES

- dextérité, précision et rapidité d'exécution
- excellente coordination et résistance physique
- esprit logique et facilité en calcul
- facilité d'apprentissage technique
- esprit de collaboration

Pour connaître les établissements qui offrent ce programme : www.inforoutefpt.org

RÔLE ET TÂCHES

Le rôle d'un ferrailleur consiste en la manutention et en l'installation d'acier d'armature dans le béton pour le renforcer. Persuadé de trouver du travail, Ghyslain Bérubé a quitté la Côte-Nord pour suivre la formation en pose d'armature du béton et exercer le métier de ferrailleur dans la région de Montréal. À partir des plans du contremaître, il érige les structures d'acier pour qu'ensuite les menuisiers fassent les formes autour de ces structures, où sera couché le béton.

L'apprenti ferrailleur travaille toujours avec un compagnon. Comme les barres d'acier sont de différentes grosseurs et longueurs, Ghyslain et son compagnon communiquent entre eux avec des codes ou un numéro correspondant à une pièce de fer ou de béton. «Avec la grue, on fait monter le fer sur les formes. On étend, assemble et broche le fer. Tout se fait avec de la broche et des pinces. On peut aussi se servir d'une scie mécanique à disques, qui sert à couper le fer, aussi bien que d'un chalumeau pour chauffer et couper le fer.» Il précise que le fer d'armature ne se soude pas normalement et que seulement des spécialistes peuvent le faire, si nécessaire. «Les ingénieurs ne supportent pas que le fer soit coupé ou chauffé. Nous, on le coupe si on n'en a pas besoin. Par exemple, on coupera une section qui se trouve à l'extérieur de la dalle de béton, si l'autre partie est déjà coulée. Mais on ne pourrait pas couper le fer en deux et le brocher puisque cela l'affaiblirait énormément.»

Ghyslain œuvre dans les milieux industriel et institutionnel. Il peut travailler pour plusieurs compagnies. Il fait les poutres et les dalles de béton

	Salaire hebdo moyen	Proportion de dipl. en emploi	Emploi relié	Chômage	Nombre de diplômés
2008	1 045 $	61,9 %	72,7 %	23,5 %	37
2007	663 $	50,0 %	50,0 %	0,0 %	34
2006	1 182 $	65,9 %	85,2 %	19,4 %	64

Statistiques tirées de la *Relance* - Ministère de l'Éducation, du Loisir et du Sport.

Comment interpréter l'information, page 17.

des condos, des immeubles à appartements à plusieurs étages, des rallonges, des usines. En 2000, il a même travaillé sur l'autoroute 13 près de Montréal, sur une distance de quatre kilomètres. Une dalle complète, d'une durée de vie de 100 ans, a été installée selon plusieurs procédés mis au point par des ingénieurs du gouvernement. Près de 1 800 tonnes d'acier ont servi à cette structure!

QUALITÉS RECHERCHÉES

Nul doute qu'il faut être en bonne condition physique pour exercer le métier de ferrailleur. Il ne faut pas avoir peur de travailler et de forcer! Être endurant, vaillant et aimer le travail manuel est primordial.

De plus, «il est important que l'apprenti soit très attentif et écoute bien son compagnon, car c'est ce dernier qui fait apprendre le métier», rapporte Ghyslain.

Le menuisier et l'électricien travaillent aux côtés du ferrailleur. «Parfois, les menuisiers doivent attendre avant de faire les formes. Ce sont les électriciens qui installent les tuyaux – dans lesquels ils font ensuite passer leurs fils – qui sont coulés dans la dalle. Des fois, on vient de finir de mettre notre dalle en place, et l'électricien est obligé de défaire ce qu'on a accompli. On doit tout recommencer!» Un très bon esprit d'équipe et une franche coopération sont donc nécessaires. Le ferrailleur doit être capable de s'adapter à des situations différentes et à de nouveaux collègues, étant donné les déplacements fréquents de la main-d'œuvre d'un chantier à l'autre.

DÉFIS ET PERSPECTIVES

François Morissette a passé 25 ans sur les chantiers. Aujourd'hui, il est professeur au Centre de formation des métiers de l'acier, à Anjou, qui est ouvert depuis 1998. Il remarque un manque de main-d'œuvre dans ce domaine. «Les perspectives sont excellentes pour les prochaines années. L'école ne fournit pas assez de main-d'œuvre pour satisfaire à la demande. La moyenne d'âge des poseurs d'armature du béton est de 50 ans. La moitié de la main-d'œuvre va prendre sa retraite d'ici à quelques années.» 03/01

Ce métier fait partie des métiers de la construction et est régi comme tel par la Commission de la construction du Québec. Voir le tableau en page 144.

Le ferrailleur doit être capable de s'adapter à des situations différentes et à de nouveaux collègues, étant donné les déplacements fréquents de la main-d'œuvre d'un chantier à l'autre.

Photo: Centre de formation des métiers de l'acier

HORAIRES ET MILIEUX DE TRAVAIL

- Le ferrailleur travaille partout où il est nécessaire de construire du béton armé, que ce soit pour les bases, les planchers, les colonnes ou les murs des immeubles, ainsi que pour les barrages, les bassins, les ponts, etc.

- Il ne faut pas avoir peur de se salir. Les poseurs d'armature du béton peuvent être dans la boue jusqu'aux genoux!

- L'horaire d'une journée normale est de 7 h à 15 h 30; des heures supplémentaires s'y ajoutent souvent.

- Le travail s'échelonne surtout des mois d'avril à décembre. En janvier et en février, la grande majorité des ferrailleurs sont au chômage.

Soudage-montage

DEP

ASP 5234

Martin Villeneuve s'est découvert une véritable passion pour le soudage-montage pendant un emploi d'été dans une fonderie, à l'âge de 15 ans. «Le patron m'a appris quelques rudiments. J'ai coupé, plié et soudé de la tôle, et j'ai eu la piqûre! Je me suis par la suite inscrit au programme de formation professionnelle dans ce domaine, et aujourd'hui je suis soudeur-monteur!» déclare-t-il fièrement.

PROG. 5195
PRÉALABLE : 1, VOIR PAGE 20

1 800 HEURES

CHAMPS D'INTÉRÊT

- aime faire un travail manuel et physique, pour fabriquer un objet pratique
- aime travailler le métal
- aime observer et faire un travail demandant de la concentration
- aime analyser et travailler à partir d'un plan

APTITUDES

- excellent sens de l'observation et capacité de concentration
- acuité visuelle, dextérité et précision d'exécution
- logique et faculté de visualisation en trois dimensions
- bilinguisme et esprit de collaboration
- résistance physique

RÔLE ET TÂCHES

«Mes tâches consistent à lire le plan des pièces à assembler, à mesurer, couper, plier, assembler et souder du métal. Je travaille plusieurs matériaux comme le fer, l'aluminium, l'acier inoxydable, les alliages, etc. Le métal se présente sous différentes formes, en feuilles et en rouleaux de fil à souder de tailles variées», explique Martin.

Pour souder, il fait fondre du métal à l'aide d'un chalumeau, ou par divers procédés chimiques ou électriques. C'est le métal refroidi et durci qui permettra d'assembler les différentes pièces.

Martin travaille à son compte et ses clients sont variés. Il a déjà exercé son métier sur des chantiers de construction, par exemple, où il soudait des éléments de métal pour fabriquer des structures et des piliers de bâtiments. «J'ai aussi travaillé pour un atelier de soudage. Dans ce cadre, je pouvais aussi bien fabriquer un pare-chocs pour une motoneige, ressouder les pièces métalliques d'une remorque ou d'une brouette, installer des poignées sur des objets en métal, etc.», énumère-t-il.

QUALITÉS RECHERCHÉES

Le soudeur-monteur doit posséder une bonne forme physique. «Je suis debout durant des heures. Je peux également avoir à rester de longues périodes dans une posture inconfortable, accroupi par exemple, parce que la soudure à effectuer se trouve sur un élément difficile ou impossible à

Pour connaître les établissements qui offrent ce programme : **www.inforoutefpt.org**

	Salaire hebdo moyen	Proportion de dipl. en emploi	Emploi relié	Chômage	Nombre de diplômés
2008	644 $	75,3 %	88,9 %	9,9 %	724
2007	618 $	81,5 %	86,4 %	8,4 %	770
2006	607 $	81,2 %	85,6 %	6,4 %	706

Statistiques tirées de la *Relance* - Ministère de l'Éducation, du Loisir et du Sport.

Comment interpréter l'information, page 17.

soulever, comme une remorque», dit Martin. Il doit aussi manipuler et déplacer des objets lourds, comme des feuilles de métal.

La rigueur est indispensable dans ce métier où l'on doit mesurer et tailler des pièces avec précision, pour éviter perte de temps et gaspillage de matériaux. «La dextérité manuelle est une qualité essentielle. Je dois être suffisamment habile de mes mains pour réaliser des soudures le moins visibles possible.»

Pour se protéger pendant qu'il réalise des soudures, il doit porter un équipement spécial (masque, veste ininflammable, etc.). «Il fait souvent très chaud là-dessous», dit-il. Il faut donc faire preuve d'une bonne résistance à la chaleur.

Le bilinguisme est un atout dans ce métier, aussi bien pour lire les plans que pour comprendre les nombreux termes anglais utilisés dans ce domaine.

Les employeurs recherchent des soudeurs-monteurs bien formés et parfaitement autonomes, qui peuvent aussi bien lire un plan, se faire une idée globale du travail à accomplir, que couper et assembler les pièces de métal.

DÉFIS ET PERSPECTIVES

«Avec les nouveaux alliages métalliques, les techniques de soudure évoluent. Ces métaux permettent de créer des pièces à la fois moins lourdes et plus solides», explique Guy Belleau, enseignant au Centre La Croisée Donnacona. Par conséquent, il faut veiller à rester informé et tenir ses connaissances à jour.

Par ailleurs, l'arrivée des nouvelles technologies a fait considérablement évoluer le monde de la soudure. Ainsi, les soudeuses possèdent des tableaux de bord entièrement numériques, et c'est la machine elle-même qui fournit les paramètres de soudure. De ce fait, les employeurs recherchent des soudeurs-monteurs bien formés et parfaitement autonomes, qui peuvent aussi bien lire un plan, se faire une idée globale du travail à accomplir, que couper et assembler les pièces de métal.

Guy Belleau ajoute que plusieurs outils utilisés dans le métier (soudeuses, etc.) sont désormais plus maniables, légers et performants. Par conséquent, la formation commence à s'ouvrir aux femmes, même si elles sont encore très peu nombreuses à s'y inscrire. 05/09

HORAIRES ET MILIEUX DE TRAVAIL

- Les industries de l'aérospatiale, les manufacturiers de pièces métalliques et les ateliers de soudage sont autant d'employeurs possibles. On peut aussi lancer sa propre entreprise.

- Les milieux de travail sont variés : en usine dans une chaîne de montage ou à la fabrication de pièces sur commande; en industrie, on peut faire partie d'équipes d'entretien pour réparer les bris d'équipements; sur des chantiers de construction, pour monter, par exemple, les structures métalliques des bâtiments, etc.

- Les horaires du soudeur-monteur sont généralement du lundi au vendredi, de jour.

- Il est fréquent que le soudeur-monteur doive faire des heures supplémentaires afin de terminer un travail selon l'échéancier prévu.

DEP

Traitement de surface

Si l'évier de votre cuisine a une espérance de vie d'une centaine d'années, c'est grâce à l'intervention du technicien en traitement de surface. Sans lui, il n'aurait pas résisté plus de quelques mois!

PROG. 5222
PRÉALABLE : 1, VOIR PAGE 20

780 HEURES

RÔLE ET TÂCHES

Le travail du technicien en traitement de surface consiste à traiter les pièces métalliques pour leur conférer toute la résistance nécessaire. Par exemple, les clous qu'on plante dans les murs ont été plaqués au zinc, tout comme la carrosserie des voitures. «Différents traitements retarderont la corrosion, l'usure et garantiront les propriétés de la pièce. Il peut s'agir de traitements comme le plaquage au chrome, au zinc, à l'argent ou à l'or», explique Jean Caza, professeur à l'École des métiers de l'aérospatiale de Montréal.

Le technicien doit d'abord procéder au nettoyage des pièces, au masquage puis au démasquage, car les traitements s'appliquent parfois à des zones spécifiques. Il procède ensuite à l'activation de la surface à plaquer par jets abrasifs ou par acide, et enfin au plaquage électrolytique (dépôt d'un métal sur un autre, pour associer, par exemple, les propriétés du nickel à la force de l'acier). Après ce traitement, la pièce aura obtenu les propriétés physico-chimiques recherchées, comme la dureté, l'épaisseur, la résistance, etc.

DÉFIS ET PERSPECTIVES

La principale difficulté du métier est d'obtenir, à la suite du traitement, les propriétés recherchées. Tout un art qui nécessite de solides connaissances et un grand souci du détail. Par ailleurs, la main-d'œuvre manque à l'appel. «Nos compagnies auraient besoin de nouveaux techniciens et pourtant, il n'y a presque aucun diplômé en vue!» déplore Jean Caza, qui est également vice-président des opérations chez Lego Centre de finition, une entreprise spécialisée dans le domaine. La formation en traitement de surface permet de former la relève dont l'industrie a besoin. 04/07

HORAIRES ET MILIEUX DE TRAVAIL

• Les techniciens en traitement de surface travaillent en usine.

• Le milieu de travail peut être bruyant.

• Les quarts de travail peuvent varier, de 7 h à 15 h 30, ou de 16 h à 23 h.

Pour connaître les établissements qui offrent ce programme : www.inforoutefpt.org

	Salaire hebdo moyen	Proportion de dipl. en emploi	Emploi relié	Chômage	Nombre de diplômés
2008	N/D	N/D	N/D	N/D	N/D
2007	N/D	N/D	N/D	N/D	N/D
2006	N/D	N/D	N/D	N/D	N/D

Statistiques tirées de la *Relance* - Ministère de l'Éducation, du Loisir et du Sport.

Comment interpréter l'information, page 17.

ASP

DEP 5195

Soudage haute pression

Le soudeur haute pression n'est pas un soudeur ordinaire. Il travaille en milieu industriel et soude la tuyauterie et les canalisations, ainsi que des réservoirs où les vapeurs et liquides sont sous pression.

PROG. 5234
PRÉALABLE : 3, VOIR PAGE 20

600 HEURES

RÔLE ET TÂCHES

Le soudeur haute pression effectue d'abord l'assemblage des conduites de tuyauterie selon les plans qui lui ont été fournis. Ensuite, il fait les raccords et les joints de dilatation qui assureront la liaison entre les tuyaux.

Ses gestes doivent être extrêmement précis, car il n'a pas droit à l'erreur étant donné que les fuites engendrent de lourdes conséquences. Le domaine de la soudure haute pression est assujetti à des normes sévères. Chaque soudure est examinée aux rayons X pour en vérifier la parfaite étanchéité : c'est une question de sécurité.

DÉFIS ET PERSPECTIVES

Les entreprises qui embauchent en soudage haute pression affichent peu d'offres d'emploi. «Les emplois en soudage haute pression sont plus difficiles à trouver, mais quand on en décroche un, c'est souvent pour du long terme», souligne René Laramée, enseignant en soudage haute pression au Centre de formation en métallurgie de Laval.

Depuis 2006, le soudage haute pression fait partie des métiers couverts par le programme Sceau rouge, qui permet la mobilité des travailleurs qualifiés partout au Canada. Les soudeurs haute pression ne sont donc plus limités au Québec pour chercher un emploi. 03/07

HORAIRES ET MILIEUX DE TRAVAIL

- Le soudeur haute pression travaille en usine, en atelier ou sur les chantiers, pour des compagnies pétrolières, minières, gazières ou des raffineries.
- Le milieu de travail est généralement très bruyant.

- En usine, il effectue souvent plus de 40 heures de travail par semaine selon un horaire variable. Sur les chantiers, il œuvre généralement 12 heures par jour pendant sept jours, puis profite de plusieurs jours de congé consécutifs.

Pour connaître les établissements qui offrent ce programme : **www.inforoutefpt.org**

	Salaire hebdo moyen	Proportion de dipl. en emploi	Emploi relié	Chômage	Nombre de diplômés
2008	726 $	78,8 %	76,2 %	13,7 %	230
2007	666 $	87,9 %	80,0 %	3,3 %	216
2006	682 $	82,1 %	77,9 %	6,0 %	146

Statistiques tirées de la *Relance* - Ministère de l'Éducation, du Loisir et du Sport.

Comment interpréter l'information, page 17.

TRANSPORT

CHAMPS D'INTÉRÊT

- aime conduire, se déplacer, voyager et se sentir autonome
- aime les véhicules lourds, les domaines de l'aviation et de la météorologie
- aime analyser et résoudre des problèmes mathématiques
- aime prendre des décisions et assumer des responsabilités

APTITUDES

- discernement, prudence et acuité de perception
- grande résistance à la fatigue et au stress
- facilité pour le calcul et la résolution de problèmes mathématiques
- excellentes facultés d'analyse, de synthèse et de logique
- sens de l'organisation et sens des responsabilités

 **RESSOURCES INTERNET**

INFOROUTE DE LA FORMATION PROFESSIONNELLE ET TECHNIQUE
http://inforoutefpt.org
Le site incontournable pour tout savoir sur les programmes de formation.

CAMO-ROUTE
www.camo-route.com
Le site par excellence pour connaître la situation du transport routier au Québec et en savoir davantage sur les besoins de main-d'œuvre de l'industrie.

ASSOCIATION DU CAMIONNAGE DU QUÉBEC
www.carrefour-acq.org
L'endroit où trouver bon nombre de renseignements sur l'industrie du camionnage et sur les lois et règlements qui régissent le secteur.

Régulation de vol

Lorsqu'un problème survient durant un vol d'avion, au sol, un acteur crucial entre alors en scène : le régulateur de vol.

PROG. 5304
PRÉALABLE : 1, VOIR PAGE 20

900 HEURES

RÔLE ET TÂCHES

Au service d'une compagnie aérienne, le régulateur de vol travaille dans un aéroport. À la différence du contrôleur aérien, qui veille à la bonne circulation des avions, le régulateur de vol doit s'assurer que les avions puissent se rendre du point A au point B de façon sécuritaire et économique.

Avant le décollage, il remet à l'équipage de l'avion le plan de vol qu'il a préparé. Le document contient notamment des données sur les réserves de carburant de l'appareil lorsqu'il sera rendu à tel ou tel point de son parcours. Le régulateur a même inclus un scénario B au cas où l'avion serait dans l'impossibilité de se poser à l'aéroport de destination. Pendant la durée du vol, le régulateur de vol effectue aussi un suivi. Un problème mécanique se présente? Le pilote le contacte aussitôt pour qu'il lui propose une solution.

DÉFIS ET PERSPECTIVES

«C'est un métier où on a beaucoup de responsabilités, déclare Charles-Éric Lamarche, enseignant au Centre de formation en transport de Charlesbourg. Il faut être capable de soutenir la pression.» Car la vie des passagers et de l'équipage repose aussi entre les mains du régulateur de vol.

Le travail du régulateur de vol exige la prise de décisions rapide. En cas d'incident ou d'un changement météorologique soudain, il devra refaire rapidement ses calculs pour les transmettre au pilote dans les meilleurs délais. «La langue de l'aviation est l'anglais, conclut M. Lamarche, peu importe où l'on se trouve dans le monde. Si l'on n'est pas à l'aise dans cette langue, on ne trouvera pas de travail.» 03/07

HORAIRES ET MILIEUX DE TRAVAIL

- Le régulateur de vol travaille pendant 12 heures d'affilée, de jour ou de nuit. Sur une période de 28 jours, il travaille environ 14 jours.

- Les régulateurs de vol travaillent dans les bureaux de leur compagnie aérienne à l'aéroport.

Pour connaître les établissements qui offrent ce programme : **www.inforoutefpt.org**

	Salaire hebdo moyen	Proportion de dipl. en emploi	Emploi relié	Chômage	Nombre de diplômés
2008	644 $	91,7 %	90,9 %	0,0 %	14
2007	679 $	100,0 %	85,7 %	0,0 %	12
2006	N/D	N/D	N/D	N/D	N/D

Statistiques tirées de la *Relance* - Ministère de l'Éducation, du Loisir et du Sport.

Comment interpréter l'information, page 17.

Transport par camion

«J'ai découvert le camionnage à 45 ans, après plusieurs années à travailler dans des entreprises de transformation du bois. Pour moi, c'est le plus beau métier du monde!» explique Guy Tessier, camionneur chez TransWest. Avec son coéquipier, il effectue trois voyages de plusieurs milliers de kilomètres chaque mois. «On transporte beaucoup de fruits et légumes, mais aussi des marchandises comme de l'aluminium et des produits sanitaires.»

PROG. 5291
PRÉALABLE : 1, VOIR PAGE 20

615 HEURES

CHAMPS D'INTÉRÊT
- aime la route : conduire, se déplacer et voyager
- aime les véhicules lourds
- aime la nouveauté (n'aime pas la routine)
- aime se sentir autonome

APTITUDES
- bon jugement et prudence
- grande autonomie
- acuité sensorielle (vision, audition)
- excellente coordination sensorimotrice et capacité de concentration
- grande résistance à la fatigue et au stress

RÔLE ET TÂCHES

Avant de partir, Guy prépare l'itinéraire du voyage sur des cartes routières. «Je détermine quelles sont les routes principales et les autres routes possibles en cas de problème [embouteillages, travaux, accidents, etc.]», explique-t-il. Il se rend souvent en Californie, mais sillonne aussi toutes les provinces canadiennes.

Le jour du départ, Guy se rend chez TransWest pour prendre le camion. «Je place mes effets personnels à bord. J'arrime la remorque au véhicule et j'inspecte le camion : pression des pneus, niveau d'huile, etc. Je note chaque vérification effectuée dans un carnet de contrôle», dit-il. Le plan de transport est établi par TransWest, pour l'aller et le retour, et indique où aller chercher les marchandises et où les livrer.

Arrivé à la première destination, les manutentionnaires de l'entreprise chargent la remorque avec les produits à expédier. «Les produits sont attachés sur des palettes en bois qui sont déposées dans le camion. Ensuite, on repart pour prendre livraison d'autres marchandises, et enfin les livrer», explique-t-il.

Les voyages sont longs, c'est pourquoi Guy est relayé par son coéquipier toutes les dix heures. «On roule durant presque 24 heures, sauf quelques rares interruptions. L'un dort dans la couchette pendant que l'autre conduit.»

Pour connaître les établissements qui offrent ce programme : **www.inforoutefpt.org**

	Salaire hebdo moyen	Proportion de dipl. en emploi	Emploi relié	Chômage	Nombre de diplômés
2008	783 $	83,7 %	85,6 %	9,5 %	1 542
2007	785 $	86,0 %	88,7 %	8,5 %	1 484
2006	809 $	83,9 %	90,4 %	9,3 %	1 307

Statistiques tirées de la *Relance* - Ministère de l'Éducation, du Loisir et du Sport.

Comment interpréter l'information, page 17.

QUALITÉS RECHERCHÉES

Le camionneur doit posséder un dossier de conduite impeccable, en plus d'être prudent et de faire preuve de courtoisie au volant avec les autres usagers de la route. «Il faut être un excellent conducteur et adapter son style de conduite aux conditions routières. Par exemple, par journée de grand vent ou de verglas, je conduis plus lentement. Je suis plus attentif aux autres véhicules et je maintiens une plus grande distance entre mon camion et l'automobile qui me précède pour avoir toute la latitude requise en cas de pépin», explique Guy.

On doit aussi adopter une conduite préventive pour éviter les accidents. «Je suis responsable de ma sécurité et de celle des autres usagers, ainsi que du camion et de sa cargaison. Je dois demeurer alerte, car un événement imprévu peut survenir à tout moment, comme un animal sauvage qui traverse la route, un véhicule tombant en panne devant moi, un chauffard ou même un conducteur qui s'endort au volant. Il faut aussi faire preuve de patience et avoir d'excellents réflexes pour réagir vite en cas de problème», estime Guy Tessier.

> «Actuellement, de nombreux routiers québécois approchent de l'âge de la retraite. Il faudra donc les remplacer dans les prochaines années et cela nécessitera encore plus de nouveaux camionneurs.»
>
> — Jean-Guy Poulin

DÉFIS ET PERSPECTIVES

«De plus en plus de marchandises sont transportées par camion», constate Jean-Guy Poulin, enseignant au Centre de formation en transport de Charlesbourg. En effet, de très nombreuses entreprises, par souci d'économie, ont réduit ou carrément fermé leurs entrepôts pour stocker le moins de marchandises possible. Et tous ces produits voyagent par camion! «Les commerçants commandent au fur et à mesure. Cela requiert des délais de livraison toujours plus courts, et c'est encore plus serré pour les denrées périssables comme les fruits et légumes», soutient Jean-Guy Poulin.

Cette croissance du transport par camion a évidemment un impact sur la demande de conducteurs. «Ils sont très recherchés, et au cours des dernières années, nous avons même reçu des demandes d'entreprises d'autres provinces canadiennes qui souhaitaient recruter nos finissants. Actuellement, de nombreux routiers québécois approchent de l'âge de la retraite. Il faudra donc les remplacer dans les prochaines années et cela nécessitera encore plus de nouveaux camionneurs», conclut-il. 05/09

HORAIRES ET MILIEUX DE TRAVAIL

- Un camionneur peut travailler pour des entreprises de transport provincial et interprovincial. Les voyages et les distances à parcourir sont plus courts. Il est seul à bord de son véhicule et peut rentrer chez lui le soir.

- Un camionneur peut aussi travailler pour des entreprises de transport spécialisées en longues distances. Il aura alors à accomplir des voyages de plusieurs milliers de kilomètres et dormira dans son camion. Souvent, un coéquipier le relaie.

- Il peut également être embauché par diverses entreprises possédant un service de transport par camion, comme les grands marchés d'alimentation et les entreprises de construction.

- Une semaine de travail peut facilement compter jusqu'à 60 heures.

CUIR, TEXTILE ET HABILLEMENT

CHAMPS D'INTÉRÊT

- se passionne pour les couleurs, les textures et les formes
- aime travailler en équipe
- aime résoudre des problèmes
- aime le travail manuel de précision sur les tissus ou le cuir : couper, assembler, créer des formes, réparer
- aime utiliser des outils, des machines ou des instruments automatisés et l'informatique

APTITUDES

- sens de l'observation, de l'analyse et de l'innovation
- dextérité, grande précision et rapidité d'exécution
- sens de la gestion pour autrui et pour soi-même
- patience et endurance physique

RESSOURCES INTERNET

INFOROUTE DE LA FORMATION PROFESSIONNELLE ET TECHNIQUE
http://inforoutefpt.org
Le site incontournable pour tout savoir sur les programmes de formation.

COMITÉ SECTORIEL DE MAIN-D'ŒUVRE DE L'INDUSTRIE TEXTILE DU QUÉBEC
www.comitesectorieltextile.qc.ca
Des renseignements détaillés vous permettront d'en apprendre davantage sur l'industrie du textile à l'échelle provinciale.

CONSEIL DES RESSOURCES HUMAINES DE L'INDUSTRIE DU TEXTILE
www.thrc-crhit.org
Un site complet qui vous renseignera sur l'industrie du textile au Canada.

CONSEIL DES RESSOURCES HUMAINES DE L'INDUSTRIE DU VÊTEMENT
www.apparel-hrc.org
Vous y trouverez des renseignements sur les besoins de main-d'œuvre des entreprises de l'industrie canadienne de la fabrication du vêtement.

DEP

Confection de vêtements (façon tailleur)

Le ronron d'une machine à coudre est musique à vos oreilles? Vous connaissez tous les grands designers? Rien ne vous semble plus sublime qu'un défilé de mode? Ce programme est fait pour vous!

PROG. 5219
PRÉALABLE : 1, VOIR PAGE 20

1 455 HEURES

CHAMPS D'INTÉRÊT
- aime le vêtement, la mode
- apprécie le contact avec la clientèle

APTITUDES
- base en mathématiques
- dextérité manuelle
- bonne vision
- sens de l'organisation
- créativité
- résistance physique et résistance au stress

Pour connaître les établissements qui offrent ce programme : **www.inforoutefpt.org**

RÔLE ET TÂCHES

Jean-Pierre Février travaille comme échantillonneur dans l'atelier d'un designer de vêtements à Montréal. «C'est comme pour les automobiles, explique-t-il. On commence par créer un prototype et, lorsqu'il est performant, qu'on a réglé tous les problèmes techniques, on entreprend la production à la chaîne. C'est la même chose pour l'habillement : je monte un échantillon [à partir des directives du designer] et, quand il est parfait, il sert de base aux entreprises sous-traitantes qui vont produire les vêtements.»

«Depuis que je suis petit, j'aime les vêtements, la mode. J'aime voir des gens bien habillés, regarder des défilés de mode», répond d'emblée Jean-Pierre lorsqu'on lui demande de raconter son cheminement. Après un bac inachevé en mathématiques, il a suivi non seulement la formation *Confection de vêtements (façon tailleur)* de l'École des métiers des Faubourgs, mais aussi la formation *Dessin de patron*, ce qui l'a outillé pour confectionner tous les types de vêtements (et pas seulement les vêtements tailleurs, c'est-à-dire les vestons, les manteaux, les pantalons et les jupes).

«Je fais aussi du contrôle de la qualité, c'est-à-dire que je corrige les imperfections dans les vêtements pour m'assurer qu'ils sont parfaits, sans fils qui dépassent, poursuit Jean-Pierre. Je fais un peu de retouches : par exemple, si un pantalon est trop petit pour une personne, je peux le rendre plus grand; s'il est trop grand, le rendre plus petit. Je peux faire des réparations... Parfois, je donne des idées sur des modèles, mais seulement quand on me le demande parce que ce sont les designers qui ont priorité.

	Salaire hebdo moyen	Proportion de dipl. en emploi	Emploi relié	Chômage	Nombre de diplômés
2008	300 $	50,0 %	33,3 %	0,0 %	10
2007	468 $	60,0 %	100,0 %	14,3 %	12
2006	356 $	66,7 %	71,4 %	11,1 %	15

Statistiques tirées de la *Relance* - Ministère de l'Éducation, du Loisir et du Sport.

Comment interpréter l'information, page 17.

Quand quelqu'un n'est pas là ou manque de temps, si je suis libre, je le remplace. Je touche un peu à tout.»

QUALITÉS RECHERCHÉES

Ce travail un brin répétitif exige de la dextérité, une bonne vision, de la discipline, une certaine résistance physique et surtout de la patience. Coudre, découdre, repriser de petites surfaces de tissu et recommencer sont des tâches insoutenables pour les impulsifs. «J'ai vu des élèves abandonner le programme parce qu'ils n'étaient pas assez patients», relate Jean-Pierre.

Le contact avec la clientèle étant fréquent, il importe aussi d'avoir une certaine facilité de communication... et de se vêtir correctement! De plus, le sens de l'organisation est primordial. «Ne pas respecter les échéanciers, c'est un grave problème, affirme Jean-Pierre. Il faut livrer la marchandise à temps parce qu'autrement les magasins peuvent annuler leurs commandes.» Et dans un atelier de vêtements, la poussière et les retailles de tissu s'accumulent vite. Il faut donc veiller à tenir son poste en ordre.

«Le diplômé fait beaucoup de patrons et de confection, spécifiquement dans le vêtement tailleur.»

— Maurice Tremblay

Par ailleurs, il est nécessaire de maîtriser les mathématiques de 4e ou 5e secondaire.

DÉFIS ET PERSPECTIVES

«Il faut être apte à travailler dans des milieux différents, indique Maurice Tremblay, enseignant à l'École des métiers des Faubourgs. Le diplômé fait beaucoup de patrons et de confection, spécifiquement dans le vêtement tailleur. Il peut aussi faire de la retouche en magasin. Par exemple, j'ai des élèves qui travaillent chez Simons.» À souligner, les débutants deviennent souvent assistants de patronistes ou de tailleurs chevronnés. «Il y a aussi plusieurs grands designers qui ont de petits ateliers et qui emploient des assistants.»

Pour travailler dans le domaine, il n'est pas obligatoire de cumuler les diplômes, mais une autre formation, *Dessin de patron*, peut être utile pour les élèves qui veulent apprendre à réaliser une plus grande variété de vêtements (chemises, blouses, robes, vêtements de plein air, etc.). «C'est un atout sur le marché du travail», croit l'enseignant. 03/03

HORAIRES ET MILIEUX DE TRAVAIL

- Les diplômés peuvent se faire embaucher par des manufacturiers de prêt-à-porter, des ateliers de confection, des fabricants de patrons et des magasins de vêtements.

- Habituellement, les employés de l'industrie travaillent de 8 h à 16 h, du lundi au vendredi.

- Ils peuvent avoir à effectuer des heures supplémentaires pendant les périodes de pointe.

- Dans l'année, l'industrie connaît deux moments forts, soit lors de la présentation des collections printemps-été, puis automne-hiver. Ces activités requièrent entre autres la préparation des défilés de mode, des campagnes publicitaires et des livraisons aux magasins.

DEP

Confection de vêtements et d'articles de cuir

«J'ai toujours été attiré par le cuir, mais je n'avais jamais eu l'idée de faire mes propres créations. Je regardais les vêtements de cuir dans les boutiques et je me disais que je modifierais certains éléments dans leur confection. Finalement, j'ai sauté à l'eau et je me suis inscrit au programme», raconte Dominic Bédard.

PROG. 5247
PRÉALABLE : 2, VOIR PAGE 20

900 HEURES

CHAMPS D'INTÉRÊT

- aime manipuler et travailler le cuir
- aime faire un travail manuel de précision
- aime la mode
- aime dessiner, découper, imaginer et créer des formes

APTITUDES

- dextérité manuelle
- précision et souci du détail
- créativité
- patience et minutie
- entregent
- capacité de travailler en équipe

RÔLE ET TÂCHES

Aujourd'hui diplômé en confection de vêtements et d'articles de cuir, Dominic est tailleur chez Roméo Falardeau Fourrures, un marchand de fourrures de Limoilou. Dans cet atelier-boutique, on trouve différents articles comme des manteaux, des manchons, des chapeaux, des foulards, des coussins et des jetés confectionnés à partir de fourrures neuves ou recyclées (vison, renard, chat sauvage, mouton, phoque, rat musqué, par exemple).

Dans l'atelier, Dominic s'adonne à la création, au remodelage (confection d'un nouveau manteau à partir d'un vieux) et à la réparation de manteaux de fourrure.

Dans un premier temps, il choisit le modèle de patron qui servira à la confection du manteau ou à son remodelage. Puis, il prépare la fourrure, c'est-à-dire qu'il coud des morceaux de fourrure à la peau principale afin d'obtenir une peau suffisamment grande pour réaliser le vêtement. Il étend ensuite la peau sur une table et la maintient aux extrémités avec des agrafes. Il mouille le cuir de la fourrure avec de l'eau et de l'assouplisseur pour cuir, et le laisse sécher pendant 24 heures. Cette étape permet de bien étirer la peau et la rend plus facile à travailler. Il passe ensuite un fer à repasser sur la peau pour bien l'assécher et l'aplatir. Dominic taille alors les différentes pièces du vêtement (col, manches, poignets, dos, devant, capuchon, etc.) et les coud ensemble avec une machine à coudre à fourrure.

Pour connaître les établissements qui offrent ce programme : **www.inforoutefpt.org**

	Salaire hebdo moyen	Proportion de dipl. en emploi	Emploi relié	Chômage	Nombre de diplômés
2008	464 $	100,0 %	80,0 %	0,0 %	7
2007	N/D	N/D	N/D	N/D	N/D
2006	376 $	100,0 %	50,0 %	0,0 %	7

Statistiques tirées de la *Relance* - Ministère de l'Éducation, du Loisir et du Sport.

Comment interpréter l'information, page 17.

Le manteau est ensuite envoyé chez un nettoyeur, qui redonnera son lustre à la fourrure. Finalement, Dominic coud les boutons et la doublure.

QUALITÉS RECHERCHÉES

La créativité est à la base du travail du diplômé. «Pour donner une signature artistique au vêtement, il ne faut pas s'imposer de limites. C'est cette même créativité qui permet de se faire un nom dans le milieu et de se démarquer des autres», estime Dominic. La dextérité manuelle et le souci du détail sont nécessaires pour réussir dans ce domaine, car la clientèle recherche des vêtements de qualité. La patience est également indispensable. «Il faut parfois recommencer la même étape plusieurs fois, par exemple pour trouver et agencer les bonnes couleurs de fourrure.»

Appelé à travailler avec le public, les fournisseurs et les collègues tailleurs, le diplômé doit aussi avoir de l'entregent et aimer le travail en équipe.

> Appelé à travailler avec le public, les fournisseurs et les collègues tailleurs, le diplômé doit aussi avoir de l'entregent et aimer le travail en équipe.

DÉFIS ET PERSPECTIVES

Selon Mireille Labrie, enseignante dans le cadre du programme *Confection de vêtements et d'articles de cuir* au Centre de formation professionnelle de Neufchâtel, plusieurs diplômés décident de se lancer à leur compte afin de pouvoir concevoir leurs propres vêtements. «Avant de se lancer en affaires, je leur suggère toutefois de travailler pendant un à trois ans dans une usine ou en atelier pour acquérir expérience, rapidité d'exécution et dextérité. En parallèle, ils peuvent commencer à monter leur plan d'affaires et préparer leur collection, en travaillant le soir et les fins de semaine. Je leur conseille également d'élargir leurs horizons en prenant des cours de dessin de vêtements et de patroniste.»

Mireille Labrie estime que sur le marché du travail, les diplômés pourront se tailler une place dans le domaine du vêtement de cuir haut de gamme. «La concurrence est forte dans le bas de gamme, à cause des importations à petits prix. En revanche, les gens sont prêts à payer pour un bel article de cuir soigné. Il y a là un marché à développer.» 01/05

HORAIRES ET MILIEUX DE TRAVAIL

- Ces diplômés peuvent travailler pour des cordonniers, des maroquiniers, dans des manufactures ou des ateliers de vêtements ou d'articles de cuir.

- Plusieurs diplômés choisissent de se lancer à leur compte.

- Les horaires de travail varient selon les employeurs. En usine, le diplômé travaille de 7 h 30 à 16 h 30 les jours de semaine. En atelier, il peut travailler le jour, le soir et les fins de semaine et faire des heures supplémentaires lors des périodes de pointe.

DEP

Confection sur mesure et retouche

«J'aime la mode et les vêtements, affirme Annick Bolduc, surtout quand ils sont beaux et bien ajustés!» Avant de faire son DEP en confection sur mesure et retouche, Annick essayait par elle-même de coudre des habits et de créer des accessoires de décoration pour la maison. «J'avais plein d'idées, mais je ne savais pas comment faire.»

PROG. 5239 | 1 470 HEURES
PRÉALABLE : 1, VOIR PAGE 20

CHAMPS D'INTÉRÊT
- aime la créativité
- aime le travail bien fait
- aime travailler seul
- aime le contact avec la clientèle

APTITUDES
- minutie et dextérité manuelle
- bonne perception des formes et des couleurs
- autonomie et imagination
- patience
- habiletés de communication (dans la confection sur mesure)

RÔLE ET TÂCHES

Dès la deuxième année de sa formation, Annick a été embauchée à temps partiel au magasin Simons, à Québec, pour effectuer des réparations et des retouches sur les vêtements. «Actuellement, j'acquiers de l'expérience, explique-t-elle. Je fais des ourlets de pantalons et je répare les vêtements du magasin qui sont défectueux. Ça peut être des fermoirs à changer ou des camisoles à recoudre sur les côtés.»

La diplômée travaille à l'étage du magasin, au sein d'une équipe de 18 personnes affectées aux retouches. Elle aide parfois ses collègues plus expérimentés et en profite pour observer les différentes techniques de travail de chacun. «Je me considère toujours comme en apprentissage, car il existe plus d'une manière de mettre un fermoir sur une robe, ou de réparer une doublure de veste déchirée. Et plus on en connaît, meilleur on est!»

Annick trouve que les vêtements vendus dans les magasins ne sont généralement pas de très bonne qualité et manquent parfois d'originalité. Plus tard, elle aimerait travailler à son compte pour offrir son savoir-faire et sa créativité. «J'aimerais faire des vêtements sur mesure, comme des robes de bal.»

QUALITÉS RECHERCHÉES

Selon Annick, les réparations peuvent demander une bonne dose d'ingéniosité. «Quand il y a un gros trou en plein milieu d'un vêtement, il faut imaginer ce qu'il est possible de faire pour le réparer.» Les jours de grande affluence au magasin, la rapidité se révèle également nécessaire.

Pour connaître les établissements qui offrent ce programme : **www.inforoutefpt.org**

	Salaire hebdo moyen	Proportion de dipl. en emploi	Emploi relié	Chômage	Nombre de diplômés
2008	460 $	76,9 %	66,7 %	3,2 %	51
2007	453 $	56,5 %	47,4 %	10,3 %	65
2006	378 $	55,6 %	42,9 %	6,3 %	74

Statistiques tirées de la *Relance* - Ministère de l'Éducation, du Loisir et du Sport.

Comment interpréter l'information, page 17.

«Chez Simons, on doit faire l'ourlet du pantalon du client dans la demi-heure. Mais moi, je peux en avoir une dizaine à faire dans ce même laps de temps. Il faut donc être rapide, et surtout garder son calme pour que le travail soit bien fait.»

Dans le milieu du sur-mesure, cette réalité exige encore plus de patience, car plusieurs ajustements sont nécessaires pour que le vêtement aille à merveille au client. Savoir communiquer avec tact et diplomatie se révèle également essentiel dans ce secteur, puisqu'on traite souvent avec des personnes dont les mensurations les empêchent d'acheter les vêtements prêts à porter. De plus, il faut savoir être à l'écoute du client pour parvenir à répondre à des demandes précises.

DÉFIS ET PERSPECTIVES

Le métier exige d'être à l'affût des tendances dans le domaine du vêtement. Comme l'explique Nathalie Brosseau, enseignante au DEP du Centre de formation Compétences-2000, à Laval, les diplômés doivent adapter leurs techniques à différents matériaux : tissus extensibles, tissus glissants, cuir, etc., selon les besoins de la clientèle. Par exemple, la création de vêtements recyclés ou d'aspect recyclé implique des types de finitions particuliers et l'intégration de dentelles et de rubans, entre autres.

Mme Brosseau confie qu'il existe une forte demande de couturières polyvalentes et talentueuses, capables, par exemple, de coudre des perles et de réaliser des broderies ou des finitions sophistiquées. Elles sont notamment convoitées par le domaine du spectacle et du cinéma, par les ateliers spécialisés en confection de robes et par les designers.

La confection sur mesure et retouche, «ce n'est pas seulement la petite madame derrière sa machine à coudre», illustre Mme Brosseau avec humour. Certains de ses anciens élèves fabriquent des montgolfières, travaillent dans la décoration, ont lancé une collection de vêtements, enseignent ou ont leur propre atelier. Ceci dit, l'enseignante pense qu'il ne faut pas négliger les travaux de retouche, généralement bien rémunérés et très demandés. En effet, qui aujourd'hui a le temps d'ajuster ses propres vêtements? 03/03

Certains anciens élèves fabriquent des montgolfières, travaillent dans la décoration, ont lancé une collection de vêtements, enseignent ou ont leur propre atelier.

HORAIRES ET MILIEUX DE TRAVAIL

- Le diplômé pourra trouver de l'emploi dans les ateliers de confection et de designers, les grands magasins, les boutiques, les entreprises de décoration, les nettoyeurs à sec, les représentants de tissu, les manufactures de vêtements; ou encore s'installer à son compte.

- Le travail peut être à forfait, à temps partiel ou à temps plein.

- La journée de travail varie généralement de 7 à 12 heures, selon la période de l'année et les occasions spéciales (bals de fin d'études, mariages, etc.).

- Il est fréquent de devoir travailler les week-ends, surtout dans les ateliers de retouche et durant les périodes de forte affluence.

- En usine, il faut être capable de supporter le bruit, la poussière et la promiscuité.

DEP

Cordonnerie

«Quand j'étais petit, mon père m'emmenait souvent avec lui chez le cordonnier. J'ai toujours aimé ça et j'ai gardé cette habitude de faire réparer mes souliers.» Jean-François Martel n'a pas hésité à choisir ce métier-là.

PROG. 5145
PRÉALABLE : 2, VOIR PAGE 20

900 HEURES

CHAMPS D'INTÉRÊT

- aime manipuler, assembler, réparer le cuir et les chaussures
- aime utiliser des outils et des machines
- aime travailler pour la clientèle
- aime faire un travail autonome

APTITUDES

- discernement et autonomie (sens de l'organisation)
- sociabilité et sens du service à la clientèle (respect et tact)
- force et résistance physique

Pour connaître les établissements qui offrent ce programme : **www.inforoutefpt.org**

RÔLE ET TÂCHES

«Dès que je suis entré dans l'atelier de cordonnerie, je me suis senti à ma place. Je me souviens de la première paire de chaussures que j'ai réparée : mon professeur m'a dit que le travail était A-1, une façon de me dire que c'était parfait!

«À part les chaussures, on répare vraiment toutes sortes d'affaires! Ça va de la courroie de cuir qui attache le matériel dans les remorques de camions, jusqu'aux abris de voiture en toile, pantalons de cuir et équipements sportifs.»

Jean-François Martel est un cordonnier indépendant. Il offre ses services en tant que travailleur autonome pour différentes cordonneries. Il travaille principalement dans un atelier situé dans un centre commercial de Charlesbourg. «Dans une journée type, je peux réparer des semelles de bottes, poser des fermetures éclair sur des chaussures et installer des semelles antidérapantes. Je peux aussi nettoyer et cirer des bottes rongées par le calcium. Souvent, je teins des manteaux ou des sacs de cuir.»

Avant de procéder à la réparation, le cordonnier doit accueillir le client et évaluer le travail. «Il y a une bonne part de négociation dans ce métier. Il faut faire comprendre au client la façon dont on va effectuer la réparation, même si cela ne correspond pas à l'idée qu'il s'était faite au départ.»

Le cordonnier peut également confectionner divers objets en cuir, comme des sacoches, des sacs à main, des pantoufles ou des étuis à outils. Celui qui

	Salaire hebdo moyen	Proportion de dipl. en emploi	Emploi relié	Chômage	Nombre de diplômés
2008	N/D	N/D	N/D	N/D	N/D
2007	N/D	N/D	N/D	N/D	N/D
2006	N/D	N/D	N/D	N/D	N/D

Statistiques tirées de la *Relance - Ministère de l'Éducation, du Loisir et du Sport.*

Comment interpréter l'information, page 17.

s'intéresse à la confection de bottes ou de chaussures doit suivre un perfectionnement de bottier.

QUALITÉS RECHERCHÉES

Il faut avoir une grande habileté manuelle pour réussir dans ce métier, puisque tout le travail s'effectue avec les mains. C'est un emploi qui requiert beaucoup de patience. Les réparations sont souvent longues à réaliser et demandent de la minutie. «On a aussi besoin de patience au comptoir, ajoute Jean-François. Il faut savoir prendre notre temps avec les clients même si on sait qu'on a une tonne de travail à faire à l'arrière-boutique et qu'on a promis ces réparations pour la fin de la journée! Il faut donc de l'entregent, mais aussi une bonne discipline.»

Il faut avoir une grande habileté manuelle pour réussir dans ce métier, puisque tout le travail s'effectue avec les mains.

Il doit aussi être débrouillard, inventif, et posséder un esprit créatif pour réparer des modèles de chaussures inédits. «J'aime beaucoup ça lorsqu'un client me demande de lui fabriquer un objet, comme un bel étui pour couteau. Quand on me donne le feu vert, c'est un peu comme si l'objet m'appartenait!»

Raymond Julien, enseignant au Centre de formation professionnelle de Neufchâtel, affirme que c'est un métier qui s'adresse à des gens qui ont un esprit terre à terre et qui aiment travailler avec de la matière première.

DÉFIS ET PERSPECTIVES

Pour M. Julien, le grand défi des cordonniers consiste à faire connaître leur métier. «Le problème de la cordonnerie, c'est le manque de visibilité. Les gens n'y pensent pas et surtout ne savent pas tout ce qu'un cordonnier peut réaliser. Il faudrait que la population comprenne qu'elle peut aller chez le cordonnier pour faire réparer une foule d'articles.»

Le cordonnier doit donc développer sa polyvalence pour offrir une gamme de services variés. «Le cordonnier ne peut plus s'en tenir qu'à la chaussure, ajoute-t-il. Il doit savoir réparer des équipements de sport et de camping. Certains ateliers offrent également des services d'aiguisage de patins et de taille de clés. Les diplômés peuvent aussi se perfectionner en coupe et confection de cuir et en rembourrage.» 02/01

HORAIRES ET MILIEUX DE TRAVAIL

- Les cordonneries sont les principaux milieux de travail.

- Le cordonnier peut aussi être employé dans les entreprises de fabrication de toiles de garage et les ateliers de réparation d'équipements sportifs.

- Les manufactures de chaussures et de bottes engagent des cordonniers, de même que certaines boutiques artisanales.

- Les laboratoires d'orthopédie embauchent aussi des cordonniers.

- Le cordonnier employé dans une cordonnerie peut s'attendre à travailler 40 heures par semaine.

- L'horaire de travail ressemble à celui d'un commerçant : de 9 h à 17 h les mardis et mercredis, travail de soir les jeudis et vendredis.

- La plupart des cordonneries ouvrent le samedi et ferment le dimanche et le lundi.

- Le cordonnier propriétaire de son atelier doit être encore plus disponible pour sa clientèle et peut travailler environ 60 heures par semaine.

Dessin de patron

«Après ma première session en sciences humaines au cégep, je me suis aperçu que ce programme ne répondait pas à mes aspirations professionnelles. J'étais davantage attiré par l'industrie du vêtement. C'est pourquoi je me suis inscrit au diplôme d'études professionnelles [DEP] en dessin de patron», raconte Charles Brabant, patroniste pour La table ronde, une compagnie spécialisée dans le domaine.

PROG. 5218
PRÉALABLE : 1, VOIR PAGE 20

1 725 HEURES

CHAMPS D'INTÉRÊT
- aime la mode, les vêtements et les tissus
- aime dessiner, découper, imaginer et créer des formes
- aime utiliser une machine à coudre et un ordinateur

APTITUDES
- créativité et autonomie
- facilité à utiliser l'informatique
- facilité pour le dessin, le calcul et la géométrie

RÔLE ET TÂCHES

Le rôle principal du patroniste est de traduire par un dessin en deux dimensions, le croquis d'un vêtement conçu par un styliste ou un designer. C'est ce qu'on appelle, dans le langage de la mode, un dessin de patron. Celui-ci peut-être réalisé à la main ou à l'aide d'un ordinateur.

«D'abord, le styliste ou le designer me remet des esquisses et des croquis. Dans un premier temps, je prépare un dessin géométral de la pièce soumise. Il s'agit d'un dessin technique, en deux dimensions», explique Charles Brabant.

Ensuite, le patroniste dessine un premier patron en fonction des mesures réelles du vêtement à assembler. «Puis, on coupe un échantillon du vêtement, et je fais les derniers ajustements avant la mise en production. Par exemple, il est possible de devoir rectifier certaines dimensions, d'ajouter des boutons, des fermetures éclair, etc.», dit-il.

Le patroniste supervisera de près ou effectuera lui-même la coupe et la couture de l'échantillon ainsi que sa gradation. Cette étape consiste à déterminer les différentes grandeurs d'un vêtement – de petit à très grand. «C'est un défi mathématique, car il faut respecter les proportions pour chaque morceau.»

Dernière étape : le patroniste place son patron sur le tissu et indique à la production comment les pièces devront être coupées pour perdre le moins de tissu possible.

Pour connaître les établissements qui offrent ce programme : **www.inforoutefpt.org**

	Salaire hebdo moyen	Proportion de dipl. en emploi	Emploi relié	Chômage	Nombre de diplômés
2008	389 $	55,6 %	83,3 %	9,1 %	29
2007	436 $	66,7 %	44,4 %	16,7 %	22
2006	360 $	47,4 %	57,1 %	43,8 %	31

Statistiques tirées de la *Relance* - Ministère de l'Éducation, du Loisir et du Sport.

Comment interpréter l'information, page 17.

QUALITÉS RECHERCHÉES

Pour bien traduire les croquis et les esquisses des stylistes, le patroniste doit posséder une bonne logique mathématique, estime Charles Brabant. «On part d'un concept en trois dimensions et il faut parvenir à le rendre en deux dimensions», dit-il. Il en va de même pour la préparation des patrons en différentes tailles.

Il faut aussi faire preuve de leadership. «Le patroniste joue un rôle pivot dans la production de vêtement, entre le styliste, les coupeurs de tissu et les couturières. Il doit souvent intervenir dans les chaînes de production afin de s'assurer que le patron est bien compris par tous les ouvriers.»

Le rôle principal du patroniste est de traduire par un dessin en deux dimensions, le croquis d'un vêtement conçu par un styliste ou un designer. C'est ce qu'on appelle, dans le langage de la mode, un dessin de patron.

DÉFIS ET PERSPECTIVES

Le principal défi des patronistes est de travailler vite et bien, croit Marie-Lise Dubois, enseignante au DEP *Dessin de patron* à l'École des métiers des Faubourgs de Montréal. «Par exemple, si un fil qui sert à coudre une chemise casse tout le temps ou si le styliste a oublié de dessiner une fermeture éclair à un pantalon, le patroniste doit prendre rapidement la bonne décision et faire les ajustements qui s'imposent», explique-t-elle.

Même si elle concède que l'industrie du vêtement a perdu plusieurs milliers d'emplois depuis le début des années 2000, Mme Dubois estime qu'il y a encore de la place pour de petites entreprises dans des marchés de niche, par exemple de vêtements recyclés ou encore écologiques.

«Ce sont surtout les couturières qui ont été touchées par la saignée de l'industrie du vêtement, car l'assemblage se fait en Asie. En revanche, la plupart des entreprises font le design et le dessin de patron ici. Les patronistes sont donc relativement épargnés», souligne l'enseignante.

L'expérience aidant, un diplômé peut aspirer à un poste de chef patroniste notamment. Dans ce cadre, il supervise une équipe de patronistes, en plus de distribuer le travail aux coupeurs de tissu et aux couturières. 05/09

HORAIRES ET MILIEUX DE TRAVAIL

• Les patronistes peuvent trouver de l'emploi auprès d'entreprises manufacturières de fabrication de vêtements ou dans des compagnies spécialisées dans le dessin de patron.

• Les patronistes travaillent surtout dans des bureaux, là où les ordinateurs sont à l'abri de la poussière, et non dans l'atelier de production, qui est plutôt bruyant.

• Ce métier requiert une bonne forme physique. Les patronistes travaillent debout et effectuent plusieurs allers-retours de leur bureau vers l'atelier de production, notamment pour transmettre les instructions aux couturières.

• Le travail s'effectue généralement de jour. Les heures supplémentaires sont possibles durant les périodes intenses de production.

Nettoyage à sec et entretien de vêtements

Line Poirier avait 16 ans quand elle a commencé à travailler dans l'industrie du nettoyage à sec. Aujourd'hui diplômée du Centre de formation Compétences-2000 de Laval, elle est convaincue de pouvoir satisfaire les besoins de sa clientèle parce qu'elle sait comment supprimer les taches tenaces!

PROG. 5082
PRÉALABLE : 2, VOIR PAGE 20

690 HEURES

CHAMPS D'INTÉRÊT

- aime les vêtements et les tissus
- aime le contact avec la clientèle
- aime la propreté et le travail soigné (souci du détail)
- aime faire fonctionner des appareils

APTITUDES

- dextérité et sens de l'observation
- facilité d'apprentissage technique (ordinateur et appareils)
- sens du service à la clientèle (respect et tact)
- résistance physique (debout, chaleur, vapeurs)

Pour connaître les établissements qui offrent ce programme : **www.inforoutefpt.org**

RÔLE ET TÂCHES

D'abord commis dans l'entreprise de nettoyage de son père, puis responsable des paies, Line est devenue propriétaire de succursales. «Je m'occupe essentiellement du service à la clientèle, mais je n'ai pas peur de mettre la main à la pâte, explique-t-elle. Repasser des chemises, ça ne me dérange pas, bien au contraire. Mais ce que j'apprécie le plus, c'est de pouvoir conseiller mes employés sur les produits ou les techniques à utiliser.»

Le travail du nettoyeur consiste d'abord à analyser la fibre textile et la confection du vêtement qui lui est présenté. C'est ce qui va déterminer la nature du nettoyage. «C'est très important de lire les étiquettes d'entretien pour savoir si on doit laver le vêtement à la main, à l'eau ou à sec.»

Le nettoyeur procède ensuite au détachage. «On doit analyser la nature de la tache et effectuer des tests avec des produits pour voir comment on peut la faire partir sans altérer ni décolorer le tissu.» Il s'agit de l'opération la plus délicate du métier.

Après le nettoyage vient le repassage. «Il faut défroisser certains vêtements à la vapeur (comme les robes, les chemises et les vestons), avant de les presser. Le nettoyeur offre aussi des services complémentaires, comme des traitements à base d'huiles pour redonner de la couleur aux vêtements de soie, ou des traitements d'imperméabilisation de vêtements de plein air.»

Le nettoyeur est également responsable de l'entretien de sa machinerie. Il doit pouvoir faire fonctionner ses appareils à plein régime et réussir à

	Salaire hebdo moyen	Proportion de dipl. en emploi	Emploi relié	Chômage	Nombre de diplômés
2008	N/D	N/D	N/D	N/D	N/D
2007	400 $	88,9 %	42,9 %	0,0 %	9
2006	374 $	75,0 %	100,0 %	25,0 %	11

Statistiques tirées de la *Relance* - Ministère de l'Éducation, du Loisir et du Sport.

Comment interpréter l'information, page 17.

effectuer les réparations mineures. Pour Line, c'est l'aspect le plus contraignant du métier. «La machine à nettoyer me fait peur, avoue-t-elle. C'est une machine complexe, et j'ai demandé une formation complémentaire pour vraiment connaître toutes ses fonctions.»

QUALITÉS RECHERCHÉES

Dans une entreprise de nettoyage, le souci du détail et du travail bien fait est une priorité. «On effectue un travail de finition sur un vêtement que le client aime beaucoup. Il faut donc en prendre soin», souligne Line.

L'intérêt pour la mode et la confection de vêtements est un aspect incontournable. Également, il faut développer une rapidité d'exécution, même dans les manipulations les plus délicates. Parce qu'elle dirige sa propre entreprise, Line doit inévitablement faire preuve de leadership en plus d'avoir le sens des responsabilités et des affaires.

Le nettoyeur-presseur doit également être prudent, explique Ghyslaine Adam, conseillère pédagogique au Centre de formation Compétences-2000. «Les diplômés utilisent des bouilloires d'eau chaude et des produits dangereux pour l'environnement. Ils doivent respecter à la lettre les règles de santé et de sécurité.»

DÉFIS ET PERSPECTIVES

«Le nettoyeur a la responsabilité de satisfaire sa clientèle, estime Mme Adam. Il a le défi quotidien de faire tout ce qu'il peut pour conserver la valeur du vêtement qui lui est confié.»

Les diplômés peuvent suivre des cours de perfectionnement sur les fibres textiles et sur l'entretien des cuirs et des fourrures. Le nettoyeur peut ajouter d'autres cordes à son arc en suivant une formation en confection et retouches. «Il n'est pas rare qu'une entreprise offre des services de couture et de retouches.»

Les perspectives d'emploi sont bonnes pour les diplômés. «Ce métier, qui a traversé toutes les récessions, est là pour de bon. Il y aura toujours de beaux vêtements à entretenir avec soin. Il reste cependant à trouver des gens qui ont le goût d'en faire une carrière», assure Mme Adam. 02/01

> «Ce métier, qui a traversé toutes les récessions, est là pour de bon. Il y aura toujours de beaux vêtements à entretenir avec soin. Il reste cependant à trouver des gens qui ont le goût d'en faire une carrière.»
>
> — Ghyslaine Adam

HORAIRES ET MILIEUX DE TRAVAIL

- Les nettoyeurs-presseurs travaillent généralement dans une entreprise de nettoyage.

- Ils peuvent être engagés dans des buanderies d'hôpitaux et d'hôtels et dans des entreprises de location de vêtements.

- Les manufactures de vêtements embauchent également des presseurs.

- La journée de travail des nettoyeurs-presseurs commence tôt le matin, souvent vers 6 h ou 7 h, et se termine vers 16 h. Le travail de soir est rare.

- Les entreprises de nettoyage sont ouvertes le samedi, et plusieurs offrent leurs services le dimanche.

- Les nettoyeurs travaillent habituellement l'équivalent de cinq jours et demi par semaine.

- Les congés sont souvent le dimanche et durant un jour de la semaine.

DEP

Production industrielle de vêtements

Elle a commencé avec une petite machine à coudre bleu ciel lorsqu'elle était enfant. Vingt ans plus tard, Annie Gagnon est passée à la surjeteuse professionnelle et confectionne toutes sortes de vêtements.

PROG. 5252
PRÉALABLE : 2, VOIR PAGE 20

870 HEURES

CHAMPS D'INTÉRÊT
• aime la couture et les vêtements
• aime travailler en équipe
• aime utiliser des machines
• aime développer de nouvelles méthodes de travail

APTITUDES
• bonne forme physique
• dextérité
• rapidité d'exécution
• débrouillardise

RÔLE ET TÂCHES

Diplômée du Centre de formation professionnelle de Matane en avril 2002, Annie Gagnon travaille comme couturière pour les Créations Marie-Pierre Lafortune. Elle a décroché ce poste dans ce petit atelier-boutique de Montréal à peine un mois et demi après avoir terminé sa formation.

En hiver, l'équipe est réduite à deux couturières et une designer, en raison de la baisse saisonnière du volume de commandes. Annie est donc appelée à toucher à tout : coupe, assemblage, repassage, retouches et service à la clientèle. La seule tâche dont elle ne s'acquitte pas, c'est la conception de patrons. «Mais quand on en fait un nouveau, je suis là et j'apprends», s'empresse-t-elle de préciser.

Chaque matin, elle fait une tournée de la boutique, nettoie le plancher – les bouts de fils s'accumulent vite – et évalue la production de la veille afin de planifier sa journée. «À deux, ça nous prend normalement deux jours pour produire une vingtaine de robes.» Des robes de mariée et des robes de bal, par exemple, conçues avec le souci de rendre chaque vêtement unique.

Parce que la propriétaire tient à ce que les clients voient les couturières à l'œuvre et apprécient leur travail, l'atelier est ouvert sur la boutique. Une belle reconnaissance quand on sait que le métier est souvent peu considéré. Coudre, c'est pourtant ce dont Annie a toujours rêvé. «Le côté conception, faire des dessins et inventer des modèles, ce n'était pas ce que je voulais. Je voulais vraiment apprendre à faire un vêtement de A à Z.»

Pour connaître les établissements qui offrent ce programme : **www.inforoutefpt.org**

	Salaire hebdo moyen	Proportion de dipl. en emploi	Emploi relié	Chômage	Nombre de diplômés
2008	N/D	N/D	N/D	N/D	N/D
2007	N/D	N/D	N/D	N/D	N/D
2006	N/D	N/D	N/D	N/D	N/D

Statistiques tirées de la *Relance* - Ministère de l'Éducation, du Loisir et du Sport.

Comment interpréter l'information, page 17.

QUALITÉS RECHERCHÉES

Au moment de postuler son emploi, Annie a su tirer son épingle du jeu grâce à sa rapidité. «Toutes les filles qui ont suivi un programme en design ont mis une heure à effectuer un test qui consistait à assembler un chandail, alors que j'ai mis une demi-heure.» Cette qualité essentielle s'acquiert notamment par une bonne planification des opérations à effectuer. Pour éviter de perdre du temps, les couturières doivent, par exemple, penser à préparer leur prochaine cannette de fil en même temps qu'elles cousent (cette opération pouvant être effectuée simultanément à mesure que la machine à coudre est actionnée).

Formées pour utiliser plus de 15 machines différentes, les diplômées doivent s'attendre à ce qu'on exige d'elles de la polyvalence et de la débrouillardise une fois en industrie. Ainsi, elles devront être en mesure d'assembler des vêtements pour hommes, pour dames ou pour enfants, dans toutes sortes de tissus : denim, lycra, nylon, etc. Et si on leur demande, par exemple, de coudre une poche et qu'elles n'ont pas exactement l'équipement qu'il faut, elles devront trouver une solution.

> **Formées pour utiliser plus de 15 machines différentes, les diplômées doivent s'attendre à ce qu'on leur demande de la polyvalence et de la débrouillardise une fois en industrie.**

DÉFIS ET PERSPECTIVES

Pour les diplômées qui deviennent opératrices de machines à coudre, le rendement constitue le plus important défi. «Le fait d'avoir à produire un nombre minimal de vêtements dans un intervalle de temps donné représente la plus grande difficulté, d'autant plus que plusieurs opératrices sont encore payées à la pièce», affirme Guylaine Bourgeault, responsable du programme en production industrielle de vêtements, au Centre de formation professionnelle André-Morissette. Cette pression, observe-t-elle, peut créer de la compétition entre collègues. Une meilleure communication au sein des entreprises, grâce à des activités sociales par exemple, pourrait contribuer à améliorer le climat de travail, croit l'enseignante.

Les couturières doivent également veiller à ne pas se blesser, c'est-à-dire éviter de développer des lésions comme des bursites (inflammation des articulations) causées par le travail répétitif. Leur formation comprend d'ailleurs un module de santé et de sécurité. Par ailleurs, l'industrie s'oriente de plus en plus vers la production en cellule, qui s'organise autour de deux à quatre couturières travaillant avec plusieurs machines différentes. «Cette façon de faire permet aux personnes d'avoir plus de tâches et de responsabilités.» 03/03

HORAIRES ET MILIEUX DE TRAVAIL

- Dans le secteur du vêtement, le travail s'effectue généralement de jour, en semaine.

- La majorité des diplômés travaillent en usine. D'autres sont au service de designers ou d'ateliers de confection de costumes de scène ou de cinéma.

- Chaque usine peut employer de 15 à 200 couturières. La tendance est toutefois aux effectifs moins importants, en raison de la concurrence internationale. Aujourd'hui, les plus grosses usines se trouvent davantage dans des pays comme le Mexique, où les salaires sont moins élevés.

- Plus il y a de machines dans une usine et plus elles sont vieilles, plus le milieu de travail est bruyant. La poussière, dont la quantité varie selon le volume de textile manipulé, peut représenter un autre désagrément. Enfin, la plupart des usines ne sont pas climatisées, et les presses dégagent beaucoup de chaleur.

DEP

Production textile (opérations)

Après des années passées à nettoyer des tables et à servir des clients dans un restaurant, Nancy Hamel désirait un emploi stable et stimulant. Un travail qui offrirait un salaire fixe, des vacances payées et des possibilités d'avancement. Elle a trouvé le bonheur en production textile, sans bouger de la Beauce, sa région natale.

PROG. 5243
PRÉALABLE : 2, VOIR PAGE 20

885 HEURES

CHAMPS D'INTÉRÊT
- aime le travail manuel et en usine
- aime le travail de précision
- aime la machinerie et la mécanique

APTITUDES
- bonne forme physique, bonne coordination, dextérité
- excellente acuité visuelle et capacité de discerner les couleurs
- résistance au stress
- capacité à travailler selon les normes et dans le respect des procédures

RÔLE ET TÂCHES

Avec son DEP du Centre de formation professionnelle de Saint-Joseph et seulement quelques mois d'expérience dans le domaine du textile, Nancy a déniché un poste d'opératrice de fileuse chez Duré Textiles, à Saint-Éphrème. Cette usine se spécialise dans la production de fils de toutes sortes : du fil à coudre jusqu'aux franges en coton pour vadrouilles.

«Sur ma machine, il y a 176 têtes [bobines] reliées à des barils de fibres textiles, explique Nancy. La fileuse produit d'abord des rubans de fibres, lesquels sont ensuite transformés en fils, puis enroulés autour de cônes.» Nancy a pour tâche de surveiller l'arrivée de matière première pour faire en sorte que la fileuse soit alimentée de façon continue, qu'il n'y ait pas de retard de production et que le fil ne soit ni cassé ni endommagé. Elle s'assure également que la machine fonctionne à la bonne vitesse et que les différentes sortes de fibres sont filées dans les bonnes proportions, par exemple 35 % de coton, 35 % de laine et 30 % de polyester, selon le type de fil à produire. «Je dois aussi inspecter le produit fini, avant de l'expédier à l'emballage.»

En outre, l'entretien de la fileuse est sous la responsabilité de l'opératrice, qui doit effectuer des réparations et des ajustements mineurs. À la fin de son travail, elle doit transmettre toute l'information relative à la production à la personne qui prendra la relève.

QUALITÉS RECHERCHÉES

De l'avis de Nancy, l'opérateur de fileuse ou de tout autre appareil de tissage doit faire preuve de jugement et posséder une bonne capacité de

Pour connaître les établissements qui offrent ce programme : **www.inforoutefpt.org**

	Salaire hebdo moyen	Proportion de dipl. en emploi	Emploi relié	Chômage	Nombre de diplômés
2008	N/D	N/D	N/D	N/D	N/D
2007	N/D	N/D	N/D	N/D	N/D
2006	N/D	N/D	N/D	N/D	N/D

Statistiques tirées de la *Relance* - Ministère de l'Éducation, du Loisir et du Sport.

Comment interpréter l'information, page 17.

raisonnement et de calcul. «On doit aussi avoir une bonne coordination de la vue et du mouvement pour être capable de distinguer les fils et arriver à les compter et à en distinguer les formes, les couleurs et les détails pendant qu'ils circulent à grande vitesse.» L'acuité visuelle et la dextérité de l'opérateur sont également sollicitées lors de l'inspection du produit fini, afin de détecter les nœuds et les défauts de fabrication.

Le métier demande aussi de l'autonomie, de la rapidité et une bonne résistance au stress, selon la diplômée. «Les journées sont longues, et on travaille à fond les moteurs. Il ne faut jamais que la machine s'arrête!»

Pour occuper ce type d'emploi, il faut aussi être assez grand. «La taille minimale qu'exigent les usines est d'environ 1 m 65, parce que la plupart des machines sont hautes et demandent des grands bras», indique Nancy. Toutefois, en raison du manque de main-d'œuvre qualifiée, les entreprises peuvent faire des exceptions. C'est ce qui a permis à Nancy de se faire embaucher malgré son petit gabarit. «Je travaille toujours sur la pointe des pieds, les bras dans les airs, pour atteindre les bobines. J'ai un petit tabouret, mais je ne peux pas toujours m'en servir, car je risque de tomber.»

Nancy a pour tâche de surveiller l'arrivée de matière première pour faire en sorte que la fileuse soit alimentée de façon continue, qu'il n'y ait pas de retard de production et que le fil ne soit ni cassé ni endommagé.

DÉFIS ET PERSPECTIVES

Selon Suzie Brassard, directrice adjointe du Centre de formation professionnelle 24-Juin, à Sherbrooke, le premier défi des entreprises sera de s'adapter aux changements technologiques, comme la robotisation et l'informatisation. Elles se verront obligées d'investir dans de nouveaux équipements, mais cela aura pour avantage d'alléger le travail d'usine sur le plan physique. Les machines feront le gros de la besogne, et les ouvriers devront essentiellement veiller à ce que tout se passe bien.

Autre défi important, l'industrie devra pourvoir aux postes laissés vacants par toute une vague d'ouvriers qui partiront à la retraite. Pour y parvenir, les entreprises et le Comité sectoriel de main-d'œuvre de l'industrie textile devront déployer des efforts de communication pour changer les mentalités par rapport au secteur. En effet, historiquement, les ouvriers n'ont pas toujours bénéficié de bonnes conditions de travail. Et même si les syndicats ont contribué à améliorer cette situation, les préjugés sont toujours tenaces au sein de la population en général. 03/03

HORAIRES ET MILIEUX DE TRAVAIL

- Les emplois du secteur sont stables, bien rémunérés et syndiqués.

- Les journées de travail sont généralement longues, mais cela permet aux employés de faire de courtes semaines (par exemple, trois journées de douze heures plus une de six heures).

- Le travail s'effectue selon des postes de soir, de nuit et du week-end.

- Les conditions de travail se sont améliorées, et les normes plus exigeantes de propreté et de sécurité font en sorte qu'il y a moins de poussière et de bruit qu'auparavant.

SANTÉ

CHAMPS D'INTÉRÊT

• se soucie du bien-être et de la santé d'autrui
• aime rendre service ou prendre soin des personnes
• aime les sciences : chimie et biologie

APTITUDES

• sens des responsabilités et sens de l'organisation
• sociabilité, patience et dévouement
• respect et capacité d'écoute des personnes
• facilité d'apprentissage intellectuel

 **RESSOURCES INTERNET**

INFOROUTE DE LA FORMATION PROFÉSSIONNELLE ET TECHNIQUE
http://inforoutefpt.org
Le site incontournable pour tout savoir sur les programmes de formation.

ORDRE DES INFIRMIÈRES ET INFIRMIERS AUXILIAIRES DU QUÉBEC
www.oiiaq.org
Le site du seul ordre professionnel dont on peut faire partie après des études secondaires profes-sionnelles. Vous y trouverez un babillard d'emplois et bien des renseignements sur la pratique des infirmières et infirmiers auxiliaires.

MINISTÉRE DE LA SANTÉ ET DES SERVICES SOCIAUX DU QUÉBEC
www.msss.gouv.qc.ca
Des renseignements complets sur le réseau québécois de la santé et des services sociaux.

AVENIR EN SANTÉ
www.avenirensante.com
Tout ce qu'il faut savoir sur les carrières de la santé au Québec : description des métiers, des formations et même les salaires qui s'y rattachent.

DEP

Assistance à la personne à domicile

C'est en accompagnant son père dans les derniers moments de sa vie que Gisèle Paquet a pris conscience de l'ampleur des besoins des personnes en perte temporaire ou permanente d'autonomie. «J'ai réfléchi et j'ai fermé mon entreprise de vitrail pour m'inscrire au diplôme d'études professionnelles [DEP] en assistance à la personne à domicile. Depuis 2007, je travaille au Centre local de services communautaires [CLSC] de Drummondville à titre d'auxiliaire aux services de santé et services sociaux, et j'adore ça!» explique-t-elle.

PROG. 5317
PRÉALABLE : 1, VOIR PAGE 20

960 HEURES

CHAMPS D'INTÉRÊT

- aime prendre soin des autres (contact physique)
- aime se sentir utile et responsable des personnes
- préfère se déplacer et travailler au domicile des malades
- aime faire des tâches ménagères

APTITUDES

- dévouement et sens des responsabilités
- grandes capacités d'écoute, de respect et de compassion
- patience, force et résistance (physique et émotionnelle)

RÔLE ET TÂCHES

En arrivant au CLSC le matin, Gisèle commence par consulter les dossiers des bénéficiaires qui lui sont assignés pour la journée. «Je lis attentivement le plan d'intervention établi pour chacun d'entre eux par les professionnels de la santé. Cela diffère d'une personne à une autre», explique Gisèle. Sa clientèle est variée : malades chroniques, déficients mentaux, etc.

Ensuite, elle se déplace jusqu'au domicile de chacun des bénéficiaires. «Je peux avoir entre quatre et sept personnes à visiter par jour. Je leur prodigue les soins prévus dans le plan d'intervention. Par exemple, je donne un bain, j'habille la personne, je l'aide à manger, je lui fais la barbe, etc.»

Elle évalue aussi l'état général du bénéficiaire. Par exemple, s'il est alité et présente des rougeurs dans le dos, c'est peut-être le signe qu'il est en train de développer des plaies de lit. Gisèle avise alors le professionnel de la santé en charge du plan d'intervention (médecin, ergothérapeute, etc.), qui fera le suivi nécessaire.

Par ailleurs, depuis 2009, la loi autorise les auxiliaires à poser, dans certaines conditions, des gestes jusqu'alors réservés au personnel infirmier, comme distribuer des médicaments et appliquer des crèmes prescrites.

QUALITÉS RECHERCHÉES

«Je suis "les yeux" des thérapeutes, je dois donc avoir un bon sens de l'observation», indique Gisèle. Il faut rester très attentif et signaler au

Pour connaître les établissements qui offrent ce programme : www.inforoutefpt.org

	Salaire hebdo moyen	Proportion de dipl. en emploi	Emploi relié	Chômage	Nombre de diplômés
2008	541 $	85,3 %	89,6 %	5,8 %	449
2007	520 $	84,2 %	92,2 %	4,5 %	515
2006	455 $	86,0 %	88,2 %	6,3 %	541

Statistiques tirées de la *Relance* - Ministère de l'Éducation, du Loisir et du Sport.

Comment interpréter l'information, page 17.

responsable du plan d'intervention toute anomalie dans le comportement ou l'environnement du bénéficiaire, par exemple une nervosité inhabituelle, qui pourrait être le signe d'une dégradation de l'état de santé. «Le plan d'intervention doit être adapté régulièrement, puisque la situation physique et mentale des personnes évolue avec le vieillissement et la maladie. Cela peut changer très vite, il faut garder l'œil ouvert!»

Ce métier est un travail de contact humain et de relations interpersonnelles. Il faut donc aimer les gens, avoir de la facilité à communiquer, et parfois savoir se montrer persuasif. «Quand un bénéficiaire ne veut pas recevoir ses soins, prendre son bain par exemple, je dois user de psychologie pour l'amener à changer d'idée. Je lui explique que son hygiène personnelle contribue à améliorer son état de santé général. Avec l'expérience, je constate que l'humour et la bonne humeur sont mes deux meilleurs atouts!» déclare Gisèle.

«Les bénéficiaires sont souvent des personnes seules; la visite de l'auxiliaire est parfois la seule qu'ils recevront dans la semaine. Le défi est donc d'établir une bonne relation avec chacun.»

— Gilles Tardif

DÉFIS ET PERSPECTIVES

Le travail des auxiliaires s'est élargi au cours des dernières années. «Elles peuvent désormais, dans certaines conditions, appliquer des crèmes prescrites par un médecin, donner des médicaments, etc.», indique Gilles Tardif, enseignant au Centre de formation professionnelle Vision 20 20, à Victoriaville. Autant de soins qui s'ajoutent aux tâches des auxiliaires, mais qui rendent aussi le travail plus intéressant et plus proche de la réalité des personnes qu'elles aident au quotidien.

«Les bénéficiaires sont souvent des personnes seules; la visite de l'auxiliaire est parfois la seule qu'ils recevront dans la semaine. Le défi est donc d'établir une bonne relation avec chacun», ajoute Gilles Tardif. Ce lien de confiance permet d'améliorer la qualité des informations recueillies et, par conséquent, d'assurer un meilleur suivi.

En région s'ajoute aussi le défi des distances, car il faut couvrir de nombreux kilomètres dans une journée pour visiter les bénéficiaires, qui peuvent être très éloignés les uns des autres. 05/09

Note : Le féminin est utilisé dans cet article étant donné la très grande proportion de femmes diplômées en assistance à la personne à domicile.

HORAIRES ET MILIEUX DE TRAVAIL

- Les finissants doivent s'attendre à travailler sur appel avant de décrocher un poste à temps plein.

- Les auxiliaires travaillent au domicile des patients. Elles peuvent être embauchées par CLSC, une agence de personnel en soins de santé ou encore des particuliers.

- Les centres de santé et de services sociaux peuvent aussi engager des auxiliaires pour travailler en institution, dans des centres d'hébergement et de soins de longue durée notamment.

- Les horaires peuvent être de jour, de soir, de nuit et de fin de semaine, selon les besoins du service.

Assistance à la personne en établissement de santé

Le travail de Sylvie Gamache, préposée en établissement de santé au Centre de santé et de services sociaux de Montmagny-L'Islet, consiste à apporter de l'aide aux bénéficiaires en perte d'autonomie. «Je suis là pour améliorer leur qualité de vie. Je les aide à se lever, se déplacer, manger, s'habiller, faire leur toilette.» Bref, tous les petits gestes de la vie quotidienne.

PROG. 5316
PRÉALABLE : 2, VOIR PAGE 20

750 HEURES

CHAMPS D'INTÉRÊT

- aime prendre soin des autres (contact physique)
- aime se sentir utile et responsable des personnes
- aime travailler en milieu hospitalier

APTITUDES

- dévouement et sens des responsabilités
- grandes capacités d'écoute, de respect et de compassion
- patience, force et résistance (physique et émotionnelle)

RÔLE ET TÂCHES

Lorsqu'elle arrive sur son lieu de travail, un centre d'hébergement et de soins de longue durée (CHSLD), Sylvie commence par demander à la responsable quels sont les bénéficiaires dont elle devra s'occuper dans la journée. «L'étage compte 30 personnes, et on peut m'en confier 5 ou 6, en perte d'autonomie temporaire ou permanente», explique Sylvie.

«J'aide d'abord chaque personne à se lever. Certaines sont paraplégiques et doivent être transférées dans leur chaise roulante à l'aide d'un levier hydraulique. D'autres ont seulement besoin que je sécurise leur sortie du lit pour éviter une mauvaise chute.»

Ensuite, c'est l'heure du déjeuner. «Je conduis à la salle à manger les bénéficiaires encore en pyjama. J'assiste ceux qui ont besoin d'aide pendant le repas, puis je les ramène jusqu'à leur chambre pour la toilette», énumère-t-elle.

Après la toilette, elle aide les bénéficiaires à s'habiller, se coiffer et se raser, le cas échéant. Puis vient l'heure du dîner, et Sylvie procède comme lors du déjeuner.

«Dans l'après-midi, je passe du temps avec chaque bénéficiaire, individuellement. Je peux jouer du piano, chanter des chansons, discuter avec eux ou même leur vernir les ongles. C'est mon moment favori», confie Sylvie.

Pour connaître les établissements qui offrent ce programme : **www.inforoutefpt.org**

	Salaire hebdo moyen	Proportion de dipl. en emploi	Emploi relié	Chômage	Nombre de diplômés
2008	562 $	84,8 %	90,7 %	4,9 %	1 959
2007	524 $	84,4 %	84,5 %	4,8 %	1 936
2006	507 $	83,7 %	85,2 %	4,6 %	1 899

Statistiques tirées de la *Relance* - Ministère de l'Éducation, du Loisir et du Sport.

Comment interpréter l'information, page 17.

QUALITÉS RECHERCHÉES

Le préposé doit faire preuve de patience avec les bénéficiaires. «Lorsqu'une personne est encore capable d'accomplir certains gestes, comme boutonner son pyjama, même si elle le fait lentement ou maladroitement, je dois la laisser faire seule afin qu'elle conserve le plus d'autonomie possible», dit-elle. Autre exemple : une personne souffrant de la maladie d'Alzheimer peut oublier de manger. Pour rafraîchir la mémoire du bénéficiaire, il faut développer des petits trucs. «Je prends une cuillère et je la place dans sa main. Je fais le mouvement de porter la nourriture de l'assiette vers sa bouche. Une fois le mouvement initié, la personne va répéter le geste d'elle-même.»

Le préposé doit aussi avoir une empathie sincère envers les personnes qu'elle aide. «J'aime faire la différence dans la vie des personnes qu'on me confie, comme les inciter à faire un geste par elles-mêmes ou même réussir à les faire rire!» confie Sylvie.

> «Dans l'après-midi, je passe du temps avec chaque bénéficiaire, individuellement. Je peux jouer du piano, chanter des chansons, discuter avec eux ou même leur vernir les ongles. C'est mon moment favori.»
>
> — Sylvie Gamache

DÉFIS ET PERSPECTIVES

Selon Nathalie Pelletier, enseignante au Centre de formation professionnelle l'Envolée-de-Montmagny, l'un des grands défis pour les préposés est de trouver l'environnement de travail dans lequel ils seront le plus à l'aise. Elle considère cependant que les stages obligatoires dans les établissements de santé durant la formation aident les élèves à mieux se connaître et à découvrir leurs forces. «Un premier stage se fait en CHSLD, un second en médecine et chirurgie et un troisième en psychiatrie ou psychogériatrie. Chacun pourra, selon ses préférences ou ses affinités, trouver la place qui lui convient», dit-elle.

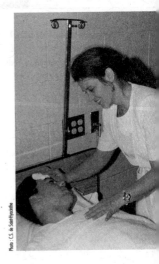

Photo : C.S. de Saint-Hyacinthe

Elle souligne par ailleurs le rôle essentiel que joue le préposé dans le réseau de la santé, un rôle que l'on a parfois tendance à mal connaître. «Bien souvent, c'est lui qui assure le contact le plus étroit et le plus direct avec le bénéficiaire. Il travaille en collaboration avec les infirmières, les autres membres de l'équipe de soins, ainsi que la famille de la personne», précise-t-elle. Un maillon dans la chaîne de l'équipe soignante, qui contribue au bien-être des bénéficiaires. 05/09

HORAIRES ET MILIEUX DE TRAVAIL

- Le diplômé doit s'attendre à travailler sur appel avant d'obtenir un poste à temps plein dans un établissement de santé.

- Le préposé peut travailler selon des horaires variables, de jour, de soir, de nuit et de fin de semaine, selon ses disponibilités et les besoins du service.

- Il peut être appelé à faire des heures supplémentaires.

- Il travaille dans des hôpitaux, des centres de réadaptation, des CHSLD, des résidences privées, etc.

- Cette formation peut également être utile pour ceux qui souhaitent ouvrir une résidence d'hébergement privée.

DEP

Assistance dentaire

Bien des gens ont des sueurs froides quand ils doivent aller chez le dentiste! L'assistante dentaire contribue généralement à faire baisser cette tension. Tout en aidant le dentiste, elle accompagne le patient durant son traitement. Elle est également là pour tenir la main des plus craintifs!

PROG. 5144
PRÉALABLE : 1, VOIR PAGE 20

1 500 HEURES

CHAMPS D'INTÉRÊT
- aime prendre soin des autres
- aime manipuler des instruments
- aime appliquer des directives

APTITUDES
- sens de l'organisation
- dévouement et sens des responsabilités
- capacité d'écoute et de respect
- patience et entregent

RÔLE ET TÂCHES

«Pour mettre le patient à l'aise, j'essaie de lui changer les idées. Je le questionne sur sa famille ou ses loisirs», explique Stéphanie Fortier, assistante dentaire depuis deux ans dans une clinique au Saguenay. La jeune femme savait qu'elle allait un jour œuvrer dans le domaine de la santé. «Je me suis toujours intéressée au corps humain. J'ai choisi un métier qui me rapproche aussi des gens.»

En plus de veiller sur le confort du client, l'assistante dentaire doit faciliter le travail du dentiste et l'accompagner dans ses tâches quotidiennes. «Je dois voir à ce que tout soit prêt pour les traitements de la journée. Je désinfecte la salle, stérilise les instruments et prépare les produits. Je m'assure aussi qu'il a tous ses instruments durant les traitements.»

«Je suis également responsable de la gestion des stocks, ajoute Stéphanie. C'est moi qui dois commander le matériel et les produits dentaires.» L'assistante effectue aussi certaines tâches en laboratoire. Elle peut couler les moules d'empreintes qui serviront à exécuter différents travaux en bouche (couronnes, traitements de blanchiment, etc.).

QUALITÉS RECHERCHÉES

«On travaille à 10 pouces du nez de notre dentiste! Quand on est collé à son patron toute la journée, il faut vraiment aimer le contact avec les gens, soutient Stéphanie. Dans ce contexte, il est important de savoir gérer son stress et de pouvoir s'adapter au travail de l'autre.»

Pour connaître les établissements qui offrent ce programme : www.inforoutefpt.org

	Salaire hebdo moyen	Proportion de dipl. en emploi	Emploi relié	Chômage	Nombre de diplômés
2008	484 $	83,3 %	84,6 %	5,3 %	354
2007	468 $	84,3 %	88,2 %	5,3 %	309
2006	455 $	86,3 %	88,6 %	4,2 %	287

Statistiques tirées de la *Relance* - Ministère de l'Éducation, du Loisir et du Sport.

Comment interpréter l'information, page 17.

L'assistante dentaire joue un rôle important dans le bon fonctionnement d'une clinique. «Il faut savoir prendre sa place, souligne Stéphanie, et être capable d'aller au-devant des besoins du dentiste. Ça prend aussi un bon sens de l'organisation pour avoir une vue d'ensemble de la journée.»

Pour Stéphanie, il s'agit d'une profession très valorisante. «Je me sens vraiment importante au sein du cabinet et je considère qu'il est rare d'avoir un métier qui comporte autant de responsabilités!» Afin d'établir un lien amical avec les patients, l'assistante dentaire doit avoir de l'entregent. Elle doit aussi faire preuve de compassion et d'une grande patience. «Il faut être alerte et attentif au bien-être des gens et surtout être prête à réagir à toute éventualité. Au cours d'une journée, je peux voir des patients blêmir et devenir faibles. Je dois alors les réconforter.» Les diplômées suivent d'ailleurs un cours de premiers soins pour agir en situation d'urgence.

> Afin d'établir un lien amical avec les patients, l'assistante dentaire doit avoir de l'entregent. Elle doit aussi faire preuve de compassion et d'une grande patience.

Il faut également être minutieux et savoir travailler avec de petits objets dans des endroits restreints. «Souvent, en bouche, il faut que tu fasses l'impossible pour aider ton dentiste à travailler.» Durant un traitement, elle doit, par exemple, réussir à aspirer la salive du patient sans nuire aux manipulations du dentiste.

DÉFIS ET PERSPECTIVES

Hélène Blackburn, enseignante au Centre de formation professionnelle l'Oasis de Chicoutimi, estime que la formation de l'assistante dentaire n'est jamais terminée. Les dentistes offrent ponctuellement des petites formations à leurs assistantes. «Elles doivent s'attendre à apprendre beaucoup une fois sur le marché du travail. On voit, par exemple, de nouveaux appareils, comme la caméra intra-orale, faire leur apparition dans plusieurs bureaux.»

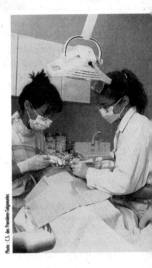

Les diplômées qui souhaitent progresser dans leur carrière peuvent suivre la formation collégiale en hygiène dentaire. «Certaines de nos élèves ont réussi à faire leur formation en hygiène dentaire tout en travaillant. Un cours de secrétariat professionnel peut aussi leur permettre d'effectuer des tâches plus administratives.» 01/01

Note : Les termes «assistante dentaire» et «diplômée» sont utilisés au féminin dans le texte parce que la profession est presque exclusivement exercée par des femmes.

HORAIRES ET MILIEUX DE TRAVAIL

- On trouve les assistantes dentaires dans les cliniques dentaires, les bureaux de denturologie et les laboratoires dentaires.
- Les compagnies de produits dentaires (brosses à dents, dentifrices, rince-bouche) engagent aussi des assistantes dentaires à titre de représentantes.
- Elles travaillent entre 28 et 40 heures par semaine.
- Elles ont un horaire de jour et travaillent au moins deux soirs par semaine.
- Les diplômées occupent souvent deux emplois à temps partiel pour compléter leur semaine de travail.
- Certains bureaux de dentistes sont ouverts le samedi.

DEP

Assistance technique en pharmacie

Diane April a réalisé son rêve d'œuvrer dans le secteur de la santé en suivant une formation professionnelle d'un an. Aujourd'hui diplômée en assistance technique en pharmacie, elle sent qu'elle joue un rôle important dans le bien-être de la communauté!

PROG. 5302
PRÉALABLE : 1, VOIR PAGE 20

1 230 HEURES

CHAMPS D'INTÉRÊT
- aime la chimie et la médecine
- aime calculer avec exactitude et vérifier de l'information
- aime travailler seul, en laboratoire (hôpital)
- aime écouter et aider les gens (communautaire)

APTITUDES
- sens des responsabilités
- mémoire, concentration et rigueur
- facilité d'apprentissage des sciences : chimie et mathématiques
- sens de l'écoute et du service au public (communautaire)

RÔLE ET TÂCHES

L'assistant technique en pharmacie est le premier à lire l'ordonnance. Il doit connaître le nom des médicaments, leur utilité et leur posologie habituelle. «Mon rôle est d'assister le pharmacien, explique Diane April. C'est moi qui reçois les ordonnances et qui les prépare. Mon travail est ensuite contrôlé par le pharmacien qui remet les médicaments au client en lui donnant les renseignements nécessaires.» Diane travaille pour Uniprix, une pharmacie dite «communautaire», par opposition à une pharmacie d'établissement de santé que l'on trouve dans les hôpitaux et les centres d'hébergement et de soins de longue durée.

Quand elle ne sert pas les clients, Diane prépare les médicaments prescrits dans le petit laboratoire appelé l'officine. «Dans une pharmacie, il n'y a pas de temps mort. J'effectue aussi des mises en seringue d'insuline pour les diabétiques qui ne peuvent le faire eux-mêmes. Notre pharmacie dessert une vingtaine de centres d'accueil pour personnes âgées, souligne-t-elle. Ce service implique la préparation de systèmes personnalisés de prise de médicaments. Je prépare des petites boîtes dans lesquelles je dépose tous les médicaments que le patient doit prendre chaque jour de la semaine.»

L'assistant technique a aussi reçu une formation pour donner des renseignements sur des produits non médicamenteux. Il peut, par exemple, aider un client à choisir une canne ou des béquilles en le conseillant sur la façon de régler son appareil.

Pour connaître les établissements qui offrent ce programme : **www.inforoutefpt.org**

	Salaire hebdo moyen	Proportion de dipl. en emploi	Emploi relié	Chômage	Nombre de diplômés
2008	509 $	89,9 %	93,0 %	3,5 %	336
2007	521 $	89,5 %	90,7 %	3,4 %	307
2006	470 $	91,1 %	90,8 %	2,2 %	240

Statistiques tirées de la *Relance* - Ministère de l'Éducation, du Loisir et du Sport.

Comment interpréter l'information, page 17.

QUALITÉS RECHERCHÉES

«Il faut vraiment être consciencieux pour réussir dans ce métier, précise Diane. On ne peut se permettre de faire des erreurs avec les médicaments, les conséquences sont trop graves.»

Les diplômés doivent être curieux. «Les médicaments changent beaucoup, et il faut s'y intéresser. Je lis toutes les informations qu'on reçoit sur les nouveaux médicaments pour connaître leurs effets et leur efficacité.»

L'assistant technique en pharmacie doit également avoir un très bon sens de l'organisation pour gérer correctement toutes ses tâches. «C'est un métier où l'on réfléchit toujours, souligne Diane. Il faut savoir être alerte et garder notre concentration. Je ne prépare aucune ordonnance sans y penser. Je dois faire plusieurs vérifications sur la nature du médicament et la quantité requise. Je vérifie aussi le renouvellement des ordonnances.» Son métier exige de l'altruisme. «On travaille avec des personnes malades, qui peuvent parfois être irritables. Il faut les comprendre et savoir être aimable.»

> «Les médicaments changent beaucoup, et il faut s'y intéresser. Je lis toutes les informations qu'on reçoit sur les nouveaux médicaments pour connaître leurs effets et leur efficacité.»
>
> — Diane April

DÉFIS ET PERSPECTIVES

Le travail des assistants en pharmacies communautaires et en pharmacies d'hôpitaux ne serait pas encore reconnu à sa juste valeur, selon une étude récente de l'Ordre des pharmaciens du Québec. Ils gagnent d'ailleurs des salaires moins élevés que leurs homologues de l'Ontario, qui eux sont membres de l'Ordre des pharmaciens. «La reconnaissance financière et celle du milieu augmenteraient si la formation était offerte au niveau collégial», mentionne Pierre Brunet, professeur au Centre de formation professionnelle de Châteauguay.

Il existe des possibilités d'avancement dans ce domaine. «Dans une pharmacie d'officine, l'expérience aidant, les assistants peuvent commencer à servir des clients ou devenir responsables de laboratoire. Dans une pharmacie d'établissement de santé, ils auront la possibilité d'exécuter différentes tâches comme la distribution des médicaments aux malades, les préparations stériles ou l'inventaire», conclut M. Brunet. 02/01 (mise à jour partielle 04/07)

HORAIRES ET MILIEUX DE TRAVAIL

- L'assistant technique peut exercer son métier dans : les pharmacies communautaires (Pharmaprix, Jean Coutu, Uniprix, etc.); les pharmacies d'établissement de santé (hôpitaux, centres d'accueil pour personnes âgées, centres d'hébergement et de soins de longue durée).
- Le métier d'assistant technique en pharmacie demande une grande disponibilité.
- Le diplômé doit s'attendre à travailler le jour, le soir et la fin de semaine.
- Les pharmacies communautaires et les pharmacies d'établissement de santé fonctionnent sept jours sur sept.

DEP

Santé, assistance et soins infirmiers

D'aussi loin qu'elle se souvienne, Micheline Lecomte a toujours voulu aider les autres. Elle est donc comblée par son métier d'infirmière auxiliaire, qu'elle exerce au Centre de réadaptation en déficience intellectuelle Clair Foyer, en Abitibi-Témiscamingue.

PROG. 5325
PRÉALABLE : 4, VOIR PAGE 21

1 800 HEURES

CHAMPS D'INTÉRÊT

- aime prendre soin des personnes (physiquement et psychologiquement)
- aime se sentir utile et responsable
- aime la médecine (santé, prévention)

APTITUDES

- sens des responsabilités
- patience, respect, compassion et dévouement
- facilité d'apprentissage intellectuel (biologie, chimie)
- force et résistance (physique et émotionnelle)

RÔLE ET TÂCHES

Les infirmières auxiliaires œuvrent sous la supervision des infirmières, médecins et autres professionnels de la santé. Le principal rôle de Micheline est de dispenser des soins aux patients. Cela implique une grande variété de tâches, notamment prendre les signes vitaux (fréquence respiratoire, pouls, température et pression artérielle), préparer et administrer des médicaments, faire des pansements et donner des bains. Elle doit aussi offrir aux bénéficiaires, ainsi qu'à leurs proches, écoute, soutien moral et conseils, concernant par exemple l'alimentation.

«Depuis quelques années, on peut pratiquer de nouveaux actes», précise Micheline. La Loi modifiant le Code des professions et d'autres dispositions législatives dans le domaine de la santé (le projet de loi 90, adopté le 30 janvier 2003) permet désormais aux infirmières auxiliaires de faire des prélèvements sanguins, d'installer un tube nasogastrique – qui s'insère par le nez ou la bouche du patient pour atteindre son estomac – et d'administrer des vaccins. «Mais le plus important pour moi c'est la confiance que m'accordent les patients. J'apprécie que le côté humain occupe une grande place dans mon travail», ajoute-t-elle.

QUALITÉS RECHERCHÉES

«Dans ce métier, on ne travaille pas seulement avec le bénéficiaire, mais aussi avec sa famille à qui on doit apporter du soutien. On est confronté à la mort, à la maladie, c'est très exigeant sur le plan émotif», souligne

Pour connaître les établissements qui offrent ce programme : **www.inforoutefpt.org**

	Salaire hebdo moyen	Proportion de dipl. en emploi	Emploi relié	Chômage	Nombre de diplômés
2008	629 $	88,2 %	93,9 %	3,8 %	1 726
2007	585 $	86,0 %	88,8 %	6,9 %	1 805
2006	565 $	87,8 %	92,0 %	5,6 %	1 596

Statistiques tirées de la *Relance* - Ministère de l'Éducation, du Loisir et du Sport.

Comment interpréter l'information, page 17.

Micheline. Savoir garder son calme, résister au stress, avoir un bon juge-ment et le sens de l'écoute font partie des qualités requises.

Tout particulièrement en début de carrière, l'infirmière auxiliaire doit faire preuve d'une grande disponibilité et être prête à travailler le jour, le soir, la nuit, les fins de semaine et les jours fériés, dans les différents services d'un établissement de santé. De plus, la médecine étant une science en perpétuelle évolution, il faut constamment maintenir ses connaissances à jour. En ce sens, l'Ordre des infirmières et infirmiers auxiliaires du Québec (OIIAQ) offre un programme de formation continue.

Une excellente santé, de l'endurance physique et une bonne dextérité manuelle sont nécessaires pour pratiquer ce métier.

Une excellente santé, de l'endurance physique et une bonne dextérité manuelle sont également nécessaires pour pratiquer ce métier.

DÉFIS ET PERSPECTIVES

Pour de nombreuses diplômées, l'un des plus grands défis consiste à obtenir un poste permanent. «En début de carrière, c'est la précarité qui domine. Il faut s'attendre à travailler à temps partiel ou à être en disponibilité», souligne Céline Houde, chef de groupe en santé au Centre de formation professionnelle L'Oasis, à Chicoutimi. La conciliation travail-famille se révèle donc un défi important lorsqu'on doit œuvrer selon un horaire variable. En revanche, les besoins de main-d'œuvre sont bien réels. «Les diplômés sont certains de trouver de l'emploi. La population est vieillissante et requiert donc de plus en plus de soins», illustre l'enseignante.

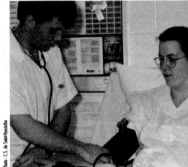

Plusieurs diplômées choisissent de poursuivre leur formation en soins infirmiers au collégial. Il est aussi possible de se spécialiser en suivant des cours d'appoint offerts par l'OIIAQ, notamment une nouvelle formation en obstétrique, relative aux soins à la mère et au nouveau-né. 02/05

Étant donné la présence majoritaire des femmes dans la profession, il est généralement accepté que le terme féminin «assistante familiale et sociale à domicile» inclut le masculin.

HORAIRES ET MILIEUX DE TRAVAIL

- Les infirmières auxiliaires peuvent travailler dans les centres de santé et de services sociaux qui regroupent les centres hospitaliers offrant des soins généraux ou spécialisés, les centres d'hébergement et de soins de longue durée (CHSLD) et les CLSC. On les trouve aussi dans les cliniques médicales privées.

- Comme la plupart des travailleurs de la santé, les infirmières auxiliaires peuvent œuvrer selon trois horaires de base : le jour, de 8 h à 16 h; le soir, de 16 h à minuit, et la nuit, de minuit à 8 h.

- On peut exercer son métier à temps plein ou à temps partiel. Le travail sur appel et les heures supplémentaires sont très fréquents.

SOINS ESTHÉTIQUES

CHAMPS D'INTÉRÊT

- s'intéresse à la beauté (esthétique, physique) et aux soins corporels
- s'intéresse au confort et au bien-être des personnes
- aime toucher, manipuler (outils, instruments, appareils, cheveux, peau) et être actif physiquement
- aime travailler avec la clientèle (échanges, communication)

APTITUDES

- sociabilité et facilité à communiquer
- capacité d'écoute (respect des goûts et de la personnalité des clients)
- sens de l'observation et sens esthétique
- dextérité et précision d'exécution
- propreté et méticulosité
- résistance physique

RESSOURCES INTERNET

**INFOROUTE DE LA
FORMATION PROFESSIONNELLE
ET TECHNIQUE**
http://inforoutefpt.org
Le site incontournable pour tout
savoir sur les programmes de
formation.

COIFFURE QUÉBEC
www.coiffurequebec.com
Pour en savoir davantage sur la
mission et les services offerts par
cette association professionnelle.

**COMITÉ SECTORIEL
DE LA MAIN-D'ŒUVRE
DES SERVICES DE SOINS
PERSONNELS DU QUÉBEC**
www.soinspersonnels.com
Le site officiel de ce comité vous
propose de l'information sur les
lois, les normes de travail de
même que sur la formation.

Coiffure

Judith Dugas a travaillé quatre ans dans une ferme, comme technicienne agricole, avant de réaliser que les activités liées à la mode et à l'esthétique l'intéressaient vraiment. Elle s'est alors inscrite en coiffure et a changé radicalement de carrière. Une décision qu'elle n'a jamais regrettée!

PROG. 5245
PRÉALABLE : 1, VOIR PAGE 20

1 455 HEURES

CHAMPS D'INTÉRÊT

- aime agencer et créer avec des textures, des formes et des couleurs
- aime manipuler (cheveux; instruments : peigne, brosse, ciseaux, etc.)

APTITUDES

- sens de l'observation, imagination et créativité
- psychologie (cerner la personnalité et les goûts)
- résistance physique (debout, flexions et positions inconfortables; vapeurs toxiques)

RÔLE ET TÂCHES

Dès son premier stage de travail, la jeune Gaspésienne originaire de Maria, dans la baie des Chaleurs, a su qu'elle avait fait le bon choix. Ciseaux en main, elle était prête à passer une grande partie de sa vie dans les effluves de shampoings, mousses coiffantes et fixatifs!

Diplômée du Centre de formation Rimouski-Neigette, Judith travaille dans un salon situé au Carrefour de Rimouski, un centre commercial achalandé. «La clientèle ne manque pas! Je coupe les cheveux autant aux hommes qu'aux femmes. J'effectue aussi des colorations et des permanentes.» Elle fait le shampoing, effectue des mises en plis et peut à l'occasion offrir un traitement capillaire hydratant ou revitalisant. La coiffeuse s'occupe aussi du rasage et de la taille de la barbe pour les hommes.

«Dans les petits salons, la coiffeuse est également responsable de la gestion des rendez-vous, explique Martine Landry, directrice adjointe en formation professionnelle au Centre de formation Rimouski-Neigette. C'est aussi elle qui gère les stocks et la vente de ses produits.» D'autres tâches moins connues du public font partie du quotidien d'un salon de coiffure : elles concernent la propreté des lieux et l'hygiène du matériel. Il s'agit, par exemple, de laver les serviettes et de désinfecter les brosses.

QUALITÉS RECHERCHÉES

«Il faut beaucoup d'entregent pour réussir dans ce métier, mais aussi une bonne estime de soi, explique Judith Dugas. On doit faire confiance à notre

Pour connaître les établissements qui offrent ce programme : www.inforoutefpt.org

	Salaire hebdo moyen	Proportion de dipl. en emploi	Emploi relié	Chômage	Nombre de diplômés
2008	342 $	82,0 %	79,6 %	5,9 %	949
2007	339 $	83,8 %	78,7 %	4,9 %	951
2006	316 $	77,6 %	79,1 %	7,3 %	959

Statistiques tirées de la *Relance* - Ministère de l'Éducation, du Loisir et du Sport.

Comment interpréter l'information, page 17.

talent, surtout lorsqu'un client s'assoit sur notre chaise et décide de nous laisser aller.» Aimer les gens et se soucier de leur bien-être sont également des qualités recherchées.

Les coiffeurs doivent aussi être curieux afin de mettre à jour leurs connaissances sur les nouvelles techniques. Les nombreux congrès de coiffure permettent d'assurer cette formation continue. Pour Judith, il s'agit là d'un aspect très stimulant du métier. «J'aime suivre les dernières tendances. Cela me permet d'avancer dans ma carrière et m'aide à satisfaire mes clients. Il n'y a pas de monotonie dans mon travail.»

Cette profession requiert toutefois une très bonne santé physique. «On est souvent debout pendant huit heures d'affilée; ça prend un dos bien solide!»

Ciseaux en main, Judith Dugas était prête à passer une grande partie de sa vie dans les effluves de shampoings, mousses coiffantes et fixatifs!

DÉFIS ET PERSPECTIVES

Mme Landry confirme que le grand défi des diplômés en coiffure consiste à surveiller de près les dernières tendances. «Une coiffeuse ne reste pas dans le métier si elle ne se perfectionne pas. Celle qui veut avancer dans le domaine doit être à l'affût des nouveautés. Ce sont les techniques de coupe et de coloration, de plus en plus nombreuses et complexes, qui transforment le métier. C'est important que les coiffeuses suivent les congrès et les formations offertes par les compagnies de produits capillaires pour demeurer dans le courant.»

Les gens remarquent ces nouveautés dans les magazines de mode. Pour attirer et garder leur clientèle, les coiffeurs doivent donc être en mesure de réaliser ce qu'on leur demande. Ils leur faut offrir des services personnalisés et faire appel à leur créativité pour satisfaire les clients qui recherchent de plus en plus un style particulier. 02/01

HORAIRES ET MILIEUX DE TRAVAIL

- On note l'émergence de salons qui regroupent de deux à quatre coiffeurs propriétaires de leur chaise. Ils sont considérés comme des travailleurs autonomes.

- On trouve également des petits salons privés aménagés à l'intérieur des résidences pour personnes âgées.

- Les compagnies de produits capillaires embauchent aussi des coiffeurs comme représentants.

- Les diplômés ont la possibilité de travailler comme pigistes pour des studios de cinéma et de télévision.

- Les horaires de travail suivent les besoins de la clientèle : de 9 h à 17 h du lundi au mercredi; de 9 h à 21 h ou de 12 h à 21 h, les jeudis et vendredis.

- Les salons de coiffure sont ouverts le samedi, et certains offrent des services le dimanche.

- Les coiffeurs peuvent s'attendre à travailler de 35 à 40 heures par semaine, réparties sur sept jours, avec généralement deux jours de congé.

- Ils ont souvent la possibilité de faire des heures supplémentaires.

DEP

Esthétique

ASP 5068

Après avoir travaillé de nombreuses années en administration, Olga Jourdain est retournée sur les bancs de l'école pour apprendre l'abc de l'esthétique. Aujourd'hui propriétaire d'un petit institut, elle règne en maître au milieu de ses crèmes et produits de beauté!

PROG. 5035
PRÉALABLE : 1, VOIR PAGE 20

1 350 HEURES

CHAMPS D'INTÉRÊT

- a un grand souci du corps : beauté, propreté, bien-être (soins corporels)
- aime créer avec des formes et des couleurs (maquillage)

APTITUDES

- sens de l'observation, imagination et créativité
- psychologie (cerner la personnalité et les goûts)
- résistance physique (debout, flexions et positions inconfortables)

RÔLE ET TÂCHES

«Ce qui me passionne dans ce métier, c'est de prendre soin des gens et de leur faire du bien, explique Olga. J'aime permettre à mes clients de se détendre et je ressens une grande satisfaction à les voir repartir décontractés, le visage propre et hydraté!» L'esthéticienne offre des soins du visage afin d'en améliorer l'aspect. La première étape de son travail consiste à analyser la surface de la peau; c'est ce qui détermine le choix des soins à prodiguer. Elle procède ensuite au nettoyage, au massage facial et à l'application d'un masque avant de protéger la peau.

«L'esthéticienne donne également des conseils cosmétiques à ses clients, ajoute Monique Roy, enseignante au Centre de formation professionnelle Bel-Avenir de Trois-Rivières. Il faut bien préciser qu'elle donne toujours des soins d'hygiène. Elle ne peut en aucun temps diagnostiquer ou traiter des maladies de la peau, ce qui relève plutôt du domaine médical.» L'esthéticienne offre aussi des services de maquillage, de soin des mains et des pieds, d'épilation.

Les esthéticiennes propriétaires d'un salon doivent effectuer de nombreuses tâches administratives. «Je dois m'occuper de la tenue des livres, de la gestion des stocks, des commandes de produits et de la vente. Ma formation en techniques administratives m'est très utile!» s'exclame Olga.

Les propriétaires doivent également s'occuper de la publicité pour faire connaître leurs services.

Pour connaître les établissements qui offrent ce programme : **www.inforoutefpt.org**

	Salaire hebdo moyen	Proportion de dipl. en emploi	Emploi relié	Chômage	Nombre de diplômés
2008	392 $	72,3 %	68,2 %	7,3 %	517
2007	373 $	75,9 %	67,4 %	6,4 %	591
2006	358 $	72,9 %	66,3 %	6,0 %	622

Statistiques tirées de la *Relance* - Ministère de l'Éducation, du Loisir et du Sport.

Comment interpréter l'information, page 17.

QUALITÉS RECHERCHÉES

«Il faut vraiment avoir la passion pour les soins de la peau pour réussir dans ce métier, estime Olga. Et il faut aimer s'occuper des gens!» C'est un métier qui requiert de la patience et une grande générosité. Les soins sont parfois longs à prodiguer. Ils demandent de la finesse et de la précision. «Il faut être à l'écoute des gens. On devient un peu la confidente de certains clients.»

L'esthéticienne, qui fait affaire avec une clientèle diversifiée, doit avoir l'esprit ouvert et être tolérante tout en respectant ses clients.

«Il faut aussi aimer apprendre. Les technologies changent très vite dans ce domaine. On doit suivre les conférences pour se mettre à jour et affronter la concurrence. Mes clientes suivent les tendances. Je n'ai donc pas le choix d'être à l'affût!»

> «Il faut aussi aimer apprendre. On doit suivre les conférences pour se mettre à jour et affronter la concurrence. Mes clientes suivent les tendances. Je n'ai donc pas le choix d'être à l'affût!»
>
> — Olga Jourdain

DÉFIS ET PERSPECTIVES

«Les esthéticiennes doivent absolument maîtriser les principes de rentabilité d'une petite entreprise, soutient Monique Roy. Elles auront beau être les meilleures techniciennes et savoir faire les plus beaux maquillages, si elles ne savent pas gérer leur institut et vendre leurs produits, ça ne marchera pas.»

À ce titre, Mme Roy estime que des cours en vente représentent un excellent moyen de développer de nouvelles aptitudes au travail.

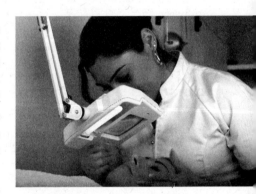

Les esthéticiennes doivent être de plus en plus polyvalentes. «Il est important qu'elles suivent des cours de perfectionnement, particulièrement en ce qui concerne les soins du corps. On note une émergence des petits centres de santé, ce qui force les esthéticiennes à se perfectionner. On y offre des traitements d'exfoliation du corps, d'enveloppements d'algues ou de boue et des massages de détente.» 02/01

HORAIRES ET MILIEUX DE TRAVAIL

- L'esthéticienne travaille généralement dans un salon de beauté comme propriétaire ou comme employée.

- Les spas de jour et les centres de santé emploient aussi des esthéticiennes.

- On les trouve également aux comptoirs des cosmétiques des grands magasins et des pharmacies.

- Elles peuvent aussi être embauchées comme représentantes par les compagnies d'esthétique.

- Le métier d'esthéticienne demande une très grande disponibilité et une bonne flexibilité.

- Plusieurs salons sont ouverts du lundi au vendredi, de 9 h à 21 h.

- La plupart des salons sont ouverts le samedi jusqu'à 12 h ou 17 h.

- L'esthéticienne doit travailler de longues heures sans prendre de pause.

ASP

DEP 5035

Épilation à l'électricité

La guerre aux poils est déclarée, et l'électrolyste est la combattante toute désignée pour les éliminer de façon définitive chez sa clientèle, qui comprend de plus en plus d'hommes.

PROG. 5068
PRÉALABLE : 3, VOIR PAGE 20

450 HEURES

RÔLE ET TÂCHES

L'épilation électrique détruit la racine du poil au moyen d'une aiguille dans laquelle passe un faible courant. Avant de recevoir un client, l'électrolyste doit préparer les lieux; nettoyer et disposer ses instruments de travail à portée de main et enfiler les housses sur les lits. Tout au long de la journée, l'électrolyste devra aussi assurer la stérilisation des pinces utilisées dans les bacs prévus à cet effet. Car même s'il ne s'agit pas d'une technique médicale, les mesures d'hygiène et d'asepsie sont semblables, et de toute première importance.

DÉFIS ET PERSPECTIVES

«En électrolyse, il faut être minutieux et avoir de la dextérité, autant qu'un médecin ou une infirmière. C'est un métier de précision», fait valoir Michèle Pinteville, enseignante au Centre de formation professionnelle d'électrolyse et d'esthétique Luce-Guillemette à Longueuil. Enlever les poils un par un demande de la patience, du calme et de la concentration. L'intervention peut être douloureuse pour certaines personnes; par conséquent, l'électrolyste doit pouvoir rassurer ses clients, demeurer à l'écoute et veiller à leur confort.

De nombreux employeurs s'intéressent à la formation combinée en épilation à l'électricité, en esthétique et en massothérapie. Les connaissances en biologie qu'elle permet d'acquérir sont un atout pour ceux qui désirent ensuite se perfectionner en dermatologie, en cosmétologie ou en acupuncture. 03/07

HORAIRES ET MILIEUX DE TRAVAIL

- Les électrolystes sont employés dans des instituts d'esthétique, des centres de santé ou de grands hôtels situés tant dans les grandes villes qu'en périphérie et en région.

- Le milieu de travail est calme, bien éclairé et d'une extrême propreté (uniforme et gants).

- Les électrolystes œuvrent selon un horaire variable de jour, de soir, de même que pendant la fin de semaine.

Pour connaître les établissements qui offrent ce programme : www.inforoutefpt.org

	Salaire hebdo moyen	Proportion de dipl. en emploi	Emploi relié	Chômage	Nombre de diplômés
2008	364 $	84,9 %	70,5 %	3,4 %	290
2007	355 $	85,9 %	75,5 %	3,9 %	363
2006	359 $	82,5 %	75,5 %	5,0 %	291

Statistiques tirées de la *Relance* - Ministère de l'Éducation, du Loisir et du Sport.

Comment interpréter l'information, page 17.

LES CENTRES NATIONAUX DE LA FORMATION PROFESSIONNELLE

Les centres nationaux de la formation professionnelle du Québec offrent souvent des programmes en exclusivité et développent des expertises pointues dans un champ d'activité en particulier. Leurs comités de gestion réunissent écoles, industries, patrons et syndicats, un concept novateur qui remplace les traditionnels comités d'école des commissions scolaires. Des partenariats sont également établis avec des associations professionnelles et des entreprises du milieu.

Les informations de ce répertoire étaient à jour en avril 2009.

CENTRE DE FORMATION DES MÉTIERS DE L'ACIER
Commission scolaire de la Pointe-de-l'Île
9200, rue de l'Innovation, Anjou (Qc) H1J 2X9
Tél. : 514 353-0801 • Téléc. : 514 353-8733
www.cspi.qc.ca/cfma
cfma@cspi.qc.ca

CENTRE DE FORMATION DU TRANSPORT ROUTIER SAINT-JÉRÔME
Commission scolaire de la Rivière-du-Nord
17000, rue Aubin, Mirabel (Qc) J7J 1B1
Tél. : 450 435-0167 • Téléc. : 450 435-0933
www.formationcftr.ca

CENTRE DE FORMATION EN TRANSPORT ROUTIER DE CHARLESBOURG
Commission scolaire des Premières-Seigneuries
700, rue de l'Argon, Charlesbourg (Qc) G2N 2G5
Tél. : 418 634-5580
Téléc. : 418 849-0290
www.cftc.qc.ca

CENTRE DE FORMATION LE CHANTIER
Commission scolaire de Laval
2875, boulevard Industriel, Laval (Qc) H7L 3V8
Tél. : 450 662-7000, poste 2300
Téléc. : 450 662-7087
www.cslaval.qc.ca/lechantier

CENTRE DE FORMATION PROFESSIONNELLE PIERRE-DUPUY
Commission scolaire Marie-Victorin
1150, ch. du Tremblay, Longueuil (Qc) J4N 1A2
Tél. : 450 468-4000
Téléc. : 450 468-1327
www.pierredupuy.qc.ca

CENTRE NATIONAL DE CONDUITE D'ENGINS DE CHANTIER
Commission scolaire des Navigateurs
1050, ch. Bélair O., St-Jean-Chrysostome (Qc) G6Z 2L2
Tél. : 418 834-0311 • Téléc. : 418 834-9201
www.csdn.qc.ca/scriptorweb/scripto.asp?
resultat=669396 • cncec@csnavigateurs.qc.ca

Commission scolaire des Trois-Lacs
400, ave. Saint-Charles, Vaudreuil-Dorion (Qc) J7V 1K8
Tél. : 450 477-7000 • Téléc. : 450 452-4556
www.cstrois-lacs.qc.ca

ÉCOLE DES MÉTIERS DE LA CONSTRUCTION DE MONTRÉAL
Commission scolaire de Montréal
5205, rue Parthenais, Montréal (Qc) H2H 2H4
Tél. : 514 596-4590 • Téléc. : 514 596-7145
www.csdm.qc.ca/emcm/

ÉCOLE DES MÉTIERS DE L'AÉROSPATIALE DE MONTRÉAL
Commission scolaire de Montréal
5300, rue Chauveau, Montréal (Qc) H1N 3V7
Tél. : 514 596-2376 • Téléc. : 514 596-3450
www.csdm.qc.ca/emam emam@csdm.qc.ca

ÉCOLE DES MÉTIERS ET OCCUPATIONS DE L'INDUSTRIE DE LA CONSTRUCTION DE QUÉBEC
1060, rue Borne, Québec (Qc) G1N 1L9
Tél. : 418 681-3512 • Téléc. : 418 681-2410
www.emoicq.qc.ca

INSTITUT DE PROTECTION CONTRE LES INCENDIES DU QUÉBEC
Commission scolaire de Laval
3670, boul. Lévesque O., Laval (Qc) H7V 1E8
Tél. : 450 662-7000, p. 2700 • Téléc. : 450 686-6176
www.cslaval.qc.ca/IPIQ/

▷ RÉPERTOIRE DES COMMISSIONS SCOLAIRES DU QUÉBEC

Région 1   Bas-Saint-Laurent

Commission scolaire de
Kamouraska–Rivière-du-Loup
418 862-8201

Commission scolaire des Monts-et-Marées
418 629-6200

Commission scolaire des Phares
418 723-5927

Commission scolaire du Fleuve-et-des-Lacs
418 854-2370

Région 2   Saguenay–Lac-Saint-Jean

Commission scolaire De La Jonquière
418 542-7551

Commission scolaire des Rives-du-Saguenay
418 698-5000

Commission scolaire du Lac-Saint-Jean
418 669-6000

Commission scolaire du Pays-des-Bleuets
418 275-2332

Région 3   Capitale-Nationale

Central Quebec School Board
418 688-8730

Commission scolaire de Charlevoix
418 665-3905

Commission scolaire de la Capitale
418 686-4040

Commission scolaire de Portneuf
418 285-2600

Commission scolaire des Découvreurs
418 652-2121

Commission scolaire des
Premières-Seigneuries
418 666-4666

Région 4   Mauricie

Commission scolaire de l'Énergie
819 539-6971

Commission scolaire du Chemin-du-Roy
819 379-6565

Région 5   Estrie

Commission scolaire de la Région-de-Sherbrooke
819 822-5540

Commission scolaire des Hauts-Cantons
819 832-4953

Commission scolaire des Sommets
819 847-1610

Commission scolaire Eastern Townships
819 868-3100

Région 6   Montréal

Commission scolaire de la Pointe-de-l'Île
514 642-9520

Commission scolaire de Montréal
514 596-6000

Commission scolaire English-Montréal
514 483-7200

Commission scolaire Lester-B.-Pearson
514 422-3000

Commission scolaire Marguerite-Bourgeoys
514 855-4500

Région 7   Outaouais

Commission scolaire au Cœur-des-Vallées
819 986-8676

Commission scolaire des Draveurs
819 663-9221

Commission scolaire des Hauts-Bois-de-l'Outaouais
819 449-7866

Commission scolaire des Portages-de-l'Outaouais
819 771-4548

Commission scolaire Western Québec
819 684-2336

Région 8   Abitibi-Témiscamingue

Commission scolaire de l'Or-et-des-Bois
819 825-4220

Commission scolaire de Rouyn-Noranda
819 762-8161

Commission scolaire du Lac-Abitibi
819 333-5411

Commission scolaire du Lac-Témiscamingue
819 629-2472

Commission scolaire Harricana
819 732-6561

Région 9   Côte-Nord

Commission scolaire de la Moyenne-Côte-Nord
418 538-3044

Commission scolaire de l'Estuaire
418 589-0806

Commission scolaire du Fer
418 968-9901

Commission scolaire du Littoral
418 962-5558

Région 10   Nord-du-Québec

Commission scolaire Crie
418 923-2764

Commission scolaire de la Baie-James
418 748-7621

Commission scolaire Kativik
819 964-1136

Région 11
Gaspésie–Îles-de-la-Madeleine

Commission scolaire des Chic-Chocs
418 368-3499

Commission scolaire des Îles
418 986-5511

Commission scolaire Eastern Shores
418 752-2247

Commission scolaire René-Lévesque
418 534-3003

Région 12   Chaudière-Appalaches

Commission scolaire de la Beauce-Etchemin
418 228-5541

Commission scolaire de la Côte-du-Sud
418 248-1001

Commission scolaire des Appalaches
418 338-7800

Commission scolaire des Navigateurs
418 839-0500

Région 13   Laval

Commission scolaire de Laval
450 662-7000

Commission scolaire Sir-Wilfrid-Laurier
450 621-5600

Région 14   Lanaudière

Commission scolaire des Affluents
450 492-9400

Commission scolaire des Samares
450 758-3500

Région 15   Laurentides

Commission scolaire de la Rivière-du-Nord
450 436-5040

Commission scolaire de la Seigneurie-des-Mille-Îles
450 974-7000

Commission scolaire des Laurentides
819 326-0333

Commission scolaire Pierre-Neveu
819 623-4310

Région 16   Montérégie

Commission scolaire de la Vallée-des-Tisserands
450 225-2788

Commission scolaire de Saint-Hyacinthe
450 773-8401

Commission scolaire de Sorel-Tracy
450 746-3990

Commission scolaire des Grandes-Seigneuries
514 380-8899

Commission scolaire des Hautes-Rivières
450 359-6411

Commission scolaire des Patriotes
450 441-2919

Commission scolaire des Trois-Lacs
450 267-3700

Commission scolaire du Val-des-Cerfs
450 372-0221

Commission scolaire Marie-Victorin
450 670-0730

Commission scolaire Riverside
450 672-4010

New Frontiers School Board
450 691-1440

Région 17   Centre-du-Québec

Commission scolaire de la Riveraine
819 293-5821

Commission scolaire des Bois-Francs
819 758-6453

Commission scolaire des Chênes
819 478-6700

INDEX DES DEP
PAR ORDRE ALPHABÉTIQUE

A Abattage et façonnage des bois – 5189...258
Abattage manuel et débardage forestier – 5290...........................260
Affûtage – 5073...262
Aménagement de la forêt – 5306..264
Aquiculture – 5094..72
Arboriculture-élagage – 5079...74
Arpentage et topographie – 5238...145
Assistance à la personne à domicile – 5317....................................356
Assistance à la personne en établissement de santé – 5316.........358
Assistance dentaire – 5144...360
Assistance technique en pharmacie – 5302.....................................362

B Bijouterie-joaillerie – 5085...116
Boucherie de détail – 5268..98
Boulangerie – 5270..100
Briquetage-maçonnerie – 5303...147

C Calorifugeage – 5119..149
Carrelage – 5300...151
Carrosserie – 5217..212
Charpenterie-menuiserie – 5319..153
Chaudronnerie – 5165...316
Classement des bois débités – 5208..266
Coiffure – 5245..368
Comptabilité – 5231...56
Conduite de machinerie lourde en voirie forestière – 5273............302
Conduite de machines de traitement de minerai – 5274.................304
Conduite d'engins de chantier – 5220..306
Conduite de procédés de traitement de l'eau – 5213......................140
Conduite et réglage de machines à mouler – 5193..........................234
Confection de vêtements (façon tailleur) – 5219.............................338
Confection de vêtements et d'articles de cuir – 5247......................340
Confection sur mesure et retouche – 5239.......................................342
Cordonnerie – 5145..344
Cuisine – 5311...102

D Décoration intérieure et étalage – 5005...118
Découpe et transformation du verre – 5140.....................................155
Dessin de bâtiment – 5250..157
Dessin de patron – 5218..346
Dessin industriel – 5225..236

E Ébénisterie – 5030...126
Électricité – 5295...196

Électromécanique de systèmes automatisés – 5281 197
Entretien et réparation de caravanes – 5214 159
Entretien général d'immeubles – 5211 161
Esthétique – 5035 370
Extraction de minerai – 5261 308

F Fabrication de structures métalliques et de métaux ouvrés – 5308 318
Fabrication en série de meubles et de produits en bois ouvré – 5028 128
Ferblanterie-tôlerie – 5233 319
Finition de meubles – 5142 130
Fleuristerie – 5173..76
Fonderie – 5203 321
Forage au diamant – 5253..310
Forage et dynamitage – 5092 312

G Grandes cultures – 5254 78

H Horlogerie-bijouterie – 5182 284
Horticulture et jardinerie – 5288..79

I Imprimerie – 5246 276
Installation et entretien de systèmes de sécurité – 5296 199
Installation et fabrication de produits verriers – 5282...........................163
Installation et réparation d'équipement de télécommunication – 5266 201
Intervention en sécurité incendie – 5322 164

M Mécanique agricole – 5070..214
Mécanique automobile – 5298 216
Mécanique d'ascenseur – 5200 286
Mécanique de machines à coudre industrielles – 5209.............................288
Mécanique de machines fixes – 5146 166
Mécanique d'engins de chantier – 5055 218
Mécanique de protection contre les incendies – 5121 168
Mécanique de véhicules légers – 5154 220
Mécanique de véhicules lourds routiers – 5049...222
Mécanique industrielle de construction et d'entretien – 5260 290
Mécanique marine – 1250 224
Mise en œuvre de matériaux composites – 5267 238
Modelage – 5157 132
Montage de câbles et de circuits – 5269 240
Montage de lignes électriques – 5185 203
Montage de structures en aérospatiale – 5197 242
Montage mécanique en aérospatiale – 5307 244
Montage structural et architectural – 5299 323

N Nettoyage à sec et entretien de vêtements – 5082 348

O Opération d'équipements de production – 5310..246

P Pâtes et papiers (opérations) – 5262 268
Pâtisserie – 5297 103
Pêche professionnelle – 5257 80
Peinture en bâtiment – 5116..170

Index des DEP par ordre alphabétique (suite)

P Photographie – 5292 120

Plâtrage – 5286 172

Plomberie-chauffage – 5148 174

Pose d'armature du béton – 5076 324

Pose de revêtements de toiture – 5032 176

Pose de revêtements souples – 5115 178

Pose de systèmes intérieurs – 5118 180

Préparation et finition de béton – 5117 182

Procédés infographiques – 5221 278

Production acéricole – 5256 82

Production de bovins de boucherie – 5168 84

Production horticole – 5210 86

Production industrielle de vêtements – 5252 350

Production laitière – 5167 88

Production porcine – 5171 90

Production textile (opérations) – 5243 352

Protection et exploitation de territoires fauniques – 5179 192

R Réalisation d'aménagements paysagers – 5320 92

Réception en hôtellerie – 5283 105

Réfrigération – 5315 184

Régulation de vol – 5304 332

Rembourrage artisanal – 5080 133

Rembourrage industriel – 5031 135

Réparation d'appareils électroménagers – 5024 205

Réparation d'appareils électroniques audiovidéos – 5271 207

Réparation d'armes à feu – 1489 292

Reprographie et façonnage – 5240 280

S Santé, assistance et soins infirmiers – 5325 364

Sciage – 5088 270

Secrétariat – 5212 58

Serrurerie – 5162 294

Service-conseil à la clientèle en équipement motorisé – 5258 226

Service de la restauration – 5293 107

Service technique d'équipement bureautique – 5265 208

Soudage-montage – 5195 326

Soutien informatique – 5229 60

T Taille de pierre – 5178 122

Techniques d'usinage – 5223 248

Tôlerie de précision – 5244 250

Traitement de surface – 5222 328

Transport par camion – 5291 334

Travail sylvicole – 5289 272

V Vente-conseil – 5321 62

Vente de pièces mécaniques et d'accessoires – 5194 228

Vente de produits de quincaillerie – 5272 186

Vente des produits de la pêche – 5104 94

Vente de voyages – 5236 109

INDEX DES ASP
PAR ORDRE ALPHABÉTIQUE

C Cuisine du marché – 5324 111

E Épilation à l'électricité – 5068 372

F Fabrication de moules – 5249 252

G Gabarits et échantillons – 1442 137
Gestion d'une entreprise de la construction – 5309 64

H Horlogerie-rhabillage – 5263 296

L Lancement d'une entreprise – 5264 65
Liaison en réseau d'équipement bureautique – 5280 209

M Matriçage – 5041 253
Mécanique de moteurs diesels et de contrôles électroniques – 5259 230
Mécanique de motocyclettes – 5232 231
Mécanique d'entretien en commandes industrielles – 5006 297
Mécanique d'entretien préventif et prospectif industriel – 5012 298

O Outillage – 5042 254

P Pâtisserie de restaurant – 1057 112

R Réparation d'appareils au gaz naturel – 5172 188
Représentation – 5323 66
Restauration de maçonnerie – 5215 189

S Secrétariat juridique – 5226 67
Secrétariat médical – 5227 68
Sommellerie – 5314 113
Soudage haute pression – 5234 329
Spécialités en horticulture – 5043 95

U Usinage sur machines-outils à commande numérique – 5224 255

INDEX DES DEP PAR NUMÉROS DE PROGRAMMES

1250 – Mécanique marine...224

1489 – Réparation d'armes à feu 292

5005 – Décoration intérieure et étalage...118

5024 – Réparation d'appareils électroménagers 205

5028 – Fabrication en série de meubles et de produits en bois ouvré 128

5030 – Ébénisterie..126

5031 – Rembourrage industriel...135

5032 – Pose de revêtements de toiture 176

5035 – Esthétique...370

5049 – Mécanique de véhicules lourds routiers.............................222

5055 – Mécanique d'engins de chantier...218

5070 – Mécanique agricole...214

5073 – Affûtage..262

5076 – Pose d'armature du béton...324

5079 – Arboriculture-élagage 74

5080 – Rembourrage artisanal 133

5082 – Nettoyage à sec et entretien de vêtements........................348

5085 – Bijouterie-joaillerie 116

5088 – Sciage 270

5092 – Forage et dynamitage 312

5094 – Aquiculture 72

5104 – Vente des produits de la pêche 94

5115 – Pose de revêtements souples 178

5116 – Peinture en bâtiment...170

5117 – Préparation et finition de béton 182

5118 – Pose de systèmes intérieurs 180

5119 – Calorifugeage..149

5121 – Mécanique de protection contre les incendies 168

5140 – Découpe et transformation du verre....................................155

5142 – Finition de meubles...130

5144 – Assistance dentaire...360

5145 – Cordonnerie..344

5146 – Mécanique de machines fixes...166

5148 – Plomberie-chauffage...174

5154 – Mécanique de véhicules légers 220

5157 – Modelage..132

5162 – Serrurerie..294

5165 – Chaudronnerie...316

5167 – Production laitière 88

5168 – Production de bovins de boucherie.......................................84

5171 – Production porcine...90

5173 – Fleuristerie..76

5178 – Taille de pierre...122

5179 – Protection et exploitation de territoires fauniques.............................192

5182 – Horlogerie-bijouterie...284

5185 – Montage de lignes électriques..203

5189 – Abattage et façonnage des bois...258

5193 – Conduite et réglage de machines à mouler.....................................234

5194 – Vente de pièces mécaniques et d'accessoires................................228

5195 – Soudage-montage..326

5197 – Montage de structures en aérospatiale...242

5200 – Mécanique d'ascenseur..286

5203 – Fonderie...321

5208 – Classement des bois débités..266

5209 – Mécanique de machines à coudre industrielles................................288

5210 – Production horticole..86

5211 – Entretien général d'immeubles..161

5212 – Secrétariat...58

5213 – Conduite de procédés de traitement de l'eau..................................140

5214 – Entretien et réparation de caravanes...159

5217 – Carrosserie...212

5218 – Dessin de patron..346

5219 – Confection de vêtements (façon tailleur)..338

5220 – Conduite d'engins de chantier...306

5221 – Procédés infographiques...278

5222 – Traitement de surface..328

5223 – Techniques d'usinage..248

5225 – Dessin industriel...236

5229 – Soutien informatique...60

5231 – Comptabilité...56

5233 – Ferblanterie-tôlerie..319

5236 – Vente de voyages...109

5238 – Arpentage et topographie..145

5239 – Confection sur mesure et retouche..342

5240 – Reprographie et façonnage...280

5243 – Production textile (opérations)...352

5244 – Tôlerie de précision..250

5245 – Coiffure...368

5246 – Imprimerie...276

5247 – Confection de vêtements et d'articles de cuir..................................340

5250 – Dessin de bâtiment...157

5252 – Production industrielle de vêtements..350

5253 – Forage au diamant...310

5254 – Grandes cultures...78

5256 – Production acéricole...82

5257 – Pêche professionnelle 80
5258 – Service-conseil à la clientèle en équipement motorisé 226
5260 – Mécanique industrielle de construction et d'entretien 290
5261 – Extraction de minerai..308
5262 – Pâtes et papiers (opérations) 268
5265 – Service technique d'équipement bureautique 208
5266 – Installation et réparation d'équipement de télécommunication 201
5267 – Mise en œuvre de matériaux composites 238
5268 – Boucherie de détail 98
5269 – Montage de câbles et de circuits 240
5270 – Boulangerie 100
5271 – Réparation d'appareils électroniques audiovidéos 207
5272 – Vente de produits de quincaillerie 186
5273 – Conduite de machinerie lourde en voirie forestière...................................302
5274 – Conduite de machines de traitement du minerai 304
5281 – Électromécanique de systèmes automatisés 197
5282 – Installation et fabrication de produits verriers..163
5283 – Réception en hôtellerie 105
5286 – Plâtrage 172
5288 – Horticulture et jardinerie..79
5289 – Travail sylvicole 272
5290 – Abattage manuel et débardage forestier 260
5291 – Transport par camion..334
5292 – Photographie 120
5293 – Service de la restauration 107
5295 – Électricité..196
5296 – Installation et entretien de systèmes de sécurité 199
5297 – Pâtisserie 103
5298 – Mécanique automobile 216
5299 – Montage structural et architectural 323
5300 – Carrelage 151
5302 – Assistance technique en pharmacie...362
5303 – Briquetage-maçonnerie 147
5304 – Régulation de vol..332
5306 – Aménagement de la forêt 264
5307 – Montage mécanique en aérospatiale...244
5308 – Fabrication de structures métalliques et de métaux ouvrés 318
5310 – Opération d'équipements de production 246
5311 – Cuisine 102
5315 – Réfrigération 184
5316 – Assistance à la personne en établissement de santé 358
5317 – Assistance à la personne à domicile 360
5319 – Charpenterie-menuiserie..153
5320 – Réalisation d'aménagements paysagers 92
5321 – Vente-conseil..62
5322 – Intervention en sécurité incendie 164
5325 – Santé, assistance et soins infirmiers 364

INDEX DES ASP PAR NUMÉROS DE PROGRAMMES

1057 – Pâtisserie de restaurant 112

1442 – Gabarits et échantillons 137

5006 – Mécanique d'entretien en commandes industrielles 297

5012 – Mécanique d'entretien préventif et prospectif industriel 298

5041 – Matriçage 253

5042 – Outillage 254

5068 – Épilation à l'électricité 372

5043 – Spécialités en horticulture 95

5172 – Réparation d'appareils au gaz naturel 188

5215 – Restauration de maçonnerie 189

5224 – Usinage sur machines-outils à commande numérique 255

5226 – Secrétariat juridique 67

5227 – Secrétariat médical 68

5232 – Mécanique de motocyclettes 231

5234 – Soudage haute pression 329

5249 – Fabrication de moules 252

5259 – Mécanique de moteurs diesels et de contrôles électroniques 230

5263 – Horlogerie-rhabillage 296

5264 – Lancement d'une entreprise 65

5280 – Liaison en réseau d'équipement bureautique 209

5309 – Gestion d'une entreprise de la construction 64

5314 – Sommellerie 113

5323 – Représentation 66

5324 – Cuisine du marché 111

INDEX DES ANNONCEURS

Avec la participation de :

BrissonLegris
Révélateurs de potentiels

Le guide *Les métiers de la formation professionnelle* tient à remercier tous ses annonceurs et partenaires pour leur appui à la présente édition.

 Commission de la construction du Québec

 Commission scolaire de Montréal

 La Fédération des commissions scolaires du Québec

Éducation Québec

C Centre de formation professionnelle Mont-Laurier 69

Centre de formation professionnelle Paul-Gérin-Lajoie 121

Collège de Rosemont...34

Commission de la construction du Québec ....386 et 387

Commission scolaire de la Pointe-de-l'Île...50

Commission scolaire de Montréal...2, 3, 4 et 5

L La Fédération des commissions scolaires du Québec...12 et 13

M Ministère de l'Éducation, du Loisir et du Sport...8 et 9

LES MÉTIERS DE LA FORMATION PROFESSIONNELLE

Rédaction

Directrice, recherche et rédaction Julie Gobeil • **Rédactrice en chef** Emmanuelle Gril • **Secrétaire de rédaction** Stéphane Plante • **Collaborateurs** Mathieu Bruckmuller, Brigit-Alexandre Bussière, Nicolas Demers, Marie-Claude Dion, Séverine Galus, Marika Gauthier, Anne Girard, Marc Gosselin, Nadielle Kutlu, Isabelle Laporte, Yves Lavertu, Hélène Marion, Sophie Marsolais, Stéphanie Neveu, Audrey Parenteau, Anick Perreault-Labelle, Denise Proulx, Kareen Quesada, Sylvie L. Rivard, Pierre Saint-Arnaud, Marie-Josée Soucy, Emmanuelle Tassé • **Recherchistes** Véronik Carrier, Marie-Hélène Croisetière • **Réviseures** Johanne Girard, Nathalie Savard

Production

Chef d'équipe Nathalie Renauld • **Coordonnatrice de production** Sara Dagenais • **Conception de la grille graphique** Geneviève Pineau • **Illustrations** Kevin Durocher • **Infographie** Gestion d'impressions Gagné inc. • **Photographie** PPM Photos, Martin Tremblay

Couverture

Conception Louise Émond • **Photographie** Maude Chauvin • **Modèle** Jérôme, de l'agence Specs • **Coiffure et maquillage** Virginie Vandelac

Diffusion

Messageries ADP

Ventes publicitaires

Directeur des ventes Tony Esposito • **Représentantes** Manon Labelle, Vicky O'Connor, Séverine Pérès

Courriel : ventes@jobboom.com

Dépôt légal

Bibliothèque nationale du Québec • ISBN 978-2-89582-106-9
Bibliothèque nationale du Canada • ISSN 1203-5408
Novembre 2009

Jobboom.com

Vice-présidente et DG, Jobboom Julie Phaneuf • **Directrice des contenus – national, Jobboom** Patricia Richard

**800, rue du Square-Victoria, Mezzanine – Bureau 5, Case postale 330, Montréal (Québec) H4Z 0A3
Téléphone : 514 504-2000 • Télécopieur : 514 373-9117 • www.jobboom.com/editions**

De la même collection

• *Les carrières de la formation collégiale*
• *Les carrières de la formation universitaire*

jobb●●m.com
LES ÉDITIONS
20 ans de carrière

Les perspectives d'emploi

dans les métiers et occupations de la construction

	Salariés actifs en 2008	Âge moyen en 2008	Admissions en 2008	Besoins de main-d'œuvre de 2009 à 2012
LES MÉTIERS À DÉCOUVRIR				
Calorifugeur	896	40	50	Emploi en légère hausse, faible disponibilité.
Chaudronnier	787	45	26	Emploi en forte hausse, disponibilité très élevée. Les finissants se placent très bien. Vieillissement des travailleurs.
Cimentier-applicateur	2 296	38	219	Emploi en légère hausse, faible disponibilité. Roulement élevé.
Ferrailleur	1 173	36	152	Emploi en légère hausse, bonne disponibilité. Roulement élevé.
Monteur-mécanicien (vitrier)	1 884	39	233	Emploi stable, très faible disponibilité. Roulement élevé.
Poseur de systèmes intérieurs	2 626	36	323	Emploi stable, bonne disponibilité. Roulement élevé.
Serrurier de bâtiment	946	40	90	Emploi en légère hausse, bonne disponibilité.
LES CLASSIQUES				
Charpentier-menuisier	38 458	38	3 921	Emploi stable, faible disponibilité.
Électricien (à l'exclusion de la spécialité d'installateur de systèmes de sécurité)	14 272	38	1 063	Emploi en légère hausse, bonne disponibilité.
Électricien spécialisé en installation de systèmes de sécurité	1 059	38	77	Emploi stable, bonne disponibilité.
Ferblantier	4 124	39	324	Emploi stable, bonne disponibilité.
Soudeur	248	42	40	Emploi en légère hausse, bonne disponibilité. Roulement élevé.
Soudeur en tuyauterie	583	48	9	Emploi en forte hausse, disponibilité très élevée. Vieillissement des travailleurs.
Tuyauteur	8 010	39	564	Emploi en légère hausse, bonne disponibilité.
LES MÉCANOS				
Frigoriste	2 819	36	220	Emploi en légère hausse, bonne disponibilité.
Mécanicien d'ascenseur	932	39	93	Emploi stable, très faible disponibilité. Les finissants se placent très bien.
Mécanicien de machines lourdes	387	44	33	Emploi en forte hausse, bonne disponibilité. Vieillissement des travailleurs.